국제조세법과 수익적 소유자

국제조세법과 수익적 소유자
International Tax Law & Beneficial Owner

초판 1쇄 발행 2022년 2월 10일

지은이 최준영
펴낸이 장길수
펴낸곳 지식과감성#
출판등록 제2012-000081호

디자인 이현
편집 박예은
검수 김혜련, 이현
교정 정은지
마케팅 고은빛, 정연우

주소 서울시 금천구 벚꽃로298 대륭포스트타워6차 1212호
전화 070-4651-3730~4
팩스 070-4325-7006
이메일 ksbookup@naver.com
홈페이지 www.knsbookup.com

ISBN 979-11-392-0291-5(03320)
값 25,000원

- 이 책의 판권은 지은이에게 있습니다.
- 이 책 내용의 전부 또는 일부를 재사용하려면 반드시 지은이의 서면 동의를 받아야 합니다.
- 잘못된 책은 구입하신 곳에서 바꾸어 드립니다.

지식과감성#
홈페이지 바로가기

국제조세법과 수익적 소유자

최준영 지음

"세법을 왜 이렇게 복잡하고 어렵게 만들어?"
"간단하고 명확하게 만들 수 없어?"

머리말

 국제조세법 또는 조세조약에 따른 "수익적 소유자(Beneficial Owner)"라는 용어는 국제투자소득인 이자소득, 배당소득, 사용료소득에 대한 조세조약에 따른 제한세율의 적용과 관련해 매우 중요한 의미를 가진 "용어"로 조세조약 또는 국제조세법의 역사이자 내용의 전부라 해도 과언이 아니다.
 지도교수님이시자 존경하는 스승이신 고려대학교 법학전문대학원 박종수 교수님께서 "수익적 소유자"를 논문주제로 추천해 주셨다. 처음에는 국내 문헌을 주로 참고하려 했으나 깊이 있는 연구 논문이나 자료가 없어 직접 해외에 가서 외국문헌을 찾아와 공부하고 깨달으면서
 한 편의 역사책을 읽는 것 같은 짜릿함과 설렘을 느꼈고 이런 것이 진정한 공부와 깨달음이라는 생각이 들었다. 지금까지도 그렇지만 앞으로도 이런 짜릿함과 설렘을 느낄 수 있는 기회는 많지 않을 것 같다.
 논문을 쓴 이후 적지 않은 시간이 흘렀지만 현재까지도 "수익적 소유자"와 관련된 문제는 지속적으로 발생하고 있다. 또한 2021.12.8. 소득세법(법률 제18578호)과 2021.12.21. 법인세법(법률 제18584호)의 개정으로 국외투자기구 실질귀속자 특례 제도에 변화가 생겼다. 개정 전과 개정 후 가장 큰 변화는 그동안 조세회피의 방지 측면에서 실질과세원칙과 실질귀속자(substantive owner)를 지나치게 강조하던 입장에서 실질귀속자 또는 수익적 소유자를 조세조약에 따른 혜택을 청구할 수 있는 자격 및 청구권의 요건으로 일부 관점이 변화되었다는 것이다.
 제한적이기는 하지만 국내 세법에 처음으로 "수익적 소유자"라는 용어를 적용하였고 이러한 변화는 조세조약 또는 국제조세법의 측면에서 부합하는 긍정적인 변화라고 할 수 있다. 다만 용어의 정의 및 판단기준을 제공하지 않으면서 실질귀속자와 "수익적 소유자"라는 용어를 함께 사용하고 있어 해석 및 적용에 고려해야 하는 사항이 하나 더 생겼다는 것과 이로 인해 혼란스럽다는 것은 아쉬움으로 남는다. 이런 점이 저자의 고려대학교 법학박사학위 논문을 다시 꺼내 부족한 부분을 수정하고 보완해 한 권의 책으로 출간하게 된 개기가 되었다.
 수익적 소유자는 1977년 OECD 모델조세조약 이자 및 사용료 조항에 조세조약의 부적절한

사용을 방지하기 위한 목적으로 처음으로 포함한 이후 지난 반세기 동안 조세조약 또는 국제조세법 측면에서 가장 많은 관심과 논쟁의 대상이 되었고 조세조약의 역사라 할 수 있다. 그럼에도 불구하고 OECD는 현재까지 수익적 소유자의 명확한 정의 및 객관적 판단기준을 제공하지 않고 국제재정적(조세회피) 의미와 조세조약의 문맥과 대상 및 목적을 고려하여 해석 및 적용하도록 하고 있어 수익적 소유자라는 용어의 모호하고 불명확함으로 인해 해석 및 적용과 관련해 많은 어려움이 있고 납세자의 예측 가능성 및 법적 안정성이 저해되는 문제가 있다.

우리나라를 비롯한 많은 국가가 체결한 조세조약에서는 "조세조약은 한 체약국의 거주자 또는 양 체약국의 거주자인 인(person)"에 대해서만 적용되는 것으로 규정하고 있다. 인(person)을 단순히 "개인과 법인"으로 구분하고 있고 법인을 법인격이 있는 단체 또는 조세 목적에 따라 법인격이 있는 단체로 취급되는 실체로 정의하고 있을 뿐 법인 또는 단체가 조세조약의 적용대상이 되는 거주자인지를 판단하기 위한 명확한 판단기준을 제공하고 있지 않아 다양한 문제가 발생하고 있다.

수익적 소유자와 혜택의 자격(Entitlement of benefits) 조항은 체약상대국의 거주자가 조세조약에 따른 혜택을 받기 위해 충족해야 하는 '청구권'의 요건으로 조세조약에 따른 혜택의 자격이 있는 체약상대국의 거주자인지를 판단하기 위한 판단기준을 제시하고 있다. OECD는 "거주자에게 지급된"이라는 용어를 명확히 하기 위해 수익적 소유자라는 용어를 포함하게 되었다는 것을 분명히 하고 있다.

주요국들은 수익적 소유자를 소득귀속원칙으로 보고 있으나 실질적인 판단에 있어 수령한 지급금을 향유(enjoy)할 권리, 제3국의 거주자에게 전달할 계약상 또는 법적 의무, 법인 또는 단체에 대한 소유권 및 지배력, 조약 혜택의 자격 측면을 고려하여 판단하고 있다. 그러나 우리나라는 실질과세원칙에 따른 소득의 귀속으로 보아 판단하고 있어 OECD와 주요국들의 판단기준과는 다른 차이가 있고 이로 인해 명확하고 객관적인 판단기준을 제시하지 못하는 문제가 있다. 엄격한 의미에서 수익적 소유자는 "소득이 귀속되는 자에 대한 문제보다는 소득을 수령하는 자가 조세조약에 따른 혜택의 자격이 부여되는 체약상대국의 거주자"인지에 대한 판단과 관련된 문제라 할 수 있다.

　이와 관련해 현행 국세기본법 및 국제조세조정법에서는 "국내원천소득이 사실상 귀속되는 자를 납세의무자"로 한다는 것을 분명히 하고 있고 법인세법 및 소득세법에서는 "국내원천소득을 실질적으로 귀속받는 외국법인 또는 비거주자"를 실질귀속자로 정의하면서 "해당 국내원천소득과 관련하여 법적 또는 경제적 위험을 부담하고 그 소득을 처분할 수 있는 권리를 가지는 등 해당 소득에 대한 소유권을 실질적으로 보유하고 있는 자"를 실질귀속자의 판단기준으로 제시하고 있다.

　적용대상 소득의 범위와 관련해 법인세법 시행령 및 소득세법 시행령의 사전승인 신청에서는 배당과 이자 그리고 사용료 소득에 추가로 특정 양도소득을 포함하여 적용대상 소득으로 규정하고 있다. 다만 법인세법 및 소득세법에서 특정 소득 항목을 규정하지 않고 "국내원천소득을 실질적으로 귀속받는 외국법인 또는 비거주자"를 실질귀속자로 정의하고 있어 실질귀속자의 적용대상 소득은 특정 소득 항목이 아닌 모든 국내원천소득이 적용대상 소득의 범위에 포함되는 것으로 보아야 한다. 앞서 살펴본 것과 같이 법인세법 및 소득세법에서 규정하고 있는 실질귀속자라는 용어가 조세조약에 따른 수익적 소유자와 유사한 개념을 가지고 있는 것으로 보인다.

　OECD와 주요국의 수익적 소유자 정의 및 판단기준에 비추어 보면 조세조약에 따른 수익적 소유자는 원천지 국가에서 발생한 원천소득이 거주자에게 지급된 것을 명확하게 하기 위한 것으로 "수령한 소득을 제3국의 거주자에게 전달할 계약상 또는 법적 의무 없이 향유(enjoy)하고 사용, 제한, 처분할 수 있는 권리가 있는 조세조약에 따른 혜택의 자격이 있는 체약상대국의 거주자"를 의미하는 것으로 보아야 한다.

　실질귀속자라는 용어를 사용하고 있는 것은 조세조약에 따른 수익적 소유자의 의미를 국내 세법에 규정하여 정의 및 판단기준을 제공하기 위한 노력으로 보인다. 다만 실질귀속자라는 모호하고 불명확한 개념을 추가하여 소득이 귀속되는 거주자와 수익적 소유자인지를 판단하는 것도 복잡하고 어려운 상황에서 추가로 국내 세법에 유사한 의미가 있는 실질귀속자라는 용어를 사용하여 해석 및 적용을 더욱 복잡하고 어렵게 하고 있다. 따라서 실질귀속자라는 용어를 사용하기보다는 오히려 조세조약에 따른 "국제공통용어"인 수익적 소유자라는 용어를 사용하고 정의 및 판단기준을 명확하게 규정하는 것이 바람직하다.

아울러 실질귀속자라는 용어를 국세기본법 또는 국제조세 조정에 관한 법률(국제조세조정법)에 명확하게 규정하지 않고 판단기준 또한 법인세법 및 소득세법 괄호를 통해 규정하고 있어 입법 체계에 문제가 있는 것으로 보인다. 우리나라는 법치주의 국가로서 국민의 권익을 침해하는 영역뿐만 아니라 혜택을 부여하거나 제한하는 영역에 대해서도 법치주의 원칙에 따라야 하고 납세자가 법률을 쉽게 이해하고 적용할 수 있도록 국세기본법 또는 국제조세조정법에 정의 및 판단기준을 명확하게 규정하는 것이 과세요건 법정주의에도 부합된다. 특히 수익적 소유자는 납세자의 조세조약에 따른 혜택의 자격을 부여하거나 제한하는 것으로 조세조약에 정의되어 있지 않은 용어는 국내 세법상 의미를 따르도록 하고 있어 국세기본법 또는 국제조세조정법에 명확한 정의 및 판단기준을 규정하여 제공하는 것이 바람직하다.

이 책에서는 국내 세법에 따른 규정, OECD 모델조세조약 및 미국 모델조세조약에 따른 수익적 소유자와 혜택의 자격 조항, 주요국 및 EU의 관련 제도를 전반적으로 검토한 후 수익적 소유자의 해석 및 적용과 관련된 기본적인 판단기준을 살펴보고자 한다.

마지막으로 금융조세법학도로서 학문적 깨달음을 통한 짜릿함과 설렘을 느낄 수 있도록 해주신 박종수 교수님과 연구의 깊이를 더할 수 있도록 지도해 주시고 조언해 주신 김앤장 법률사무소의 백제흠 변호사(법학박사)님, 고려대학교 법학전문대학원 차진아 교수님, 고려대학교 경영전문대학원 이한상 교수님, 성균관대학교 법학전문대학원 이전오 교수님께 다시 한번 감사의 말씀 올립니다.

차례

머리말 4

제1장 서론
제1절 서설 18
제2절 본문의 구성 20

제2장 조세조약상 수익적 소유자 일반론
제1절 서설 26
    Ⅰ. 수익적 소유자의 연혁 및 개요 26
제2절 조세조약 일반론 30
    Ⅰ. 조세조약의 체결 목적과 혜택 30
    Ⅱ. 조세조약 혜택의 자격으로서 거주자 31
        1. 거주자의 의미 31
        2. 이중 거주자와 타이브레이커 규칙(Tiebreaker rule) 34
    Ⅲ. 조세조약의 남용과 남용사례 35
        1. 조세조약의 남용 35
        2. 회사 또는 단체의 사용을 통한 남용사례 36
            가. 도관회사
            나. 디딤돌 도관
            다. 중간지주회사
            라. 조정센터
    Ⅳ. 외국단체와 국외투자기구의 분류 39
        1. 외국단체의 분류 39
        2. 국외투자기구의 분류 43
    Ⅴ. 수익적 소유자와 혜택의 자격 조항 45
        1. 수익적 소유자 45
        2. 혜택의 자격 조항 47
        3. 수익적 소유자와 혜택의 자격 조항과의 관계 51
제3절 수익적 소유자와 국내 세법상 실질귀속자 55
    Ⅰ. 수익적 소유자의 국내 세법상 해석 및 적용 55

Ⅱ. 수익적 소유자와 실질과세원칙의 적용　　　　　　　57
　　Ⅲ. 국내 세법상 실질귀속자　　　　　　　　　　　　　58
　　　　1. 실질귀속자의 의미와 판단기준　　　　　　　　　58
　　　　2. 실질귀속자의 적용대상 소득의 범위　　　　　　60
　　　　3. 실질귀속자의 적용대상 법인의 범위　　　　　　62
　　　　4. 실질귀속자의 법률 연혁 및 고찰　　　　　　　　64
　　　　　　가. 현행 국외투자기구 실질귀속자 특례 규정
　　　　　　나. 현행 국외투자기구 실질귀속자 특례 규정에 대한 평가
　　Ⅳ. 수익적 소유자와 실질귀속자의 관계　　　　　　　66

제4절 판례의 검토　　　　　　　　　　　　　　　　　67
　　Ⅰ. 서설　　　　　　　　　　　　　　　　　　　　　67
　　Ⅱ. 로담코퍼시픽 비브이(상호 변경 후, 옥메도퍼시픽 비브이)　68
　　　　1. 사실관계　　　　　　　　　　　　　　　　　　68
　　　　2. 하급심 판결　　　　　　　　　　　　　　　　70
　　　　3. 대법원 판결　　　　　　　　　　　　　　　　71
　　　　4. 사례의 검토　　　　　　　　　　　　　　　　72
　　Ⅲ. 론스타펀드Ⅲ LP　　　　　　　　　　　　　　　73
　　　　1. 사실관계　　　　　　　　　　　　　　　　　　73
　　　　2. 하급심 판결　　　　　　　　　　　　　　　　77
　　　　　　가. 소득세 과세의 적법성
　　　　　　나. 주식 양도소득의 실질귀속자
　　　　3. 대법원 판결　　　　　　　　　　　　　　　　80
　　　　4. 사례의 검토　　　　　　　　　　　　　　　　81
　　Ⅳ. 동원엔터프라이즈　　　　　　　　　　　　　　　82
　　　　1. 사실관계　　　　　　　　　　　　　　　　　　82
　　　　2. 하급심 판결　　　　　　　　　　　　　　　　84
　　　　3. 대법원 판결　　　　　　　　　　　　　　　　87
　　　　4. 사례의 검토　　　　　　　　　　　　　　　　88
　　Ⅴ. 위니아만도　　　　　　　　　　　　　　　　　　90
　　　　1. 사실관계　　　　　　　　　　　　　　　　　　90
　　　　2. 법원의 판결　　　　　　　　　　　　　　　　92
　　　　3. 사례의 검토　　　　　　　　　　　　　　　　93
　　Ⅵ. 한국까르푸(현, 홈플러스테스코)　　　　　　　　94
　　　　1. 사실관계　　　　　　　　　　　　　　　　　　94
　　　　2. 법원의 판결　　　　　　　　　　　　　　　　97

      3. 사례의 검토   99
   Ⅶ. 삼성토탈(현, 한화토탈)   101
      1. 사실관계   101
      2. 하급심 판결   103
      3. 대법원 판결   105
      4. 사례의 검토   106
   Ⅷ. 룩셈부르크 간접투자회사(SICAV 또는 SICAF)   108
      1. 사실관계   108
         가. 조세조약 제28조 일부법인의 제외
         나. 1929년 법의 입법취지 및 주요내용
         다. 1938년 대공령의 입법취지 및 주요내용
         라. 유럽연합 집행위원회의 2006.7.19.자 결정
         마. 룩셈부르크 국세청 조세국장의 답변
         바. 국세청장의 답변과 기획재정부 장관의 유권해석
      2. 법원의 판결   112
         가. 수익적 소유자의 의의와 OECD 모델주석서의 해석 및 적용
         나. 판단기준
         다. 하급심 판결
      3. 사례의 검토   120
제5절 소결   **121**

제3장 주요국의 수익적 소유자

제1절 서설   **126**
제2절 OECD 모델조세조약상 수익적 소유자   **127**
   Ⅰ. 수익적 소유자   127
      1. 도입 및 연혁   127
         가. 1977년 OECD 모델조세조약
         나. 1995년과 1997년 OECD 모델조세조약
         다. 2003년 OECD 모델조세조약 주석서
         라. 2014년 OECD 모델조세조약 주석서
         마. 2017년 OECD 모델조세조약
   Ⅱ. 대리인 등   134
   Ⅲ. 도관회사   135
   Ⅳ. 파트너십   136
   Ⅴ. 시사점   137

제3절 영국 — 139

- Ⅰ. 국내법상 수익적 소유자 — 139
  - 1. 법적 의미 — 139
  - 2. 영국국세청 지침 — 140
    - 가. 수익적 소유자의 개념
    - 나. 조세조약과 수익적 소유자
    - 다. 이중과세 적용과 요청
    - 라. 특수한 경우의 이중과세 적용과 요청
    - 마. 실질적 고려
- Ⅱ. 외국단체의 분류 — 148
- Ⅲ. 도관 약정 — 149
- Ⅳ. 판례의 검토 — 150
  - 1. 사실관계 — 150
  - 2. 법원의 판결 — 151
  - 3. 사례의 검토 — 152
- Ⅴ. 시사점 — 153

제4절 미국 — 155

- Ⅰ. 서설 — 155
- Ⅱ. 수익적 소유자 — 158
  - 1. 미국 모델조세조약상 수익적 소유자 — 158
  - 2. 국내법상 수익적 소유자 — 160
- Ⅲ. 도관자금조달규정과 단체의 분류 — 160
  - 1. 도관자금조달규정 — 160
    - 가. 조세회피 계획
    - 나. 도관자금조달규정
  - 2. 단체의 분류와 과세 — 165
    - 가. 파트너십과 혼성단체
    - 나. S 법인
    - 다. 규제된 투자회사
- Ⅳ. 판례의 검토 — 169
  - 1. 사실관계 — 169
  - 2. 법원의 판결 — 169
  - 3. 사례의 검토 — 170
- Ⅴ. 시사점 — 171

제5절 독일	**172**
Ⅰ. 국내법상 수익적 소유자	172
Ⅱ. 지주회사	174
Ⅲ. 판례의 검토	175
Ⅳ. 시사점	176
제6절 중국	**177**
Ⅰ. 조세회피와 실질우위원칙	177
Ⅱ. 국내법상 수익적 소유자	178
1. 입법 연혁	178
2. 제601호	180
3. 제30호	182
4. 제9호	183
가. 제30호 내용 변경	
나. 제601호 보완 및 폐지	
Ⅲ. 위탁투자와 외국 파트너십	185
1. 제24호	185
2. 외국 파트너십 과세	187
Ⅳ. 사례의 검토	188
1. 사실관계	188
2. 청도시국세국	189
3. 사례의 검토	190
Ⅴ. 시사점	191
제7절 EU	**192**
Ⅰ. 서설	192
Ⅱ. EU 이자 및 사용료 지침	195
Ⅲ. EU 저축지침	196
Ⅳ. EU 모자회사지침	197
Ⅴ. 시사점	199
제8절 소결	**201**

제4장 OECD와 미국 모델조세조약상 혜택의 자격

제1절 서설	**206**
제2절 OECD 모델조세조약상 혜택의 자격	**210**

Ⅰ. 적격거주자	210
1. 적격거주자의 범위	210
2. 공개거래 기업과 단체 그리고 자회사	212
가. 공개거래 기업과 단체 그리고 자회사	
나. 우리나라의 증권거래소	
3. 비공개거래 기업과 단체	220
가. 소유권 테스트	
나. 세원잠식 테스트	
4. 집합투자기구	223
가. 집합투자기구의 정의	
나. 공개거래 되지 않는 집합투자기구	
Ⅱ. 능동적 사업 활동의 수행	226
1. 능동적 사업 활동의 수행 테스트	226
2. 실질적 사업목적	226
3. 능동적 사업 활동의 수행 테스트의 특징	227
Ⅲ. 본부기업	229
Ⅳ. 파생적 혜택	230
1. 파생적 혜택의 적용	230
2. 소유권 및 세원잠식 테스트	231
3. 동등수익자	233
Ⅴ. 재량적 구제를 통한 혜택의 자격 부여	236
1. 재량적 구제	236
2. 주요 목적 테스트	238
Ⅵ. 시사점	242

제3절 미국 모델조세조약상 혜택의 자격　　**244**

Ⅰ. 서설	244
Ⅱ. 적격거주자	246
Ⅲ. 주식거래 조항	248
1. 공개거래 기업과 단체	248
가. 주된 종류의 주식	
나. 불균일분배주식	
다. 실질적이고 규칙적거래	
라. 공인된 증권거래소	
마. 주된 관리 및 통제 장소	
2. 공개거래 기업과 단체의 자회사	252
가. 소유권 및 세원잠식 테스트	
나. 관련된 법인	

                다. 공제가 가능한 비용
            3. 비공개거래 기업과 단체 255
                가. 소유권 테스트
                나. 세원잠식 테스트
                다. 국내법상 소유권의 결정
        Ⅳ. 능동적 사업 활동의 수행 259
            1. 능동적 사업 활동의 의미 259
            2. 부수적 사업 활동의 의미 261
            3. 거래 또는 사업과 수동적 소득의 의미 264
                가. 거래 또는 사업의 의미
                나. 수동적 소득의 의미
            4. 활동량과 실질 테스트 267
        Ⅴ. 파생적 혜택 268
            1. 소유권 및 세원잠식 테스트 268
            2. 동등수익자 270
        Ⅵ. 시사점 272

제4절 EU 법과 혜택의 자격 **273**
    Ⅰ. 서설 273
    Ⅱ. EU 법상 기본적 자유 274
        1. 유럽연합기능조약 274
        2. EU 법과 혜택의 자격 276
    Ⅲ. EU 법과의 양립성 278
        1. 주식거래 조항 278
        2. 소유권 및 세원잠식 테스트 279
        3. 능동적 사업 활동의 수행 280
        4. 재량적 구제와 주요 목적 테스트 280
    Ⅳ. 판례의 검토 282
    Ⅴ. 시사점 284

제5절 소결 **286**

제5장 수익적 소유자의 의미와 판단기준

제1절 서설 **292**

제2절 수익적 소유자의 정의 **294**
    Ⅰ. 수익적 소유자의 의미 295

Ⅱ. 적용대상 소득의 범위　　297
　　Ⅲ. 소결　　298

제3절 외국단체의 분류와 조세조약의 적용　　300
　　Ⅰ. 외국단체의 분류　　300
　　Ⅱ. 소결　　301

제4절 수익적 소유자의 판단기준　　302
　　Ⅰ. 서설　　302
　　Ⅱ. 납세자의 동기 및 의도를 고려한 주관적 고려사항　　304
　　Ⅲ. 법인 또는 단체의 소유권 및 지배력의 고려　　307
　　Ⅳ. 소결　　309
　　　　1. 세원잠식　　311
　　　　2. 주식거래 조항　　312
　　　　3. 제3국의 거주자 소유 판단기준　　314
　　　　　　가. 능동적 사업 활동의 수행
　　　　　　나. 수동적 소득
　　　　　　다. 소결
　　　　4. 재량적 구제와 주요 목적 테스트　　319

제5절 수익적 소유자의 해석 및 적용　　321
　　Ⅰ. 조세조약에 따른 혜택과 혜택의 제한　　321
　　Ⅱ. 외국단체의 분류와 조세조약의 적용　　322
　　Ⅲ. 수익적 소유자의 정의　　323
　　Ⅳ. 수익적 소유자의 적용대상 소득의 범위　　323
　　Ⅴ. 수익적 소유자의 일반적 고려　　324
　　Ⅵ. 수익적 소유자의 소유권 및 지배력의 고려　　325
　　　　1. 주요 용어의 정의　　326
　　　　2. 체약상대국의 거주자에 의해 소유된 법인 또는 단체　　327
　　　　3. 제3국의 거주자에 의해 소유된 법인 또는 단체　　328
　　Ⅶ. 배당소득에 대한 낮은 세율의 적용　　329

제6장 결론

참고 문헌　　337

제1장
서론

제1장
서론

제1절 서설

1977년 OECD 모델조세조약 이자 및 사용료 조항에 조세조약의 부적절한 사용을 방지하기 위한 목적으로 수익적 소유자를 처음으로 포함한 이후 지난 반세기 동안 수익적 소유자는 조세조약 측면에서 가장 많은 관심과 논쟁의 대상이 되어 왔다.

조세조약에서 사용되고 있는 "Beneficial Owner(수익적 소유자)"라는 용어는 특정 소득 항목에 대한 원천지 국가의 과세권을 제한하기 위한 목적으로 OECD 모델조세조약 이자 및 사용료 조항에 처음으로 포함되었고 이후 배당소득에 추가되었으며 많은 국가의 조세조약에서 포함하고 있다. 그러나 현재 OECD 모델조세조약과 미국 모델조세조약 그리고 우리나라를 비롯한 많은 국가가 체결한 조세조약에서는 수익적 소유자의 정의와 판단기준을 명확하게 제공하고 있지 않아 조세조약을 적용하는 국가의 국내 세법에 따른 의미가 적용되고 있다. 이로 인해 통일된 판단기준이 없어 조약을 적용하는 국가마다 다르게 해석 및 적용되고 있고 개념의 불확실성과 모호함으로 인해 논쟁의 대상이 되고 있을 뿐만 아니라 납세자의 예측 가능성 및 법적 안정성을 저해하고 있는 문제가 있다.

OECD는 수익적 소유자라는 용어의 정의를 제공하기보다는 설명의 형태를 취하고 있다. OECD 모델조세조약 주석서에서는 수익적 소유자는 국내법에 따른 좁은 기술적 의미로 사용되는 것이 아닌 "재정적(조세) 회피와 탈세의 방지 측면에서 구조의 주요 목적이 조약남용 상황에 해당하는 경우에만 특별히 제한"하는 "국제재정적 의미(International Fiscal meaning)"에 따라 조약의 문맥과 대상 및 목적에 따라 해석되고 적용되어야 한다고 언급하고 있다. 그리고 "거주자에게 지급된"이라는 용어의 의미를 명확하게 하려는 목적으로 포함되었음을 분명히 하고 있어 수익적 소유자라는 용어는 소득이 귀속되는 체약상대국의 거주자를 의미하는 것으로 보인다.

현재 우리나라의 국내 세법, 즉 국제조세조정에 관한 법률(이하, 국제조세조정법) 등에서는 수익적 소유자의 정의 및 판단기준을 규정하고 있지 않다. 다만 법인세법 및 소득세법에서는 "국내원천소득을 실질적으로 귀속받는 외국법인과 비거주자"를 실질귀속자로, 괄호에서는 "해당 국내원천소득과 관련하여 법적 또는 경제적 위험을 부담하고 그 소득을 처분할 수 있는 권리를 가지는 등 해당 소득에 대한 소유권을 실질적으로 보유하고 있는 자"로 규정하여 실질귀속자의 정의 및 판단기준을 제공하고 있다. 아울러 OECD 모델조세조약과 다르게 배당 또는 이자 그리고 사용료 소득에 추가로 특정 양도소득을 적용대상 소득으로 규정하고 있다.

법인세법 및 소득세법에 포함된 실질귀속자라는 용어의 의미와 판단기준 그리고 적용대상 소득의 측면을 고려하면 조세조약에 따른 수익적 소유자와 같은 의미가 부여된 용어인지 의문이 들지 않을 수 없고 실질귀속자 또한 객관적인 판단기준을 구체적으로 제공하고 있지 않아 모호하고 불명확해 납세자의 예측 가능성 및 법적 안정성을 저해하고 있어 수익적 소유자와 같은 문제점을 가지고 있다.

대법원 판례에서는 조세조약에도 국세기본법 및 국제조세조정법에 따른 실질과세가 적용된다는 것을 분명히 하였으며 OECD 모델조세조약 및 주석서 그리고 주요국의 판례 등과 유사한 기준을 적용해 판단하고 있다. 우리나라에서는 일반적으로 수익적 소유자를 소득귀속원칙의 측면에서 국세기본법 및 국제조세조정법에 따른 실질과세원칙에 따라 소득이 사실상 귀속되는 자를 의미하는 것으로 이해하고 있다.

조세조약에 따른 "거주자"라는 용어는 납세의무자라는 의미를 포함한 다양한 의미로 사용되고 있을 뿐만 아니라 수익적 소유자라는 용어가 "거주자에게 지급된"을 분명히 하려는 목적으로 포함되었다는 점에 비추어 보면 조세조약에 따른 수익적 소유자라는 용어는 "소득이 사실상 귀속되는 체약상대국의 거주자"를 의미하는 것으로 이해된다. 따라서 수익적 소유자는 조세조약에 따른 혜택의 자격이 있는 거주자의 개념을 구체적으로 표현하는 용어로 이해될 뿐만 아니라 납세의무자가 조세조약에 따른 혜택의 자격이 있는지를 판단하기 위해 충족해야 하는 '청구권'의 요건이라 할 수 있고 판단기준을 제공하고 있는 것이다.

앞서 언급한 것과 같이 OECD 모델조세조약과 우리나라가 체결한 조세조약에서 수익적 소유자라는 용어를 사용하고 있음에도 불구하고 용어의 정의와 판단기준을 제공하고 있지 않아 용어의 해석 및 적용에 있어 많은 어려움과 문제가 발생하고 있고 수익적 소유자와 유사한 의미가 있는 국내 세법에 따른 실질귀속자라는 용어 또한 적용대상 소득의 범위가 수익적 소유자와 다르고 객관적인 판단기준을 제공하고 있지 않아 모호하고 불명확한 문제점을 가지고 있다.

우리나라는 법치국가로서 법률에 따라서만 납세자에게 혜택을 부여하거나 제한할 수 있다. 따라서 수익적 소유자의 정의 및 판단기준을 명확하게 법률에 규정하여 적용하는 것이 과세요건 명확주의에 부합될 뿐만 아니라 납세자의 예측 가능성과 법적 안정성을 저해하지 않는 것이라 할 수 있다. 이러한 문제를 해결하기 위해서는 조세조약에 따른 수익적 소유자와 국내 세법에 따른 실질귀속자가 같은 의미가 있는 용어인지에 대해 분명히 할 필요가 있고 납세자에게 수익적 소유자의 정의 및 객관적 판단기준을 명확하게 제공하여 과세요건을 명확하게 함으로써 납세자의 예측 가능성 및 법적 안정성을 높일 필요가 있다.

이 책에서는 수익적 소유자의 정의 및 객관적 판단기준을 규정하여 과세요건을 명확하게 하고 납세자의 예측 가능성 및 법적 안정성을 높일 수 있도록 현행 과세제도와 OECD 모델조세조약 및 미국 모델조세조약 그리고 주요국의 과세제도를 종합적으로 검토한 후 수익적 소유자의 정의 및 객관적 판단기준에 대해 살펴보고자 한다.

제2절 본문의 구성

이 책에서는 앞에서 언급한 수익적 소유자의 정의 및 객관적 판단기준을 구체적으로 제공하고 해석 및 적용 지침을 제시하기 위한 목적으로 다음과 같은 체계와 방법에 따라 이루어졌으며 문헌연구 접근방법에 따라 OECD 모델조세조약 및 주석서를 비롯한 OECD의 다양한 보고서, 국내외 저서와 연구논문, 주요국의 입법례와 판례 등을 참고하였다.

OECD 모델조세조약 및 주석서에서는 수익적 소유자의 정의 및 판단기준을 제공하기보다는 수익적 소유자의 해석 및 적용과 관련된 사항에 대한 설명을 제공하고 있고 2017년 개정된 OECD 모델조세조약 제29조에서는 수익적 소유자와 같거나 유사한 개념이 있는 혜택의 자격(Entitlement to benefits) 조항을 추가하여 수익적 소유자의 판단기준과 유사한 기준을 제공하고 있어 이 책에서는 수익적 소유자와 혜택의 자격 조항을 중심으로 연구를 진행하였고 이와 관련된 구체적인 체계와 범위는 아래와 같다.

이 책은 제1장 서론, 제2장 조세조약상 수익적 소유자 일반론, 제3장 주요국의 수익적 소유자, 제4장 OECD와 미국 모델조세조약상 혜택의 자격, 제5장 수익적 소유자의 정의 및 판단기준,

제6장 결론으로 구성되어 있다.

제1장 서론에서는 조세조약에 포함된 수익적 소유자라는 용어가 중요한 의미를 지니고 있음에도 불구하고 조세조약과 국내 세법에 정의 및 객관적 판단기준을 명확하게 규정하고 있지 않아 통일된 정의 및 객관적 판단기준이 없어 조세조약을 적용하는 국가마다 다르게 이해하여 적용하고 있어 납세자의 예측 가능성 및 법적 안정성이 저해되고 있고 이와 관련된 문제를 해결하기 위해 수익적 소유자의 정의 및 객관적 판단기준을 명확하게 제공하는 것이 필요하다는 목적을 밝혔다.

제2장 조세조약상 수익적 소유자 일반론에서는 수익적 소유자의 국내 세법상 의미와 관련된 일반론을 비롯한 국내 세법상 실질과세원칙과 실질귀속자 그리고 법원의 판례를 살펴보고자 한다. 특히 OECD 모델조세조약에 따른 수익적 소유자와 혜택의 자격과의 관계에 대해서 검토한 후 조세조약에 따른 수익적 소유자와 국내 세법상 실질귀속자의 관계를 비교 검토하여 조세조약에 따른 수익적 소유자와 국내 세법상 실질귀속자라는 용어가 같은 의미를 지닌 용어인지와 판단기준이 무엇인지에 대해서 살펴보고자 한다.

제3장 주요국의 수익적 소유자에서는 OECD 모델조세조약 및 주석서, 주요국의 수익적 소유자의 정의 및 판단기준 그리고 국내법상 과세제도에 대해 살펴보고자 한다. 수익적 소유자와 관련된 정의 및 판단기준을 도입하여 적용하고 있는 주요국들이 수익적 소유자를 어떻게 정의하고 판단기준을 제공하고 있는지를 검토하는 것은 국내 세법에서 수익적 소유자의 정의 및 객관적 판단기준을 규정하고 있지 않은 우리나라에 많은 시사점을 제공해 줄 것으로 생각된다.

제4장 OECD와 미국 모델조세조약상 혜택의 자격에서는 2017년 OECD 모델조세조약 및 주석서에 포함된 혜택의 자격 조항의 내용을 전반적으로 살펴본 후 최초로 개발하고 발전시킨 미국의 모델조세조약 및 기술적 설명서에서 규정하고 있는 혜택의 자격 조항의 연혁과 개정 과정을 검토함으로써 혜택의 자격 조항에 포함된 각종 요건의 의미를 살펴보고자 한다. 아울러 혜택의 자격 조항의 적용 확대와 관련해 가장 큰 문제점으로 지적되고 있는 EU 법과의 양립성에 대해 검토하고 관련된 문제점에 대해 살펴보고자 한다.

제5장 수익적 소유자의 정의 및 판단기준에서는 수익적 소유자와 혜택의 자격 조항을 종합적으로 비교 검토하여 수익적 소유자의 정의 및 판단기준과 관련된 사항을 종합적으로 살펴본 후 실제 적용하는 데 있어 기본적으로 고려해야 할 수익적 소유자의 정의 및 판단기준을 제시하고자 한다.

제6장은 이 책의 결론으로서 앞에서 논의하고 검토되었던 내용을 종합적으로 요약 및 정리하고 마무리하였다.

제2장
조세조약상 수익적 소유자 일반론

제2장
조세조약상 수익적 소유자 일반론

제1절 서설

I. 수익적 소유자의 연혁 및 개요

오늘날 OECD 모델조세조약 제10조(이자), 제11조(배당), 제12조(사용료)에서 사용되고 있는 수익적 소유자(Beneficial Owner) 또는 수익적 소유권(Beneficial Ownership)의 의미는 1945년 영국과 미국이 체결한 조세조약에 대한 1966년 의정서에서 처음으로 제안되었고[1] 1977년 OECD 모델조세조약(이하, OECD Model 1977)의 이자와 사용료 조항에 처음으로 포함된 이후 많은 국가가 체결한 조세조약에서 수익적 소유자를 포함하고 있다.

미국과 프랑스 등 일부 국가와 체결한 조세조약을 제외하고 우리나라가 체결한 대부분의 조세조약에서는 "Beneficial owner"라는 용어를 포함하고 있으며 대부분의 한글 번역본에서는 "수익적 소유자"로 번역[2]을 하고 있다. 2014년 OECD 모델조세조약 한글 번역본에서는 실질적 수익자 또는 실질귀속자(substantive owner)로 번역하고 있으며[3] 일반적으로 실무에서는 수익적 소유자라는 용어를 사용하고 있다.

---

[1] For an overview of the use of beneficial ownership in ealier treaties see Oliver/Libin/van Weeghel/du toit, BTR 1 (2001), 27, footnote 5. In these treaties, beneficial ownership is used in the context of whether a certain amount of shares is owned in another company, i.e., beneficial ownership of subsidiaries' shares.; Michael Lang·Pasquale Pistone·Josef Schuch·Clause Staringer·Alfred Stock, Beneficial Ownership: Recent Trends, IBFD, 2013, p.267, p.271.

[2] 독일, 룩셈부르크, 벨기에, 스위스, 영국, 일본, 태국, 중국 등 대부분의 조세조약 한글 번역본; 국세법령정보시스템(https://txsi.hometax.go.kr), (2018.8.27. 검색).

[3] 국세청, OECD 조세조약모델(국문 번역본), 2014, 41면.

독일,[4] 스위스, 오스트리아는 "혜택의 자격이 있는 자(Nutzungsberechtigter, Entitled to use)", 네덜란드는 "최종적 권리가 있는 자(Uniteindelijk gerechtigde, Ultimately entitled)", 프랑스는 "실질적 수익자(Bénéficiaire effectif, Real beneficiary)", 스페인은 "실질적 수익자(Beneficiario efectivo, Real beneficiary)", 덴마크는 "정당한 소유자(Retmaessige ejer, Rightful or laful owner)", 브라질은 "실질적 수익자(Retmaessige ejer, Real beneficiary)"라는 용어를 사용하고 있다.[5] 그리고 중국과 대만은 수익을 소유하는 자인 "수익소유인(受益所有人, Beneficial owner)",[6][7] 일본은 소득을 실질적으로 소유하는 자인 "실질적 소유자(実質的所有者, Beneficial owner)"[8]라는 용어를 사용하고 있다. 이처럼 각국이 서로 다른 용어와 개념을 사용하고 있고 OECD 모델조세조약을 포함한 대부분의 조세조약에서는 수익적 소유자를 정의하지 않고 조세조약을 적용하는 국가의 국내 세법에 따른 의미를 적용하도록 하고 있어 해석 및 적용과 관련되어 많은 어려움이 발생하고 있다.

수익적 소유자와 관련된 문제는 조세조약 및 국내 세법에서 용어의 개념에 대한 해석과 적용에 대한 명확한 정의와 객관적 판단기준을 제공하고 있지 않아 발생하는 문제라 할 수 있다. 국세기본법에서는 소득, 수익, 재산, 행위 또는 거래의 귀속이 명의(名義)일 뿐이고 사실상 귀속되는 자가 따로 있는 때에는 사실상 귀속되는 자를 납세의무자로 한다고 규정하고 있다(국세기본법 제14조 제1항). 그리고 같은 의미가 있는 용어인지 분명하지 않으나 법인세법 및 소득세법에서는 "실질귀속자"라는 용어의 정의 및 판단기준을 포함하고 있다(법인세법 제93조의2 제1항, 소득세법 제119조의2 제1항). 따라서 우리나라는 수익적 소유자의 개념을 정의하지 않고 소득귀속원칙에 따라 소득이 사실상 귀속되는 자인 실질귀속자를 조세조약에 따른 수익적 소유자와 유사한 개념으로 보고 있고 대부분의 학자들 또한 이와 견해를 같이하고 있다.[9]

---

4) 독일어로 수익적 소유자는 "Nutzungsberechtigter"이며 "Nutzung"는 "이용 또는 혜택"을 의미하고, "berechtigter"는 "자격이 있는 자 또는 권리가 있는 자"를 의미한다.

5) Du Toit, Beneficial Ownership or Royalties in Bilateral Tax Treaties, IBFD, 1999, p.165.

6) 国家税务总局, 国家税务总局关于如何理解和认定税收协定中"受益所有人"的通知 国税函[2009]601号.

7) 黃源浩, 論國際稅法中的「受益所有人」概念, 東海大學法學研究第三十九期, 2013, p.46.

8) Maira Martini, Maggie Murphy, 見かけ だけ? 実質的所有者の透明性を高 める G20原則 各国の取組, Financial Transparency Coalition, 2015, p.16.

9) 김석환, "조세조약상 수익적소유자와 국내 세법상 실질귀속자와의 관계", 한국국제조세협회「조세학술논집」29(1), 2013, 180면, 202면; 오윤, "Beneficial Ownership 개념과 실질과세원칙의 관계", 한국세법학회「조세법연구」15(4), 2010, 349면, 350면; 윤지현, "수익적 소유자(beneficial owner) 개념의 해석: 최근 국내외의 동향과 우리나라의 해석론", 사법발전재단「사법」1(25), 2013, 112면; 이창희, "조세조약과 실질과세", 사법발전재단「사법」1(25), 2013, 5면.

외국의 경우, Klaus Vogel은 소득의 창출을 위해 자산의 사용을 결정하는 것이 소득의 흐름에 필요한 전제조건으로 "자산 또는 소득의 사용 결정에 대한 지배력"에 초점을 두어 실질적 소유권을 의미하는 것으로 보았다.[10]

Du Toit은 "소유권의 귀속이 다른 사람의 소유권 귀속을 능가하는 자"를 의미하는 것으로 보았으며 소유권의 귀속은 "소유, 사용, 관리, 소득, 자본, 위험의 부담"을 포함하며 일부 "법적 접근법"의 관점을 적용했다.[11]

De Broe는 수익적 소유자는 국제조세법상에 따른 의미로 이해되어야 하고 "소득과 관련된 소유권의 귀속"에 초점을 두어 유효한 사실에 근거한 "엄격한 법률적 관점과 소득에 대해 매우 협소한 권한을 가진 대리인 또는 명의수탁인 그리고 도관을 조세조약에 따른 혜택으로부터 배제"하기 위한 것으로 이해하고 수익적 소유자는 "최종 소유권(ultimate ownership)"에 관한 것이 아닌 "수령한 소득으로부터 누가 혜택을 얻었는지"에 관한 것으로 보았다.[12]

Michael Lang은 수익적 소유자는 "실질우위원칙(substance over form)"으로부터 해석되어야 하고 지급금의 전달에 대한 실질적인 의무는 관련 "사실과 상황(fact and circumstance)으로부터 획득한 법적 의무"만을 의미하는 것으로 보았다.[13]

Philip Baker는 수익적 소유자는 도관 구조를 배제하기에 충분하지 않고 "대리인과 명의수

---

10) Klaus Vogel은 수익적 소유자를 포함하고 있는 것은 대리인 또는 중개자들의 개입으로 인한 조약쇼핑을 막기 위한 것이고 국내법상의 의미가 아닌 조약의 문맥과 과세의 제한 목적을 고려하여 해석되어야 하고 실질적으로 소득을 수령하는 경우 자산과 소득의 사용을 결정할 권리를 가지기 때문에 단순한 형식적 소유권이 아닌 실질적 소유권을 의미하는 것으로 보았으며 자산 또는 소득이 법률적 또는 실질적으로 제한을 받는 경우 형식적 소유권만이 존재한다고 했다. 따라서 수익적 소유자는 자본 또는 기타의 자산을 다른 사람이 사용하거나 이용할 수 있는지와 자본 또는 기타 자산으로부터 창출된 수익을 어떻게 사용하는지를 자유롭게 결정할 수 있는 자를 의미하는 것으로 보았다.; Vogel, Klaus Vogel on Double Taxation Convention (1997), Preface to Arts. 10-12 mn. 6, 8 et seqq; Vogel, in: Vogel/Lehner, DBA (5th ed.), Vor Art. 10-12 mn. 18; Angelika Meindl-Ringler, Beneficial Ownership in International Tax Law, Wolters Kluwer, 2016, p.77, 78.

11) Du Toit은 수익적 소유자를 소유권의 권리와 귀속에 초점을 두고 있는 관습법 국가의 의미와 유사한 것으로 보았으며 수익적 소유자는 소유권의 귀속이 다른 사람의 소유권의 특성을 능가하는 자를 의미하고 소유권의 특성은 소유, 사용, 관리, 소득, 자본, 위험의 부담을 포함하는 것으로 보았고 민법 국가들의 경우 명의상 소유자들의 제3자에 대한 의무와 책임을 살펴봄으로써 관습법상 정의를 연결할 수 있는 것으로 보았으며 아울러 관습법상 의미는 비엔나협약에 따른 통상적 의미를 구성하고 모호하지 않으며 통상적 의미를 증명하기 위한 보충적 수단으로 보았다.; Du Toit, op. cit., p.140, 201, 211.

12) De Broe는 수익적 소유자의 결정과 관련해 중개인의 거주지 국가에서의 소득의 귀속과 재정상 중개인의 소유권 귀속에 논점을 맞춘 두 가지 테스트를 제안했고 결과적으로 중개인이 수령한 지급금을 자유롭게 사용할 수 있어야 하고 법적 책임을 부담하고 사용의 방법을 결정할 수 있어야 한다는 것을 의미하는 것으로 보았다.; De Broe, International Tax Planning and Prevention of Abuse, Academic Council, 2008, p.456, 468, 472, 496.

13) Michael Lang, Schweizer Grundsatzurteil zum Beneficial Owner nach DBA-Recht, 22 SWI, 2012, 226-230; Angelika Meindl-Ringler, op. cit., p.91.

탁인" 그리고 수령한 소득에 대한 "매우 협소한 지배력(very narrow power)"을 가진 도관의 수탁자 또한 수익적 소유자와 같은 자격이 부여되므로 "다른 사람에게 수령한 소득을 전달할 의무"가 있는지를 고려해야 하고 수익적 소유자는 조약쇼핑에 대응하기 위한 것으로 "국제재정적 의미(International Fiscal meaning)"를 가지는 것으로 보았다.[14)15)]

Saurabh Jain은 도관회사(conduit company) 사례에서 수익적 소유자의 용어와 경제적 실질의 의미를 명확하게 구분했고 경제적 실질의 의미에서 "소득은 항상 주주에 의해 실질적으로 소유"되므로 결코 회사가 소유할 수 없어 "최종 경제적 소유자(ultimate economic ownership)"의 의미에서 수익적 소유자를 이해하였다.[16)]

살펴본 것과 같이 주요국들은 수익적 소유자라는 용어의 정의를 다양한 용어로 사용하고 있고 용어의 정의에 비추어 보면 우리나라와 다른 차이가 존재한다는 것을 알 수 있다. 주요국들은 수익적 소유자의 판단과 관련해 "소득이 귀속되어 귀속된 소득을 소유하는 자의 귀속된 소득에 대한 소유권 관점에서 조세조약에 따른 제한세율의 적용을 요청할 수 있는 자격 또는 권리"에 기초하여 정의하고 있으나 우리나라는 소득의 귀속 관점에서 고려하고 있는 차이가 존재한다.

즉 소득의 귀속 측면만을 고려하고 있어 조세조약에 따른 수익적 소유자의 의미와 다른 차이가 존재해 국내 세법에 따른 실질귀속자가 조세조약에 따른 수익적 소유자가 같은 용어인지에 대한 의문이 생기고 이러한 점이 본 논문의 주요 논의대상이 된다. 물론 넓은 의미에서 조세조약에 따른 수익적 소유자를 소득귀속원칙으로 볼 수 있으나 조세조약 또는 국제재정적 의미와 엄격하게 일치하는 것으로 보이지 않는다.

---

14) OECD에 의해 국제조세법 측면에서 수익적 소유자 개념이 도입되었고 조약에서 동등한 용어로 사용되는 프랑스어 "실질적 수익자(Bénéficiaire effectif)"의 개념과 일치해야 한다는 사실에 의해 뒷받침되며 소득의 지급에 따른 법률적 범위가 아닌 소득의 최종 소유자(ultimate owner)를 의미한다. 소득의 진실한 지급은 수령자가 의도된 소득을 지급하기 전에 파산하는 경우 최종 수령자가 누구인지를 확인할 필요가 있고 만약 최종 수령자가 자금에 대한 소득의 지급을 요구할 수 있는 경우 자금은 최종 수령자에게 이미 속한 것으로 보았다.; Baker, Double Taxation Conventions, 2014, Art. 10mn. 10B-10.4, 10B-15; Philip Baker's report in United Nations Economic and Social Council, Note by the Coordinator of the Subcommittee on Improper Use of treaties: Proposed amendments, 2008, para. 13; Angelika Meindl-Ringler. op. cit., p.82.

15) "국제재정적 의미(International Fiscal meaning)"는 "재정적 회피와 탈세의 방지 측면에서 구조의 주요 목적이 조약남용 상황에 해당하는 경우에만 특별히 제한하는 것을 의미"하고 "재정적 회피와 탈세"는 "조세회피와 탈세"를 의미한다. 국제조세 및 국제재정 관련 분야의 국외 문헌 등에서는 "International Fiscal meaning"이라는 용어를 많이 사용하고 있고 본 논문에서 나름대로 중요한 의미가 있어 "국제재정적 의미(International Fiscal meaning)"라는 용어를 그대로 사용하고자 한다.

16) Saurabh Jain은 도관회사 사례의 문맥에서 수익적(beneficial)이라는 의미는 이중과세조약의 부적절한 사용을 위해 중개인이 개입되었는지를 결정하기 위한 것으로 조약의 부적절한 이용 이외에 도관이 존재할 동기가 있는지에 초점을 두었다. 따라서 수익적 소유자는 도관의 문맥에서 일반적 남용방지규칙과 유사하게 적용되어야 하는 것으로 보았다.; Saurabh Jain, Effectiveness of the Beneficial Ownership Test in Conduit Company Cases, IBFD, 2013, p.39, 48, 52, 191, 214.

아래에서는 조세조약 일반론을 살펴본 후 조세조약에 따른 수익적 소유자의 해석 및 적용 그리고 수익적 소유자와 혜택의 자격 조항과의 관계에 대해 살펴보고자 한다.

제2절 조세조약 일반론

I. 조세조약의 체결 목적과 혜택

조세조약은 이중과세의 방지와 이중 비과세의 창출을 목적으로 하지 않고 있다. 따라서 이중과세와 이중 비과세의 의미가 무엇인지 그리고 조세조약을 체결하는 주요 목적이 무엇인지 살펴볼 필요가 있다. 국제적 이중과세는 속인주의와 속지주의 중에 어느 기준을 선택하여 적용하는지에 따라 서로 다른 과세제도를 가지게 되어 발생하는 문제이며 이러한 국제적 이중과세를 방지하기 위한 것이 조세조약을 체결하는 주요 목적이라 할 수 있다.

OECD 모델조세조약과 우리나라가 체결하고 있는 대부분의 조세조약에서는 배당 또는 이자 그리고 사용료 소득에 대해 제한세율을 규정하여 원천지 국가의 과세권을 제한하고 있고 부동산 양도소득을 제외한 양도소득에 대해서는 거주지 국가에 배타적 과세권을 부여하는 특징을 가지고 있다. 원천지 국가의 과세권을 제한하는 제한세율에 따르면 이중과세의 방지는 부분적 이중과세의 방지를 의미하는 것으로 이해된다. 또한 부동산 양도소득을 제외한 양도소득에 대해 체약상대국에 배타적 과세권을 부여하는 것은 완전한 이중과세의 방지를 의미한다. 아울러 이중 비과세는 배타적 과세권이 부여된 소득에 대해 체약상대국이 실질적으로 과세하지 않는 경우와 같이 이중과세 문제를 완전히 해소하기 위한 목적으로 체약상대국에 배타적 과세권을 부여하는 경우 발생할 수 있다.

OECD 모델조세조약에서는 한 체약국의 거주자에 의해 발생한 소득 또는 소유된 자본에 대해 조세조약에서 면제 조항을 적용하거나 배당 또는 이자에 대한 제한세율이 적용되는 경우 그러한 소득 또는 자본에 대해서는 세금의 감면은 적용되지 않는다고 규정하고 있다(OECD Model 2017 §23A(4)). 이러한 측면에서 조세조약을 체결한 체약국 중 한 체약국에서 한 번은 과세되어야 하고 조세조약을 체결하는 목적이 이중 비과세의 창출에 있지 않다는 것으로 이해된다.

조세조약은 조세조약을 체결한 체약국의 거주자에 대해서만 적용되고 이중과세 방지를 위해 제한세율 또는 배타적 과세권을 부여하는 등 조세조약을 체결한 체약국의 과세권을 제한하는 특징이 있다. 원천지 국가 또는 거주지 국가는 소득과 자본은 종류별로 원천지 국가 또는 거주지 국가에서 제한 없이 과세할 수 있는 소득과 자본, 원천지 국가의 과세를 제한하는 소득, 원천지 국가와 거주지 국가에서 과세할 수 없는 소득과 자본으로 구분할 수 있다. 이러한 과세권의 제한으로 인해 발생하는 혜택을 조세조약에 따른 혜택이라고 할 수 있다.

OECD 모델조세조약 제6조부터 제22조에서는 원천지 국가에서 부과되는 세금에 관한 세금감면, 세금면제, 과세이연 또는 세금환급 등의 모든 제한과 제23조에 따른 이중과세로부터의 구제 및 제24조에 따른 체약국의 거주자와 국적자를 보호하는 일 또는 기타 이와 유사한 제한을 포함하고 있다. 예를 들어 한 체약국에서 발생한 배당과 이자 그리고 사용료에 대한 체약국의 과세권 제한과 다른 국가의 거주자인 수익적 소유자에게 지급되는 배당과 이자 그리고 사용료에 대한 과세제한이 포함된다. 또한 제13조(양도소득)에서 다른 국가의 거주자에 의한 동산의 양도를 통해 발생한 자본이익과 관련된 체약국의 과세권 제한이 포함되고 조세조약에서 상호면제조항과 같은 다른 조항이 포함되는 경우 상호면제조항에 따른 혜택이 적용된다.

II. 조세조약 혜택의 자격으로서 거주자

1. 거주자의 의미

조세조약의 적용은 조세조약을 체결한 "한 체약국의 거주자"에 대해서만 적용이 되고(OECD Model 2017 §1(1)) "한 체약국의 거주자"는 거주지 국가에서 "납세의무가 있는 인(person)"을 의미한다.[17] 따라서 조세조약에 따른 혜택은 거주지 국가에서 "납세의무가 있는 인(person)"이 거주자 요건을 충족하는 경우에만 조세조약에 따른 혜택의 자격이 부여되고 거주자에 해당하지 않는 경우 원천지 국가의 국내 세법에 따라 과세한다. 다만 거주자 요건을 충족하더라도 조세조약의 모든 혜택에 대한 자격이 자동으로 부여되지 않고 추가적인 일정한 요건을 충족하는 경우에만 혜택의 자격이 부여된다. 즉 조세조약의 적용은 먼저 "납세의무가 있는 인(person)"이 거주자 요건을 충족해야 하고 수익적 소유자와 혜택의 자격 조항[18] 등에 따른 추가적인 요건을 충족하는 경우 조세조약에 따른 혜택의 전부 또는 일부에 대해서 자격이 부여된다. 따라서 조세조약을 체결한 체약상대국의 거주자가 아닌 제3국의 거주자는 조세조약에 따른 혜택이 제공되지 않으며 원천지 국가의 국내 세법에 따라 과세하게 된다.

OECD 모델조세조약에서는 "조세조약은 한 체약국 또는 양 체약국의 거주자인 인(person)"

---

17) 미국을 포함한 일부 OECD 회원국은 거주자가 아닌 시민권을 기준으로 조세조약을 적용하고 있다. 미국은 국제적 소득에 대해 미국 시민과 거주자 외국인 그리고 국내 법인에 대해 세금을 과세하며 이중과세를 방지하기 위해 미국 이외의 국가에서 납부한 일정한 세금을 미국의 납세의무에서 공제해 주고 있다(Florian Haas, Taxation of International Partnership, IBFD, 2014, p.547). 더욱이 미국 이외 자회사의 의결권 또는 주식 가치의 최소 10%를 소유한 미국 모회사가 비-미국 원천소득인 배당을 수령하는 경우 해당 자회사가 납부한 미국 이외 세금에 대해 세액공제를 해 주지만 미국 이외 소득에 대해 미국이 과세하는 금액보다 더 많은 공제를 받을 수 없도록 하고 있다(IRC §904).

미국 모델조세조약에서는 OECD 모델조세조약에서 규정하고 있지 않은 시민권(citizenship)을 규정하고 있고(US Model 2016 §4(1)) 개인은 한 체약국의 거주자인 경우에만 적격자가 되고 시민권은 전 세계 소득에 대해 미국에 납세의무가 있는 납세자의 기준이 되므로 전 세계에서 발생하는 소득에 대해 납세의무가 있는 경우 미국이 체결한 조세조약의 목적상 거주자에 해당하고 미국 시민은 영토와 실질적 또는 본질적 연관성이 없는 경우에도 미국이 체결한 조세조약의 목적상 거주자로 고려된다(Doernberg·Van Raad, "The forthcoming U.S. Model Income Tax Treaty and the Saving Clause", TNI, vol. 5, n°15, 1992; Doernberg·Van Raad, The 1996 United State Model Income Tax Convention, Kluwer Law International, The hague, 1997; Félix Alberto Vega Borrego, Limitation on Benefits Clause in Double Taxation Conventions (Second Edition), Wolters Kluwer, Eucotax, 2017, p.113). 그러나 미국 모델조세조약과 미국이 체결한 조세조약에서 시민권을 적용하고 있어 이중 거주자의 증가와 삼각관계의 상황(triangular situations)이 발생하는 등 조세조약의 적용에 다양한 문제가 발생하고 있다. 국내법에서는 개인이 당해연도 중 31일과 이전 3년간 평균 183일 이상 미국에 체류하는 경우 실질적인 존재가 있는 것으로 고려되며(IRC §7701(b)(3)(A)) 미국 시민권자가 제3국의 거주자로 고려되는 경우 제3국과 미국 사이의 이중 거주의 충돌은 영구적 주거나 절대적 이익의 중심 또는 일상적으로 머무르는 곳이 미국에 유리하게 결정되는 경우에만 조세조약의 목적상 거주자로 고려되어 조세조약의 적용대상이 된다(IRC §7701(a)(50)(B) 등).

1979년 우리나라와 미국이 체결한 현행 조세조약 제3조 제1항 (b)에서는 미국법인과 미국의 과세목적상 법인 또는 미국 법에 따라 법인으로 취급되는 단체를 제외한 미국에 거주하는 기타의 인(person)을 미국의 거주자로 규정하고 있다. 그리고 제5조 이중과세회피에서는 미국법에 따른 규정이나 미국법의 제한에 따를 것을 조건으로 하여 미국은 미국 시민 또는 거주자에 대해 미국의 조세로부터 적절한 한국의 세액을 공제하고 또한 한국법인의 의결권의 최소 10%를 소유하고 있는 미국법인이 특정 과세연도의 기간 중 당해 한국법인으로부터 배당을 지급받는 경우 당해 배당의 지급원인이 되는 소득에 관해서는 당해 배당을 지급하는 한국법인이 한국에서 납부할 적절한 세액을 공제하는 것을 허용하고 있다. 적절한 세액은 한국에 납부한 세액에 기초하지만 한국 내에 원천을 두고 있는 소득 또는 미국 이외에 원천을 두고 있는 소득에 대한 미국의 조세에 대한 세액공제를 제한하기 위한 목적으로 세액공제는 당해 과세연도 중 미국법에서 규정하는 한도액을 초과할 수 없다고 규정하고 있다.

18) OECD "Preventing the Granting of Treaty Benefits in Inappropriate Circumstances, ACTION 6 Deliverable, 2014"와 "Preventing the Granting of Treaty Benefits in Inappropriate Circumstances, ACTION 6: Final Report, 2015"에서는 조항의 제목을 혜택의 제한(Limitation on Benefits, LOB)이 아닌 혜택의 자격(Entitlement to benefits)으로 변경하여 사용하였다. 2017년에 개정된 OECD 모델조세조약 제29조에서도 혜택의 자격((Entitlement to benefits)을 사용하고 있으나 2016년 개정된 미국 모델조세조약 제22조에서는 기존과 같이 혜택의 제한(Limitation on Benefits, LOB)을 그대로 사용하고 있다. 2017년 OECD 모델조세조약에서 규정하고 있는 혜택의 자격 조항과 2016년 미국 모델조세조약에서 규정하고 있는 내용이 대부분 같아 두 용어의 차이가 없다고 할 수 있다. 따라서 본 논문에서는 두 용어를 필요에 따라 혼용하여 사용하였다.

에 대해서만 적용된다고 규정하고 있고 이중 거주 문제를 해결하기 위한 목적으로 거주자[19] 조항을 두고 있다. 공인된 연기금과 투명한 단체는 거주지 국가에서 납세의무가 없어 인(person)의 요건을 충족하지 않지만 인(person)의 범주에 포함된다는 것을 명확하게 하고 있다(OECD Model 2017 §2, §3). 그리고 한 체약국의 세법에 따라 전체적 또는 부분적으로 재정적으로 투명한 단체(fiscally transparent entity)와 약정에 따라 발생한 소득을 과세의 목적상 한 체약국의 거주자 소득으로 고려되는 경우 해당 국가의 거주자 소득으로 보도록 하고 있다(OECD Model 2017 §1(2)). 조약의 목적과 문맥에 따라 다르게 되는 경우를 제외하고 개인, 회사, 기타 인적단체는 인(person)의 범위에 포함된다(OECD Model 2017 §3(1a)).

일반적으로 여러 나라의 국내 세법에서 거주지 국가에 대한 납세자의 인적연고를 기준으로 조세에 대한 "포괄적 의무 또는 무제한 납세의무"를 부여하고 있고 따라서 조세조약을 체결한 체약국의 거주자가 과세대상 소득의 납세의무자가 된다. "한 체약국의 거주자"는 다른 기준에 따라 그 국가에서 "납세의무가 있는 인(person)"을 의미하고 국가 및 지방자치단체를 포함한다(OECD Model 2017 §4(1)). 그러나 거주지 국가에서의 원천으로부터 발생한 소득이나 거주지 국가에 위치하는 자본에 대해서만 거주지 국가에서 납세의무가 있는 인(person)은 포함하지 않는다.

"한 체약국의 거주자"라는 개념은 여러 가지 기능을 가지고 있고 대표적으로 조약을 적용할 인적범위를 결정하거나 이중 거주로 인해 발생하는 이중과세 문제를 해결하고 거주지 국가와

---

19) 국제조세조정법에서는 거주자를 별도로 정의하고 있지 않으며 법인세법에서는 내국법인과 외국법인으로 구분하고 있고 내국법인은 국내에 본점이나 주사무소 또는 사업의 실질적 관리장소를 둔 법인을 의미한다(법인세법 제1조 제1항).
외국법인은 국내에 사업의 실질적 관리장소가 소재하지 않는 경우로서 외국에 본점 또는 주사무소를 둔 단체로서 설립된 국가의 법에 따라 법인격이 부여된 단체, 구성원이 유한책임사원으로만 구성된 단체, 구성원과 독립하여 자산을 소유하거나 소송의 당사자가 되는 등 직접 권리와 의무의 주체가 되는 단체, 그 밖에 해당 외국단체와 동종 또는 유사한 국내의 단체가 상법 등 국내의 법률에 따른 법인인 경우 그 외국단체를 법인으로 규정하고 있다(법인세법 제1조 제3항, 법인세법 시행령 제1조 제2항). 아울러 외국법인 중 외국의 정부 또는 지방자치단체 및 영리를 목적으로 하지 않는 법인으로 보는 단체를 포함한 법인은 비영리법인으로 구분하고 있다(법인세법 제1조 제4항). 소득세법에서는 국내에 주소를 두거나 183일 이상의 거소를 둔 개인을 거주자로(소득세법 제1조의2 제1항 제1호), 거주자가 아닌 개인을 비거주자로 정의하고 있다(소득세법 제1조의2 제1항 제2호). 거주자에 해당하는 개인은 소득에 대한 소득세를 납부할 의무가 있고 비거주자인 개인은 국내원천소득에 대해서만 소득세를 납부할 의무가 있다(소득세법 제2조 제1항). 국세기본법에 따른 법인이 아닌 단체 중 제4항에 따라 법인으로 보는 단체외의 법인이 아닌 단체는 대통령령에 따라 국내에 주사무소 또는 사업의 실질적 관리장소를 둔 경우에는 거주자로 보며 그 밖의 경우에는 비거주자로 규정하고 있다(소득세법 제2조 제3항). 주소와 거소의 판정과 관련해 주소는 국내에서 생계를 같이하는 가족 및 국내에 소재하는 자산의 유무 등 생활 관계의 객관적 사실에 따라 판단하고(소득세법 시행령 제2조 제1항) 거소는 주소지 외의 장소 중 상당기간에 걸쳐 거주하는 장소로서 주소와 같이 밀접하게 생활 관계가 형성되지 않은 장소로 규정하고 있다(소득세법 시행령 제2조 제2항). 국내에 거주하는 개인이 계속해서 183일 이상 국내에 거주할 것을 통상 필요로 하는 직업을 가지고 있거나 국내에 생계를 같이하는 가족이 있고 그 직업 및 자산상태에 비추어 계속해서 183일 이상 국내에 거주할 것으로 인정되는 경우에는 국내에 주소를 가진 것으로 보고 있다(소득세법 시행령 제2조 제3항).

원천지 국가 또는 소재지 국가에서의 과세 결과 발생하는 이중과세 문제를 해결하는 기능을 한다. 우리나라가 체결한 대부분의 조세조약에서는 기본적으로 OECD 모델조세조약을 따르고 있다.[20] 조세조약에 따른 납세의무와 관련해 거주지 국가에서 납세의무를 부담하는지는 "현실적으로 과세가 되는지를 의미하는 것이 아닌 추상적이고 포괄적 납세의무가 성립하는지 여부"에 따라 판단하므로 "납세의무가 있는 인(person)"이란 거주지 국가에서 실질적으로 과세가 되는지와 관계없이 거주지 국가에서 추상적이고 포괄적인 납세의무를 가진 거주자를 의미한다.[21]

2. 이중 거주자와 타이브레이커 규칙(Tiebreaker rule)

거주지 개념은 조세조약의 적용에 있어 가장 근본적인 요건 중 하나에 해당한다. 최소 하나의 체약국에서 거주지 기준을 충족하지 않으면 개인의 적용 범위와 조약에 따른 기본적인 조항도 충족하지 못하게 되어 거주지 분배규칙 또는 OECD 모델조세조약 제23A조와 제23B조의 면제방법과 세액공제방법에 따른 이중과세의 방지를 위한 규칙이 적용되지 않는다. 그러나 거주지 조항이 올바르게 적용되기 위해서는 조세조약을 체결한 체약국 중 한 체약국이 거주지 국가로 고려되어야 한다.

2014년 OECD 모델조세조약에 포함된 이중 거주지(OECD Model 2014 §3(3), §4(2))[22]와 관련된 상황을 해결하기 위한 "타이브레이커 규칙(tiebreaker rule)"[23]은 조세조약의 전체에서 기본적으로 중요한 의미가 있다.

---

[20] 1996년 체결된 우리나라와 영국과의 조세조약 제4조 제1항에서는 "이와 유사한 성질의 기타 기준"에 따라 그 체약국에서 "납세의무가 있는 인(person)"을 의미하고 한 체약국의 원천으로부터 발생한 소득 또는 양도소득에 대해서만 한 체약국에서 납세의무가 있는 인(person)은 포함하지 않는 것으로 규정하고 있고 벨기에와의 조세조약 제4조 제1항에서는 주소, 거소, 관리장소, 본점 또는 주사무소의 소재지 그리고 이와 유사한 성질의 다른 기준에 의해 소득이 그 국가에서 과세대상이 되는 인(person)을 의미하는 것으로 규정하고 있다.

[21] 대법원 2017.7.11. 선고 2015두55134 판결.

[22] 제1항의 규정으로 인하여 개인 이외의 법인(person)이 양 체약국의 거주자가 되는 경우 그의 실질적인 관리장소가 소재하는 국가의 거주자로 본다.

[23] 제1항의 규정에 따라 개인이 양 체약국에서 거주자가 되는 경우 그 개인의 지위는 다음과 같이 결정된다. ⓐ 개인은 그가 이용할 수 있는 항구적 주거(permanent home)가 있는 국가의 거주자로 본다. 양 체약국 내에 모두 항구적 주거가 있는 경우 개인은 그의 인적, 경제적 관계가 더 밀접한 국가의 거주자로 본다(중대한 이해관계의 중심지). ⓑ 개인의 중대한 이해관계의 중심지가 있는 국가를 결정할 수 없거나 어느 국가에서도 이용할 수 있는 항구적 주거가 없는 경우 일상적 주거(habitual abode)를 두고 있는 국가의 거주자로 본다. ⓒ 개인이 일상적인 주거를 양 체약국에 두고 있거나 어느 국가에도 일상적인 주거가 없는 경우 그가 "국민"인 국가의 거주자로 본다. ⓓ 개인이 양 체약국의 국민이거나 혹은 양 체약국 중 어느 국가의 국민도 아닌 경우 양 체약국의 관계기관이 상호합의하여 이 문제를 해결한다.

타이브레이커 규칙 중 하나인 OECD 모델조세조약 제4조 제3항에서 비거주자를 위한 타이브레이커 규칙에 대한 변화는 BEPS Action 6 Deliverable Action 2와 함께 제안되었다.

개정된 2017년 OECD 모델조세조약에서는 제1항의 규정에 따라 개인 이외의 인(person)이 이중 거주자에 해당하는 때에는 효과적인 관리의 장소(place of effective management), 통합(incorporated) 또는 다르게 구성된 장소 그리고 기타 관련 요소를 고려해 협약의 목적에 따라 거주지로 고려할 수 있도록 체약국의 관계기관이 상호 합의해 결정할 수 있도록 하고 있다. 따라서 이중 거주자는 체약국의 관계기관이 합의하는 방법을 제외하고 조세조약에 의해 제공되는 세금으로부터 경감 또는 면제받을 자격이 부여되지 않는다.

결과적으로 개인이 아닌 법인 또는 단체의 이중 거주지 사례에서 다른 체약국의 관계기관이 효과적인 관리의 장소와 통합 또는 다르게 구성된 장소 그리고 기타 관련 요소를 고려하여 상호 합의하는 경우에만 문제가 해결될 수 있고 결정이 내려지지 않는 한 이중 거주자에 해당하는 법인 또는 단체는 조세조약에 따른 세금의 감면 또는 면제에 대한 자격이 부여되지 않는다.

III. 조세조약의 남용과 남용사례

1. 조세조약의 남용

조세조약에 따른 부당한 조세 거래는 조세회피와 조세조약의 남용으로 구분할 수 있고 조약쇼핑(treaty shopping)은 조세조약의 남용에 포함된다. 조세회피는 경제적 활동을 수행하지 않는 저세율 국가 또는 과세하지 않는 국가로 소득을 인위적으로 이전하기 위한 목적으로 조세조약에 따른 조항의 흠결과 불일치를 부당하게 이용하기 위한 국제 세무계획전략을 의미한다.[24] 조세조약의 남용은 특정 국가 사이에 체결된 조세조약에 따른 혜택의 자격이 부여되지 않는 인(person)이 해당 조세조약에 따른 혜택을 부당하게 받는 것을 의미하고 조약쇼핑이 대표적인 남용에 해당한다. 조약쇼핑은 국제조세 분야에서 확정된 의미가 부여되어 있지 않으나 일반적으로 미국 연방민사소송법(Federal Rule of Civil Procedure)에 따른 "포럼쇼핑(forum

---

24) 홍성훈·박수진·이형민, "주요국의 조세회피 방지를 위한 일반규정 비교연구", 한국조세재정연구원 세법연구센터 「세법연구」, 16-04, 2016, 14면.

shopping)"에서 유래된 실무적인 용어로 이해되고 있다.[25]

OECD는 조약쇼핑을 국제거래 또는 사업의 수행에 있어 특정 조세조약에 따른 혜택을 부당하게 이용하기 위해 조세조약에서 규정하고 있는 조항을 분석하는 행위로 정의하고 있다.[26] 조세조약에 따른 혜택은 조세조약을 체결한 국가의 거주자에 대해서만 부여되고 체약국의 거주자에 해당하지 않는 경우 조세조약에 따른 혜택은 부여되지 않으므로 "제3국의 거주자가 해당 조세조약에 따른 혜택을 얻기 위한 목적으로 다양한 조세회피를 계획해 실행할 수 있고 이러한 행위"를 조약쇼핑이라고 할 수 있다.

조약쇼핑 구조는 대표적으로 배당소득과 관련한 형태와 회사 또는 단체를 사용한 형태로 구분할 수 있다. 배당소득과 관련한 형태는 자본거래를 통해 배당소득으로 분류되는 것을 회피하기 위해 주식이나 지분의 환매, 자본감소, 배당거래, 주식 및 채권의 양도를 통한 자본의 재구성, 주주 통제를 통한 자회사 사이의 주식 매각, 혼성증권을 통한 배당소득의 회피 등이 대표적이다. 회사 또는 단체의 사용은 주로 파트너십 약정 및 신탁 약정, 회사를 사용한 직접 전략인 도관회사의 사용과 간접전략인 디딤돌 도관(Stepping Stone Conduit) 구조, 금융중개, 중간지주회사, 본부기업과 같은 조정 및 자금조달과 유통센터의 사용, 고정사업장의 이용이 대표적이다.

2. 회사 또는 단체의 사용을 통한 남용사례

가. 도관회사

도관회사(conduit company)의 사용은 원천지 국가에서 발생하는 소득은 원천지 국가와 조세조약을 체결한 국가의 거주자인 회사를 통해 얻은 소득으로 이러한 구조를 사용하기 위해서는 원천지 국가에서 비거주자에 대한 세금이 면제되거나 감면되는 조세조약보다는 원천지 국가에서의 세금을 감소시킬 수 있는 조세조약을 이용하기 위한 목적으로 설립되거나 사용된 회사가 실질적으로 원천지 국가에서 과세되지 않거나 세금이 최소화되는 것이 필수적인 요건이 된

---

25) Becker, Helmut & Felix J., Treaty Shopping: An Emerging Tax Issue and its Present State in Various Countries, Kluwer, 1988, p.2; 김석환, "조약편승과 실질과세원칙", 한국국제조세협회 「조세학술논집」 31(1), 2015, 231면.
26) 홍성훈·정훈·홍민옥, "조세조약상 혜택제한 조항 도입에 관한 국제비교 연구", 한국조세재정연구원 세법연구센터 「세법연구」 15-02, 2015, 12면.

다. 즉 원천지 국가에서 발생하는 소득에 대한 세금의 최소화 또는 면제가 주요 목적이라 할 수 있다. 사용된 회사가 원천지 국가에서 세금이 최소화되거나 면제되지 않는 경우 조세조약을 통해 얻은 혜택은 사용된 도관회사의 거주지 국가에서 부과하는 세금으로 인해 효과가 상쇄되기 때문에 우대과세제도(Special tax regime)와 같은 법인세 면제제도의 적용 등을 통해 도관회사에 법인세가 과세되지 않아야 하고 도관회사에 의해 파생된 소득이 제3국으로 전달되는 때에도 비거주자 과세대상에 해당하지 않아야 한다.

나. 디딤돌 도관

간접전략인 디딤돌 도관(stepping stone conduit)은 도관회사와 유사하다. 다만 중간에 개입된 회사(이하, 중개회사)가 얻은 소득이 중개회사의 거주지 국가의 세금으로부터 면제되지 않는다는 차이가 있다. 이러한 차이로 인해 디딤돌 도관의 경우 소득이 중개회사의 거주지 국가에서 과세되는 것을 효과적으로 방지하기 위해 파생된 소득은 제3국의 거주자인 회사에 의해 비용으로 청구되어 상계된다. 제3국의 거주자인 회사의 비용 청구로 원천지 국가에서 파생된 소득에 대해 과세가 되지 않아 결과적으로 비용의 청구로 인해 중개회사의 법인세 과세표준이 잠식된다.

일반적으로 중개회사가 원천지 국가에서 얻은 소득은 비용으로 제3국에 전달되고 낮은 세율이 적용되는 국가에 소재하고 있는 기지회사(base company)에 의해 비용으로 청구된다. 따라서 디딤돌 도관은 제3국에 거주하는 회사에 의해 청구된 비용과 함께 원천지 국가에서 파생된 소득이 상계되어 중개회사의 거주지 국가에서의 법인세 부담이 제거되고 중개회사는 과세표준으로부터 비용으로 인정받는 것이 가능하게 된다.

중개회사는 일반적으로 많은 국가와 조세조약을 체결하고 있는 국가에 설립되어야 한다. 다만 체결된 대부분의 조세조약에서 원천지 국가에서 세금의 면제 또는 감면의 혜택을 제공하지는 않을 것이다. 따라서 디딤돌 도관을 사용하는 경우 소득이 제3국에 거주하는 회사에 의해 청구된 비용을 통해 분배되어 중개회사가 제3국에 거주하는 회사에 분배하는 소득이 비거주자 과세대상에 해당하지 않는다는 것이 보장된다. 결과적으로 제3국의 거주자인 회사가 청구한 비용이 중개회사의 과세표준에서 공제받을 수 없도록 할 수 있는 도관회사와 관련된 법률과 과소자본세제 그리고 이전가격 세제 등과 같은 제도를 시행하고 있는 국가는 일반적으로 고려대상에서 제외된다.

다. 중간지주회사

중간지주회사(Intermediary Holding company)는 다른 국가의 거주자인 회사의 자본에 대한 지분을 소유해 배당과 자본이익에 대한 세금의 최적화에 사용된다. 최적화에는 원천지 국가에서의 세금을 없애거나 감소시키는 것뿐만 아니라 지분을 소유하는 회사의 거주지 국가에서의 세금을 없애거나 줄이는 것을 포함한다. 이익이 제3국에 분배되는 경우 비거주자 과세를 회피하기 위한 목적으로 일반적으로 도관회사와 디딤돌 도관회사를 사용한다.

벨기에의 경영참여소득면제(participation exemption)와 같은 지주회사의 설립에 유리한 규정을 포함하고 있는 국가의 경우 지급되는 배당에 대한 세금으로부터의 면제와 지분의 양도로부터 발생하는 자본이익 등에 대한 거주지 국가에서의 세금의 감면이 중요하게 고려된다. 조약쇼핑은 일반적으로 원천지 국가에서의 세금을 줄이는 것을 목표로 하고 있어 비거주자에 대한 세금을 최대한 줄일 수 있는 국가에 설립된다.

중간지주회사를 설립하려는 경우 중간지주회사에 분배되는 소득이 원천지 국가에서 비거주자 과세대상에 해당하는지를 고려해야 하고 만약 원천지 국가의 국내법이나 조세조약에서 중간지주회사에 지급되는 배당에 대해 세금이 과세되는 경우 회사를 청산하거나 주식을 양도[27]하는 것과 같은 다른 방법을 사용하여 원천지 국가에서 비거주자에게 부과하는 세금의 부담을 회피할 수 있다.

라. 조정센터

조약쇼핑 구조와 관련된 또 다른 구조는 조정 그리고 자금조달과 분배센터와 같은 조정센터 기능을 하는 단체가 있다. 제4장 OECD와 미국 모델조세조약상 혜택의 자격에서 논의될 내용 중 본부기업이 이러한 기능을 하는 단체에 해당한다. 이러한 단체는 자금조달, 연구 및 개발, 감

---

27) 미국의 경우 외국법인이 청산을 하면서 유보된 소득을 분배하는 경우 배당이 아닌 주식의 양도소득으로 취급하는 경우 원천징수세가 과세되지 않을 수 있다. 이러한 문제로 인해 미국의 경우 외국회사가 청산하는 때에 미국 지주회사가 소득과 이익을 분배하는 경우 일반적으로 배당소득으로 간주하여 원천징수세가 과세된다(IRC §332(d)).

사, 수집관리 등과 같은 특정 사업그룹 활동의 중앙 집중화에 사용되고 실질적으로는 조약쇼핑 구조에 해당하지 않는다고 할 수 있다.

다만 조정센터에 의한 연속적인 비용의 청구를 통해 다양한 사업그룹의 단체에 의해 발생하는 이익을 줄이는 것과 사업그룹의 나머지 단체에 의해 청구되는 소득에 부과되는 원천지 국가의 세금을 회피하거나 줄일 수 있도록 낮은 세금을 부담할 수 있는 조세조약을 많이 체결하고 있는 국가에 이익을 이동시키는 것을 목적으로 하고 있어 일종의 조약쇼핑 구조에 해당하는 것으로 볼 수 있다.

사업그룹의 단체가 조정과 자금조달 그리고 분배센터를 통해 얻은 소득은 원천지 국가에서 비거주자 과세대상에 해당할 수 있다. 따라서 조정센터는 일반적으로 거주지 국가에 소득에 대한 배타적 과세권이 부여되거나 원천지 국가에서 최소한의 세금만을 부담할 수 있는 조세조약을 체결하고 있는 국가에 설립된다. 이러한 측면에서 보면 일정한 수준의 조약쇼핑이 가능하고 원천지 국가에서 세금을 줄일 수 있는 조세조약이 존재하고 조정센터가 얻은 소득이 거주지 국가에서 면제되거나 낮은 법인세의 대상이 되어야 하므로 거주지 국가의 국내 세법이나 조세조약에서 낮은 세율이나 과세표준을 설정하고 있는 국가가 조정센터를 설립하려는 국가의 선택에 중요한 고려 요소가 된다.

IV. 외국단체와 국외투자기구의 분류

1. 외국단체의 분류

외국단체의 분류는 국내 세법에 따른 "소득의 귀속"과 조세조약에 따른 "납세의무가 있는 인(person)"과 직접적인 관계가 있다. 특히 단체가 설립된 곳과 구성원의 거주지가 같지 않고 추가로 소득의 원천지 국가가 관계되어 두 개 국가 또는 세 개 국가가 관련되는 경우 국내 세법 및 조세조약의 적용과 관련해 복잡하고 어려운 문제가 발생하게 된다.[28] 이러한 문제는 국내법

---

28) 윤지현, "'단체 분류(Entity Classification)'에 관한 대법원 판례와 경제협력개발기구(OECD)의 '파트너쉽 보고서(Partnership Report)'의 조화(調和) 가능성에 관한 검토 – 해석론과 문제점을 중심으로", 한국국제조세협회 「조세학술논집」 30(1), 2014, 244면, 245면.

에서는 존재하지 않고 우리나라의 법인과 같은 개념이 존재하지 않는 유한파트너십(Limited Partnership, LP)[29]과 같은 외국의 혼성단체(hybrid entity)[30]를 소득세법에 따라 하나의 비거주자로 보아 소득세로 과세할 것인지 법인세법에 따라 외국법인으로 보아 법인세로 과세할 것인지 그리고 유한파트너십(LP)이 아닌 파트너가 개인인지 법인인지에 따라 소득세 또는 법인세를 부과하여야 하는지와 관련이 있다.

법인세법에서는 법인을 내국법인과 외국법인으로 구분하고 있다. 2013.1.1. 개정 전 법인세법에서는 "외국에 본점 또는 주사무소를 둔 법인[31]"을 외국법인으로 정의하였으나 "법인"의 정의 및 분류기준을 규정하지 않아 외국단체가 어떠한 기준을 충족하는 경우 법인에 해당하는지에 대한 문제가 있었다. 이와 관련해 2012년 이후 대법원은 새로운 판결들을 선고했고 대법원 판례에서는 법인세법에서 외국법인의 구체적 요건에 관하여 본점 또는 주사무소의 소재지 외에 별다른 규정이 없는 이상 단체가 설립된 국가의 법령 내용과 단체의 실질을 고려하여 우리나라의 사법(私法)상 "단체의 구성원으로부터 독립된 별개의 권리 및 의무의 귀속 주체로 볼 수 있는지"를 외국단체의 분류기준으로 제시하였다.[32]

판례를 통해 형성된 분류기준을 고려하여 2013.1.1. 개정된 법인세법에서는 "외국에 본점 또는 주사무소를 둔 단체[33]로서 대통령령으로 정하는 기준에 해당하는 법인"을 외국법인으로 정의하였다.

---

29) 역외 투자와 관련해 유한파트너십이나 유한파트너십과 유사한 단체는 아래와 같은 장점이 있어 자주 활용되고 있다.
첫째, 유한파트너십 등은 설립지 국가에서 파트너십 단계에서 납세의무를 부담하지 않고 파트너십의 소득이 파트너(투자자)에게 귀속된 것으로 고려되어 파트너는 설립지 국가 단계에서의 세금의 부담을 회피할 수 있고 유한파트너십이 수령한 소득의 성격이 변하지 않는다(Stephanie R. Breslow & Phylis A. Schwartz, Private Equity Funds: Formation and Operation, Practising Law Institute, 2014, § 3:2.3 [A]; Matthew Hudson, Funds: Private Equity, Hedge and All Core Structures, Wiley, 2014, p.9; 김범준, "국내투자 혼성단체(hybrid entity)의 과세문제", 서울대학교 박사학위 논문, 2016, 20면).
둘째, 유한파트너십의 파트너(투자자)는 출자한 금액을 한도로 채무에 대한 책임을 부담하고 이러한 책임의 제한은 파트너(투자자)에게 예측 가능성을 담보한다(Stephanie R. Breslow & Phyllis A. Schwartz, supra note 73, § 3:2.3 [A]; Matthew Hudson, supra note 73, p.9; 김범준, 전게 논문, 20면).
셋째, 주식회사 등과 같은 단체는 획일적인 회사법에 구속된다. 다만 유한파트너십 등의 단체는 구성원 간의 자율적인 계약에 기초하고 있어 구체적인 상황에 적합하도록 할 수 있어 유연한 계약을 체결할 수 있다(Stephanie R. Breslow & Phyllis A. Schwartz, supra note 73, § 3:2.3 [A]; Matthew Hudson, supra note 73, p.9; 김범준, 전게 논문, 20면).
넷째, 유한파트너십 등은 파트너십의 일상적 운영을 책임지는 무한책임사원과 파트너십의 운영에 참여하지 않는 유한책임사원으로 구성되어 있어 자산운용사의 전문성을 발휘할 수 있는 적합한 환경을 제공한다(김범준, 전게 논문, 21면).
30) 혼성단체(hybrid entity)는 원천지 국가에서는 투시과세(pass-through taxation)되지만 단체의 설립지 국가에서는 과세목적상 법인으로 과세되는 단체를 의미한다(김석환, "해외 혼성사업체 과세방식에 관한 소고", 한국국제조세협회 「학술논집」 29(1), 2013, 66면).
31) 국내에 사업의 실질적 관리장소가 소재하지 않는 때에 한한다.

그리고 2013.2.15. 개정된 법인세법 시행령 제1조 제2항에서는 설립된 국가의 법에 따라 법인격이 부여된 단체, 구성원이 유한책임사원으로만 구성된 단체, 구성원과 독립하여 자산을 소유하거나 소송의 당사자가 되는 등 직접 권리 및 의무의 주체가 되는 단체, 그 밖에 해당 외국단체와 동종 또는 유사한 국내의 단체가 상법 등 국내의 법률에 따른 법인인 경우의 그 외국단체 중 어느 하나에 해당하는 때에는 외국법인에 해당하는 것으로 규정하였다.

법인세법 시행령 제2조 제3항에서는 국세청장은 외국법인의 유형별 목록[34]을 고시할 수 있도록 하고 있고 제1조 제4항에서는 외국법인 기준의 적용은 조세조약 적용대상의 판정에 영향을 미치지 않는 것으로 규정하고 있다. 현재까지 외국법인의 유형별 목록은 고시되고 있지 않다.

---

32) 일반적으로 혼성단체의 분류는 사법적 성질 방식, 설립지 국가의 세법상 취급 방식, 해당 단체의 선택 방식, 하나의 방식으로 강제하는 방식이 있다.
  사법적 성질은 외국단체가 설립된 국가의 법령 내용과 단체의 실질에 비추어 보아 개인이 아닌 단체로서 단체의 구성원으로부터 독립된 별개의 권리 및 의무의 귀속 주체가 될 수 있는지에 따라 판단하여야 한다는 것이다(대법원 2012.1.27. 선고 2010두5950 판결). 우리나라를 포함한 일본, 영국, 독일 등 대부분의 국가가 판례 및 입법을 통해 채택하고 있다(김석환, 전게 논문, 70면). 사법적 성질 방식은 우리나라의 법인과 실질적으로 유사한 권능을 가진 외국단체를 외국법인으로 취급할 수 있어 내국법인과 외국법인을 통틀어 실질에 따라 통일적인 과세가 가능하다는 점, 외국의 입법에 따른 변화에 영향을 받지 않는다는 점, 세법의 적용에 있어 사법 우선의 원칙을 견지할 수 있다는 장점이 있으나 외국단체가 국내법상 어느 조직에 해당하는지 결정하기가 어렵다는 점과 파트너십의 설립지 국가의 세법상 취급과 동떨어진 결과를 허용하여 파트너십에 대한 비대칭적 과세를 발생하게 하는 단점이 있다(김석환, 전게 논문, 71면).
  설립지 국가의 세법상 취급 방식은 사법상 성질이 아닌 세법에 따른 독자적인 맥락에 따르자는 것으로 외국단체가 그 나라의 세법상 어떻게 취급되는가를 고려하여 외국단체의 성격이 국내법에 따른 법인과 다른 단체 중 가까운 쪽으로 결정하자는 것이다(김석환, 전게 논문, 72면). 국내 세법에 따르는 경우 법인과 기타 다른 단체의 차이 중 법인세의 납세의무가 있는지 없는지가 가장 중요한 차이라 할 수 있고 이러한 측면에서 보면 국내 세법상 법인인지는 외국단체가 그 나라 법에서 단체 자체가 소득에 대한 세금을 부담하는지가 기준이 될 수 있다(김석환, 전게 논문, 72면). 설립지 국가의 세법상 취급 방식은 법인 과세와 소득 과세의 판단기준이 비교적 단순해 외국단체가 국내에 투자하는 경우 예측 가능성이 높아져 법적 안정성을 높일 수 있다는 점과 조세조약과 국내 세법의 적용에 따른 비대칭성 문제를 제거할 수 있는 장점이 있으나 사법적 성질이 같은 단체가 그 나라의 세법상 단체 단계에서 별도의 납세의무를 부담하는지에 따라 우리나라에서의 과세상 취급이 달라진다는 단점이 있다(김석환, 전게 논문, 72면, 73면). 이 방식을 따르는 경우 미국의 회사(corporation)에 해당하는 단체는 국내 세법에 따른 법인에 해당하게 되고 유한파트너십(LP)과 같은 단체는 법인에 해당하지 않는다(김석환, 전게 논문, 72면).
  해당 단체의 선택 방식은 외국단체 스스로가 법인 과세를 받을지 또는 투시 과세받을지를 선택하게 하는 방식으로 미국이 채택하여 적용하고 있다. 이 방식은 사업체 조직의 선택에 세법에 따른 영향을 최소화하여 조세중립성을 높이고 사업체의 과세에 대한 과세당국과 납세의무자에게 예측 가능성을 제공하는 장점이 있다. 그러나 국가들 간 과세상 비대칭성과 혼성 또는 역혼성단체를 이용한 부적절한 조세계획(aggressive tax planning)의 기회를 제공하고 이에 따른 남용방지 규정의 도입으로 인해 세제가 복잡해질 수 있는 문제가 있다(김석환, 전게 논문, 73면).
  하나의 방식으로 강제하는 방식은 모든 외국 혼성단체를 투시 단체 또는 법인 과세 중 하나로 강제하는 방식으로 이태리가 채택하여 적용하고 있다(김석환, 전게 논문, 73면). 이러한 방식은 높은 예측 가능성을 가지고 있으나 국내 세법상 외국단체의 특성을 고려하지 않아 비대칭성을 극대화하는 단점이 있다(김석환, 전게 논문, 73면).
33) 국내에 사업의 실질적 관리장소가 소재하지 않는 경우에 한한다.
34) 미국은 일정한 외국의 사업단체(business entity)는 자동으로 회사로 고려하고 있고 미국의 과세목적에 따른 회사로 고려된다. 관련된 규정에서는 회사로 고려되는 세계 각국의 사업단체의 목록을 열거하여 제공하고 있고 우리나라의 경우 주식회사(Chusik Hoesa)만을 사업단체에 해당하는 것으로 규정하고 있다(CFR 301.7701-2(b)(8)(ⅰ)).

아울러 "외국법인 기준의 적용이 조세조약 적용대상의 판정에 영향을 미치지 않는다"는 의미는 외국단체의 분류와 소득의 실질귀속자 또는 수익적 소유자의 판단은 다른 문제라는 것을 분명히 한 것으로 이해된다.[35]

OECD 파트너십 보고서에서는 파트너십을 회사로 간주하거나 파트너십이 회사와 같은 방법으로 과세가 되는 경우 과세가 되는 국가의 거주자에 해당하므로 거주지 국가가 체결한 조세조약에 따른 혜택을 부여하여야 한다고 언급하고 있다. 다만 파트너십이 설립된 국가에서 재정적으로 투명한(fiscally transparent) 것으로 취급되는 경우 파트너십은 제4조 제1항의 의미에서 설립된 국가에서 납세의무가 없어 조세조약의 목적에 따른 거주자에 해당하지 않아 파트너십을 다루는 특별 규칙이 제공되지 않는 한 파트너십에 대한 조세조약의 적용은 거부된다.

그러나 파트너십에 대해 조세조약의 적용이 거부되더라도 파트너십 소득이 파트너의 지분에 비례하여 파트너에게 배분되고 파트너가 파트너의 거주지 국가의 과세목적에 따라 납세의무를 부담하는 경우 파트너의 국가와 체결한 조세조약에 따른 혜택을 제공하여야 한다.[36] OECD의 이러한 견해는 파트너십의 소득이 파트너에게 투과되는 경우 파트너가 납세의무를 부담하는 것으로 간주하여 파트너의 거주지 국가가 체결한 조세조약에 따른 혜택의 자격이 부여되어야 한다는 것을 의미하고 원천지 국가에서의 분류와 관계없이 거주지 국가의 세법에 따른 파트너십의 취급을 따라야 한다는 것을 의미한다.

결과적으로 OECD의 이러한 견해는 조세조약의 적용 목적에 따른 대칭성을 확보하여 혼성단체 또는 역혼성단체와 관련된 근본적인 문제를 해결하여 이중과세 또는 이중 비과세와 관련된 문제의 해결을 주된 목적으로 하는 것으로 이해된다.[37]

아울러 2014년 OECD 모델조세조약에서는 "수익적 소유자가 배당금을 지급하는 회사 자본의 최소 25%를 직접 보유하는 '회사(파트너십 제외)'인 경우 배당금 총액의 5%"로 과세하도록 규정하고 있었다(OECD Model 2014 §10(2)(a)). 이와 관련해 법인세법에 따른 외국법인 분류기준을 적용한 결과 외국법인으로 판단된 외국 파트너십이 낮은 세율(5%)의 요건을 충족하는

---

35) 이경근·서덕원·김범준, 「국제조세의 이해와 실무」, 영화조세통람사, 2014, 450면; 김범준, 전게 논문, 97면.
36) OECD, The Application of the OECD Model Tax Convention to Partnership, 1999, p14, para. 34, para. 35.
37) 대법원의 론스타 판결의 결론에 따라 미국 유한파트너십(LP)이 국내 세법에 따른 법인에 해당하더라도 OECD의 기준에 따르면 조세조약의 적용에 있어 미국 유한파트너십(LP)은 미국의 거주자에 해당하지 않아 우리나라와 미국이 체결한 조세조약에 따른 혜택이 부여되지 않는다. 다만 국내 세법에 따른 납세의무자에 해당하지 않는 유한파트너십(LP)의 파트너가 파트너의 거주지 국가와 우리나라가 체결한 조세조약에 따른 혜택의 부여를 요청할 수 있으나 파트너는 당초부터 국내에서 과세할 권한이 발생하지 않아 조세조약에 따른 혜택을 주장할 수 없는 문제가 발생하게 된다(김석환, 전게 논문, 77면, 78면).; 김석환, 전게 논문, 75면.

경우 낮은 세율(5%)의 적용대상이 되는지 문제가 되었다. 2017년 개정된 OECD 모델조세조약에서 배당에 적용되는 5% 제한세율의 적용과 관련해 '파트너십 제외'를 삭제하였고 이러한 측면을 고려하면 법인세법에 따라 외국법인으로 분류된 외국 파트너십이 낮은 세율의 적용요건을 충족하는 경우 낮은 세율의 적용을 받을 수 있도록 하는 것이 바람직하다.

앞서 살펴본 것과 같이 OECD는 거주자인지를 기준으로 하여 외국단체의 설립지 국가의 세법에 따라 법인 과세의 적용을 받는지를 기준으로 하고 있어 사법(私法)상 성질을 분류기준으로 채택하여 적용하는 우리나라와는 차이가 존재하고 있음을 알 수 있다. 다만 이러한 차이에도 불구하고 법인세법 시행령에서 외국법인 분류기준의 적용이 조세조약 적용대상의 판정에 영향을 미치지 않는다고 규정하고 있는 점에 비추어 보면 법인세법 및 법인세법 시행령에 따른 외국법인 분류기준은 국내 세법의 적용에 있어 법인 과세 또는 소득 과세의 구분을 위한 기준을 제시한 것으로 이해된다.[38]

결론적으로 실제 조세조약의 적용에는 OECD의 기준에 따라 실질귀속자 또는 수익적 소유자를 판단하여 적용한다는 것을 의미하는 것으로 보아야 하고 외국의 파트너십이 설립된 국가에서 재정적으로 투명한 것으로 취급되는 때에는 파트너십의 파트너가 파트너의 거주지 국가와 체결한 조세조약에 따른 혜택의 적용을 받을 수 있도록 하여야 한다. 아울러 외국법인의 유형별 목록을 제공하면서 뒤에서 살펴볼 영국의 제도와 같이 재정적으로 투명한 것으로 취급되는 혼성단체 또는 역혼성단체의 목록을 함께 제공하는 것이 더욱 바람직하다.

2. 국외투자기구의 분류

법인세법 및 소득세법에서는 실질귀속자가 조세조약에 따른 비과세 또는 면제를 받고자 하는 경우 비과세 또는 면제신청서를 소득지급자에게 제출하고 소득지급자는 납세지 관할 세무서장에게 제출하도록 하고 있다(법인세법 제98조의4 제1항, 소득세법 제156조의2 제1항). 그리고 법인세법 제93조(외국법인의 국내원천소득) 또는 소득세법 제119조(비거주자의 국내원천소득)에 따른 국내원천소득의 실질귀속자가 조세조약에 따른 제한세율을 적용받으려는 경우 제한세율 적용신청서를 원천징수의무자에게 제출하도록 규정하고 있다(법인세법 제98조의6 제1항,

---

38) 대법원 2012.1.27. 선고 2010두5950 판결에 비추어 보아도 이러한 의미로 이해된다.

소득세법 156조의6 제1항).

국외공모집합투자기구는 자본시장법에 따른 집합투자기구와 유사한 국외투자기구로서 조세조약을 체결한 체약국의 법률에 따라 등록하거나 승인을 받은 국외투자기구, 증권을 사모로 발행하지 않고 직전 회계기간 종료일 현재 투자자가 100명 이상인 경우,[39] 조세조약에서 혜택의 적용을 배제하도록 규정된 국외투자기구에 해당하지 않는 경우의 세 가지 요건을 모두 충족하는 국외투자기구로 정의하고 있다(법인세법 시행령 138조의7 제3항, 소득세법 시행령 제207조의8 제3항).

국외투자기구(이하, 1차 국외투자기구)에 다른 국외투자기구(이하, 2차 국외투자기구)가 투자하고 있는 경우 1차 국외투자기구는 2차 국외투자기구로부터 실질귀속자별로 비과세 또는 면제신청서를 제출받아 그 명세가 포함된 국외투자기구 신고서와 제출받은 비과세 또는 면제신청서를 제출하여야 하며(법인세법 시행령 제138조의4 제10항, 소득세법 시행령 제207조의2 제10항) 다수의 국외투자기구가 연속적으로 투자 관계에 있는 경우는 투자를 받는 직전 국외투자기구를 1차 국외투자기구로 투자하는 국외투자기구를 2차 국외투자기구로 분류하고 있다.

국내원천소득이 국외투자기구를 통해 지급되는 경우 국외투자기구는 실질귀속자로부터 비과세 또는 면제신청서 그리고 제한세율신청서를 제출받아 그 명세가 포함된 국외투자기구 신고서와 제출받은 비과세 또는 면제신청서 그리고 제한세율신청서를 소득지급자에게 제출하고 소득지급자는 신고서와 신청서를(법인세법 제98조의4 제2항 및 제98조의6 제2항, 소득세법 제156조의2 제2항 및 제156조의6 제2항) 소득을 지급하는 날이 속하는 달의 다음 달 9일까지 소득지급자의 납세지 관할세무서에 제출해야 한다(법인세법 시행령 제138조의4 제9항 및 제138조의7 제1항, 소득세법 시행령 제207조의2 제9항). 다만 국외공모집합투자기구에 해당한다는 것을 확인할 수 있는 서류, 해당 국외투자기구의 국가별 실질귀속자의 수 및 총투자금액 명세가 포함된 국외투자기구 신고서, 국외공모투자기구의 명의로 작성한 비과세 또는 면제신청서를 제출한 경우는 제외하고 있다.

만약 소득지급자 또는 원천징수의무자가 실질귀속자 또는 국외투자기구로부터 비과세 또는 면제 그리고 제한세율 신청서나 국외투자기구 신고서를 제출받지 못하는 경우와 제출된 서류를 통해 실질귀속자를 확인할 수 없는 경우에는 비과세 또는 면제 그리고 제한세율을 적용하지 않

---

[39] 신규로 설립된 국외투자기구는 국외투자기구 신고서 제출일을 말하고, 투자자가 다른 국외투자기구인 경우 그 국외투자기구를 1명으로 본다.

고 법인세법 제98조 제1항과 소득세법 제156조 제1항에 따른 금액으로 원천징수하여야 한다(법인세법 제98조의4 제3항 및 제98조의6 제3항, 소득세법 제156조의2 제3항 및 제156조의6 제3항).

실질귀속자를 확인할 수 없는 경우란 비과세 또는 면제신청서와 국외투자기구 신고서를 제출받지 못한 경우, 제출된 비과세 또는 면제신청서와 국외투자기구 신고서상 내용을 보완 요구하였으나 보완되는 않는 경우, 제출된 비과세 또는 면제신청서와 국외투자기구 신고서를 통해 실질귀속자를 확인할 수 없는 경우를 의미한다(법인세법 시행령 제138조의4 제9항, 소득세법 시행령 207조의2 제9항).

다만 보완되지 않는 경우와 실질귀속자를 확인할 수 없는 경우는 그러한 사유가 발생한 부분에 대해서만 한정되고 국외공모집합투자기구에 대해서는 실질귀속자를 확인할 수 없는 경우는 제외된다(법인세법 시행령 제138조의7 제13항, 소득세법 시행령 207조의2 제13항).

V. 수익적 소유자와 혜택의 자격 조항

수익적 소유자와 관련해 2017년 개정된 OECD 모델조세조약에 포함된 혜택의 자격 조항과의 관계에 대해서 살펴보는 것이 가장 중요한 문제라 할 수 있다. 아래에서는 수익적 소유자와 혜택의 자격 조항의 도입 목적 및 연혁 그리고 적용 범위와 적용대상 소득 등에 대해 살펴본 후 수익적 소유자와 혜택의 자격과의 관계에 대해 살펴보고자 한다.

1. 수익적 소유자

수익적 소유자는 1945년 영국과 미국이 체결한 조세조약의 협의 과정에서 처음으로 제안되었고 조세조약에 따른 1966년 의정서(protocol)에 처음으로 포함되었다. 이후 1977년 OECD 모델조세조약 이자와 사용료 소득에 처음으로 포함된 후 배당소득에 추가되었다.

1945년 영국과 미국의 조세조약과 관련된 메모에서는 수익적 소유자 개념이 비록 거래와 관련된 배당과 이자 그리고 사용료 소득의 분배 맥락에서 언급되었으나 "실질적으로는 기초자산(underlying assets)과 관련 있어 주주 등의 지위"를 고려해야 하고 "명의상 주주(nominal shareholder)" 등은 수익적 소유자에 해당하지 않으며 자산으로부터 "파생된(derived) 소득의 수익적 소유자는 자산의 수익적 소유자가 될 것으로 추정"하였다.[40] 최종적으로 수익적 소유자는 지급금을 수령한 인(person)이 과세대상인지에 초점을 두는 "과세대상 조항(subject to tax)"과 함께 1966년 영국과 미국의 조세조약에 따른 의정서에 포함되었고 이후 수익적 소유자는 "과세대상 조항(subject to tax)"을 대체해 영국과 미국이 체결한 조세조약에 추가되었다.[41]

수익적 소유자는 배당과 이자 그리고 사용료 소득에 대한 원천지 국가의 과세제한 혜택을 받기 위해 충족해야 하는 추가적인 요건을 의미한다. 따라서 납세의무가 있는 인(person)이 체약상대국의 거주자에 해당하는 경우에만 조세조약에 따른 혜택이 적용되고 체약상대국에 거주하는 납세자가 추가로 수익적 소유자 요건을 충족하지 않는 경우 조세조약에 따른 원천지 국가의 과세제한은 적용되지 않는다.

Beat Baumgatner은[42] OECD 모델조세조약에서 사용되고 있는 수익적 소유자 개념은 배당과 이자 그리고 사용료 소득과 관련해 "조세조약에 따른 혜택을 주장하기 위한 '청구권'의 요건"으로 조세주체와 조세객체의 관계를 경제적 고찰방법의 시각에서 판단하는 데 기여하고 나아가 이 개념은 실질우위원칙(substance over form)의 관점에서 경제적 실질을 고려하며 민법상의 형식을 기준으로 하지 않는다고 하였다.[43] 스위스 연방행정법원은 수익적 소유자 개념이 조약쇼핑을 방지하기 위한 목적으로 OECD 모델조세조약에 도입되었으나 수익적 소유자 개념을 조세조약 남용방지규정으로 이해하는 것을 직접적으로 반대했다.[44]

수익적 소유자는 법인 또는 단체를 소유하고 있는 "주주 등의 지위"와 관련된 "소유권과 지배력"을 고려한 조세조약에 따른 혜택을 요구할 수 있는 추가적인 요건의 하나로서 "조세조약에 따른 혜택을 누릴 자격을 요구하는 자가 입증할 청구권"의 요건이라 할 수 있다. 따라서 조세조

---

40) Michael Lang·Alfred Stock et al., op. cit., p.267, 274.
41) Ibid, p.267, 275.
42) 스위스 연방행정법원이 수익적 소유자 개념에 대해 해석한 판례에 대한 Beat Baumgartner의 판례 평석 문헌을 요약 정리한 것이다(Beat Baumgartner, Das Konzept des beneficial owner im internationalen Steuerrecht der Schweiz. Under besonderer Berücksichtigung der Weiterleitung von abkommensbegünstigten Dividenden-und Zinseinkünften, Schulthess, Zürich/Basel/Genf 2010).
43) 아울러 수익적 소유자는 중요한 기준이 되는 소득의 사용과 관련해 조세주체의 결정 권한의 범위를 기준으로 하여 이와 관련이 있는 상대방의 계산만을 위해 활동하는 일정 부류의 수탁자나 관리자와 같은 중개인을 조세조약 혜택의 향유로부터 배제하는 데 기여하는 것으로 보았다.
44) 다만 스위스 연방행정법원은 조세조약에 따른 혜택을 누릴 자격이 없는 자가 조세조약에 따른 혜택을 중개인 또는 중간에 개입된 구조를 통해 누리도록 창출할 수 있는 가능성은 방지하여야 한다고 하였다.

약에 따른 혜택을 요구할 수 있는 추가적인 요건인 수익적 소유자의 적용 결과 일부 조세조약 남용을 방지할 수도 있어 조세조약 남용방지규정으로 이해할 수 있으나 그 실질은 조세조약에 따른 혜택을 요구하는 자가 충족해야 할 추가적인 "자격 요건"을 의미한다.

결과적으로 수익적 소유자와 관련해 "소유권과 지배력"은 법인 또는 단체를 소유하고 있는 "주주 등의 지위"를 고려해야 한다는 것으로 "소득에 대한 소유권"보다는 "법인 또는 단체의 소유권"의 고려를 의미한다. 따라서 수익적 소유자는 체약상대국의 거주자에 해당하지 않는 제3국의 인(person)이 원천지 국가에서 발생하는 소득에 대한 세금의 감면이나 면제받기 위한 목적으로 체약상대국의 거주자에 해당하는 법인 또는 단체를 설립하는 경우 조세조약에 따른 혜택의 자격을 거부하기 위한 것이다.

수익적 소유자는 조세조약에 따른 혜택을 받을 수 있는 자에 대한 "청구권의 요건"으로 적용결과 일부 조세조약 남용을 방지할 수 있으나 수익적 소유자를 조약쇼핑을 방지하기 위한 조세조약 남용방지규정으로 이해하기보다는 조세조약에 따른 혜택을 요구하는 자가 충족해야 하는 추가적인 "자격 요건"으로 이해하는 것이 바람직하다.

2. 혜택의 자격 조항

1962년 12월 14일 스위스 연방평의회법(Decree of the Swiss Federal Council)에서는 "과세표준의 잠식과 주주 요건을 충족하지 않아 조세조약에 따른 혜택의 자격이 없는 자에게는 조세조약에 따른 혜택이 부여되지 않는 것"으로 규정하였으며 조세조약의 적용을 거부하는 조항의 효시라 할 수 있다.[45]

미국은 1976년 미국 모델조세조약 제16조 투자회사 또는 지주회사(Investment or Holding Companies) 조항에서는 지주회사와 투자회사의 소득 중 거주지 국가에서의 특별한 조치로 일반적으로 부과되는 세금보다 실질적으로 낮은 세금을 부담하는 배당과 이자 그리고 사용료

---

45) 오윤, 「국제조세법론」, 한국학술정보[주], 2011, 782면, 783면.

소득에 대해 조세조약의 적용을 거부할 수 있도록 규정하고 있었다.[46]

1981년 미국 모델조세조약 제22조에 혜택의 제한(Limitation on Benefits, LOB) 조항이 처음으로 포함되었고[47] 수동적 성격이 있는 배당과 이자 그리고 사용료 소득에 대해서만 제한적으로 적용되었다. 그러나 수동적 성격이 있는 배당과 이자 그리고 사용료 소득의 높은 이동성과 수동적 소득(passive income)[48]을 발생시키는 투자의 이동성으로 조약쇼핑 구조에 일반적으로 포함된다는 점을 고려해 원천지 국가에서 세금을 부담하지 않거나 감소시키는 "모든 조항으로 적용 범위"를 점진적으로 확대[49]해 왔다. 적용대상 조항의 범위를 확대한 결과 원천지 국가에서 세금을 부담하지 않거나 감소시키는 모든 조항에 적용되고 있고 조약쇼핑(Treaty shopping)[50] 계획을 목표로 하는 탁월한 남용방지 대책이라 할 수 있다.

OECD는 2003년 OECD 모델조세조약 주석서 제1조 주석에 혜택의 제한과 관련된 주석을 처음으로 포함하였고 2017년 OECD 모델조세조약 제29조에 혜택의 자격 조항을 포함하였다. 2017년 OECD 모델조세조약에서는 혜택의 자격 조항은 체약국의 의도를 반영하고 이러한 의도는 조약의 전문에 포함된 것으로 조약쇼핑 약정을 포함한 탈세 또는 회피를 통한 세금의 비과세 또는 감면의 기회를 창출하지 않고 이중과세를 방지하기 위해 도입되었다는 것을 분명히

---

46) 1979년 우리나라와 미국이 체결한 현행 조세조약 제17조 투자회사 또는 지주회사 조항에서는 다른 체약국에서 발생한 원천으로부터 배당과 이자 그리고 사용료 또는 양도소득이 발생하는 한 체약국의 법인이 특별조치에 의한 사유로 인해 배당과 이자 그리고 사용료 또는 양도소득에 대하여 한 체약국이 법인에 부과하는 세금이 한 체약국이 법인소득에 대해 일반적으로 부과하는 조세보다 실질적으로 적거나 법인 자본의 25% 이상이 한 체약국의 개인 거주자가 아닌 1인 이상의 인(person)에 의해 직간접적으로 소유되거나 양 체약국의 권한이 있는 당국이 상호 협의를 거쳐 다르게 결정하는 경우 배당과 이자 그리고 사용료 또는 양도소득 조항에 따른 혜택이 부여되지 않는 것으로 규정하고 있다.
47) 오윤, "조세조약상 경감세율(제한세율) 적용방법 개선", 국세청 「조세정책분야」 연구자료, 2010, 55면.
48) 국내 세법에서는 수동적 소득을 별도로 정의하고 있지 않다. 미국 국내 세법의 규정에 따르면 수동적 소득은 외국개인지주회사소득(Foreign personal holding company income)에 해당하는 소득의 종류를 의미한다(IRC §1297(b)(1)). 배당, 이자, 사용료, 대여, 연금소득, 특정 부동산 거래, 거래로부터 손실보다 이익이 초과하는 모든 거래로 선물 및 선도(future and forward) 거래 또는 이와 유사한 거래, 외환거래차익, 이자와 유사한 소득 등이 대표적인 수동적 소득에 해당한다(IRC §954(c)). 따라서 이러한 수동적 소득이 혜택의 제한 조항의 주요 고려대상이 된다.
49) 미국 국세청(Internal Revenue Service, IRS)은 이자와 사용료 소득과 관련된 조약쇼핑 구조와 디딤돌 구조에 적용하기 위한 목적으로 세원잠식 테스트를 도입하였으나 미국 상원의회(United States Senate)는 이자와 사용료에만 적용하는 것은 세원잠식 테스트의 목적을 달성하기에 충분하지 않으므로 이자와 사용료 소득뿐만 아니라 다른 소득 항목에도 적용되어야 한다는 견해를 가지고 있다(Félix Alberto Vega Borrego, op. cit., p.160).
50) 1996년 미국 모델조세조약 기술적 설명서(Technical Explanation, TE)에서는 조약쇼핑을 "미국과 다른 체약국이 체결한 조세조약에 따른 혜택을 얻는 것을 주요 목적으로 체약국에 설립된 법적 단체가 제3국의 거주자에 의해 사용되는 것(the use, by residents of third states, of legal entities established in a Contracting State with a principal purpose to obtain the benefits of a tax treaty between the United States and the other Contracting State)"으로 정의하였다(US Model 1996 TE §22).

하고 있다.[51]

혜택의 자격 조항은 다양한 남용거래를 방지하는 일반적 규칙의 유연성과 "조약남용 문제를 발생시키는 단체의 외국인 소유권과 같은 특수한 특징"을 언급하여 쉽게 기술할 수 있는 "자동적 규칙"의 확실성을 결합할 수 있는 장점이 있다. 배당 또는 이자 그리고 사용료 소득에 대한 원천세 감소나 면제와 같은 조세조약에 따른 혜택에 대한 직접적인 자격을 갖지 않는 법인이 조약남용을 통해 이러한 혜택을 간접적으로 얻을 수 있는 경우 양 체약국이 체결한 조세조약의 적용과 호혜적 본질을 방해하는 문제가 발생하게 된다.

혜택의 제한 조항을 포함하여 미국과 체결한 조세조약[52]을 살펴보면 혜택의 제한 조항이 모든 유형의 소득에 대해 동일하게 적용되지 않고 배당과 이자 그리고 사용료 소득의 조세회피 방지에 초점을 두어 비거주자에 대한 과세의 제한을 주된 고려사항으로 하고 있다는 것을 알 수 있다.[53] 혜택의 제한 조항은 "체약국의 거주자에 해당하지 않는 제3국의 인(person)이 조세조약을 체결한 국가의 조세조약에 따른 혜택을 통해 다른 체약국에서 발생하는 세금의 감면이나 면제받기 위한 목적으로 체약국의 거주자에 해당하는 단체를 설립하는 경우 조약남용을 방지하기 위한 목적"으로 포함되었고 조세조약에 따른 혜택을 요구할 수 있는 요건의 하나라 할

---

51) OECD, Update to the OECD Model Tax Convention, 2017, p.175, art. 29, para. 1 (이하 "OECD Model 2017"이라 하며, 기타 OECD 모델조세조약은 OECD Model 2014 등으로 표기하고 OECD 모델조세조약 주석서는 OECD Model 2014 CM 등으로 표기함. 아울러 미국 모델조세조약은 US Model 1996 등으로 표기하고 미국 모델조세조약 기술적 설명서는 US Model 1996 TE 등으로 표기함).

52) 우리나라가 최근 체결한 조세조약에서는 혜택의 자격 조항과 같거나 유사한 규정을 포함하고 있다.
2010년 체결된 콜롬비아와의 조세조약 제26조와 파나마와의 조세조약 제27조, 2012년 체결된 바레인과의 조세조약 제27조에서도 페루 및 에콰도르와 체결한 조세조약과 유사한 혜택의 제한 규정을 포함하고 있고 "체약국의 거주자가 아닌 인(person)"에 의해 통제되고 조세조약에 따른 혜택을 주요 목적으로 하는 경우 조세조약에 따른 혜택을 거부할 수 있도록 "주요 목적 테스트"를 함께 포함하고 있다.
2012년 체결되고 2013년 발효된 에콰도르와의 조세조약 제25조 제1항에서는 "한 체약국의 거주자"가 직간접적으로 "어느 한 체약국의 거주자도 아닌" 하나 이상의 인(person)에 의해 통제되고 한 체약국의 거주자의 어떠한 설립, 취득, 존속 또는 활동 수행의 "주요 목적 또는 주요 목적 중의 하나"가 이 협약에서 제공되는 혜택을 이용하는 것인 경우 한 체약국의 거주자에게 제공되는 혜택의 자격은 부여되지 않는다고 규정하고 있다.
2012년 체결되고 2014년 발효된 페루와의 조세조약 제27조 제1항에서는 배당(제10조), 이자(제11조), 사용료(제12조), 양도소득(제13조), 기타소득(제21조)과 관련해 지분, 채권 또는 소득의 지급에 관한 권리의 생성이나 양도와 관련된 "어떠한 인(person)의 주요 목적 또는 주요 목적 중의 하나"가 그 생성이나 양도를 통하여 이 조항들을 이용하기 위한 것인 경우 혜택의 자격이 부여되지 않는다고 규정하고 있다.

53) Félix Alberto Vega Borrego, op. cit., p.91.

수 있다.[54]

아울러 재량적 구제는 적격자에 해당하지 않아 혜택에 대한 자격이 없는 거주자인 비공개거래 기업 또는 단체(비상장 기업 또는 단체) 조항과 능동적 사업 활동의 수행 조항 그리고 파생적 혜택 조항에 주로 적용될 수 있고 관계기관의 재량에 의한 결정에 따라 혜택의 자격이 부여될 수 있다. 재량적 구제에서는 주요 목적 테스트와 관련되는 모든 "사실과 상황(facts and circumstances)"을 함께 고려하여 결정하도록 하고 있어 비록 다른 요건을 충족하지 않더라도 재량적 구제를 통해 혜택의 자격을 받을 수 있도록 하고 있다.[55]

혜택의 자격 조항은 객관적 판단기준을 제공하는 장점이 있으나 납세자의 동기 및 의도를 확인하는 주관적인 영역을 고려하지 않는 단점이 있어 이를 보완하기 위해 모든 "사실과 상황"을 고려했을 때 거래 또는 약정 그리고 법인 또는 단체의 설립·인수·유지·운영 활동의 주요 목적이 조세조약에 따른 혜택을 얻기 위한 것이 아니라는 사실이 입증되는 경우 관계기관의 재량에 의해 혜택의 자격을 부여할 수 있도록 하는 것이다.

조세회피 목적이 없는 경우 관계기관에 의해 조세조약에 따른 혜택을 부여할 수 있도록 하는 점에 비추어 보면 주요 목적 테스트가 조세회피의 방지제도와 같이 이해될 수도 있으나 조세회피의 방지보다는 혜택의 자격 조항을 보완하고 조세조약에 따른 혜택의 자격이 없는 자에게 혜택의 적용을 받을 수 있는 추가적인 기회를 제공하기 위해 고려되는 사항으로 이해하는 것이 바람직하다.

결과적으로 혜택의 자격 조항의 적용 결과 제3국의 거주자에 의해 소유된 법인 또는 단체가 조세회피 목적으로 설립·인수·유지·운영되고 실질적으로 원천징수세가 감소하는 경우에만 제한적으로 조세조약에 따른 혜택의 적용이 거부된다고 할 수 있다.

---

54) 혜택의 자격 또는 혜택의 제한 조항은 단계별로 혜택의 자격이 있는 법인 또는 단체를 제외하는 일종의 "배제접근법(exclusion approach)"이라 할 수 있다. 혜택의 자격 조항의 적용방법을 따르는 경우 혜택의 자격이 부여되는 법인 또는 단체가 단계별로 결정되어 고려대상에서 배제된다는 의미에서 사용된 용어이다. "배제접근법(exclusion approach)"이라는 용어는 OECD 모델조세조약 및 미국 모델조세조약 등에서 사용되지 않는 용어로 본인이 임의로 사용한 비공식적 용어임을 밝혀 둔다.

55) 1996년 미국 모델조세조약에서는 재량적 구제를 포함하였고 기술적 설명서에 따르면 재량적 구제 조항은 국제경제적 관계의 범위 그리고 다양성의 증가와 체약국의 기업이 제3국 거주자와 상당한 관련이 있는 건전한 사업 또는 장기간에 걸친 사업구조 그리고 조세조약에 따른 혜택을 획득하려는 것을 의도하지 않았다는 사실에 의해 보증되는 경우를 포함한다고 설명하고 있다(US Model 1996 TE §22(4)).

3. 수익적 소유자와 혜택의 자격 조항과의 관계

수익적 소유자와 혜택의 자격 조항과의 관계는 명확하지 않다. 혜택의 자격 조항이 수익적 소유자를 보완한다는 견해, 수익적 소유자와 혜택의 자격 조항은 개념상의 차이가 있으나 기능은 유사하다는 견해, 혜택의 자격 조항이 수익적 소유자보다 더 포괄적인 개념으로 거주자 중 적용의 대상을 제한한다는 견해가 있다.[56]

OECD 모델조세조약 및 주석서에 따르면 조세조약을 체결한 국가와 "밀접한 관련"을 가지고 있는 거주자에 해당하는 경우에만 조세조약에 따른 혜택이 제공되므로 거주자를 보완하는 것은 분명하고[57] 혜택의 자격 조항이 수익적 소유자보다 적용대상 조항의 범위가 넓은 것으로 볼 수 있다.[58]

수익적 소유자와 혜택의 제한 조항의 관계를 명확하게 이해하기 위해서는 조세조약에 처음으로 수익적 소유자를 포함하고 혜택의 제한 조항을 최초로 설계하여 적용하고 있는 미국의 제도를 살펴보는 것이 중요하다.

앞서 살펴본 것과 같이 1945년 미국과 영국의 조세조약 협상 과정에서 수익적 소유자는 기초자산과 관련이 있어 "주주 등의 지위"를 고려해야 하고 명의상 주주 등은 수익적 소유자에 해당하지 않는 것으로 보았으며 1966년 미국과 영국의 조세조약에 따른 의정서에 최초로 수익적 소유자를 포함하였다.

미국이 체결하고 있는 조세조약과 미국 모델조세조약에서는 수익적 소유자의 정의를 제공하고 있지 않아 미국 국내 세법에 따른 의미가 적용된다. 미국연방규정집(Code of Federal Regulations, CFR)에서는 배당과 이자 그리고 사용료와 같은 특정 소득 항목을 언급하지 않고 "원천징수 세율의 감면에 대한 자격은 수익적 소유자에 대해서만 부여"되고 조세조약에 따른 과세의 목적상 "원천징수 세율이 감면되는 소득을 수익적으로 소유한(beneficial owned) 인(person)"을 수익적 소유자로 규정하고 있다(CFR §1.1441-1(c)(6)). 그러나 수익적 소유자

---

56) K.J. Holmes, Chapter 19: International Tax Avoidance in International Tax Policy and Double Tax Treaties-An Introduction to Principles and Application (Second Revised Edition) (IBFD 2014), Online Books IBFD; 홍성훈·정훈·홍민옥, "조세조약상 혜택제한 조항 도입에 관한 국제비교 연구", 한국조세재정연구원 세법연구센터 「세법연구」 15-02, 2015, 31면.
57) 홍성훈·정훈·홍민옥, 전게 논문, 31면.
58) 현재의 혜택의 자격 조항은 조세조약의 개인 범위에서 요건을 충족하지 않는 납세자를 배제하고 OECD 모델조세조약상 수익적 소유자는 배당과 이자 그리고 사용료와 같은 특정 소득과 관련된 특정 납세자에 대해 조세조약의 적용을 배제하는 특징을 가지고 있다.

의 해석 및 적용에 있어 납세자의 동기 및 의도를 확인하는 주관적인 영역을 고려하고 있어 모호하고 불명확한 문제가 있고 이로 인해 미국은 수익적 소유자라는 용어의 해석 및 적용보다는 납세자의 "특성과 소유권"에 기초한 "객관적 판단기준"을 제공하기 위한 목적으로 미국 모델조세조약에 혜택의 제한 조항을 포함하게 되었다.

1976년 미국 모델조세조약 제16조 투자회사 또는 지주회사 조항에 "거주지 국가에서 일반적으로 부과하는 세금보다 실질적으로 낮은 세금을 부담"하는 배당과 이자 그리고 사용료 소득에 대해 조세조약의 적용을 배제하도록 하였고 1981년 미국 모델조세조약 제22조에 현재와 같은 형태의 혜택의 제한 조항을 처음으로 포함하여 수동적 소득인 배당과 이자 그리고 사용료 소득에 대해 제한적으로 적용되었으나 이후 "모든 조항으로 적용대상 조항의 범위"를 확대하였다. 혜택의 제한 조항은 도관회사의 사용을 통한 조세회피의 방지에 탁월한 방지책이지만 거래 또는 약정을 이용한 조세회피의 방지에 충분하지 않아 1993년 국내법에 도관자금조달규정(Conduit Financing Regulations, CFR)을 추가로 도입하였다. 따라서 도관자금조달규정의 적용방법을 확인하고 조세조약과의 연결을 충분히 고려해야 한다.

미국 국세청은 도관자금조달규정은 조세조약과 충돌하지 않으며 혜택의 제한 조항과 수익적 소유권의 결정을 보완하는 것으로 고려하고 있다.[59] 결과적으로 조세조약 혜택에 따른 자격이 있더라도 도관자금조달규정에 따라 조세조약에 따른 혜택이 거부될 수 있어 조세조약에 따른 자격을 부여하는 데 있어 매우 엄격한 기준을 설정하고 있다.

2017년 OECD 모델조세조약 혜택의 자격 조항 주석서에서는 배당과 이자 그리고 사용료 소득에 대해서는 추가로 "수익적 소유자" 요건을 충족해야 한다고 언급하고 있다. 추가로 수익적 소유자 요건의 충족을 요구하는 것은 혜택의 자격 조항이 거래 또는 약정을 통한 조세회피의 방지에 충분하지 않고 납세자의 동기 및 의도를 확인하는 주관적인 영역을 고려하지 않는 단점이 있으나 OECD 모델조세조약에서는 미국 국내법에 규정된 도관자금조달규정과 같은 규정을 포함하고 있지 않아 수익적 소유자 요건의 충족을 요구하여 이를 보완하고자 하는 의도가 있는 것으로 보인다.

수익적 소유자는 거래 또는 약정 그리고 도관회사의 사용 등을 통한 조세회피의 방지를 위한 목적으로 도입되었고 이러한 측면에서 보면 혜택의 자격 조항은 수익적 소유자의 개념에 포함

---

[59] Conduit Arrangement Regulations 60 Fed. Reg. 40,997, 40,999 (11.8.1995); Andersen, Analysis of United States Income Tax Treaties, ¶ 10.2 Interest (2015), 45 et seq.; Angelika Meindl-Ringler, op. cit., p.216.

된다고 할 수 있고 객관적 판단기준을 제공하여 수익적 소유자를 보완하고 있는 것으로 생각된다.

이와 관련해 혜택의 제한 조항이 "모든 조항으로 적용대상 범위를 확대"하였다는 의미가 무엇인지 의문이 들지 않을 수 없다. 조세조약의 부적절한 사용의 방지를 위해 수익적 소유권 테스트를 하는 것은 중요하고 소득을 전달할 의무와 관련해 "소득의 성격 또는 소득 유형이 변경"되어 전달되거나 중개인이 전달하지 않았다는 사실만으로 중개인이 자동으로 수익적 소유자라는 것을 의미하지 않는다. 수령한 소득을 전달할 의무와 관련해 "수령한 소득과 같은 소득 유형으로 계속해서 전달되어야 한다는 것을 의미하는 것"은 아니다. 즉 주주에게 배당의 형태로 전달할 의무가 있는 경우 "소득의 성격"이 변화되었다는 것은 중개인이 수령한 소득의 수익적 소유자라는 것을 나타내는 지표가 아니라는 사실이다.

법인 또는 단체가 소득으로부터 직접적인 혜택의 향유(enjoy)에 대한 완전한 권리가 없는 경우 다른 법인 또는 단체에 전달할 의무가 있어 특정 상황으로 범위가 제한된다. 이러한 제한으로 인해 조약쇼핑의 모든 사례에 수익적 소유권 테스트를 적용할 수 없어 조세조약의 남용이 의심되는 경우 관련되는 조세조약의 다른 조항도 함께 고려해야 한다. 아울러 미국 국세청은 이자와 사용료 소득과 관련된 조약쇼핑 구조와 디딤돌 구조에 적용하기 위한 목적으로 혜택의 제한 조항에 세원잠식 테스트를 도입하였으나 미국 상원의회(United States Senate)는 이자와 사용료에만 적용하는 것은 세원잠식 테스트의 목적을 달성하기에 충분하지 않으므로 이자와 사용료 소득뿐만 아니라 다른 소득 항목에도 적용되어야 한다는 견해를 가지고 있다.[60]

이러한 측면에서 보면 혜택의 자격 조항이 "모든 조항으로 적용대상 범위를 확대"하였다는 의미는 "적용대상 소득의 범위 확대"보다는 고려되어야 할 "적용대상 조항의 범위 확대"를 의미하는 것으로 이해된다. 즉 주된 적용대상 소득은 "배당과 이자 그리고 사용료 소득"이며 이러한 소득의 이동성과 소득을 발생시키는 투자의 이동성 그리고 소득의 유형 또는 성격이 변경되어 일반적으로 조약쇼핑 구조에 포함된다는 점을 고려해 원천지 국가에서 세금을 부담하지 않거나 감소시키는 "모든 조항으로 조항의 적용 범위를 확대"한 것으로 보인다.

앞서 살펴본 내용을 토대로 수익적 소유자와 혜택의 자격을 포함한 관련 제도를 고려하면 다음과 같이 결론지을 수 있다. 미국이 체결한 조세조약과 미국 모델조세조약에서는 수익적 소유자를 포함하고 있으나 정의를 제공하고 있지 않아 국내법에 따른 의미가 적용되고 미국 국

---

60) Félix Alberto Vega Borrego, op. cit., p.160.

내법에서는 "원천징수 세율이 감면되는 소득을 '수익적으로 소유한(beneficial owned)' 인(person)"을 수익적 소유자로 정의하고 있을 뿐 특정 소득 항목을 구체적으로 언급하고 있지 않아 "원천징수 세율이 감면되는 모든 소득 항목"이 적용대상 소득의 범위에 해당하는 것으로 이해된다.

혜택의 제한 조항은 수익적 소유자의 해석 및 적용에 따른 문제를 해결하기 위해 납세자의 "특성과 소유권"에 기초한 객관적 판단기준을 제공하기 위한 목적으로 미국 모델조세조약에 포함되었다. OECD와 미국 모델조세조약에 따른 혜택의 자격 또는 혜택의 제한 조항에 따른 판단기준의 실질적인 적용 결과 "제3국의 거주자에 의해 소유된 법인 또는 단체의 소득 대부분이 수동적 소득으로 구성되어 독립된 실체라기보다는 주주와 밀접한 관련이 있고 주요 목적 또는 주요 목적 중의 하나가 조약에 따른 혜택을 얻기 위한 목적으로 구조 또는 거래가 설계되어 실질적으로 원천징수세가 감소하는 경우에만 조세조약 혜택의 자격이 거부"된다. 또한 적용 과정에서는 혜택의 제한 조항의 적용대상 범위가 수익적 소유자보다 넓다고 할 수 있으나 배당과 이자 그리고 사용료 소득을 주된 고려대상 소득으로 하고 있고 최종적인 적용의 결과는 수익적 소유자와 같거나 유사하여 별다른 차이가 없다.

한편 OECD 모델조세조약에 따르면 수익적 소유자의 정의를 제공하고 있지 않을 뿐만 아니라 배당과 이자 그리고 사용료 소득과 같은 특정 소득 항목에 대해서만 수익적 소유자를 포함하고 있고 혜택의 자격 조항은 모든 조항에 적용되고 있어 미국 국내법에 따른 의미와는 다른 의미가 있는 것으로 보이고 수익적 소유자가 혜택의 자격 조항을 보완하는 것으로 이해된다. 그러나 미국 국내법과 OECD 모델조세조약에 따른 수익적 소유자의 개념에 차이가 있으나 미국이 수익적 소유자와 혜택의 제한 조항을 최초로 도입한 의도 및 목적과 적용대상 소득의 범위 그리고 적용의 결과가 수익적 소유자와 같거나 특별한 차이가 없다는 점에서 보면 혜택의 자격 조항이 수익적 소유자를 보완하고 객관적 판단기준을 제공하고 있는 것으로 보인다.

마지막으로 수익적 소유자와 혜택의 자격 조항이 함께 양립하는 이유는 분명하지 않다. 다만 수익적 소유자와 혜택의 자격 조항의 주된 고려대상 소득의 범위가 같고, 적용대상 조항의 범위에 차이가 있으나 적용의 결과 또한 같거나 유사하다는 점, 수익적 소유자와 혜택의 자격 조항이 상호 보완하는 기능을 하는 점, 혜택의 자격 조항과 EU 법과의 양립성 문제 등으로 인해 수익적 소유자와 혜택의 자격 조항을 모두 OECD 모델조세조약에 포함하여 두 가지 모두를 선택하거나 한 가지를 선택하여 적용할 수 있도록 하는 것으로 생각된다. 또한 조세조약에 혜택의 자격 조항을 포함하지 않는 경우 주요 목적 테스트를 포함하도록 하는 것은 수익적 소유자와 혜택의 자격 조항의 고려대상 소득과 기능 그리고 적용 결과가 같거나 유사하다는 점을 고려한 것으로 생각된다.

제3절 수익적 소유자와 국내 세법상 실질귀속자

I. 수익적 소유자의 국내 세법상 해석 및 적용

우리나라가 체결한 조세조약과 OECD 모델조세조약에서는 수익적 소유자라는 용어의 정의 및 판단기준을 제공하고 있지 않아 수익적 소유자는 국내 세법에 따른 의미가 적용된다. 일반적으로 수익적 소유자의 국내 세법상 의미는 국세기본법 및 국제조세조정법에 따른 실질과세원칙과 법인세법 및 소득세법에 따른 실질귀속자의 정의 및 판단기준을 의미한다.

OECD 모델조세조약 및 우리나라가 체결한 대부분의 조세조약에서는 원천지 국가의 과세가 제한되는 배당과 이자 그리고 사용료 소득 조항에서 수익적 소유자라는 용어를 포함하고 있고 수익적 소유자인 경우에만 조세조약에 따른 제한세율[61]이 적용되는 것으로 규정하고 있다. 그러나 용어의 명확한 정의와 객관적 판단기준을 규정하고 있지 않아 해석 및 적용에 있어 많은 논란이 발생하고 있고 납세자의 예측 가능성 및 법적 안정성을 저해하는 문제가 있다.

OECD 모델조세조약에서는 조세조약의 해석 및 적용에 있어 조약에 정의되지 않은 용어는 문맥에 따라 다르게 해석되지 않는 한 조약이 적용되는 조세에 관한 체약국의 국내법에 따른 의미를 가진다. 그러한 의미는 다른 법률상 용어에 주어진 의미에 우선하는 세법에 따른 의미에 따르는 것으로 통상적 의미의 기준을 제공하고 있다(OECD Model 2017 §3(2)). 우리나라가 체결한 대부분의 조세조약에서도 일반적으로 OECD 모델조세조약과 같은 해석 및 적용기준을 포함하고 있다.[62]

우리나라는 국제거래에 관한 조세의 조정 및 국가 간의 조세 행정의 협조에 관한 사항을 규정하여 이중과세 및 조세회피의 방지와 조세 협력을 도모하기 위한 목적으로 국제조세조정법을 도입하여 시행하고 있다(제1조). 국제조세조정법에서는 조세조약을 소득, 자본, 재산에 대한 조세 또는 조세 행정의 협력에 관하여 우리나라가 다른 나라와 체결한 조약, 협약, 협정, 각서 등 국제법에 따라 규율되는 모든 유형의 국제적 합의로 정의하고 있으며(제2조 제1항 제2호) 국세와 지방세에 관하여 규정하는 다른 법률보다 우선한다는 것을 분명히 하고 있으며(제3조) 조세조약에서 정의하지 않은 용어 및 문구에 대해서는 국세기본법 제2조 제2호에 따른 세법에서 정의하거나 사용하는 의미에 따라 조세조약을 해석 및 적용하는 것으로 규정하고 있다(제5조).

그러나 국제조세조정법을 포함한 국내 세법에서는 조세조약의 해석 및 적용에 관한 사항을 규정하고 있지 않으므로 비엔나협약에 따라 조세조약의 문맥과 대상 및 목적[63]을 고려하여 조세조약의 문언에 부여되는 "통상적 의미(ordinary meaning)"에 따라 성실하게 해석하여야 한다(제31조 제1항).

결과적으로 조세조약에 정의되어 있지 않은 용어는 국내 세법상의 의미에 따라 해석 및 적용되어야 하므로 조세조약의 문맥과 대상 및 목적을 고려하여 문맥에 따라 다르게 해석되지 않는 범위에서 국내 세법상에 따른 의미를 적용하고 국내 세법에 따른 의미를 적용하더라도 비엔나

---

61) 우리나라가 체결한 대부분의 조세조약에서는 배당소득의 경우 낮은 세율과 높은 세율 두 가지로 규정하고 있고 낮은 세율의 적용과 관련해 "소유"의 의미 해석의 문제가 발생하고 있다. 예를 들어 영국과의 조세조약 제10조 제2항에서는 "직접 또는 간접으로 지배하는 법인"으로 일본과의 조세조약 제10조 제2항에서는 "의결권 주식을 최소한 25% 소유하고 있는 법인"인 경우로만 규정하고 있을 뿐 "직접 소유 또는 간접 소유"를 구체적으로 규정하고 있지 않다. 그리고 벨기에와의 조세조약 제10조 제2항에서는 "수익적 소유자에 해당하는 경우 부과되는 조세는 배당총액의 15%를 초과하지 않는 것으로" 규정하고 있을 뿐 소유를 구체적으로 규정하고 있지 않으며 독일과의 조세조약 제10조 제2항에서는 "직접 소유하고 있는 법인"인 경우로 규정하고 있다.
살펴본 것과 같이 우리나라가 체결하고 있는 조세조약에서는 "직접 소유", "직접 소유 또는 간접 소유", "소유", "소유의 개념을 사용하지 않는 경우" 등 조세조약마다 다르게 규정하고 있다.
OECD 모델조세조약에서는 수익적 소유자가 365일의 기간 동안 배당금을 지급하는 회사 자본의 최소 25% 이상 "직접 소유"하는 경우로 규정하고 있고(OECD Model 2017 §10(1)) 주석서에서는 한 체약국의 회사가 다른 체약국의 회사 지분 25% 이상 "직접 소유"하는 경우 자회사가 외국의 모회사에 지급하는 소득은 이중과세를 피하고 국제투자를 촉진하기 위해 더 낮은 세율로 과세하는 것이 합리적이라고 하면서 모기업 거주지 국가에서 이러한 배당에 대해 세무상 어떻게 취급하는지에 달려 있다고 언급하고 있다.
대법원은 일본과의 조세조약 제10조에서 규정하고 있는 "소유"의 의미를 "직접 소유 또는 간접 소유"한 경우를 의미하는 것으로 판단하였다(대법원 2013.5.24. 선고 2013두659 판결). 판례에 따르면 조세조약에서 "소유" 또는 "직접 또는 간접 소유"에서 "소유"의 의미는 직접 소유뿐만 아니라 간접 소유를 포함하는 것으로 이해된다. 그러나 "직접 소유"로 규정하고 있는 경우 대법원 판례에서도 판시하고 있지 않아 "소유"의 의미를 어떻게 이해해야 하는지에 대한 의문이 여전히 남는다. 다만 "직접 소유"와 "간접 소유"라는 두 개념은 상대적으로 대비되는 개념이기 때문에 조세조약에서 "직접 소유"로 명확하게 규정하고 있는 경우에는 "간접 소유"를 포함하지 않는 것으로 이해하는 것이 합리적이라 생각된다.

62) 1997년 우리나라와 일본이 체결한 조세조약 제3조 제2항에서는 한 체약국이 협약을 적용함에 있어 협약에 정의되어 있지 않은 용어는 문맥에 따라 다르게 해석되지 않는 한 협약이 적용되는 과세의 목적상 체약국의 국내법에서 정하는 의미와 체약국의 다른 법에서 규정하고 있는 용어에 주어진 의미보다 우월한 체약국의 세법에 따른 의미가 부여되는 것으로 규정하고 있다.

63) "대상 및 목적"은 조약의 존재 이유 또는 조약에 내재하는 핵심적 가치라고 할 수 있으며 조약에 규정된 의미가 추상적이거나 명확하지 않은 경우 구체적이고 명확한 의미를 찾는 데 도움이 되고 해석의 결과가 조약의 대상 및 목적에 부합하지 않는 경우 잘못된 해석이라 할 수 있다(김석현, "조약의 대상 및 목적과의 양립성의 의의와 그 평가", 「국제법학회논총」 56(1), 2011, 35면; 정인섭, 「조약법 강의」, 박영사, 2016, 174면).

협약에 따른 해석 및 적용에 관한 규칙을 준수하여야 한다. 따라서 조세조약에 정의되어 있지 않은 수익적 소유자라는 용어 또한 국내 세법상의 의미가 적용되고 조약의 전문과 부속서를 포함한 조약의 문맥과 대상 및 목적을 고려해 비엔나협약에 따른 해석 규칙을 준수해 통상적 의미에 따라 해석 및 적용되어야 한다.

Ⅱ. 수익적 소유자와 실질과세원칙의 적용

국세기본법은 과세의 대상이 되는 소득·수익·재산·행위 또는 거래의 귀속이 명의일 뿐이고 사실상 귀속되는 자가 따로 있는 때에는 사실상 귀속되는 자를 납세의무자로 하여 세법을 적용한다고 규정하고 있다(제14조 제1항). 국제조세조정법에서는 내국인과 외국인 투자자가 조세피난처 등에 조세회피를 위한 목적으로 명목회사(名目會社)를 설립하여 우회적으로 국내에 투자하면서 조세조약에 따른 혜택을 향유(享有)하는 경우 실질과세원칙에 따라 과세될 수 있다는 것을 명확하게 규정하여 과세의 투명성 제고를 위한 목적[64]으로 국세기본법상의 실질과세와 동일한 내용으로 실질과세원칙을 규정하고 있다(제2조의2). 국세기본법과 국제조세조정법에서 규정하고 있는 실질과세원칙은 선언적이고 확인적 규정이다.[65]

OECD 모델조세조약 주석서에서는 조세조약은 국제적 이중과세를 방지하고 재화 및 용역의 교류와 자본과 인(person)의 이동을 촉진하고 조세회피와 남용 그리고 탈세를 방지하는 것을 목적으로 한다고 언급하고 있고 이와 관련해 납세자가 남용거래의 형태를 행한다고 섣불리 가정해서는 안 된다고 언급하고 있다(OECD Model 2017 CM §1(3)(54)). 기본적인 원칙은 조세조약에 따른 혜택이 특정 거래 또는 계약을 수행하는 주요 목적이 더 낮은 과세상 취급을 보장받기 위한 것인 경우와 같이 호혜적 대우가 관련 규정의 대상과 목적에 부합하지 않는 경우에만 조세조약에 따른 혜택을 부여하지 않아야 한다는 것이다(OECD Model 2017 CM §1(3)(54)). 따라서 조세조약의 조항을 남용하는 행위는 조세가 부과되는 국내법상의 규정을 남용하는 것으로 특정 지을 수 있고 국내법에 따른 남용방지규정을 적용할 수 있다고 언급하고 있어(OECD Model 2017 CM §1(3)(58)) 조세조약에 대해서도 국세기본법과 국제조세조정법에

---

64) 국세법령정보시스템(https://txsi.hometax.go.kr), 국제조세조정에 관한 법률 조문별 개정 내용 참조, (2018년 3월 13일 검색).
65) 국세법령정보시스템(https://txsi.hometax.go.kr), 국제조세조정에 관한 법률 조문별 개정 내용 참조, (2018년 3월 13일 검색).

따른 실질과세원칙을 적용할 수 있는 것으로 보아야 한다.

대법원 2008두8499 전원합의체 판결에서는 국세기본법 제14조 제1항과 제2항에서 규정하고 있는 실질과세와 관련해 중요한 의미가 있는 판결이라 할 수 있고 이후의 판결[66]에서도 동일 의견으로 판단하고 있다. 대법원은 국세기본법에 따른 실질과세는 헌법상 기본이념인 평등원칙을 조세법률 관계를 구현하기 위한 실천적 원리로서 조세의 부담을 회피할 목적으로 과세요건 사실에 관하여 "실질과 괴리(乖離)"되는 비합리적인 형식 또는 외관을 취하는 경우 그 형식이나 외관과 관계없이 실질에 따라 담세력(擔稅力)이 있는 곳에 과세하여 부당한 조세회피 행위의 규제와 과세형평을 높이고 조세 정의를 실현하는 것을 주요 목적으로 한다고 하였다.[67]

아울러 실질과세원칙은 조세법률주의와 대립 관계에 있지 않고 조세법규를 다양하게 변화하는 경제생활 관계의 적용에 있어 "예측 가능성과 법적 안정성이 훼손되지 않는 범위"에서 합목적적이고 탄력적으로 해석하여 조세법률주의의 형해화를 방지하고 실효성을 확보한다는 점에 비추어 보면 조세법률주의와 상호보완적이고 불가분의 관계에 있는 것으로 보았다.[68] 또한 실질과세원칙은 조세의 공평을 실현하기 위한 기본원리이지만 과세관청이 과세권을 남용하는 경우 납세자의 재산권을 침해하고 조세법률주의에 부합되지 않을 수 있어 적용의 범위를 납세의무자가 조세를 회피하기 위한 목적으로 실질과 괴리되는 비합리적인 거래의 형식이나 외관을 취하였다는 등의 예외적인 사정이 증명되는 경우에만 제한적으로 적용되어야 한다고 하였다.[69]

III. 국내 세법상 실질귀속자

1. 실질귀속자의 의미와 판단기준

실질귀속자는 국세기본법과 국제조세조정법에서 정의하고 있지 않으며 법인세법과 소득세법에서 정의되어 사용되고 있다.

---

66) 대법원 2012.4.26. 선고 2010두11948 판결, 대법원 2013두7711 판결 등.
67) 대법원 2012.1.19. 선고 2008두8499 판결.
68) 대법원 2012.1.19. 선고 2008두8499 판결.
69) 대법원 2012.1.19. 선고 2008두8499 판결.

현행 법인세법과 소득세법에 따른 국외투자기구에 대한 실질귀속자 특례에서는 "국내원천소득을 실질적으로 귀속받는 외국법인과 비거주자"를 실질귀속자로 정의하고 "해당 국내원천소득과 관련하여 법적 또는 경제적 위험을 부담하고 그 소득을 처분할 수 있는 권리를 가지는 등 해당 소득에 대한 소유권을 실질적으로 보유하고 있는 자"로 규정하여 실질귀속자의 판단기준을 제시하고 있다(법인세법 제93조의2 제1항, 소득세법 제119조의2 제1항).

대법원[70]은 수익, 재산, 거래 등이 귀속되는 명의와 다르게 실질적으로 귀속되는 자가 다른 경우 형식이나 외관과 관계없이 실질적으로 귀속되는 자를 납세의무자로 하여야 한다는 것을 의미하고 소득이 귀속되는 명의자가 소득을 지배하거나 관리할 능력이 없고 명의자에 대한 지배권 등을 통해 실질적으로 지배하거나 관리하는 자가 따로 있고 명의와 실질의 괴리가 조세의 회피를 목적으로 하는 경우 실질적으로 지배하고 관리하는 자를 소득이 귀속된 납세의무자로 하겠다는 의미로 이해되며 실질적으로 지배하고 관리하는 자의 판단은 "주식이나 지분의 취득 경위와 목적, 취득자금의 출처, 관리와 처분과정, 귀속명의자의 능력과 지배 관계 등의 제반적인 사항을 종합적으로 고려해 판단"하도록 하고 있어 실질귀속자의 판단기준을 제시한 것으로 이해된다.

따라서 실질귀속자의 판단기준으로 명의자 요건, 지배자 요건, 조세회피 요건으로 구분할 수 있고 이는 수익적 소유자의 판단에서도 원용할 수 있는 것으로 생각된다.[71] 명의자 요건과 지배자 요건은 객관적 요건을 의미하고 조세회피 요건은 주관적 요건이라 할 수 있으며 명의자 요건은 명의자가 거래의 형식적인 당사자로서 재산에 대한 지배 및 관리능력이 없는 경우를 의미하고, 지배자 요건은 제3자가 지배권 등을 통해 명의자에 대해 실질적 지배 및 관리를 하여야 한다는 것을, 조세회피 요건은 명의와 실질의 괴리가 정당한 사업목적이 없이 오로지 조세회피 목적에서 비롯되어야 한다는 것을 의미한다.[72]

결과적으로 현행 법인세법 시행령 및 소득세법 시행령 그리고 대법원 판결에서 제시하고 있

---

70) 대법원 2012.1.19. 선고 2008두8499 판결.
71) 외국인이 유리한 조세조약을 적용받기 위해 다른 국가에 명목회사 형태의 법인을 설립하여 투자하는 경우 실질귀속자의 세 가지 판단기준에 해당하는 때 당해 법인은 명의자로서 거래당사자로의 지위는 부인되고 배후의 지배자가 수익적 소유자에 해당하며 지배자의 거주지 국가와 체결한 조세조약이 적용된다. 만약 명의와 실질의 괴리가 없거나 조세회피를 목적으로 하지 않는 경우 당해 거래구조 존중되고 명의자는 수익적 소유자에 해당한다.; 백제흠, "다국적기업의 해외지주회사와 조세조약상 수익적 소유자 판단기준", 세정신문(http://www.taxtimes.co.kr), 2017.05.04. 보도자료(2018.10.25. 검색).
72) 백제흠, "다국적기업의 해외지주회사와 조세조약상 수익적 소유자 판단기준", 세정신문(http://www.taxtimes.co.kr), 2017.05.04. 보도자료(2018.10.25. 검색).

는 실질귀속자의 판단기준은 OECD 모델조세조약 주석서 및 주요국의 수익적 소유자의 판단 기준과 유사한 기준을 적용하고 있어 수익적 소유자의 판단에도 적용할 수 있는 것으로 보인다.

2. 실질귀속자의 적용대상 소득의 범위

법인세법 및 소득세법에서는 실질귀속자와 관련되어 적용대상 소득을 규정하고 있지 않아 법인세법 시행령 및 소득세법 시행령에 따른 사전승인 신청 규정을 통해 적용대상 소득의 범위를 유추할 수 있다. 법인세법 및 소득세법에서는 실질귀속자가 조세조약에 따라 비과세 또는 면제 그리고 제한세율을 적용받으려는 경우 관련 신청서를 국내원천소득을 지급하는 소득지급자에게 제출하도록 하고 있고 소득지급자는 신청서를 납세지 관할 세무서장에게 제출하도록 규정하고 있다(법인세법 제98조의4 제1항 및 제98조의6 제1항, 소득세법 제156조의2 제1항 및 제156조의6 제1항).

법인세법 시행령 및 소득세법 시행령에서는 조세조약에 따른 비과세 또는 면제 그리고 제한세율을 적용받으려는 경우 원천징수특례사전승인신청서와 기타 관련된 서류[73]를 첨부하여 사전승인을 신청할 수 있도록 하고 있다. 다른 체약국의 거주자, 국내원천소득의 실질귀속자, 해당 소득이 사전승인 대상 소득에 해당하는 경우, 해당 소득을 수령할 법인이 사전승인 대상 법인에 해당하는 경우를 사전승인 신청요건으로 규정하고 있다.

법인세법 시행령 제138조의5 제2항 및 소득세법 시행령 207조의4 제2항에서는 국내원천 이자소득, 국내원천 배당소득, 국내원천 사용료소득, 국내원천 유가증권양도소득을 사전승인 대상 소득으로 규정하고 있다. 세부적으로는 아래와 같은 국내원천 소득이 해당한다.

국가, 지방자치단체, 거주자, 내국법인이나 외국법인의 국내사업장이나 소득세법에 따른 비거

---

73) 조세조약의 상대방국가(이하 "체약상대국"이라 한다)에서 발급하는 거주자증명서, 법인 또는 단체의 설립신고서 및 정관 사본, 이사회 구성원의 성명 및 주소, 주주 등의 인적사항 및 지분 현황, 법인 또는 단체의 종업원 수 및 각 종업원 업무의 분장, 해당 국내원천소득을 얻기 위한 투자와 관련된 경제적 또는 영업상 동기에 대한 설명서, 해당 국내원천소득을 얻기 위한 투자자금 조달방법, 해당 국내원천소득 수령 후의 처분명세서 또는 그 계획서, 최근 3년(설립 후 3년이 경과되지 않은 법인의 경우에는 설립일부터 신청일까지의 기간) 동안 체약상대국의 세무당국에 제출한 세무신고서·감사보고서·재무제표 및 부속서류, 제2항 제3호에 해당하는 때에는 체약상대국 유가증권시장에의 상장등록 사항 및 그 시장에서 정규적인 거래가 이루어지고 있음을 확인할 수 있는 서류, 제2항 제5호에 해당하는 때에는 연금·기금의 수혜대상자를 확인할 수 있는 서류, 제2항 제7호에 해당하는 때에는 체약상대국의 금융당국이 규율하고 있음을 확인할 수 있는 서류와 동호의 규정에 따른 투자회사 등의 투자자의 그 주식 또는 지분보유 현황을 확인할 수 있는 서류로 규정하고 있다. 그리고 외국법인과 비거주자가 조세조약에 따른 비과세 또는 면제 적용 신청 그리고 제한세율 적용을 받고자 하는 때에도 같은 서류를 제출하도록 규정하고 있다.

주자의 국내사업장으로부터 지급받는 소득(소득세법 제120조)과 외국법인 또는 비거주자로부터 지급받는 소득으로서 소득을 지급하는 외국법인 또는 비거주자의 국내사업장과 실질적으로 관련하여 국내사업장의 소득금액을 계산할 때 필요경비 또는 손금에 산입하는 소득으로서 소득세법에 따른 이자소득(소득세법 제16조 제1항)과 기타 대금의 이자 및 신탁의 이익(법인세법 제93조 제1호)[74] 그리고 내국법인 또는 법인으로 보는 단체나 그 밖에 국내로부터 지급받는 배당소득(소득세법 제17조)[75] 및 국제조세조정법에 따라 배당으로 처분된 금액(국제조세조정법 제9조[76] 및 제14조[77])에 해당(법인세법 제93조 제2호)하는 이자와 배당소득이 해당된다.

그리고 학술 또는 예술상의 저작물의 저작권, 특허권, 상표권, 디자인, 도면, 비밀스러운 공식 또는 공정 등을 포함한 그 밖에 이와 유사한 자산이나 권리나 산업상 등의 지식이나 경험에 관한 정보 또는 노하우에 해당하는 권리나 자산 또는 정보를 국내에서 사용하거나 그 대가를 국내에서 지급하는 경우 그 대가 및 권리 등을 양도함으로써 발생하는 소득(법인세법 제93조 제8호), 내국법인이 발행한 주식 등과 그 밖의 유가증권 및 자본시장법에 따른 증권시장에 상장된 외국법인이 발행한 주식 등, 외국법인의 국내사업장이 발행한 그 밖의 유가증권에 해당하는 주식 등과 그 밖의 유가증권을 양도함으로써 발생하는 소득으로서 대통령령으로 정하는 소득(법

---

74) 국외에서 받은 예금이자와 거주자 또는 내국법인의 국외사업장을 위하여 그 국외사업장이 직접 차용한 차입금의 이자는 제외한다.
75) 외국법인으로부터 받는 이익이나 잉여금의 배당 또는 분배금은 제외한다.
76) 제9조(소득금액 조정에 따른 소득처분 및 세무조정) ① 제4조나 제6조의2를 적용할 때 익금(益金)에 산입(算入)되는 금액이 국외특수관계인으로부터 내국법인에 대통령령으로 정하는 바에 따라 반환된 것임이 확인되지 않는 경우 그 금액은 「법인세법」 제67조에도 불구하고 대통령령으로 정하는 바에 따라 국외특수관계인에 대한 배당으로 처분하거나 출자로 조정한다. ② 제1항을 적용할 때 소득 처분의 방법 및 그 밖에 필요한 사항은 대통령령으로 정한다.
77) 제14조(배당으로 간주된 이자의 손금 불산입)
① 내국법인(외국법인의 국내사업장을 포함한다. 이하 이 장에서 같다)의 차입금 중 국외지배주주로부터 차입(借入)한 금액(친족 등 대통령령으로 정하는 국외지배주주의 특수관계인으로부터 차입한 금액을 포함한다)과 국외지배주주의 지급보증(담보의 제공 등 실질적으로 지급을 보증하는 경우를 포함한다)에 의하여 제3자로부터 차입한 금액이 그 국외지배주주가 출자한 출자금액의 2배를 초과하는 때에는 그 초과분에 대한 지급이자 및 할인료는 그 내국법인의 손금(損金)에 산입하지 아니하며 대통령령으로 정하는 바에 따라 「법인세법」 제67조에 따른 배당 또는 기타사외유출로 처분된 것으로 본다. 이 경우에 차입금의 범위와 손금에 산입하지 아니하는 것으로 보는 금액 및 출자금액의 산정방법은 대통령령으로 정한다.
② 제1항에 따른 국외지배주주의 출자금액에 대한 차입금의 배수(倍數)는 업종별로 구분하여 따로 대통령령으로 정할 수 있다.
③ 내국법인이 대통령령으로 정하는 바에 따라 차입금의 규모 및 차입 조건이 특수관계가 없는 자 간의 통상적인 차입 규모 및 차입 조건과 같거나 유사한 것임을 증명하는 경우에는 그 차입금에 대한 지급이자 및 할인료에 대해서는 제1항과 제2항을 적용하지 아니한다.
④ 제1항을 적용받는 내국법인이 각 사업연도 중에 지급한 이자와 할인료에 대하여 국외지배주주에 대한 소득세 또는 법인세를 원천징수한 경우에는 제1항에 따른 배당에 대한 소득세 또는 법인세를 계산할 때 이미 원천징수한 세액과 상계하여 조정한다.

인세법 제93조 제9호)[78]에 해당하는 소득으로서 사용료 및 특정 주식양도소득이 해당된다(법인세법 시행령 제138조의5 제1항).

　실질귀속자의 적용대상 소득의 범위와 관련해 법인세법 시행령 및 소득세법 시행령에 따른 사전승인 신청 규정을 통해 적용대상 소득의 범위에 대해 살펴보았다. 사전승인 신청 규정에 따르면 우리나라가 체결한 조세조약과 OECD 모델조세조약에 포함된 수익적 소유자의 적용대상 소득의 범위와 일부 차이가 있다는 것을 알 수 있다. 즉 조세조약에서는 수익적 소유자의 적용대상 소득의 범위를 배당과 이자 그리고 사용료 소득으로 하고 있으나 실질귀속자는 추가로 특정 양도소득을 적용대상 소득에 포함하고 있다는 것이다.

　여기서 한 가지 고려해야 하는 것은 비록 사전승인 신청 규정에서 배당과 이자 그리고 사용료 소득에 추가로 특정 양도소득을 포함하고 있어 실질귀속자의 적용대상 소득의 범위를 네 가지 특정 소득으로 보아서는 안 된다는 것이다. 네 가지 특정 소득을 사전승인 신청 대상 소득으로 규정하고 있으나 법인세법과 소득세법에서 특정 소득이 아닌 "'국내원천소득'을 실질적으로 귀속받는 외국법인과 비거주자"를 실질귀속자로 정의하고 있어 비록 네 가지 특정 소득을 적용대상 소득의 범위로 규정하고 있으나 실질적인 의미는 "모든 국내원천소득"이 실질귀속자의 적용대상 소득의 범위에 포함된다는 것이다.

3. 실질귀속자의 적용대상 법인의 범위

　소득을 수령할 법인이 다음에 해당하는 때에는 사전승인 대상에 해당한다. 소득을 지급받는 법인이 해당 국내원천소득의 실질귀속자에 해당하고 다른 체약국의 법인인 경우, 소득을 지급받는 법인이 다른 체약국의 정부기관 등에 해당하는 경우, 소득을 지급받는 법인의 발행주식이

---

78) 대통령령으로 정하는 소득이란 다음의 소득을 말한다(법인세법시행령 제132조 제8항). ① 국내사업장을 가지고 있는 외국법인이 주식 또는 출자증권을 양도함으로써 발생하는 소득, ② 국내사업장을 가지고 있지 않은 외국법인이 해당 주식 또는 출자증권을 양도함으로써 발생하는 소득. 다만 증권시장을 통하여 주식 또는 출자증권을 양도(자본시장법 제78조에 따른 중개에 따라 주식을 양도하는 경우를 포함한다)함으로써 발생하는 소득으로서 해당 양도법인 및 그 특수관계인이 해당 주식 또는 출자증권의 양도일이 속하는 연도와 그 직전 5년의 기간 중 계속하여 그 주식 또는 출자증권을 발행한 법인의 발행주식총수 또는 출자총액(외국법인이 발행한 주식 또는 출자증권의 경우에는 증권시장에 상장된 주식총수 또는 출자총액)의 100분의 25 미만을 소유한 경우는 제외, ③ 국내사업장을 가지고 있는 외국법인이 주식 또는 출자증권외의 유가증권을 양도함으로써 발생하는 소득. 다만 당해 유가증권의 양도 시에 법 제93조 제1호의 규정에 의하여 과세되는 소득(국내원천 이자소득)은 제외, ④ 국내사업장을 가지고 있지 않은 외국법인이 내국법인 또는 거주자나 비거주자·외국법인의 국내사업장에 주식 또는 출자증권외의 유가증권을 양도함으로써 발생하는 소득. 다만 당해 유가증권의 양도 시에 국내원천 이자소득을 제외한다.

다른 체약국의 법령에 따라 인정되는 유가증권시장에 상장된 상장법인의 주식으로 정규적인 거래[79]가 이루어지는 경우, 소득을 지급하는 법인의 발행주식 또는 주식의 100분의 50 이상이 다른 체약국의 개인이나 정부기관 등 또는 상장법인에 의해 직간접적으로[80] 소유된 법인인 경우, 소득을 수령하는 법인이 체약상대국의 연금이나 기금 또는 그와 유사한 단체의 경우 연금이나 기금 또는 단체로부터 혜택을 받는 자의 100분의 50 이상이 상대방 체약국의 거주자인 경우, 소득을 수령하는 법인의 최근 3년 동안의 수입금액 중 주식과 채권의 보유나 양도 또는 무형자산의 사용이나 양도로부터 발생하는 소득이 최근 3년 동안의 수입금액의 100분의 10 이하인 법인인 경우, 소득을 수령한 법인이 국외공모집합투자기구의 요건을 갖춘 경우, 소득을 수령하는 법인이 당해 소득에 대해 부담할 세액이 법인세법 제98조에서 규정하고 있는 세율을 적용하여 계산한 세액과 해당국과의 조세조약에 따라 과세될 세액과의 차익의 100분의 50 이상에 해당하는 때 중 어느 하나에 해당하는 때에는 사전승인을 받을 수 있도록 규정하고 있다(법인세법시행령 제138조의5 제2항).

사전승인 대상 법인 요건은 2014년 OECD 모델조세조약 주석서에서 포함하고 있는 혜택의 제한 내용과 대부분 같고 비록 조세조약에 혜택의 자격 규정을 직접 도입하여 규정하고 있지 않으나 국내 세법에 일부 간접적인 형태로 규정하여 외국법인 또는 외국단체의 "주주 등의 지위 등과 관련된 소유권 및 지배력"을 함께 고려하고 있다.

---

[79] 정규적인 거래는 사업연도 중 해당 법인의 주식거래가 이루어진 일수가 60일 이상이고 제1호의 사업연도 중 거래가 이루어진 주식의 총수가 해당법인의 발행주식총수의 100분의 10 이상인 경우의 두 가지 요건을 모두 충족하는 거래를 의미한다(기획재정부령 제68조의4).

[80] 주식의 간접소유비율 계산은 국제조세조정법 시행령 제2조 제2항의 규정을 준용한다. 어느 한 법인이 다른 법인의 주주인 법인(이하 "주주법인"이라 한다)의 의결권 있는 주식의 100분의 50 이상을 소유하고 있는 경우에는 주주법인이 소유하고 있는 다른 법인의 의결권 있는 주식이 그 다른 법인의 의결권 있는 주식에서 차지하는 비율(이하 "주주법인의 주식소유비율"이라 한다)을 어느 한 법인의 다른 법인에 대한 간접소유비율로 한다. 다만, 주주법인이 둘 이상인 때에는 주주법인별로 계산한 비율을 합계한 비율을 어느 한 법인의 다른 법인에 대한 간접소유비율로 한다(국제조세조정법 시행령 제2조 제2항 제1호). 어느 한 법인이 다른 쪽 법인의 주주법인의 의결권 있는 주식의 100분의 50 미만을 소유하고 있는 경우에는 그 소유비율에 주주법인의 주식소유비율을 곱한 비율을 어느 한 법인의 다른 법인에 대한 간접소유비율로 한다. 다만, 주주법인이 둘 이상인 경우에는 주주법인별로 계산한 비율을 합계한 비율을 어느 한 법인의 다른 법인에 대한 간접소유비율로 하며(국제조세조정법 시행령 제2조 제2항 제2호), 다른 법인의 주주법인과 어느 한 법인 사이에 하나 이상의 법인이 개재되어 있고 이들 법인이 주식소유관계를 통하여 연결되어 있는 경우에도 제1호와 제2호의 계산방법을 준용한다(국제조세조정법 시행령 제2조 제2항 제3호).

4. 실질귀속자의 법률 연혁 및 고찰

실질귀속자라는 용어는 2005.12.31. 개정된 법인세법(법률 제7838호) 및 소득세법(법률 제7837호)에 "외국법인 및 비거주자에 대한 원천징수절차 특례" 규정을 새롭게 도입하면서 2006.2.9. 개정된 법인세법시행령(대통령령 제19320호) 및 소득세법시행령(대통령령 제19327호)에 따른 "조세조약상 비과세·면제 또는 제한세율 적용을 위한 사전승인 절차" 규정에 처음으로 포함되었다(법인세법 제98조의5, 법인세법시행령 제138조의5, 소득세법 제156조의4, 소득세법시행령 제207조의4).

이후 법인세법 및 소득세법 그리고 각 시행령의 개정에 따라 법조문 번호 및 제목 등의 변경이 있었으며 최근 2021.12.8. 소득세법(법률 제18578호) 및 2021.12.21. 법인세법(법률 제18584호) 개정에 따라 일부 내용이 변경되었으며 국내 세법에 처음으로 "수익적 소유자"가 포함되었다(법인세법 제93조의2, 소득세법 제119조의2).

가. 현행 국외투자기구 실질귀속자 특례 규정

개정된 현행 국외투자기구에 대한 실질귀속자 특례에서는 비거주자 및 외국법인이 국외투자기구[81]를 통하여 국내원천소득을 지급받는 경우에는 비거주자 및 외국법인을 국내원천소득의 실질귀속자로 본다고 규정하고 있다(법인세법 제93조의2 제1항, 소득세법 제119조의2 제1항). 다만 국외투자기구가 ① 조세조약에 따라 설립된 국가에서 납세의무를 부담하고 국내원천소득에 대하여 조세조약이 정하는 비과세·면제 또는 제한세율[82]을 적용받을 수 있는 요건을 모두 갖추고 있을 것 ② ①에 해당하지 않는 국외투자기구가 조세조약에서 국내원천소득의 수익적 소유자로 취급되는 것으로 규정되고 국내원천소득에 대하여 조세조약이 정하는 비과세·면제 또는 제한세율을 적용받을 수 있는 요건을 갖추고 있는 경우, ③ ①과 ②에 해당하지 않는 국외투자기구가 국외투자기구에 투자한 투자자를 입증하지 못하는 경우의 어느 하나에 해당하는 경우

---

81) 투자권유를 하여 모은 금전 등을 재산적 가치가 있는 투자대상자산의 취득, 처분 또는 그 밖의 방법으로 운용하고 그 결과를 투자자에게 배분하여 귀속시키는 투자행위를 하는 기구로서 국외에서 설립된 기구를 말한다.
82) 제한세율이란 조세조약에 따라 체약상대국의 거주자 또는 법인에 과세할 수 있는 최고세율을 말한다.

[83)]에는 국외투자기구를 국내원천소득의 실질귀속자로 한다.

국외투자기구가 국외투자기구에 투자한 투자자를 입증하지 못하는 때에는 조세조약에 따른 비과세·면제 및 제한세율의 혜택이 적용되지 않으며 투자자가 둘 이상인 경우로서 투자자 중 일부만 입증하는 경우에는 입증하지 못하는 부분으로 한정한다(법인세법 제93조의2 제2항, 소득세법 제119조의2 제2항).

나. 현행 국외투자기구 실질귀속자 특례 규정에 대한 평가

그동안 국내에서는 조세회피방지와 소득귀속의 원칙만을 지나칠 정도로 강조해 왔고 이러한 측면에서 조세조약에 따른 혜택을 청구할 수 있는 자격 및 청구권의 요건인 "수익적 소유자"를 실질과세에 기초한 "실질귀속자"라는 용어의 정의 및 판단기준에 따라 적용해 왔다.

개정 전과 개정 후 국외투자기구 실질귀속자 특례의 가장 큰 변화는 그동안 조세회피의 방지 측면에서 실질과세원칙과 실질귀속자를 강조하던 입장에서 실질귀속자 또는 수익적 소유자를 조세조약에 따른 혜택을 청구할 수 있는 자격 및 청구권의 요건으로 일부 관점이 변화되었다는 것이다. 특히 제한적이기는 하지만 국내 세법에 처음으로 "수익적 소유자"라는 용어를 적용하여 사용하였고 이러한 변화는 조세조약 및 국제조세법의 측면에서 부합하는 긍정적인 변화라고 할 수 있다.

다만 조세조약에서는 "수익적 소유자"라는 용어의 정의 및 판단기준을 제공하고 있지 않아 국내 세법에 따른 용어의 의미가 적용되고 개정된 법인세법 및 소득세법에서는 "실질귀속자"와 "수익적 소유자"라는 용어를 함께 사용하고 있어 조세조약에 따른 "수익적 소유자"라는 용어의 국내 세법에 따른 해석 및 적용을 어떤 용어의 정의 및 판단기준에 따라야 하는지 의문이 들지 않을 수 없다. "수익적 소유자"라는 용어를 설립된 국가에서 납세의무를 부담하고 국내원천소득에 대하여 조세조약이 정하는 비과세·면제 또는 제한세율[84)]을 적용받을 수 있는 요건을 모두 갖추고 있지 않은 국외투자기구에 한해 제한적으로 사용하고 있는 점에 비추어 보면 수익적 소유자가 적용된 규정에 한해 "수익적 소유자"라는 용어의 정의 및 판단기준이 적용되고 기타의 경우 "실질귀속자"라는 용어의 정의 및 판단기준이 적용되는 것으로 보아야 한다.

---

83) 소득세법 제2조 제3항에 따른 법인으로 보는 단체 외의 법인 아닌 단체인 국외투자기구는 ② 및 ③에 해당하는 경우로 한정한다.
84) 제한세율이란 조세조약에 따라 체약상대국의 거주자 또는 법인에 과세할 수 있는 최고세율을 말한다.

"수익적 소유자"라는 용어를 일부 국외투자기구에 제한적으로 적용하는 것은 그동안 "수익적 소유자"와 관련해 문제가 된 많은 사례가 국외투자기구와 관련이 있고 과세관청이 제기한 법적 소송에서 최근까지 연이어 패소한 것이 영향을 미친 것으로 보인다.

다만 "실질귀속자"와 "수익적 소유자"라는 용어를 함께 사용하는 것은 납세자의 법적안정성과 예측가능성을 저해하고 해석 및 적용에 있어 혼란을 가져올 수밖에 없다. 개정된 특례 규정의 해당 내용을 살펴보면 특별히 "수익적 소유자"라는 용어를 사용할 이유가 없어 보인다. 당연한 얘기이지만 가장 바람직한 것은 조세조약과 관련되어 제한세율이 적용되는 이자, 배당, 사용료 소득과 관련된 국내 세법에 따른 모든 규정에는 국제공통용어인 "수익적 소유자"라는 용어를 사용하는 것이 가장 바람직하다.

다만 기존과 같이 실질귀속자라는 용어를 적용하여야 한다면 개정 전과 같이 해당 내용에 "실질귀속자"라는 용어를 사용하는 것이 납세자의 법적안정성과 예측가능성 그리고 해석 및 적용에 있어 바람직하다.

Ⅳ. 수익적 소유자와 실질귀속자의 관계

앞서 살펴본 것과 같이 현행 법인세법 및 소득세법에 따르면 "국내원천소득과 관련하여 법적 또는 경제적 위험을 부담하고 그 소득을 처분할 수 있는 권리를 가지는 등 해당 소득에 대한 소유권을 실질적으로 보유하고 있는 소득을 실질적으로 귀속받는 외국법인과 비거주자"를 실질귀속자로 정의할 수 있다. 국내 세법상 실질귀속자의 정의 및 판단기준에 비추어 보면 비록 용어의 차이는 있으나 실질귀속자는 수익적 소유자와 같거나 유사한 의미가 있는 용어라 할 수 있다.

법인세법 및 소득세법에서는 "국내원천소득을 실질적으로 귀속받는 외국법인과 비거주자"를 실질귀속자로 정의하고 있고 법인세법 시행령 및 소득세법 시행령에 따른 사전승인 대상 소득에서는 배당 또는 이자 그리고 사용료 소득에 추가로 특정 양도소득을 포함하고 있어 실질귀속자와 수익적 소유자의 적용대상 소득의 범위와 차이가 있다. 더욱이 실질귀속자의 정의에서 "'국내원천소득'을 실질적으로"라는 표현을 사용하고 있는 점에 비추어 보면 실질귀속자가 수익적 소유자보다 적용대상 소득의 범위가 넓다고 할 수 있다.

우리나라가 체결한 조세조약 및 OECD 모델조세조약에 따른 수익적 소유자의 적용대상 소득의 범위가 비록 우리나라 국내 세법에 따른 실질귀속자와 차이가 있으나 국내 세법에 따른 실질귀속자와 조세조약에 따른 수익적 소유자는 유사한 의미가 있는 용어라 할 수 있다. 아울러 실질귀속자 또한 수익적 소유자와 같이 모호하고 불명확할 뿐만 아니라 구체적이고 객관적인 판단기준을 제시하고 있지 않아 납세자의 예측 가능성 및 법적 안정성을 저해하고 있어 조세법률주의와 과세요건 명확주의에도 부합하지 않는 공통적인 문제점을 가지고 있다.

결론적으로 우리나라 국내 세법에 따른 실질귀속자와 조세조약에 따른 수익적 소유자는 같거나 유사한 의미가 있는 용어라 할 수 있다. 그러나 "실질귀속자"가 "수익적 소유자"와 같거나 유사한 의미가 있는 용어라 하더라도 "수익적 소유자"라는 용어는 조세조약에 포함되어 사용되고 있는 "국제공통용어"이므로 "실질귀속자"보다는 "수익적 소유자"라는 용어를 사용하는 것이 바람직하다. 따라서 조세조약에 따른 "수익적 소유자"의 해석 및 적용에 있어 "실질귀속자"라는 용어보다는 "국제공통용어"인 "수익적 소유자"라는 용어를 사용하여야 하며 "수익적 소유자"는 납세자의 조세조약에 따른 혜택을 제한하거나 부여하는 것으로 조세법률주의와 과세요건 명확주의에 따라 명확한 정의 및 객관적 판단기준을 제시하는 것이 납세자의 예측 가능성 및 법적 안정성 측면에서 바람직하다.

제4절 판례의 검토

Ⅰ. 서설

우리나라의 국내 세법에서는 조세조약의 해석 및 적용과 관련된 사항에 대해서 구체적으로 규정하고 있지 않아 조세조약의 해석 및 적용과 관련해 조세조약의 적용대상 요건, 용어의 의미와 판단기준 등이 모호하고 불명확하여 많은 어려움과 논란이 발생하고 있다.

아래에서 살펴볼 로담코퍼시픽 비브이 판결은 조세조약에도 실질과세의 원칙이 적용되고 실질과세의 원칙에서의 "실질"은 경제적 실질을 의미한다는 것을 명확하게 하였다는 점에 의의가 있다. 론스타펀드Ⅲ(U.S.) 엘피(이하, 론스타펀드Ⅲ LP) 판결은 외국단체가 법인세법에 따른 외국법인에 해당하는지와 관련된 사건으로 외국단체의 분류기준을 제시하였다는 점에 의의가 있다. 동원엔터프라이즈 판결은 론스타펀드Ⅲ LP 판결에서 한 걸음 더 나아가 외국단체가 법인세법에 따른 외국법인에 해당하는 때에도 거주지 국가에서 납세의무를 부담하지 않는 경우 조세조약의 적용이 거부된다는 것을 분명히 하였다. 다만 외국단체의 구성원이 거주지 국가에서 납세의무를 부담하는 경우 우리나라와 구성원의 거주지 국가가 체결한 조세조약에 따른 혜택을 부여해야 한다는 것을 분명히 하였다.

아울러 우리나라가 체결하고 있는 대부분의 조세조약에서는 수익적 소유자라는 용어를 사용하고 있고 조세조약에서 "다르게 정의되어 있지 않은 용어는 체약국의 국내법 또는 세법상의 의미"를 가진다고 규정하고 있다. 그러나 우리나라 국내 세법에서는 수익적 소유자라는 용어를 정의하고 있지 않고 단지 국세기본법 및 국제조세조정법상의 실질과세를 적용하여 판단하고 있고 실질과세와 실질귀속자 또한 모호하고 불명확한 개념으로 적용과 관련하여 납세자와의 다툼이 계속해서 발생하고 있다. 따라서 도관회사 사례를 직접 다루고 있는 위니아만도 판결과 중간지주회사 사례를 다루고 있는 한국까르푸와 삼성토탈 판례를 구체적으로 살펴보면서 실질귀속자 또는 수익적 소유자의 개념과 판단기준에 대해 알아보고자 한다.

마지막으로 룩셈부르크 법률에 따라 설립된 법인인 간접투자회사인 가변자본형 투자회사(société d'investissement à capital variable, SICAV) 또는 불변자본형 투자회사(société d'investissement à capital fix, SICAF)가 우리나라와 룩셈부르크 사이에 체결한 조세조약에 따른 제한세율의 적용대상이 되는지를 다룬 대법원 판례를 살펴보고자 한다.

아래에서는 대법원의 판결일 순으로 관련 사례를 살펴보고자 한다.

Ⅱ. 로담코퍼시픽 비브이(상호 변경 후, 옥메도퍼시픽 비브이)

1. 사실관계

로담코 코리아 사건[85]은 지방세법상 과점주주 간주취득세와 관련된 사건이다. 옥메도퍼시픽 비브이(상호 변경 전, 로담코퍼시픽 비브이)는 네덜란드 법인으로 지분 100%를 출자하여

---

85) 서울행정법원 2007.10.31. 선고 2007구합4988 판결, 서울고법 2008.4.24. 선고 2007누32169 판결, 대법원 2012.1.19. 선고 2008두8499 전원합의체 판결.

1998.6.28. 네덜란드 법인인 로담코 사우스코리아 비브이(이하, 로담코 코리아)와 2003.5.7. 네덜란드 법인인 종로 비브이를 각각 설립하였다.[86][87]

내국법인인 ㈜아이엔지코리아프로퍼티(이하, 아이엔지) 지분 75%를 로담코 코리아가, 나머지 지분 25%는 싱가포르 법인인 씨피엘 코리아 피티이엘티디(이하, 씨피엘)가 보유하고 있었으나 종로 비브이가 2005.7.15. 씨피엘 보유 주식 25%를 취득하여 보유하게 되었다. 아울러 2003.5.15. 로담코 코리아와 종로 비브이는 내국법인인 칠봉산업(유)의 지분 50%를 각각 취득하였다.

상기 두 건의 주식 및 지분의 취득과 관련해 종로구청은 자회사인 종로 비브이가 취득한 아이엔지 주식 25%의 취득으로 아이엔지에 대한 지분비율이 25% 증가하였다고 보아 로담코 코리아의 모회사인 네덜란드 법인 로담코퍼시픽 비브이를 과점주주로 판단해 아이엔지 소유 부동산 장부가액의 25%를 과세표준으로 하여 가산세를 포함한 취득세와 농어촌특별세를 부과하였다.[88] 아울러 로담코 코리아와 종로 비브이가 칠봉산업(유)의 지분 100%를 소유한 과점주주에 해당하므로 칠봉산업(유) 소유 부동산의 장부가액 100%를 과세표준으로 하여 가산세를 포함한 취득세와 농어촌특별세를 부과하였다.[89]

로담코 코리아 사건은 아이엔지 주식 25%를 종로 비브이가 취득한 것과 로담코 코리아와 종로 비브이가 각각 칠봉산업(유)의 지분 50%를 취득한 것과 관련해 당해 주식 및 지분의 취득이 구 지방세법 제105조 제6항[90]에 따른 과점주주 간주취득세 대상 과점주주에 해당하는지와 관련이 있다. 구 지방세법 제105조 제6항의 과점주주의 해석, 실질과세의 원칙에 따라 모회사를 과점주주로 볼 수 있는지, 자회사의 법인격이 부인되는지가 쟁점이 되었다.[91]

---

86) 서울행정법원 2007.10.31. 선고 2007구합4988 판결.
87) 로담코 코리아와 종로 비브이의 주소 및 전화번호와 대표이사가 같고, 직원을 고용하고 있지 않았으며, 아이엔지 주식의 취득 당시 각각 계약 대리인으로 동일인을 선정하였고, 칠봉산업(유) 사원총회에 두 회사의 동일인을 대리인으로 선정 사원총회를 진행하였으며, 칠봉산업(유) 주식 일부의 매도시 동일인을 대리인으로 선정하였다(서울행정법원 2007.10.31. 선고 2007구합4988 판결).
88) 서울행정법원 2007.10.31. 선고 2007구합4988 판결.
89) 서울행정법원 2007.10.31. 선고 2007구합4988 판결.
90) 구 지방세법 제105조 제6항(2005.12.31. 법률 제7843호로 개정되기 전)은 법인의 주식이나 지분을 취득하여 과점주주가 된 때에는 그 과점주주는 당해 법인의 부동산, 차량, 기계장비·입목·항공기·선박·광업권·어업권·골프회원권·콘도미니엄회원권이나 종합체육시설이용회원권을 취득한 것으로 본다고 규정하고 있었으며 다만, 법인의 설립 시에 발행하는 주식 또는 지분을 취득함으로써 과점주주가 된 경우 또는 과점주주에 대한 취득세 납세의무의 성립일 현재 이 법 및 기타 법령에 의해 취득세가 비과세·감면되는 부분에 대하여는 그러하지 아니하다고 규정하고 있었다.
91) 서울행정법원 2007.10.31. 선고 2007구합4988 판결.

2. 하급심 판결

"과점주주"의 해석과 관련해 구 지방세법 제105조 제6항에서는 취득세(간주취득세)의 납세의무자로 법인의 "과점주주"를 규정하고 있으나 정의를 별도로 규정하고 있지 않았다. 따라서 지방세법 제22조 제2호 및 지방세법 시행령 제6조 제1항에 따른 의미가 적용된다.

지방세법 시행령 제6조 제1항 제12호에 따르면 법인 주주와 그 모회사 및 자회사는 특수관계에 있으나 법인 주주의 모회사의 다른 자회사는 특수관계에 해당하지 않는다.[92] 그리고 구 지방세법 제22조 제2호에서는 과점주주에 대하여 특수관계에 있는 자들과 발행주식 수 등의 100분의 51 이상을 소유한 경우 특수관계에 있는 자 모두를 과점주주로 정의하고 있으나 주식을 소유하지 않은 자도 특수관계에 있는 자에 포함되는지에 대해 규정하고 있지 않다.[93]

서울행정법원은 과점주주라는 문언 자체의 해석에 의하면 "주식을 소유한 자"일 것이 요구되므로 법령에서 모회사를 '주주'로 파악하지 않는 한 법인의 주식을 50%씩 소유한 자회사들 사이에는 특수관계가 없어 모회사와 자회사 모두 취득세의 납부의무를 부담하는 과점주주에 해당하지 않는 것으로 판단하였다.[94]

실질과세의 원칙에 따라 로담코퍼시픽 비브이를 과점주주로 볼 수 있는지와 관련해 국세기본법 제14조의 실질과세의 원칙이 지방세법에도 적용된다는 점을 분명히 하였다.[95] 이와 관련해 "실질"의 의미를 경제적인 관점에서 이해관계가 있는 당사자를 모두 납세의무자로 보겠다는 의미가 아닌 법률적인 틀 안에서 형식적인 명의자가 있더라도 그 귀속을 형식에 구애받지 않고 실질에 맞게 파악하겠다는 것으로 기존 대법원 판례[96]와 같이 법적 실질로 보았다.[97] 그리고 주식의 소유 관계와 관련해 법인에 독자적인 권리능력을 부여한 우리 법제하(下)에서 법인격 자체가 부인되지 않는 한 주식취득으로 인한 경제적인 효과를 모회사가 받게 된다는 이유만으로 법률관계 형성에 대한 의사를 무시하고 모회사를 과점주주로 보는 것은 실질과세의 원칙의 본질

---

92) 서울행정법원 2007.10.31. 선고 2007구합4988 판결.
93) 서울행정법원 2007.10.31. 선고 2007구합4988 판결.
94) 서울행정법원 2007.10.31. 선고 2007구합4988 판결.
95) 서울행정법원 2007.10.31. 선고 2007구합4988 판결.
96) 대법원 1992.12.8. 선고 92누1155 판결, 대법원 1998.5.26. 선고 97누1723 판결 등.
97) 서울행정법원 2007.10.31. 선고 2007구합4988 판결.

에 어긋나는 것으로 과점주주에 해당하지 않는 것으로 보았다.[98]

자회사의 법인격 부인과 관련 아이엔지와 칠봉산업(유)을 소유하면서 모회사와 분리된 독립적인 이해관계와 두 회사 주식의 소유 이외 다른 기업활동을 하지 않고 있어 로담코 코리아와 종로 비브이를 명목회사(paper company)로 보았다.[99] 다만 모자회사 사이에는 상당한 정도의 인적 및 자본적 결합 관계가 존재하고, 자회사의 임직원이 모회사의 임직원 신분을 겸하고 있었다는 점, 모회사가 자회사 주식의 전부를 소유하고 주주권의 행사로서 이사 또는 임원 선임권을 보유하여 자회사에 대한 강한 지배력을 가지고 있는 점, 자회사의 사업 규모가 확장되었으나 자본금의 규모가 사업 규모의 확장에 상응해 증가하지 않은 점만으로는 자회사의 법인격을 부인할 수 없다고 판단하였다.[100] 결과적으로 실질과세의 원칙에서의 "실질"의 의미를 법적 실질로 보아 판결하였다.[101]

3. 대법원 판결

국세기본법 제14조 실질과세의 원칙은 헌법상의 기본이념인 평등의 원칙을 조세법률 관계에 구현하기 위한 실천적 원리로서 조세의 부담을 회피할 목적으로 과세요건 사실에 관하여 실질과 괴리되는 비합리적인 형식이나 외관을 취하는 경우 그 형식이나 외관에도 불구하고 실질에 따라 담세력이 있는 곳에 과세하여 부당한 조세회피 행위를 규제하고 과세의 형평을 높여 조세정의의 실현을 주된 목적으로 하고 있다.[102]

국세기본법 제14조 제1항에서 규정하고 있는 소득이나 수익, 재산, 거래 등의 과세대상에 관하여 그 귀속 명의와 다르게 실질적으로 귀속되는 자가 따로 있는 경우 형식이나 외관을 이유로 그 귀속 명의자를 납세의무자로 삼을 것이 아니라 실질적으로 귀속되는 자를 납세의무자로 삼겠다는 것으로 구 지방세법 제82조에 따라 지방세법에도 적용된다.[103] 따라서 당해 주식이나 지분의 귀속 명의자가 지배하거나 관리할 능력이 없고 명의자에 대한 지배권 등을 통해 실질적

---

98) 서울행정법원 2007.10.31. 선고 2007구합4988 판결.
99) 서울행정법원 2007.10.31. 선고 2007구합4988 판결.
100) 서울행정법원 2007.10.31. 선고 2007구합4988 판결.
101) 서울행정법원 2007.10.31. 선고 2007구합4988 판결, 서울고법 2008.4.24. 선고 2007누32169 판결.
102) 대법원 2012.1.19. 선고 2008두8499 전원합의체 판결.
103) 대법원 2012.1.19. 선고 2008두8499 전원합의체 판결.

으로 이를 지배하거나 관리하는 자가 따로 있으며 명의와 실질의 괴리가 구 지방세법 제105조 제6항의 적용을 회피할 목적에서 비롯된 때에는 실질적으로 지배하거나 관리하는 자에게 귀속된 것으로 보아야 한다.[104]

자회사들이 아이엔지 및 칠봉산업(유)의 주식 및 지분을 취득하여 보유하고 있는 법적 형식에 따르면 모회사인 로담코퍼시픽 비브이는 아이엔지 및 칠봉산업(유)의 주식을 전혀 보유하고 있지 않다. 반면 종로 비브이가 취득한 아이엔지 지분은 25%에 불과하고 로담코 코리아와 종로 비브이가 취득한 칠봉산업(유)의 지분은 각각 50%로 51% 이상 보유하는 경우 적용되는 과점주주의 요건에도 해당하지 않아 모회사와 자회사 모두 간주취득세의 형식적 적용요건에 해당하지 않는다.[105]

그러나 자회사들이 아이엔지 및 칠봉산업(유) 주식 및 지분을 취득하는 때에 로담코퍼시픽 비브이가 자회사 주식 100%를 소유하고 있었고, 자회사들이 아이엔지와 칠봉산업(유)의 주식 및 지분을 보유하다 일부를 처분하는 방식으로 재산을 보유 및 관리하고 있을 뿐 기타의 다른 사업실적이 없었다.[106]

대법원은 회사로서의 인적 조직이나 물적 시설을 갖추고 있지 않아 독자적으로 의사를 결정하거나 사업목적을 수행할 능력이 없으며, 로담코퍼시픽 비브이가 주식 및 지분을 취득하기 위한 모든 자금을 제공하고 주식의 취득과 보유 그리고 처분과 관련한 사항을 관장한 점, 로담코퍼시픽 비브이에 의해 선임된 대리인에 의해 모든 거래행위와 자회사들의 사원총회 등이 실질적으로 이루어진 것으로 보았다.[107] 이러한 점을 고려하여 대법원은 모회사인 로담코퍼시픽 비브이가 취득세 납세의무를 회피하기 위한 목적으로 주식 및 지분을 직접 취득하지 않고 자회사들의 명의로 분산 취득하여 과점주주의 과세요건에 해당하지 않도록 구성한 것으로 판단하였다.[108]

4. 사례의 검토

로담코 코리아 사건은 지방세법에서 규정하고 있는 과점주주 간주취득세와 관련된 사건으로

---

104) 대법원 2012.1.19. 선고 2008두8499 전원합의체 판결.
105) 대법원 2012.1.19. 선고 2008두8499 전원합의체 판결.
106) 대법원 2012.1.19. 선고 2008두8499 전원합의체 판결.
107) 대법원 2012.1.19. 선고 2008두8499 전원합의체 판결.
108) 대법원 2012.1.19. 선고 2008두8499 전원합의체 판결.

실질과세의 원칙에 따라 모회사인 로담코 코리아를 지방세법에서 규정하고 있는 과점주주로 볼 수 있는지와 실질과세의 원칙에서의 "실질"의 의미와 관련해 중요한 의미가 있는 판례라 할 수 있다.

하급심 판결에서는 지방세법에도 실질과세의 원칙이 적용된다는 점을 분명히 하였다. 다만 "실질"의 의미를 경제적 관점에서 이해관계가 있는 당사자 모두를 납세의무자로 보겠다는 의미가 아닌 법률적인 틀 내에서 형식적인 명의자가 있는 경우에도 그 귀속을 형식에 구애받지 않고 실질에 맞게 파악하겠다는 것으로 법적 실질로 보았다. 그리고 주식의 소유 관계의 측면에서 법인격 자체가 부인되지 않는 한 경제적 효과를 모회사가 받는다는 이유만으로 모회사를 과점주주로 보는 것은 실질과세의 원칙에 어긋나는 것으로 모회사인 로담코 코리아가 과점주주에 해당하지 않는 것으로 판단하였다.

하급심 판결에서는 로담코 코리아와 종로 비브이가 명목회사임에도 불구하고 모자회사 사이의 강한 인적 및 자본적 결합의 존재, 임직원의 상호 겸직, 자회사의 주식 전부를 소유하고 자회사에 대한 강한 지배력을 가지고 있는 점, 사업 규모의 확장과 비교 자본금 규모가 상응하지 않은 점만으로 자회사의 법인격을 부인할 수 없다고 판단하였고 잘못된 판결이라 할 수 있다.

로담코 코리아와 종로 비브이가 회사로서의 인적 조직과 물적 시설을 갖추지 않은 점, 독자적인 의사결정과 사업목적을 수행할 능력이 없는 점, 주식 및 지분의 취득을 위한 모든 자금이 로담코퍼시픽 비브이의 자금인 점, 로담코퍼시픽 비브이가 자회사에 대한 실질적 지배력을 행사한 점 등 모든 사실과 상황을 종합적으로 고려하면 로담코퍼시픽 비브이가 과점주주 간주취득세의 부담을 회피하기 위한 목적으로 명목회사인 자회사를 사용하여 주식 및 지분을 분산 취득한 것으로 경제적 실질을 고려하여 판단한 대법원의 판결은 타당한 판결이라 할 수 있다.

III. 론스타펀드III LP

1. 사실관계

론스타펀드III LP 사건[109]은 우리나라에 소재하고 있는 부동산을 보유하고 있는 회사의 주식

---

109) 서울행정법원 2009.2.16. 선고 2007구합37650 판결, 서울고등법원 2010.2.12. 선고 2009누8016 판결, 대법원 2012.1.27. 선고 2010두5950 판결.

양도와 관련이 있다. 국제적인 사모펀드인 론스타펀드는 2000년 7월경 론스타펀드Ⅲ를 설정하였고 론스타펀드Ⅲ는 2000년 9월경부터 우리나라를 비롯한 각국의 조세제도 및 회사법상의 각종 투자 혜택과 우리나라가 체결하고 있는 조세조약에 대한 검토 등을 통해 국내 부동산에 투자하는 경우에 양도소득세의 부담을 회피할 방법을 구체적으로 검토하였으며 해외의 특수목적회사(Special Purpose Vehicle, SPV)를 이용한 최적의 투자구조를 설계하는 것 등을 주된 내용으로 하였다.[110]

론스타펀드Ⅲ는 2000.7.20. 자금을 함께 투자관리 하기 위하여 론스타펀드Ⅲ LP가 96.674%를 출자한 버뮤다 회사인 LSF REOC I, L.P.가 62%를, 론스타펀드Ⅲ(버뮤다) 엘피가 38% 출자하여 버뮤다 회사인 LSF 3 Korea Capital I, Ltd(이하, LSF3 Ltd)를 설립하여 론스타펀드Ⅲ 단계에서 이루어지는 투자를 위한 상위 지주회사의 역할을 하도록 하였다.[111] LSF3 Ltd는 2000.6.14. 하위 투자지주회사인 SH를 벨기에에 설립하였고 LSF3 Ltd가 US$299,700를 투자하여 발행주식 999주를, 미국 델라웨어 주 회사인 LSF 3 Korea Partners, LLC(이하, LSF3 LLC)가 US$300를 투자하여 1주를 취득하였으며 론스타펀드의 관계자들을 등기이사로 선임하였다.[112]

2001.6.14. 론스타펀드가 국내에 설립한 허드슨어드바이저코리아 주식회사(이하, HAK)[113]는 론스타펀드Ⅲ LP에 우리나라의 휴면회사인 스타타워 인수를 위한 주식 양수도대금 중 US$242,850를 SH 명의로 송금할 것을 요청하였으며 론스타펀드Ⅲ LP는 인수일에 해당 금액을 HAK 계좌로 송금하였다.[114] SH는 2001.6.15.경 스타타워의 주식 20,000주를 313백만원 (US$245,000)에 인수하였고 론스타펀드 관계자를 대표이사로 선임하였다.[115]

론스타펀드Ⅲ LP는 2001.6.18. 매수인의 지위를 양도할 수 있는 조건으로 현대산업개발 주식회사로부터 신축 중이던 스타타워빌딩을 매수하였고 이후 스타타워에 매수인의 지위를 양도하였다.[116] LSF3 Ltd는 2001.6.20. SH의 유상증자에 참여 주식 132,560주를

---

110) 서울고등법원 2010.2.12. 선고 2009누8016 판결.
111) 서울고등법원 2010.2.12. 선고 2009누8016 판결.
112) 서울고등법원 2010.2.12. 선고 2009누8016 판결.
113) 론스타펀드가 설립한 특수목적회사의 자산관리 및 수탁업무 등을 수행한 회사로 SH의 자산관리업무도 수행하였다.
114) 서울고등법원 2010.2.12. 선고 2009누8016 판결.
115) 서울고등법원 2010.2.12. 선고 2009누8016 판결.
116) 서울고등법원 2010.2.12. 선고 2009누8016 판결.

US$39,760,000에 추가로 취득하였다. 그리고 SH는 2001.6.21. 스타타워빌딩의 매수대금으로 사용하기 위해 스타타워의 유상증자를 진행 단독 주주로서 신규발행주식 516,875주(액면가액 10,000원, 발행가액 100,000원, 인수대금 516억 8,750만원) 전부를 인수하였다.[117] SH는 SH의 증자대금과 3차례에 걸친 사채 발행금액 US$189,910,000[118] 그리고 국내 금융기관으로부터 차입한 차입금 약 3,960억원으로 매매대금 약 5,300억원을 2차례에 걸쳐 지급하고 공사비를 추가로 투입하여 2001년 8월에 빌딩을 완공하고 소유권을 취득하였다.[119]

이후 론스타펀드Ⅲ LP가 60%, 론스타펀드Ⅲ(버뮤다) 엘피가 38%, 허드코 파트너스 코리아 엘티디가 2% 출자하여 설립한 버뮤다 회사인 Star REOC HoldCo, Ltd가 2001.8.2. LSF3 Ltd로부터 SH의 주식 133,559주를 인수하여 최상위 지주회사의 역할을 하게 되었다.[120] SH는 2002.12.5.경 사채와 차입금의 상환을 위해 스타타워의 유상증자를 실시하였고(주식 480,000주, 액면가액 10,000원, 발행가액 100,000원, 인수대금 480억원) 사채를 상환하는 때에 원금 및 이자 전액은 Lone Star International Finance Ltd(아일랜드)를 거쳐 론스타펀드Ⅲ LP와 론스타펀드Ⅲ(버뮤다) 엘피의 투자지분에 따라 배분되었다.[121]

론스타펀드Ⅲ는 향후 스타타워에 투자한 투자금의 회수에 따른 세금의 부담을 회피하기 위한 목적으로 SH의 구조를 벨기에법상 SA(Societe Anonyme)에서 SCA(Societe en Commandite par Actions)로 변경하기로 하였다.[122] 2003.3.5. Star REOC HoldCo, Ltd 등이 소유한 버뮤다 법인인 Lone Star Global Holdings, Ltd(이하, LSGH)가 100% 출자하여

---

117) 서울고등법원 2010.2.12. 선고 2009누8016 판결.
118) HAK는 2001년 6월 19일 론스타펀드와 론스타펀드의 미국 내 자산관리회사인 미국 허드슨어드바이저 등의 관계인에게 내부 펀딩메모를 통해 "스타타워가 2001년 6월 21일 스타타워빌딩 매수권을 론스타펀드Ⅲ LP로부터 양수할 예정이고 같은 날 지급하여야 하는 1차 중도금을 위해 론스타펀드Ⅲ LP의 SH 증자대금 US$39,759,615, 사채발행 조달자금 US$119,278,846를 각각 SH 명의로 스타타워 계좌에 2001년 6월 20일까지 송금"해 줄 것을 요청하였고 론스타펀드Ⅲ는 벨기에를 거치지 않고 미국에서 직접 스타타워 계좌로 송금하였다(SH 증자대금을 SH 명의로 US$39,613,649, 사채인수대금으로 론스타펀드 명의로 US$118,840,912를 송금).
119) 서울고등법원 2010.2.12. 선고 2009누8016 판결.
120) 서울고등법원 2010.2.12. 선고 2009누8016 판결.
121) 서울고등법원 2010.2.12. 선고 2009누8016 판결.
122) 벨기에는 주식양도차익에 대해서는 비과세하고 있고 배당소득에 대해서는 과세하고 있다. 룩셈부르크는 벨기에와 반대로 배당소득에 대해서는 비과세를 하고 주식양도차익에 대해서는 과세를 하고 있다. 다만 룩셈부르크 모회사가 벨기에 자회사를 12개월 이상 보유하는 경우 벨기에 법인으로부터 수령한 배당소득에 대해서는 과세가 면제된다. 2002.11.26.과 2003.1.17.의 HAK 내부 회의내용을 기록한 수기 메모 등에서는 벨기에 회사를 벨기에 그대로 유지하고 SH의 회사 구조를 벨기에법에 따른 SA에서 SCA로 변경하는 경우 양도소득세를 회피할 수 있다는 내용 등 SH의 회사 구조 변경을 통한 스타타워빌딩 매각 관련 양도소득세 회피방안이 기재되어 있었다(서울고등법원 2010.2.12. 선고 2009누8016 판결).

벨기에 법인인 Lone Star Capital Management SPRL(이하, LSCM)을 설립하였다.[123] LSCM은 론스타펀드의 관계자를 대표로 선임하였고 SH의 지분 일부를 인수하여 SH의 무한책임 주주(경영 담당 주주)와 법정 이사로 선임하였다.[124] 그리고 2003.2.14. 룩셈부르크 회사인 Lone Star Capital Investment S.a.r.l.(이하, LSCI)을 설립 SCA로 구조가 변경된 SH의 지분 대부분을 인수하여 SH의 유한책임 주주가 되도록 하였다.[125] 아울러 LSGH가 LSCI의 상위 주주가 되도록 지배구조를 변경하였다.[126]

론스타펀드Ⅲ는 스타타워 매각에 대비한 투자수익의 극대화를 계획하고 있었으며 2003.6.10. 미국의 댈러스(Dallas)에서 론스타펀드Ⅲ 자문위원회가 개최되었고 론스타펀드 임원은 2004년 말경 스타타워빌딩을 매각할 계획이라는 것을 보고하였다.[127] 이후 SH는 2004.12.17. 스타타워 주식 전부를 싱가포르 법인에 잠정적 금액인 3,387억원에 양도하였고 2004.12.28. 주식매각대금 전액을 SH의 원화계좌로 수령하고 같은 날 미화로 환전하여 SH의 해외계좌로 송금하였다. 2005.4.24. 싱가포르 법인과의 매매계약에 따른 추가 정산금 123억원(양도가액 총액 3,510억원)을 SH의 원화계좌로 받은 후 같은 날 미화로 환전하여 SH의 해외계좌로 송금하였다.[128]

SH는 스타타워빌딩 투자를 위한 목적으로 설립된 투자지주회사로 투자가 종료되는 때에 즉시 청산하고 투자로 발생한 소득은 청산과 함께 청산분배금의 형태로 투자자에게 분배하여야 하도록 계획되어 있었으나 이사회 결의를 거쳐 2004.12.29. 양도대금 중 약 2억유로(연 이자율 6%)를 LSGH에 대여하고 차액은 차입금의 변제 및 현금으로 보유한 후 2005.3.31. 투자목적 달성을 이유로 청산하였다.[129]

스타타워빌딩 투자와 관련해 SH는 2,450억원의 양도차익(양도가액 3,510억원, 취득가액 1,000억원, 양도비 60억원)이 발생하였으나 SH는 벨기에 법인으로 우리나라와 벨기에가 체결한 조세조약 제13조에서 주식의 양도로 발생한 소득은 양도인의 거주지 국가에서만 과세하도록

---

123) 서울고등법원 2010.2.12. 선고 2009누8016 판결.
124) 서울고등법원 2010.2.12. 선고 2009누8016 판결.
125) 서울고등법원 2010.2.12. 선고 2009누8016 판결.
126) 서울고등법원 2010.2.12. 선고 2009누8016 판결.
127) 서울고등법원 2010.2.12. 선고 2009누8016 판결.
128) 서울고등법원 2010.2.12. 선고 2009누8016 판결.
129) 서울고등법원 2010.2.12. 선고 2009누8016 판결.

규정되어 있어 주식의 양도소득을 별도로 신고하지 않았다.[130] 그러나 과세관청은 SH는 실질적인 "소득과 자산의 지배와 관리권"이 없이 조세회피를 목적으로 설립된 도관회사에 불과하여 우리나라와 벨기에가 체결한 조세조약이 적용되지 않는 것으로 보았으며 론스타펀드Ⅲ LP를 포함한 론스타펀드Ⅲ에 양도소득이 귀속되는 것으로 보아 미국 거주자인 론스타펀드Ⅲ LP에 우리나라와 미국이 체결한 조세조약과 구 소득세법 제119조 제9호 및 소득세법 시행령 제159조 제1항 제1호 등에 따라 론스타펀드Ⅲ에 대해 가산세를 포함한 양도소득세를, 그 밖에 론스타펀드Ⅲ의 다른 구성원에 대해 지분비율에 따라 소득세와 법인세를 각각 부과 처분하였다.[131]

2. 하급심 판결

하급심 법원은 조세조약과 실질과세 원칙의 적용, 주식 양도소득의 실질적 귀속자, 우리나라와 미국이 체결한 조세조약에 따른 과세 가능 여부, 론스타펀드Ⅲ LP에 대한 소득세 과세의 적법성에 대해 판결을 하였다. 아래에서는 론스타펀드Ⅲ LP에 대한 소득세 과세의 적법성과 주식 양도소득의 실질적 귀속자에 대해서 살펴보고자 한다.

가. 소득세 과세의 적법성

관련 세법상 규정[132]에 따르면 국내에 주소를 두거나 1년 이상 거소를 둔 개인과 법인으로 보는 단체 이외의 법인격 없는 단체로서 사실상 이익이 분배되지 않는 비영리단체는 1거주자로서 소득세법 제1조 제1항 제1호와 제1조 제3항에 따라 소득세 과세대상이 된다.[133] 이와는 반대로

---

130) 서울고등법원 2010.2.12. 선고 2009누8016 판결.
131) 과세관청은 OECD 모델조세조약 주석에서 조약쇼핑을 통한 조세회피 목적으로 도관회사를 설립하여 조세조약을 남용하는 경우 국내법에 따른 실질과세원칙을 적용 조세조약에 따른 혜택을 배제할 수 있는 점, SH는 정당한 사업목적 없이 조세회피만을 목적으로 설립되어 실질적인 사업 활동을 수행하지 않았으며 주식의 취득 및 처분 그리고 양도차익에 대한 실질적 지배 및 관리권을 가지고 있지 않아 벨기에와 체결한 조세조약을 적용할 수 없는 점, 론스타펀드Ⅲ LP가 주식양도소득의 실질적인 귀속자로서 양도소득의 납세의무자에 해당하므로 미국과 체결한 조세조약이 적용되어야 하고 2001.4.6. 한미 과세당국 사이의 상호합의에 따르면 부동산 과다보유법인의 주식 양도로 인한 소득은 부동산 양도소득과 같이 취급되어 미국과의 조세조약 제15조에 따라 과세권을 행사할 수 있는 점, 론스타펀드Ⅲ LP는 유한파트너십으로 법인세법상 외국법인으로 인정되지 않아 납세의무가 개별 사원들에게 있는 점 등을 근거로 처분을 하였다(서울고등법원 2010.2.12. 선고 2009누8016 판결).
132) 구 소득세법 제1조 제1항 및 제3항, 국세기본법 제13조, 소득세법 시행규칙 제2조 제1항 및 제2항, 법인세법 제1조 등.
133) 서울고등법원 2010.2.12. 선고 2009누8016 판결.

이익의 분배를 전제로 하는 영리단체의 경우 그 법적 성질이 법인에 해당하는 때에는 법인세법에 따라 내국법인은 전 세계 소득에 대해 그리고 외국법인은 국내원천소득에 대해서만 법인세 과세대상이 된다. 조합에 해당하는 때에는 단체의 구성원이 공동으로 사업을 영위하는 것으로 보아 단체구성원인 출자자가 과세단위가 되어 소득세 또는 법인세 과세대상이 된다.[134] 소득세법 제1조 제3항에 따라 거주자로 보는 법인격 없는 사단이나 재단 그리고 기타단체 중 법인으로 보는 단체 이외의 단체는 국내의 단체만을 의미하는 것으로 해석되므로 비거주자의 경우 개인만이 소득세 납세의무자가 되고 개인이 아닌 단체는 소득세법상 납세의무자에 해당하지 않는다.[135]

구 법인세법에서는 외국법인을 외국에 본점 또는 주사무소를 둔 법인으로만 정의하였을 뿐 법인의 의미에 대해 별도로 정의하고 있지 않았다. 론스타펀드Ⅲ LP는 미국 법에 따라 설립된 미국의 유한파트너십으로 국내법상 존재하지 않는 법적 단체로 미국 법상으로는 우리의 법인과 같은 개념이 존재하지 않는다. 따라서 외국의 단체가 법인세법상 외국법인에 해당하는지는 단체의 사법적 성질을 살펴 국내법의 어느 단체에 가장 가까운 것인지를 검토하여 국내 세법을 적용하여야 한다.[136]

론스타펀드Ⅲ LP는 펀드운영의 전문성을 보유하고 펀드의 일상 업무를 집행하며 무한책임을 부담하는 무한책임사원과 펀드운영에 적극적으로 관여하지 않는 소극적 투자자로서 투자한 한도 내에서만 책임을 부담하는 유한책임사원으로 구성되어 있다. 그리고 고유한 투자목적을 가지고 자금을 운용하면서 구성원인 사원들과 별개의 재산을 보유하고 고유의 사업 활동을 하는 영리 목적의 단체로 구성원의 개인성과는 별개로 권리와 의무의 주체가 될 수 있는 독자적 존재로의 성격을 가지고 있어 우리나라 상법상 합자회사와 유사하다고 판단을 하였고 법인세법상 외국법인으로 보아 법인세 과세대상이 된다고 판결하였다.[137]

론스타펀드Ⅲ LP를 소득세법상 납세의무의 주체로 볼 수 있는지와 관련해 유한파트너십인 론스타펀드Ⅲ LP의 사법적 성격이 국내법상 합자회사가 아닌 조합과 유사한 인적단체로 보거나 미국에서 세법상 법인으로 과세될 것을 선택하지 않았다는 점을 근거로 하여 외국법인이 아

---

134) 서울고등법원 2010.2.12. 선고 2009누8016 판결.
135) 서울고등법원 2010.2.12. 선고 2009누8016 판결.
136) 서울고등법원 2010.2.12. 선고 2009누8016 판결.
137) 서울고등법원 2010.2.12. 선고 2009누8016 판결.

니라고 보더라도 론스타펀드Ⅲ LP를 하나의 과세단체로 하여 소득세를 부과할 수 없다.[138][139] 따라서 론스타펀드Ⅲ LP를 법인세법상 외국법인으로 보든, 법인이 아닌 단체 또는 조합에 유사한 것으로 보든지 관계없이 소득세가 과세될 수 없어 하나의 과세단위로 보아 양도소득세를 부과한 처분은 위법한 것으로 판결하였다.[140]

나. 주식 양도소득의 실질귀속자

론스타펀드Ⅲ는 펀드의 설정 당시부터 장래 우리나라에 소재하는 부동산 투자로 인한 수익에 대한 양도소득세 등의 조세회피 방안을 모색하였고 조세회피를 실현하기 위해 우리나라를 비롯한 각국의 조세제도와 투자 혜택 및 조세조약 등을 연구 및 검토하고 조세회피가 가능한 국가인 벨기에 등과 우리나라가 체결한 조세조약에 따른 조세의 면제 혜택을 받기 위한 최적의 투자구조를 설계하기 위해 우리나라와 벨기에 등 투자거점 국가의 법률과 제도를 집중적으로 분석하였다.[141] 이러한 연구 및 분석의 결과 우리나라와 벨기에가 체결한 조세조약에 따라 벨기에 법인의 국내 주식양도소득에 대한 과세의 면제 적용을 받기 위한 목적으로 SH를 설립하여 휴면회사인 스타타워를 인수하고 스타타워빌딩을 매수하였고 SH의 거주지 국가인 벨기에 과세당국으로부터 면세 등의 혜택을 받아 투자수익의 극대화를 위해 LSCM과 LSCI 등 상위 지주회사를 설립하여 SH에 대한 투자에 이르기까지의 투자지배구조를 수시로 변경하였다.[142]

그리고 스타타워의 인수와 증자대금, 스타타워빌딩에 대한 매수와 매수자금, 주식의 양도는 모두 형식상 SH가 주체이고, SH에 대한 주체 또한 상위 지주회사인 LSCI 등이지만 LSCI 등은 조세를 회피하기 위한 목적으로 설계된 투자구조 및 지배구조에 따라 형식적으로 이루어진 것으로 실질적으로는 론스타펀드Ⅲ의 자금으로 론스타펀드Ⅲ 임원 등이 주도적으로 담당

---

138) 서울고등법원 2010.2.12. 선고 2009누8016 판결.
139) 구 소득세법 및 법인세법의 해석상 비거주자인 외국단체가 법인에 해당하는 때에는 법인세법에 따른 납세의무를 부담할 뿐 법인이 아닌 비거주자 단체가 소득세법상 납세의무자가 되는 경우를 상정할 수 없는 점, 론스타펀드Ⅲ LP는 개인이 아닌 단체로 구 소득세법 제1조 제1항 제2호의 비거주자에 해당한다고 볼 수 없어 개인인 비거주자로 취급하여 소득세를 과세할 수 없는 점 등을 고려 판결을 하였다(서울행정법원 2009.2.16. 선고 2007구합37650 판결, 서울고등법원 2010.2.12. 선고 2009누8016 판결).
140) 서울고등법원 2010.2.12. 선고 2009누8016 판결.
141) 서울고등법원 2010.2.12. 선고 2009누8016 판결.
142) 서울고등법원 2010.2.12. 선고 2009누8016 판결.

하였다.[143] SH와 상위 지주회사들은 론스타펀드Ⅲ가 지배하는 법인으로 조세회피를 위해 설계된 법인들로서 론스타펀드Ⅲ의 투자에 대한 지주회사로서의 형식적 역할 이외 별도의 사업목적이나 활동이 없었으며 스타타워빌딩의 투자에 대해서도 독립적인 경제적 이익이 없었다.[144] 스타타워 주식의 양도가 이루어진 후 론스타펀드Ⅲ에 의해 청산되고 양도대금 또한 단기간 내에 비용을 제외한 전액이 론스타펀드Ⅲ의 투자자들에게 분배되었다.[145]

추가로 투자대상 국가인 우리나라 또는 론스타펀드Ⅲ 투자자들의 실제 거주지 국가와 무관한 벨기에에 SH를 설립하고 여러 단계의 지주회사를 개입시키고 투자지배구조를 수시로 변경한 것은 론스타펀드Ⅲ의 설정 당시부터 계획한 조세회피 방안에 따른 것으로 투자지주회사의 필요성에도 불구하고 SH를 조세회피를 위하여 사용된 명목상의 회사라 할 수 있다.[146]

이러한 점들을 종합적으로 고려하면 SH는 우리나라와 벨기에가 체결한 조세조약에 따른 주식의 양도소득에 대한 과세를 회피하기 위하여 설립된 도관회사라 할 수 있고 실질과세의 원칙에 따르면 주식의 실질적인 양도인 또는 주식 양도소득의 실질적인 귀속자에 해당하지 않아 우리나라와 벨기에가 체결한 조세조약의 적용대상에 해당하지 않고 론스타펀드Ⅲ LP 등 론스타펀드Ⅲ가 주식의 양도와 양도소득의 실질적인 귀속자에 해당한다고 판결하였다.[147]

3. 대법원 판결

대법원은 단체를 외국법인으로 볼 수 있는지는 법인세법상 외국법인의 구체적 요건에 관하여 본점 또는 주사무소의 소재지 이외에 별다른 규정이 없는 이상 단체가 설립된 국가의 법령 내용과 단체의 실질에 비추어 우리나라의 사법(私法)상 단체의 구성원으로부터 독립된 별개의 권리와 의무의 귀속 주체로 볼 수 있는지에 따라 판단하여야 할 것으로 보았다.[148]

대법원은 론스타펀드Ⅲ LP는 국제적인 사모펀드(private equity fund, PEF)인 론스타펀드Ⅲ의 구성원으로 미국 델라웨어 주 법률에 따라 유한파트너십으로 설립되어 일상적인 업무

---

143) 서울고등법원 2010.2.12. 선고 2009누8016 판결.
144) 서울고등법원 2010.2.12. 선고 2009누8016 판결.
145) 서울고등법원 2010.2.12. 선고 2009누8016 판결.
146) 서울고등법원 2010.2.12. 선고 2009누8016 판결.
147) 서울고등법원 2010.2.12. 선고 2009누8016 판결.
148) 대법원 2012.1.27. 선고 2010두5950 판결.

를 집행하고 무한책임을 부담하는 무한책임사원과 투자한 한도 내에서만 책임을 지는 유한책임사원으로 구성된 사실, 론스타펀드Ⅲ LP가 론스타펀드Ⅲ의 다른 일원들과 함께 벨기에 법인인 SH를 설립하고 SH는 스타타워의 주식 전부를 인수한 후 스타타워를 통해 스타타워빌딩을 매수한 후 스타타워의 주식 전부를 매각하여 약 2,450억원의 양도소득이 발생한 사실, 양도소득이 구 소득세법 제119조 재9호에 따른 소득으로 론스타펀드Ⅲ LP를 비롯한 론스타펀드Ⅲ의 구성원들에게 실질적으로 귀속되었다고 보아 론스타펀드Ⅲ LP에 대해 양도소득세를 과세 처분한 사실들을 종합적으로 고려하였다.[149]

결론적으로 대법원은 원심 판단은 정당한 것으로 외국의 법인격 없는 단체의 과세에 관한 법리 오해 등의 위법이 없는 것으로 판단하여 하급심과 같은 판결을 하였다.[150]

4. 사례의 검토

론스타펀드Ⅲ LP 사건은 우리나라에 소재하고 있는 부동산을 보유하고 있는 회사 주식의 매각으로 인한 양도소득의 회피와 관련된 우리나라의 대표적인 조세회피 사건이라 할 수 있다. 특히 주식 양도소득의 실질적 귀속자가 누구인지, 외국단체가 법인세법에 따른 외국법인에 해당하는지, 외국법인에 소득세를 과세하는 것이 적법한지, 우리나라와 미국이 체결한 조세조약의 적용과 관련된 사항이 주요 쟁점이 되었다.

본 사례의 이해를 위해 론스타펀드Ⅲ LP가 법인세법에 따른 외국법인에 해당하는지, 론스타펀드Ⅲ LP에 대한 소득세 과세가 적법한지, 주식 양도소득의 실질귀속자가 누구인지의 순서로 살펴보고자 한다.

구 법인세법에서는 외국법인에 대한 정의 규정하고 있을 뿐 "법인"의 의미와 분류기준을 규정하고 있지 않아 외국단체가 어떠한 경우 법인세법에 따른 외국법인에 해당하는지와 관련된 문제가 있었다. 론스타펀드Ⅲ LP 사건은 외국법인의 분류기준과 관련되어 중요한 의미가 있는 사건이라 할 수 있다. 대법원은 외국단체가 법인세법에 따른 외국법인에 해당하는지는 "단체가 설립된 국가의 법령 내용과 단체의 실질에 비추어 우리나라의 사법(私法)상 단체의 구성원으로부터 독립된 별개의 권리와 의무의 귀속 주체로 볼 수 있는지에 따라 판단하여야 한다"고 하여 외

---

149) 대법원 2012.1.27. 선고 2010두5950 판결.
150) 대법원 2012.1.27. 선고 2010두5950 판결.

국법인의 분류기준을 제시하였다.

대법원의 판단은 사법적 성질을 기준으로 분류기준을 제시한 것으로 보인다. 대법원의 분류기준에 따르면 론스타펀드Ⅲ LP가 펀드운영의 전문성을 보유하고 펀드의 일상업무를 집행하고 있는 점, 무한책임사원과 유한책임사원으로 구성된 점, 고유한 투자목적을 가지고 자금을 운용하는 점, 사원들과 별개의 재산을 보유하고 고유한 사업 활동을 수행하는 영리 목적의 단체인 점, 개인성과 별개로 권리와 의무의 주체가 될 수 있는 독자적 존재의 성격을 가지고 있는 점 등에 비추어 보면 우리나라 상법상 합자회사와 유사한 사법적 성질을 가지고 있어 법인세법상 외국법인에 해당하고 법인세 과세대상이 된다는 판결은 타당한 판결이라 할 수 있다.

앞서 살펴본 것과 같이 론스타펀드Ⅲ LP는 합자회사와 유사한 사법적 성질을 가지고 있어 법인세법상 외국법인에 해당하여 법인세 과세대상이 되므로 소득세법에 따른 납세의무의 주체가 될 수 없다. 그리고 법인이 아닌 비거주자 단체는 소득세법상 납세의무자가 될 수 없고 론스타펀드Ⅲ LP는 개인이 아닌 단체로 구 소득세법 제1조 제1항 제2호의 비거주자에 해당한다고 볼 수 없어 론스타펀드Ⅲ LP를 개인인 비거주자로 취급하여 소득세를 과세할 수 없어 양도소득세를 부과한 처분은 위법한 것으로 하급심과 대법원의 판결이 타당하다.

Ⅳ. 동원엔터프라이즈

1. 사실관계

동원엔터프라이즈 사건[151]은 투자지주회사 또는 투자목적회사와 관련된 사례이다. 영국령 케이만군도[152] 소재하고 있는 유한파트너십(Limited Partnership)인 CVC Capital Partners Asia Pacific LP(이하, CVC 아시아)[153]가 66.7%, 미국에 소재하고 있는 유한책임회사(Limited

---

151) 서울행정법원 2011.2.18. 선고 2009구합3538 판결, 서울고등법원 2012.4.27. 선고 2011누11336 판결, 대법원 2014.6.26. 선고 2012두11836 판결.
152) 케이만군도는 법인세와 개인소득세에 대해 소득세 및 원천세를 면제하고 있고 법인세와 개인소득세에 대한 원천과세가 전혀 없거나 과세를 하더라도 낮은 세금이 적용되는 등 특별과세제도를 시행하고 있는 조세회피처에 해당한다.
153) CVC 아시아는 우리나라 내 투자수익으로 인한 양도소득세 등 조세의 비과세 또는 감면을 통해 이익을 극대화하기 위해 각국의 조세제도와 조세조약 등을 연구 및 분석하여 케이만군도에 설립한 투자지주회사(투자목적회사, SPC)로서 벨기에에 KDH와 룩셈부르크에 KDL을 각각 설립하였다(서울행정법원 2011.2.18. 선고 2009구합3538 판결).

Liability Company)인 Asia Investors LLC(이하, AI)[154]가 33.3%를 공동으로 출자하여 룩셈부르크[155] 법인인 Korea Dairy Luxembourg S.A.R.L(이하, KDL)[156]을 설립하였다.[157] 그리고 KDL이 88.75%, 내국법인인 디엠푸드 주식회사(이하, 디엠푸드)[158]의 경영진이 11.25%의 비율로 공동 출자하여 1999년 12월 10일 벨기에[159] 법인인 Korea Dairy Holdings N.V.(이하, KDH)를 설립하였다.[160]

KDH는 1999년 12월 21일 덴마크 축산개발 주식회사(3DC) 등으로부터 디엠푸드가 발행주식 전부를 취득한 후 2005년 7월 20일 취득한 주식을 다시 동원엔터프라이즈에 매각하였다.[161] 동원엔터프라이즈는 KDH가 벨기에 법인이므로 우리나라와 벨기에가 체결한 조세조약 제13조 제3항에서 주식 양도소득에 대해 양도인의 거주지 국가에서만 과세할 수 있도록 규정하고 있는 점을 근거로 관할과세관청에 비과세·면제신청을 하였고 2005년 7월 19일 관할과세관청으로부터 비과세·면제 대상에 해당한다는 확인을 받았다.[162]

그러나 2006년 12월 7일 서울지방국세청은 세무조사를 하여 KDH와 KDL은 우리나라와 벨기에가 체결한 조세조약 등을 이용하여 우리나라 국내에서의 조세를 회피하기 위한 목적으로 설립된 명목회사에 불과하여 주식양도소득에 관한 실질귀속자에 해당하지 않는 것으로 판단하

---

154) AI는 사원들이 회사의 채권자에 대해 LLC(Limited Liability Company)에 출자한 금액을 한도로 유한책임만을 지면서 LLP(Limited Liability Partnership)에서 인정되지 않는 Corporation의 사원과 같은 수준의 적극적 경영 참여를 보장하는 사업체인 법인에 해당한다. 다만 과세목적에서 법인이 아닌 파트너십(Partnership)으로 분류된다. 미국의 경우 파트너십 단계에서는 세금이 부과되지 않고 파트너십의 파트너에게 지분에 해당하는 배당에 대한 소득세를 부담하도록 하고 있다(서울행정법원 2011.2.18. 선고 2009구합3538 판결).
155) 룩셈부르크는 일정 규모 이상의 원천소득에 대해 소득세를 면제하고 있으며 법인세와 개인소득세에 대한 원천과세가 전혀 없거나 과세를 하더라도 낮은 세금이 적용되는 등 특별과세제도를 시행하고 있는 조세회피처에 해당한다.
156) KDL은 독립적인 사업장이 없고, 주소지 소재 건물의 우편물 BOX 중 하나에 KDL의 법인명을 포함한 약 30여 개의 법인명이 표기되어 있을 뿐이었으며, 이사 또한 CVC AP 소속 직원 4명으로 구성되어 단순히 회사로서 최소한의 형식적인 구성요건만을 갖추고 있었으며 KDL의 설립부터 청산까지 자산 대부분이 디엠푸드 투자와 관련된 KDH의 주식과 수령한 배당금으로 구성되어 있고 건물과 비품 등 유형자산은 전혀 없다(서울행정법원 2011.2.18. 선고 2009구합3538 판결).
157) 서울행정법원 2011.2.18. 선고 2009구합3538 판결.
158) 디엠푸드는 1985년 9월 20일 국내 낙농업자와 덴마크 법인인 덴마크 축산개발 주식회사(3DC)가 공동출자하여 설립한 외국인투자기업으로 국내에서 생산된 우유를 원료로 사유, 발효유, 버터 및 치즈의 제조 및 판매를 주된 사업목적으로 하는 회사이다(서울행정법원 2011.2.18. 선고 2009구합3538 판결).
159) 벨기에는 자본이득에 대한 소득세를 면제하고 있다.
160) 서울행정법원 2011.2.18. 선고 2009구합3538 판결.
161) 서울행정법원 2011.2.18. 선고 2009구합3538 판결.
162) 서울행정법원 2011.2.18. 선고 2009구합3538 판결.

였다.[163] 따라서 주식양도소득 중 디엠푸드 경영진에 귀속되는 11.25%를 제외한 KDL 지분비율에 해당하는 88.75%는 CVC 아시아가 그중 66.7%, AI의 주주인 미국 Travelers Property Casualty(지분 20%)와 Metlife(지분 20%) 및 홍콩의 Citicorp Securities Asia Pacific Ltd.(지분 60%, 이하 CSAP)가 그중 33.3%의 실질귀속자에 해당하는 것으로 보아 2007년 5월 1일 동원엔터프라이즈에 우리나라와 조세조약이 체결되지 않은 영국령 케이만군도에 소재하는 CVC 아시아와 홍콩의 CSAP에 귀속된 양도소득에 대한 2005년 사업연도 원천징수 법인세를 고지 처분하였다.[164]

2. 하급심 판결

서울행정법원은 우리나라와 벨기에가 체결한 조세조약에 대해서도 실질과세의 원칙이 적용가능한지,[165] KDH가 주식양도소득의 실질적 귀속자인지, 최종투자자들이 실질적 귀속자인지를 중심으로 판결을 하였다.

KDH가 주식양도소득의 실질귀속자 해당하는지와 관련해 디엠푸드를 인수할 때 투자자금을 CVC 아시아와 AI 그리고 디엠푸드 경영진이 제공하고, CVC Asia Pacific Ltd.(이하 CVC AP)가 디엠푸드 인수계약과 관련한 각종 보고서 및 계약서에 서명하는 등 인수계약의 당사자로 참여하여 투자조건을 결정하였으며, CVC AP가 실사작업을 진행한 후 경영자매수(Management Buy Out, MBO) 계획과 벨기에 또는 룩셈부르크에 New Co를 설립할 것이라는 계획을 설명한 점, 설명 직후 KDH를 설립한 후 동원엔터프라이즈에 디엠푸드 주식의 전부를 매각한 후 바로 청산절차를 개시한 점, 디엠푸드 경영진이 영업활동과 관련한 보고를 KDH가 아닌 CVC AP 국내지점의 직원에게 하고 CVC AP 국내지점 직원이 국내시장의 상황과 경영진 현황 그리고 CVC의 투자현황 및 재무상황 등을 CVC AP 직원에게 분기마다 보고한 점, 디엠푸드 주식 매각대금은 CVC AP 국내지점에서 작성한 분배금 배부계획에 따라 CVC 아시아 66.7%, AI 33.3%가 분배되었고 매각대금은 KDH 명의의 계좌로 수령한 후 바로 송금

---

163) 서울행정법원 2011.2.18. 선고 2009구합3538 판결.
164) 서울행정법원 2011.2.18. 선고 2009구합3538 판결.
165) 실질과세의 원칙은 과세부담의 공평과 응능부담의 원칙을 구현하기 위한 것으로서 국내법상의 납세의무자인 거주자와 비거주자 모두에게 공평하게 적용되는 점을 종합하여 보면 조세조약에도 적용할 수 있는 것으로 판단하였다(서울행정법원 2011.2.18. 선고 2009구합3538 판결).

되었고 KDH가 수취한 분배금이 없는 점, KDH 이사는 7인으로 구성되었으나 일본 및 아시아 지역 투자를 담당하는 CVC AP 소속 직원 2명과 CVC Capital Partners(Benerux) N.V.(이하 CVC Benerux) 소속 직원 2명 등으로 구성된 점, KDH 주소지에는 CVC Benerux 사무실이 있을 뿐 KDH의 독립적인 사업장이 없었으며 전화번호 또한 CVC Benerux 직원의 전화번호로 등재된 점, KDH의 자산 대부분이 디엠푸드 주식인 점, 인건비 및 사업운영에 필수적인 사업비용이 거의 지출되지 않은 점을 종합적으로 고려하였다.[166]

서울행정법원은 펀드의 운용에 있어 투자자금 및 투자자산의 효율적인 관리와 운용을 위해 KDH와 같은 투자지주회사의 필요성을 부인할 수 없으며 투자지주회사를 통한 투자에 있어 실질적인 자금의 출처, 투자 및 자산관리 행위의 실제 담당자, 투자수익의 최종적 귀속을 문제로 거래의 관계를 재구성할 수 없다고 전제하였다. 다만 투자대상국인 우리나라를 비롯한 CVC 아시아 투자자들의 실제 거주지 국가와 관계가 없는 벨기에 등에 여러 단계의 투자지주회사를 설립하여 투자지배구조를 복잡하게 하는 것은 투자의 효율적 관리 및 운용을 위한 것보다는 주도면밀하게 계획한 조세회피 방안에 따른 것으로 투자지주회사의 필요성에도 불구하고 조세회피를 위해 사용된 명목상 회사라고 판단을 하였다.[167]

구 법인세법에서는 내국법인 및 국내원천소득이 있는 외국법인은 법인세법에 따라 수령한 소득에 대한 법인세를 납부할 의무가 있다고 규정하였고(제2조 제1항) 외국에 본점 또는 주사무소를 두고 있는 법인을 외국법인으로 정의하고 있을 뿐 법인에 대한 정의를 제공하지 않았다. 따라서 유한파트너십으로 국내법상 존재하지 않는 법적인 단체로 케이만군도에 적용되는 법에는 국내법상 법인과 같은 개념이 존재하지 않아 CVC 아시아가 법인세법에 따른 외국법인에 해당하는지에 대한 판단이 필요하다. CVC 아시아가 외국법인에 해당하는지는 외국단체의 사법적 성질을 고려하는 방법과 외국단체의 거주지 국가에서의 세법상 취급을 고려하여 판단하는 방법이 있으나 단체의 사법적 성질을 살펴 국내법의 어느 단체에 가장 가까운 것인지를 검토하여 국내 세법을 적용하는 것이 타당하고 기본적인 구조[168]가 상법상의 합자회사와 유사하다고

---

166) 서울행정법원 2011.2.18. 선고 2009구합3538 판결.
167) 서울행정법원 2011.2.18. 선고 2009구합3538 판결.
168) CVC 아시아는 펀드운영의 전문성을 보유하고 펀드의 일상적인 업무를 집행하며 무한책임을 지는 무한책임사원(General Partner)과 펀드운영에 적극적으로 관여하지 않는 유한책임사원(Limited Partner)으로 구성되어 있고, 고유한 투자목적을 가지고 자금을 운용하고 사원들과 별개의 재산을 보유하고 고유한 사업 활동을 하는 영리 목적의 단체라 할 수 있다(서울행정법원 2011.2.18. 선고 2009구합3538 판결).

판단하여 법인세법상 외국법인에 해당하는 것으로 보았다.[169]

서울행정법원은 CVC 아시아와 AI의 주주인 Travelers Property Casualty와 MetLife 그리고 CSAP가 주식양도소득의 실질적 귀속자에 해당하고 케이만군도와 홍콩은 우리나라와 조세조약이 체결되어 있지 않으므로 CVC 아시아와 CSAP에 대해 국내법에 따라 과세권을 행사할 수 있다고 판결하였다.[170]

그러나 서울고등법원은 CVC 아시아에 대해서는 원심과 같이 판단하였으나 AI와 관련해서는 다르게 판단을 했다. AI는 사원들이 회사에 출자한 금액을 한도로 회사채권자에 대해 유한책임을 부담하고 회사경영에 적극적으로 참여할 수 있는 유한책임회사(Limited Liability Company, LLC)이며 자금을 유치하여 운용하고 다수의 투자거래를 수행해 왔다. AI의 설립국가인 미국은 유한책임회사를 사법상 법인으로 취급하고 있고 2012년 4월 15일 개정된 상법에서는 유한책임회사를 회사의 한 유형으로 인정하고 있는 점 등을 종합적으로 고려하는 경우 AI는 구성원의 개인성이 강하게 드러나는 인적 결합체로 보기보다는 구성원의 개인성과는 별개로 권리 및 의무의 주체가 될 수 있는 독자적 존재의 성격을 가지고 있어 법인세법상 과세대상이 되는 외국법인으로 볼 수 있다.[171]

따라서 AI는 구성원과 별개로 권리 및 의무의 주체가 될 수 있는 독자적 존재의 성격을 가지므로 주식양도대금이 AI에 유입된 이상 AI를 실질적 귀속자로 보아야 하고 AI의 투자자들을 실질적 귀속자로 보아 CSAP 귀속 소득에 관한 부분은 위법한 것으로 보았다.[172][173] 따라서 주식양도소득 중 CVC 아시아 귀속 소득분에 관한 처분은 적법하고 나머지 부분은 위법한 것으로 판결하였다.[174]

---

169) 서울행정법원 2011.2.18. 선고 2009구합3538 판결.
170) 서울행정법원 2011.2.18. 선고 2009구합3538 판결.
171) 서울고등법원 2012.4.27. 선고 2011누11336 판결.
172) 서울고등법원 2012.4.27. 선고 2011누11336 판결.
173) 아울러 미국은 유한책임회사 형태의 법인 설립을 장려하기 위한 목적으로 조세 혜택을 부여하기 위해 법인 과세와 구성원 과세를 선택할 수 있도록 하고 있고 AI가 비록 구성원 과세를 선택하였으나 미국에서의 세법상 취급을 이유로 우리나라 법인세법상 외국법인 해당 여부가 좌우된다고 볼 것은 아니다. 그리고 AI를 도관회사가 아닌 법적 실체를 갖추고 있는 회사로서 소득의 실질적 귀속자로 보는 경우 그 자체를 납세의무자로 보아 국내원천소득에 대한 법인세를 과세하여야 하고 구성원 또는 주주를 납세의무자로 파악할 것은 아니라고 판시하였다(서울고등법원 2012.4.27. 선고 2011누11336 판결).
174) 서울고등법원 2012.4.27. 선고 2011누11336 판결.

3. 대법원 판결

대법원은 우리나라와 미국이 체결한 조세조약 제3조 제1항 (b)호 (ii)목 단서는 문언과 체계상 미국의 거주자 중 조합과 같이 미국의 법인에 해당하지 않는 단체 등과 관련된 규정으로 보이는 점, 조약의 문맥에 비추어 미국 세법에 따라 어떠한 단체의 활동으로 얻은 소득에 관하여 단체가 아니라 구성원이 납세의무를 부담하는 이른바 재정적으로 투명한 단체(fiscally transparent entity)의 경우 원칙적으로 미국과 체결한 조세조약의 적용을 받을 수 없으나 구성원이 미국에서 납세의무를 부담하는 경우 예외적으로 단체에 조세조약에 따른 혜택을 부여하려는 특별규정으로 이해할 수 있는 점, 조합과 유한책임회사 등 조합의 형식을 취하지 아니한 단체를 단서 규정의 적용대상에서 배제할 뚜렷한 이유를 찾기 어려운 점, 조세조약의 체결 목적이 소득에 대한 이중과세의 방지라는 점 등을 종합적으로 고려하였다.[175]

우리나라와 미국이 체결한 조세조약 제3조 제1항 (b)호 (ii)목 단서에서 규정하고 있는 "미국의 조세 목적에 따라 미국에 거주하는 기타의 인(person)" 중 "조합원으로서 행동하는 인(person)"은 미국 세법상 조합원 등의 구성원으로 이루어진 단체의 활동으로 얻은 소득에 대하여 구성원이 미국에서 납세의무를 부담하는 단체를 의미하는 것으로 보아야 한다.[176] 그리고 "그러한 인(person)에 의해 파생된 소득은 거주자의 소득으로서 미국의 조세에 따라야 하는 범위에 한한다"의 의미는 그러한 단체의 소득에 대하여 구성원이 미국에서 납세의무를 부담하는 범위에서 단체를 미국과의 조세조약에 따른 미국의 거주자로 취급한다는 뜻으로 해석하는 것이 바람직하다.[177] 따라서 우리나라의 사법(私法)상 외국법인에 해당하는 미국의 어떠한 단체가 우리나라에서 소득을 얻었음에도 미국에서 납세의무를 부담하지 않는 경우 구성원이 미국에서 납세의무를 부담하는 범위에서만 미국과의 조세조약에 따른 미국의 거주자에 해당하여 조세조약을 적용받을 수 있고 단체가 원천지 국가인 우리나라에서 얻은 소득 중 구성원이 미국의 거주자로 취급되지 않는 경우 우리나라와 미국이 체결한 조세조약을 적용할 수 없다.[178]

미국의 유한책임회사인 AI는 미국 세법에 따라 구성원 과세를 선택한 단체로 미국 세법상 재

---

175) 대법원 2014.6.26. 선고 2012두11836 판결.
176) 대법원 2014.6.26. 선고 2012두11836 판결.
177) 대법원 2014.6.26. 선고 2012두11836 판결.
178) 대법원 2014.6.26. 선고 2012두11836 판결.

정적으로 투명한 단체(fiscally transparent entity)에 해당하고 단체의 구성원이 미국에서 납세의무를 부담하는지 등을 고려하여 AI가 미국과의 조세조약에 따른 미국의 거주자에 해당하는지와 조세조약의 적용을 받는 범위를 확정한 다음 AI에 귀속된 주식양도소득의 60%에 해당하는 부분을 과세대상으로 볼 수 있는지를 판단하여야 한다.[179] 그러나 원심은 원천지 국가에 의한 과세로부터의 면제와 관련되어 우리나라와 미국이 체결한 조세조약에 따른 "미국의 거주자"의 의미와 적용의 범위에 관한 법리를 오해하여 필요한 심리를 다하지 않아 판결에 영향을 미친 위법이 있다고 보았으며 피고(과세관청)의 패소 부분을 파기하고 원고(동원엔터프라이즈)의 상고를 기각하였다.[180]

4. 사례의 검토

동원엔터프라이즈 사건은 투자지주회사 또는 투자목적회사와 관련된 사례로 조세조약에 대해 실질과세의 원칙이 적용 가능한지, KDH가 주식양도소득의 실질적 귀속자인지, 최종투자자들이 실질적 귀속자인지가 쟁점이 되었다.

디엠푸드의 인수자금을 CVC 아시아와 AI 그리고 디엠푸드 경영진이 제공한 점, CVC AP가 디엠푸드 인수계약 관련 각종 보고서 및 계약서에 서명하고 인수계약의 당사자로 참여하여 투자조건을 결정한 점, CVC AP가 실사작업하고 MBO 계획과 New Co의 설립 계획을 설명한 점, 설명 직후 KDH를 설립하고 디엠푸드 주식을 매각한 후 바로 청산절차를 개시한 점, 디엠푸드 영업활동 보고를 CVC AP 국내지점 직원에게 하고 국내지점 직원이 CVC의 투자현황 및 재무상황 등을 CVC AP 직원에게 분기별로 보고한 점, CVC AP 국내지점이 작성한 분배금 배부계획에 따라 매각대금을 분배하고 매각대금을 KDH 명의의 계좌로 수령한 후 바로 송금된 점, KDH가 수취하는 분배금이 없는 점, KDH의 독립적인 사업장이 없는 점, 전화번호 또한 CVC Benerux 직원의 전화번호로 등재된 점, KDH 자산 대부분이 디엠푸드 주식인 점, 인건비 및 사업운영에 필수적인 사업비용이 지출되지 않은 점 등의 모든 사실과 상황을 고려하면 KDH를 주식양도소득에 대한 실질적 지배력을 가지고 있는 실질적 귀속자로 볼 수 없다.

케이만군도 법인인 CVC 아시아는 앞서 살펴본 론스타펀드Ⅲ LP와 같은 법적 성격을 가지고

---

179) 대법원 2014.6.26. 선고 2012두11836 판결.
180) 대법원 2014.6.26. 선고 2012두11836 판결.

있어 우리나라 상법상의 합자회사와 유사하여 법인세법에 따른 외국법인에 해당한다. 서울행정법원은 CVC 아시아와 AI의 주주인 Travelers Property Casualty와 MetLife 그리고 CSAP가 주식양도소득의 실질적 귀속자에 해당한다고 판단하였다.

그러나 서울고등법원은 AI는 사원들이 출자한 금액을 한도로 유한책임을 부담하고 회사경영에 참여할 수 있는 유한책임회사로 자금의 유치 및 운용을 하고 다수의 투자거래를 수행해 왔으며 설립 국가인 미국은 유한책임회사를 법인으로 취급을 하고 있고 2012년 개정 시행되고 있는 상법에서는 유한책임회사를 회사로 인정하고 있는 점 등을 고려하는 경우 권리 및 의무의 주체가 될 수 있는 독자적 존재의 성격을 가지고 있어 법인세법에 따른 외국법인으로 보아야 한다고 판결하였다. 결과적으로 CVC 아시와 AI를 주식양도소득의 실질적 귀속자로 보았다.

그러나 AI가 외국법인에 해당하는지와 주식양도소득의 실질적 귀속자인지는 구분해서 판단해야 할 사항이다. 즉 외국법인에 해당하는지는 소득의 귀속과 관련해 법인 과세와 소득 과세를 위한 목적으로 필요하지만 실질귀속자인지는 구분해 판단해야 할 사항으로 이러한 사항을 고려하지 않은 서울고등법원의 판결은 잘못된 판결이라 할 수 있다.

대법원은 우리나라와 미국이 체결한 조세조약의 단서에서 규정하고 있는 "미국의 조세목적상 미국에 거주하는 기타의 인(person)" 중 "조합원으로서 행동하는 인(person)"은 미국의 세법에 따라 조합원 등의 구성원으로 이루어진 단체의 활동으로 얻은 소득에 대하여 구성원이 미국에서 납세의무를 부담하는 단체를 의미하는 것으로 판단을 하였다. 그리고 "그러한 인(person)에 의해 파생된 소득은 거주자의 소득으로서 미국의 조세에 따라야 하는 범위에 한한다"는 그러한 단체의 소득에 대하여 구성원이 미국에서 납세의무를 부담하는 범위에서 단체를 미국과의 조세조약상 미국의 거주자로 취급된다는 것으로 해석하였다.

대법원의 판단에 따르는 경우 법인세법에 따라 외국법인에 해당하는 미국의 단체가 미국에서 납세의무를 부담하지 않는 경우 구성원이 미국에서 납세의무를 부담하는 범위에서만 미국과의 조세조약에 따른 미국 거주자에 해당하여 조세조약을 적용받을 수 있는 것으로 이해되고 OECD가 제시하고 있는 기준에 부합되는 판단이라 할 수 있다.

법원의 판단을 종합적으로 고려하면 국내법에 따른 소득의 귀속과 법인 과세 또는 소득 과세의 판단 등을 위한 목적으로 외국단체가 외국법인에 해당하는지에 대한 판단이 필요하고 비록 외국단체가 법인세법에 따른 외국법인에 해당하더라도 재정적으로 투명한 단체에 해당하는지와 설립 국가에서 납세의무를 부담하는지를 추가로 고려하여 조세조약을 적용해야 하는 것으로 이해된다. 아울러 외국단체가 설립 국가에서 납세의무를 부담하지 않는 경우 구성원이 우리나라와 조세조약을 체결한 국가의 거주자로서 거주지 국가에서 납세의무를 부담하는 경우 우리나라와 구성원의 거주지 국가가 체결한 조세조약에 따른 혜택을 부여해야 한다는 것으로 이해된다.

V. 위니아만도

1. 사실관계

위니아만도 사건[181]은 도관회사와 관련된 직접적인 사례라 할 수 있다. 우리나라와 조세조약이 체결되지 않은 영국령 케이만군도의 유한파트너십(Limited partnership)인 CVC Capital Partnerships Asia Pacific L.P.(이하 CVC 아시아)는 한국 내 투자수익으로 인한 조세를 비과세 또는 감면받고 이익을 극대화하기 위한 것을 주요 목적으로 각국의 조세제도와 조세조약 등을 연구하고 분석한 다음 케이만군도 법인인 MHN Ltd.에 100% 출자를 하였고 MHN Ltd.가 100% 출자하여 룩셈부르크 법인인 MHN Luxembourg S.A.R.L.(이하 MHN Luxembourg라 한다)을 설립하였다. MHN Luxembourg는 100% 출자하여 1999.10.18. 벨기에 법인인 Mando Holdings N.V.(이하 Mando Holdings)를 설립하였다.[182]

이후 Mando Holdings는 UBS Capital B.V., PPMV Nominees Ltd., Asia Investor LLC. 등과 컨소시엄을 구성 1999.10.26. 만도기계 주식회사의 아산사업본부 사업 부분을 인수하여 내국법인인 위니아만도를 설립하였다. 인수 및 설립 과정에서 "CVC 아시아"의 투자운용사인 CVC Capital Partners (Benerux) N.V.가 사업부분의 인수계약과 관련한 각종 보고서 및 계약서에 서명하는 등 CVC 아시아가 UBS Capital B.V., PPMV Nominees Ltd., Asia Investor LLC.와 공동으로 인수계약의 당사자로 참여하여 투자조건 등을 결정하였고 Mando Holdings는 인수조건이 확정된 후 이후 인수계약이 체결되기 직전에 설립되었다.[183]

Mando Holdings는 홍콩에 소재하는 투자자문사 소속 일본 및 아시아지역 투자 총괄 이사,

---

181) 대전고등법원 2010.10.28. 선고 2010누755 판결, 대법원 2012.10.25. 선고 2010두25466 판결.
182) 대전고등법원 2010.10.28. 선고 2010누755 판결.
183) 대전고등법원 2010.10.28. 선고 2010누755 판결.

CVC Luxembourg Finance 이사, CVC Capital Partners (Benerux) N.V.의 운영 이사 3인으로 구성되어 있었다.[184] 주소지에는 CVC Capital Partners(Benerux) N.V.의 사무실이 있을 뿐 Mando Holdings의 독립적인 사업장이 없었으며 Mando Holdings의 D&B 조회자료에 등재된 전화번호도 CVC Capital Partners(Benerux) N.V.의 직원 전화번호였으며 자산 대부분이 위니아만도 주식으로 구성되어 있고 인건비와 사업운영에 필수적인 사업비용을 지출한 사실도 없었다.[185]

아산 사업본부 사업 부분의 인수 당시 Mando Holdings 지분에 해당하는 투자자금은 "CVC 아시아"가 제공하였고[186] CVC 아시아는 2001.5. 작성한 이메일에서 위니아만도가 Mando Holdings의 계좌에 입금하는 배당금을 CVC 아시아 계좌에 즉시 송금하도록 지시하였다. 그러나 2001.10. 벨기에 법률회사는 배당금을 CVC 아시아의 계좌로 직접 송금하는 것이 효율적이지만 Mando Holdings가 도관회사로 취급될 우려가 있으므로 반드시 Mando Holdings의 계좌를 거치도록 자문하였다.[187]

위니아만도는 2004년과 2005년에 배당금을 지급하는 때에 Mando Holdings가 벨기에에 소재한 법인이라는 이유로 벨기에와 체결된 조세조약 제10조(배당)에 따른 제한세율[188]을 적용하여 배당소득에 대한 2004년과 2005년 사업연도 귀속 원천징수분 법인세를 각각 납부했다.[189] 이후 Mando Holdings는 2005.11.25. 만도위니아 주식을 내국법인인 만도홀딩스에 양도하였고 양도소득이 발생하였으나 만도홀딩스는 벨기에와의 조세조약 제13조 제3항에 따라 주식의 양도로 인한 소득은 양도인의 거주지 국가에서만 과세된다는 이유로 주식 양도대금을 지급하면서 법인세를 원천징수하지 않았다. 이후 만도홀딩스는 2006.2.7. 위니아만도에 흡수 합병되었다.

과세관청은 2007.7.12. 벨기에 법인인 Mando Holdings와 룩셈부르크 법인인 MHN Luxembourg는 조세회피를 목적으로 설립된 명목상의 회사에 불과하여 배당소득 및 양도소득의 실질적인 귀속자가 될 수 없고 케이만군도에 설립된 유한파트너십인 CVC 아시아가 그

---

184) 대전고등법원 2010.10.28. 선고 2010누755 판결.
185) 대전고등법원 2010.10.28. 선고 2010누755 판결.
186) 대전고등법원 2010.10.28. 선고 2010누755 판결.
187) 대전고등법원 2010.10.28. 선고 2010누755 판결.
188) 벨기에와의 조세조약 제10조에서는 배당수취인이 동 배당의 수익적 소유자에 해당하는 때에는 배당총액의 15%로 규정하고 있다.
189) 대전고등법원 2010.10.28. 선고 2010누755 판결.

실질적인 귀속자이므로 벨기에와의 조세조약이 적용되지 않는다고 판단해[190] 배당소득에 대해 2004년과 2005년 사업연도 귀속 원천징수분 법인세를 추가로 납세 고지하였고 양도소득에 대해서는 주식회사 만도홀딩스의 납세의무를 승계한 위니아만도에 2005년 사업연도 귀속 원천징수분 법인세를 추가로 납세 고지하였다.[191]

2. 법원의 판결

대전고등법원[192]은 실질과세원칙은 조세조약에 포함된 규정의 해석 및 적용기준이 된다고 전제한 다음 벨기에 법인인 Mando Holdings는 사업 부분의 인수와 주식의 양도에 관하여 형식상 거래당사자의 역할만을 수행하였을 뿐 실질적 주체는 CVC 아시아이고 룩셈부르크 법인인 MHN Luxembourg 역시 명목상의 회사에 불과하여 형식과 실질의 괴리는 조세회피만을 위한 목적에 기초한 것으로 CVC 아시아가 배당소득 및 양도소득의 실질적인 귀속자 또는 벨기에와 체결한 조세조약 제10조 배당소득 조항에 따른 수익적 소유자에 해당하고 CVC 아시아는 우리나라와 조세조약을 체결하지 않은 케이만군도에 설립되었기 때문에 벨기에와의 조세조약이 적용될 수 없다고 판결하였다.

대법원[193]은 CVC 아시아는 펀드운영의 전문성을 보유하고 펀드의 일상적인 업무를 집행하며, 무한책임을 지는 무한책임사원(General Partner, GP)과 펀드 운용에 적극적으로 관여하지 않는 소극적 투자자로서 투자한 한도 내에서만 책임을 지는 유한책임사원(Limited Partner, LP)으로 구성되어 있고, 고유한 투자목적을 가지고 자금을 운용하면서 구성원인 사원들과는 별개의 재산을 보유하며, 고유한 사업 활동을 영위하는 영리 목적의 단체로서 구성원의 개인성이 강하게 드러나는 인적 결합체라기보다는 구성원의 개인성과는 별개로 권리·의무의 주체가 될 수 있는 독자적 존재의 성격을 가지고 있어 우리나라의 합자회사와 유사하여 구 법인세법상[194] 외국법인에 해당하여 법인세 과세대상이 되는 것으로 보는 것이 타당하다고 하여 대

---

190) 대전고등법원 2010.10.28. 선고 2010누755 판결.
191) 대전고등법원 2010.10.28. 선고 2010누755 판결.
192) 대전고등법원 2010.10.28. 선고 2010누755 판결.
193) 대법원 2012.1.27. 선고 2010두5950 판결.
194) 구, 법인세법(2005.12.31. 법률 제7838호로 개정되기 전) 제93조.

전고등법원의 판단과 같이 판결하였다.

3. 사례의 검토

위니아만도 사건은 전형적인 도관회사를 사용한 조약남용 및 조약쇼핑에 해당하는 사례라 할 수 있다. 사전에 한국 내 투자수익으로 인한 세금의 비과세 또는 감면을 통한 이익을 극대화하기 위해 각국의 조세제도와 조세조약 등을 연구 및 분석하여 조세회피를 주된 목적으로 케이만군도, 룩셈부르크, 벨기에를 거쳐 투자한 전형적인 다단계 도관 구조를 취하였고 Mando Holdings가 위니아만도로부터 수령한 배당금을 CVC 아시아 계좌로 즉시 전달하도록 하여 사전에 약정된 현금흐름에 따라 수령한 배당금을 "전달할 의무"를 가지고 있었다.

벨기에 법인인 Mando Holdings는 독립적인 사업장을 가지고 있지 않았고 등재된 전화번호도 CVC Capital Partners(Benerux) N.V. 직원의 전화번호였다. 그리고 자산 대부분이 위니아만도 주식으로 구성되어 있고 임원은 CVC 아시아와 관련된 회사의 임직원으로 인건비와 사업운영에 필수적인 사업비용을 지출한 사실이 없는 점에 비추어 보면 전형적인 도관회사로 사업의 실체가 없다고 할 수 있어 벨기에와의 조세조약에 따른 혜택의 자격이 부여되지 않는다.

즉 Mando Holdings는 조세회피를 주요 목적으로 CVC 아시아와 위니아만도 사이에 개입된 대리인, 명의수탁인 또는 중간에 개입된 중개인과 같이 도관과 같은 역할을 하고 수령한 배당금을 전달할 의무와 사전에 약정된 현금흐름을 가지고 있어 자금에 대한 지배력을 가지고 있지 않은 조세회피만을 주요 목적으로 설립되어 사용된 전형적인 도관회사라 할 수 있다. 중간에 개입된 룩셈부르크와 케이만군도 회사 역시 조세회피를 주요 목적으로 하여 설립된 도관회사로서 수익을 실질적으로 소유하는 자에 해당하지 않는다. 반면 CVC 아시아는 펀드 운용의 전문성을 보유하고 펀드의 일상적인 업무를 집행하는 등 고유한 투자목적을 가지고 있을 뿐만 아니라 구성원들의 재산과는 별개의 재산을 보유하고 자금에 대한 실질적인 지배력을 가지고 적극적으로 운용하는 사업 활동을 영위하고 있는 법인에 해당한다.

결과적으로 권리 및 의무의 주체가 될 수 있는 독자적 존재의 성격이 있는 CVC 아시아를 수익을 실질적으로 소유하는 자로 보는 것이 타당하고 고등법원과 대법원의 판결은 정당한 판결이라 할 수 있다.

VI. 한국까르푸(현, 홈플러스테스코)

1. 사실관계

한국까르푸 사건[195]은 중간지주회사와 관련된 사건으로 중간지주회사의 이해에 도움이 되는 중요한 사례라 할 수 있다. 최상위 지주회사인 프랑스 파리에 본점을 둔 까르푸 에스에이(Carrefour S.A., 이하 CSA)는 1982.7.12. 프랑스 재정경제부(Ministry of Finance and Economy)로부터 해외투자계획을 승인받아 1982.8.31. 100%를 출자하여 네덜란드법에 따른 민간유한책임회사(Besloten Vennootschap) 형태로 해외사업투자를 위한 중간지주회사인 까르푸 네덜란드 비브이(Carrefour Nederland B.V., 이하 CNBV[196])를 설립하였다.[197]

까르푸 그룹은 그룹 내 각종 위원회에서 주요한 의사결정에 대해 권고를 하는 집단협의 체제를 구축하고 있고 새로운 매장의 개설 등 투자와 관련된 사안은 투자위원회에서 협의하고 주요 전략 및 의사결정에 대해서는 집행위원회에서 다시 협의하도록 하고 있다.[198] 그리고 까르푸 그룹의 이사회는 계열사의 일상적인 관리운영에는 관여하지 않는다. 다만 집행위원회 또는 경영위원회가 제출한 투자계획안과 그룹의 전 세계적인 전략에 관한 승인을 담당하였다.[199]

그룹의 자금관리센터인 Le Centre de Coordination Carrefour(이하 LCCC)가 물리적인 자금의 이동 및 환율과 관련된 세계 각국 은행과의 협상 업무를 수행하고 있지만[200] LCCC가 관리하는 계열사의 당좌계정은 어디까지나 그 계열사에 속한다.[201] 따라서 CNBV도 2001.1.1.경 LCCC와 재무관리를 위한 일반약정을 체결하여 LCCC를 통해 자금거래를 하였으

---

195) 대전지방법원 2011.11.16. 선고 2010구합2649 판결, 대전고등법원 2012.6.21. 선고 2011누2314 판결, 대법원 2014.7.10. 선고 2012두16466 판결.
196) CNBV는 2005년 말 기준 자본금이 약 46억 유로(자기자본 약 83억 유로)에 달하며 설립 이래 자회사 등에 대한 투자회수금(배당, 주식처분대금) 및 계열사로부터의 차입금 등을 재원으로 하여 사업을 확장하여 현재 전 세계 약 25개국에 합계 52개의 자회사 지분을 보유한 일반지주회사로 존속 중이다(대전지방법원 2011.11.16. 선고 2010구합2649 판결).
197) 대전지방법원 2011.11.16. 선고 2010구합2649 판결.
198) 대전지방법원 2011.11.16. 선고 2010구합2649 판결.
199) 대전지방법원 2011.11.16. 선고 2010구합2649 판결.
200) 계열사들은 LCCC와 재무관리를 위한 일반약정을 체결하고 LCCC를 통하여 당좌계정을 개설하여 LCCC가 약정에 따라 운영하는 자금통합관리제도(Cash Pooling Management)를 이용하여 여유자금을 다른 계열사 또는 LCCC에 대여하거나 일시적인 부족한 자금은 다른 계열사 또는 LCCC로부터 차입한다(대전지방법원 2011.11.16. 선고 2010구합2649 판결).
201) 대전지방법원 2011.11.16. 선고 2010구합2649 판결.

며 다만 CNBV 당좌계정의 자금으로 집행되는 한국까르푸에 대한 투자 활동을 포함한 모든 투자 활동은 CNBV 대표이사의 승인과 지시를 통해 이루어졌다.[202]

중간지주회사인 CNBV의 사업 활동과 구조 및 운영에 대해서 살펴볼 필요가 있다.[203] CNBV의 1994년부터 2006년까지 연차보고서에 의하면 CNBV는 매년 소비재상품의 소매업을 영위하는 회사들에 대한 지분보유투자와 투자를 위한 자금조달(Financing)을 주요 사업 활동으로 영위하고 있다.[204] CNBV의 고정 재무자산은 자회사 투자주식, 지분참여 투자주식 및 자회사 대여금으로 구성되어 있고 매년 당기순이익은 이익잉여금으로 가산하여 차기로 이월[205]되고 있다.[206] 자회사의 관리와 감독을 위한 컨설팅 비용 및 법률 비용 등이 발생하는 경우 주주로서 그 해당 비용을 부담하였고 CNBV의 사업 활동은 매년 개최된 주주총회에서 결정되었으며 CNBV는 감독위원회에 보고하였다.[207] CNBV는 법정 이사와 감독 이사 외에 별도로 직원을 고용하지 않았으나 1994년부터 1996년까지 각 1명, 2001년과 2003년에 각 1명의 직원을 추가로 채용하여 고용하고 있었고[208] 네덜란드에 소재하는 법인인 Spring Property B.V.와

---

202) 대전지방법원 2011.11.16. 선고 2010구합2649 판결.
203) CNBV가 한국까르푸에 투자한 자금은 CSA로부터 차입하거나 지원받은 자금이 아닌 자신이 설립 이래 축적한 유보자금이며 주식양도대금도 직접 수령하였고 이후 CSA에 송금 또는 배당 등 어떠한 형태로도 분배하지 않고 유보한 후 자신의 명의로 수행하는 사업에 재투자한 점, 까르푸 그룹의 구조 및 운영 실태, 투자회수 기간 등을 고려해 보면 할인점업을 영위하기 위한 장기적인 산업적 투자이며 단기투자수익을 노린 단순한 재무적 투자로 볼 수 없는 점, CSA와 CNBV는 개별투자를 위한 특수목적법인이 아닌 수십 년간 존속하면서 인적·물적 요소를 갖추고 있는 법인으로서 자회사의 주식 소유와 관리를 주된 목적으로 하고 있고 자회사에 대한 직접적인 경영통제를 하지 않아 조직 자체가 간소하며 자회사의 지분보유 및 관리 기능에 필요한 소수의 직원만을 고용하고 업무 대부분은 외부 및 계열사에 위임 처리하는 등 지주회사의 공통 요소를 가지고 있어 CSA는 최상위 지주회사이고 CNBV는 중간지주회사라는 차이를 제외하고 기본적인 성격은 동일하다(대전지방법원 2011.11.16. 선고 2010구합2649 판결).
204) CNBV는 2003.5.경 Carrefour Italy가 BNP-Parisbas S.A. 은행으로부터 약 5억 유로의 금원을 차입하고 이 차입에 대하여 BNP Paribas Luxembourg 은행이 지급보증을 제공하는 거래에 있어서 보증은행인 BNP Paribas Luxembourg에 대하여 지급보증 및 동 보증은행에 예치된 CNBV의 예금에 대하여 질권을 설정해 주었고 2003.7.23.에는 Carrefour Italy가 발행한 4억 8,000만 유로 상당의 전환사채와 관련하여 그 투자인인 프랑스의 BNP Paribas 은행에 대해 Carrefour Italy의 원리금 채무의 지급을 보증하는 등 필요한 경우 자회사의 사업자금 차입에 대하여 자신의 자산을 담보로 제공하였다. 그리고 CNBV는 본인의 명의와 계산으로 1997년 룩셈부르크 유가증권시장에서 52,970,000 프랑스 프랑 상당의 채권을 구매하였고 2005년까지 119,396,000유로 상당의 시장성 유가증권을 보유하는 등 유가증권에 투자하고 있다(대전지방법원 2011.11.16. 선고 2010구합2649 판결).
205) CNBV는 네덜란드 회계감독규정에 따라 회사의 영업결과를 회사의 장부에 기재하여 1994년부터 2006년에 이르기까지 CNBV 감독위원회(Supervisory Board) 및 네덜란드 상업등기소에 당기손실, 수입이자, 수입배당금 등의 꾸준한 경영성과를 매년 보고하였고 회계법인의 회계감사를 받아 왔다(대전지방법원 2011.11.16. 선고 2010구합2649 판결).
206) 대전지방법원 2011.11.16. 선고 2010구합2649 판결.
207) 대전지방법원 2011.11.16. 선고 2010구합2649 판결.
208) 대전지방법원 2011.11.16. 선고 2010구합2649 판결.

2000.11.1.부터 이후 5년간의 임대차 계약을 체결하여 사무소를 두고 있었으며 3개월 단위로 임차료를 지급하고 CNBV가 매년 작성한 손익계산서에서는 직원 급여, 임차료, 관리비 등의 비용이 계상[209]되어 있다.[210]

다음으로 CNBV의 한국까르푸 설립 및 매각 과정을 살펴보고자 한다. CNBV는 한국까르푸 투자와 관련해 1993.9.12. 최초로 이사회 결의를 하였고 약 6개월이 지난 1994.3.8. 한국까르푸가 설립되었다.[211] CNBV는 누적된 이자, 배당소득 및 일부 투자자산의 매각금액 등으로 축적되어 있던 자금을 1994.3.8.부터 2001.11.12.까지 수십 차례의 증자를 통해 투자하였고 투자로 인한 수익은 CSA에 배당하지 않고 CNBV 이사회 결의 및 대표이사의 결정에 따라 CNBV의 사업에 재투자하였고 이후에 영업활동으로 보고되었다.[212]

CSA는 우리나라에서 할인점 사업을 영위하던 한국콘티낭의 모회사인 프랑스 법인 포로모드(Promodes)를 흡수합병한 이후 한국콘티낭의 주식을 취득하였고 2001.9.29. 한국까르푸가 한국콘티낭을 흡수합병함에 따라 존속법인인 한국까르푸의 지분 20.56%를 취득하게 되었다.[213] 한국까르푸 주식의 양도는 까르푸 그룹 내의 M&A팀 중 아시아팀이 주도하였고 우선협상대상자로 이랜드가 선정되어 CNBV와 CSA 각 이사회와 대표이사의 승인을 거쳐 2006.4.28.경 지분별로 이랜드의 SPC와 주식매매계약을 체결[214]하였다. CNBV는 2006.9.26. 한국까르푸 주식 매각대금을 수령한 후 전액을 CNBV의 LCCC 당좌계정에 일시 예치하였다가 그중 약 80%를 2007년 4개 국가에 소재한 자회사에 대한 투자에 사용하였다.[215]

이랜드 SPC(현, 홈플러스테스코)는 CSA의 지분매각으로부터 발생한 양도소득에 대한 법인세를 프랑스와의 조세조약 및 구 법인세법에 따라 원천징수하여 납부하였다. 아울러 법인세할

---

209) 대전지방법원 2011.11.16. 선고 2010구합2649 판결.
210) 네덜란드 로테르담 리지몬드 세무서는 2006.4.3. CNBV가 한국과 네덜란드 간에 체결된 조세조약에 따른 거주자에 해당한다는 거주자증명서를 발급했고 또한 재무부 국제조세정책 및 입법국 부국장은 2011.3.23. CNBV가 네덜란드 암스테르담에 사무실을 두고 재무전문가로 구성된 임직원을 두고 있다는 점, 대표이사를 제외한 모든 임직원은 네덜란드 거주자라는 점을 들어 CNBV가 도관회사 또는 기지회사가 아니라는 내용의 서신을 국세청 국제협력담당관 앞으로 발송하기도 하였다(대전지방법원 2011.11.16. 선고 2010구합2649 판결).
211) 대전지방법원 2011.11.16. 선고 2010구합2649 판결.
212) 대전지방법원 2011.11.16. 선고 2010구합2649 판결.
213) 대전지방법원 2011.11.16. 선고 2010구합2649 판결.
214) 네덜란드와 한국 로펌, 한국 회계법인 등은 주식의 양도와 관련된 법적 자문비용 등을 CNBV에게 직접 청구하였고 CNBV는 이를 직접 부담하였다(대전지방법원 2011.11.16. 선고 2010구합2649 판결).
215) 대전지방법원 2011.11.16. 선고 2010구합2649 판결.

주민세도 구 지방세법에 따라 특별징수의무자로서 신고 납부하고 CNBV의 보유 지분 79.44%의 매각으로 인하여 발생한 양도소득에 대해서는 네덜란드와의 조세조약 제14조 제4항 및 법인세법에 따라 2006.10.2. 남인천세무서와 안산세무서에 각각 법인세 비과세 및 면제신청을 하였다.[216] 그러나 서울지방국세청은 CNBV의 법인세 비과세 및 면제신청에 대한 부분조사와 주식이동조사를 하여 2006.11.9. CNBV는 조세회피를 위해 설립한 도관회사로 판단하였고[217] 관할 과세관청은 주식을 양수한 법인의 납세의무를 승계한 홈플러스테스코를 주식 양도소득의 원천징수의무자로 하여 2006년도 귀속 법인세를 추가 결정 고지하였다.

2. 법원의 판결

대전지방법원은 네덜란드와의 조세조약의 목적과 제14조 규정의 취지에 따른 "양도인"의 의미는 이중과세 및 조세회피방지의 취지에 부합되고 조세조약의 문언에 배치되지 않는 범위 내에서 실질과세원칙에 따른 해석상의 제한이 따라야 한다고 하였다. 따라서 네덜란드 거주자가 아닌 자가 네덜란드와의 체결한 조세조약에 따른 혜택을 얻기 위한 목적만으로 네덜란드에 법인을 설립 우리나라에서 법률행위를 하는 때에 그 법인이 거주지인 네덜란드에서 "정상적인 사업 활동을 수행"하지 않고 우리나라 내에서의 법률행위도 "독자적 경제적 이익"과 "사업목적 없이" 네덜란드 거주자가 아닌 자를 위해 "형식상 거래당사자의 역할만 수행"한 경우 실질적인 거래의 주체는 네덜란드 거주자에 해당하지 않고 "네덜란드 거주자가 아닌 자"의 "조세회피를 주요 목적"으로 하는 경우 네덜란드와의 조세조약에 따른 양도인에 해당하지 않기 때문에 실질과세원칙에 따라 거래의 실질적 당사자와 소득의 실질적인 귀속자로 인정되는 자가 납세의무자가 되고 실질귀속자의 거주지 국가와 체결한 조세조약에 따른 납세의무를 부담하여야 한다고 하여 법리적 원칙을 제시하였다.[218] 그리고 주식 양도소득이 실질적으로 귀속되는 자에 관한 입증의 책임은 소득의 귀속이 명목뿐이고 사실상 그 소득을 얻은 자가 따로 있다는 것을 주장하는 자에게 있고 따라서 과세관청이 입증하여야 한다고 하였다.[219]

---

216) 대전지방법원 2011.11.16. 선고 2010구합2649 판결.
217) 대전지방법원 2011.11.16. 선고 2010구합2649 판결.
218) 대전지방법원 2011.11.16. 선고 2010구합2649 판결.
219) 대전지방법원 2011.11.16. 선고 2010구합2649 판결.

양도소득의 귀속과 관련되어 주요 사업 활동, 독립된 회계 처리 및 세무신고, 이사회를 비롯한 감독위원회와 주주총회 개최, 매년 손익계산서에 실질적인 직원 급여와 임차료 및 관리비 등의 비용을 계상하고 있는 점, 약 30년간 전 세계 각국에서 50여 개 자회사의 지분을 소유하고 독립된 법인으로 활동하고 있는 점, 1994년 한국까루프 설립 후 약 12년간 수천억원의 투자 및 사업 확장을 한 후 2006년 철수한 점에 비추어 보면 할인점업을 통한 사업이익의 창출과 배당이익의 실현 등을 주요 목적으로 하고 있을 뿐 주식양도차익의 실현과 조세회피를 주요 목적으로 하고 있다고 볼 수 없어 조세의 부담을 회피하기 위한 목적으로 치밀한 투자구조로 설계되어 설립된 법인으로 보이지 않는다고 판결하였다.[220]

비록 네덜란드가 국내법상 "지분면제(Participation Exemption)" 규정에 따라 자회사로부터 배당 및 자회사 주식의 양도소득에 대하여 모회사 단계에서 세금이 면제되고 대부분의 국가와 체결한 조세조약에서도 주식의 양도소득에 대해 거주지 국가 과세원칙을 채택하고 있어 네덜란드를 통한 지분투자의 경우 "어느 곳에서도 세금을 부담하지 않게 되는 결과"가 초래될 수 있으나 이러한 사정만으로 네덜란드에 설립된 회사가 도관회사에 해당한다는 것으로 볼 수 없으므로 종합적으로 보면 CNBV가 단지 CSA의 투자자금의 중간통로 역할만을 수행한 CSA의 도관회사에 불과하다고 할 수 없다고 하였다.[221]

대전고등법원은 다음의 사항을 변경 기재하는 것을 제외하고는 대전지방법원의 판단과 같은 판결을 하였다.[222] 대전고등법원은 "CNBV가 조세회피를 위해 설립된 도관회사인지 여부에서 "수익적 소유자에 해당하는지"를[223] "귀속되는 자"로 변경하였고[224] "CNBV가 CSA로부터 구조적으로 독립한 지주회사일 뿐 도관회사가 아니라는 점은 앞서 본 바와 같고 비록 CSA가 이 사건 주식 양도와 관련하여 실질적으로 그 매각결정 및 자금이동 등 여러 측면에서 거래를 주도하였으나 CNBV의 상위 지주회사라는 점에서 기인하는 결과일 뿐 이를 주식 양도소득의 귀속 주체가 CSA라는 점의 근거로 삼을 수는 없으며 결국 앞서 인정한 사실들에 의하여 알 수 있는 사정들에 비추어 보면 주식의 양도 거래의 주체와 양도소득의 실질적 귀속 주체는 CNBV라고

---

220) 대전지방법원 2011.11.16. 선고 2010구합2649 판결.
221) 대전지방법원 2011.11.16. 선고 2010구합2649 판결.
222) 대전고등법원 2012.6.21. 선고 2011누2314 판결.
223) 대전지방법원 2011.11.16. 선고 2010구합2649 판결.
224) 대전고등법원 2012.6.21. 선고 2011누2314 판결.

보는 것이 상당하다"로 변경하여 판결하였다.[225]

대법원은 재산의 귀속 명의자는 지배 및 관리할 능력이 없고 명의자에 대한 지배권 등을 통하여 실질적으로 이를 지배 및 관리하는 자가 따로 있으며 명의와 실질의 괴리가 조세회피 목적에 따라 이루어진 때에는 재산에 관한 소득은 재산을 실질적으로 지배 및 관리하는 자에게 귀속된 것으로 보아 납세의무자로 하여야 하며 다만 명의와 실질의 괴리가 없는 경우 소득의 귀속명의자에게 소득이 귀속된 것으로 보아야 한다고 판시[226]하여 대전지방법원과 대전고등법원의 판단과 같이 판결을 하였다.[227]

3. 사례의 검토

본 사례는 중간지주회사 및 지주회사 특징과 손익의 귀속[228] 그리고 수익적 소유자와 다국적 기업의 의미를 제시하고 있어 중요한 판결이라 할 수 있다. CNBV는 까르푸 그룹의 중간지주회사로서 1982년 CSA가 100% 출자한 법인으로 2005년 말 기준 약 46억 유로에 달하는 자본금과 약 83억 유로에 달하는 자기자본을 바탕으로 전 세계 25개국에 52개의 자회사 지분을 보유하고 있는 일반지주회사로서 소비재상품의 소매업을 영위하는 회사들에 대한 지분을 보유하고 투자를 위한 자금을 조달하는 것을 주요 사업 활동으로 수행하고 있는 독립된 법인으로 활

---

225) 대전고등법원 2012.6.21. 선고 2011누2314 판결.
226) 대법원 2014.7.10. 선고 2012두16466 판결.
227) 대법원 2014.7.10. 선고 2012두16466 판결.
228) 지주회사(Holding Company)는 다른 회사를 지배할 수 있는 정도의 주식을 보유함으로써 그 회사에 대하여 실질적인 지배권을 획득하는 것을 목적으로 하는 회사로서 자회사에 주주로서 영향력을 행사하는 것을 그 본질적인 요소로 한다. "주식 보유를 통한 실질적인 지배권 취득"이라는 지주회사의 존재 목적이 곧 자회사의 경영에 대한 직접적인 경영통제로 연결되는 것은 아니며 오히려 자회사에 경영상 책임을 분배함으로써 영업실적 등의 악화로 인한 "위험의 차단 목적"으로 지주회사제도가 이용되기도 한다. 지주회사는 자회사의 지배주주로서 자회사의 의사결정에 영향력을 행사하는 데 필요한 정도의 인적·물적 조직을 갖추고 통합적이고 장기적인 관점에서 "자회사를 지배하는 역할을 수행"하는 것을 그 특징으로 한다. 따라서 지주회사는 자회사가 법률행위를 함에 있어 그 법률행위에 이르게 된 "의사결정에 영향력을 행사하는 지위"를 갖는다(대전지방법원 2011.11.16. 선고 2010구합2649 판결). 다만 지주회사가 자회사를 설립하여 그 자회사가 "독립한 법인격"을 가지면서 "독립적인 사업 활동"을 영위하는 이상 그 자회사의 사업 활동으로 인한 이익 및 손실은 원칙적으로 그 자회사에 귀속되고 지주회사가 자회사의 주주로서 배당을 받는 등 "이익을 분배받는 경우"에 비로소 그 지주회사의 이익으로 귀속될 수 있고 손실 또한 자회사의 사업 활동으로 인한 손실이 발생한다고 하여 곧바로 지주회사의 손실로 연결되는 것은 아니다(대전지방법원 2011.11.16. 선고 2010구합2649 판결).
즉 지주회사가 자회사의 의사결정에 영향력을 행사하고 있다는 지주회사제도의 특징을 근거로 자회사의 소득이 곧바로 지주회사에 귀속된다고 볼 수는 없고 지주회사가 법률행위를 함에 있어 자회사의 의사에 종속되는 측면이 있다고 하여 별다른 근거 없이 자회사가 법률행위의 주체 또는 소득 귀속의 주체가 아니라고 보는 것은 지주회사제도를 부인하는 것과 같다고 판시하였다(대전지방법원 2011.11.16. 선고 2010구합2649 판결).

동하고 있는 실체라 할 수 있다.

한국까르푸에 투자한 자금은 CSA로부터 차입하거나 지원받은 자금이 아닌 설립 후 축적된 유보자금이며 한국까르푸로부터 양도소득을 직접 수령한 후 분배하지 않고 CNBV의 LCCC 당좌계정에 예치한 후 약 80%를 영위하는 사업에 재투자한 점을 보면 수령한 소득에 대해 전달할 의무가 존재하지 않을 뿐만 아니라 사전에 약정된 현금흐름 또한 존재하지 않는다고 할 수 있어 수령한 소득에 대한 "실질적 지배력"을 가지고 있다고 할 수 있다.

그리고 CNBV 당좌계정의 자금으로 집행되는 한국까르푸에 대한 모든 투자 활동은 CNBV 대표이사의 승인 및 지시를 통해 이루어졌으며 자회사에 대한 지급보증과 질권의 설정, 자회사 사업자금 차입에 대한 자산의 담보를 제공해 주는 등 지주회사의 역할을 하고 있다고 볼 수 있고 CNBV 본인의 명의와 계산으로 채권과 시장성 유가증권을 보유하는 등 유가증권에 투자하고 있는 점은 자금에 대한 "실질적 지배력"을 가지고 있다고 할 수 있다.

사업 활동과 관련한 이사회·감독위원회·주주총회의 개최, 법적 자문비용, 임직원의 실질적인 고용과 사무실의 존재, 직원 급여·임차료·관리비 등의 비용을 계상하고 있고 회계감사를 받을 뿐만 아니라 독립된 회계 처리와 세무신고를 하는 점을 고려하면 독립된 법인으로 활동하고 있다고 충분히 판단될 수 있다. 아울러 1994년 한국까르푸를 설립하여 할인점업을 시작한 후 12년간 수천억원을 투자하고 2006년 철수한 점에 비추어 보면 사업이익과 배당이익의 실현을 주된 목적으로 하는 산업적 투자자로 볼 수 있고 주요 목적이 조세회피에 있다는 것으로 보이지 않는다.

본 사례가 비록 양도소득에 대한 소득이 실질적으로 귀속되는 자와 관련한 판례이지만 판결문의 전반적인 내용은 수익적 소유자의 판단과 관련된 사항이 주를 이루고 있다. 대전지방법원은 실질적으로 법률행위로 인한 "소득의 지배, 관리, 처분권이 귀속되는 자"를 수익적 소유자[229]

---

229) 실질적으로 법률행위로 인한 "소득의 지배, 관리, 처분권이 귀속되는 자인 수익적 소유자"가 누구인지는 소득의 발생 원인이 되는 법률행위의 명의자를 누구로 할 것인지, 그 명의자와 법률행위로 인한 효과의 귀속자를 누가 어떤 과정을 거쳐 결정하는지, 그 결정에 영향력을 행사하는 자가 별도로 존재하는지, 법률행위에 자금의 이동이 수반되는 경우 그 자금의 이동 및 관리의 주체가 누구인지, 법률행위의 명의자 및 그 효과의 귀속자가 법인인 때에는 각 법인의 영업활동 유무 및 그 내용 등 여러 요소를 참작하여 이를 결정할 수 있고 "법률행위의 효과"와 그에 따른 "소득의 귀속자"를 누구로 할 것인지에 대한 "의사결정 또는 영향력 행사의 문제"는 "소득의 지배·관리·처분권이 누구에게 있는지"의 문제와는 구별되는 것으로서 "지배·관리·처분권자"를 결정하는 과정 또는 의사결정에 대한 영향력을 행사하는 자라고 하여 반드시 법률행위로 인한 소득의 "지배·관리·처분권을 가지는 자"라고 할 수는 없다(대전지방법원 2011.11.16. 선고 2010구합2649 판결).
따라서 주주가 주주로서 영향력을 행사하고 그 영향력에 근거하여 당해 법인의 의사결정이 이루어졌다고 하더라도 의사결정에 따른 당해 법인의 "법률행위의 효과"는 여전히 "법률상 독립된 실체"로 인정되는 당해 법인에게 귀속하는 것이고 그 거래에 따른 소득도 모두 소득을 계산하는 주관적 단위에 해당하는 당해 법인에게 귀속하는 것일 뿐 주주에게 귀속하는 것이라고 볼 수 없으며 주주가 개인이 아닌 법인이라고 하더라도 마찬가지라고 판시하였다(대전지방법원 2011.11.16. 선고 2010구합2649 판결).

로 보고 있으며 "법률행위의 효과"는 여전히 "법률상 독립된 실체"로 인정되는 당해 법인에 귀속하는 것이라 하여 "독립된 실체"의 관점을 고려하여 판단한 것으로 보인다. 비록 대전고등법원이 일부 판단은 잘못된 전제에 기초하여 내려진 것으로서 "수익적 소유자"를 "귀속되는 자"로 변경하였으나 대전지방법원 판결의 전반적인 내용은 OECD 모델조세조약 및 주요국들의 수익적 소유자의 의미와 판결에서의 관점이 그대로 반영되어 있다. 대전고등법원이 "귀속되는 자"로 변경한 것은 실질귀속원칙에 따라 실질 귀속의 관점을 고려한 측면과 조세조약에 따른 양도소득에 대해서는 수익적 소유자의 개념이 적용되고 있지 않다는 점을 고려한 것으로 보인다. 비록 양도소득과 관련된 사례이지만 수익적 소유자의 국제재정적 의미와 조세조약에 따른 의미에서 보면 대전지방법원이 조세조약에 따른 수익적 소유자의 개념을 정확하게 제시한 것으로 생각된다.

아울러 다국적기업이 도관회사인지와 관련해서도 의미 있는 판결이라 생각된다. 다국적기업이 특정한 국가에서 설립한 회사가 도관과 같은 단순 역할을 수행하는 도관회사에 해당하는지는 네덜란드와 같이 단순히 국내법상 지분면제제도 등으로 인해 조세피난처의 요소를 가지고 있다는 것만으로 도관회사로 볼 수 없고 투자구조 및 지배구조의 주요 목적이 조약남용을 통한 조세회피 목적인 경우에만 인정된다. 그리고 사업목적이나 사업 활동, 자금의 조달과 회수, 자금의 전달 의무, 사전에 약정된 현금 흐름의 존재 여부, 임직원의 고용 등의 사실을 종합해서 판단해야 한다. 이러한 법원의 판결은 OECD와 국제적인 흐름에 부합하는 타당한 판결이라 할 수 있다.

Ⅶ. 삼성토탈(현, 한화토탈)

1. 사실관계

룩셈부르크 소득세법(Luxembourg Income Tax Law, LITL)에서는 수익적 소유자의 정의를 규정하고 있지 않고 배당소득에 대해 과세된 원천징수세의 환급과 수익자(bénéficiaire)에 대해서만 규정하고 있으며 수익자를 "세금에 대한 채무자"로 규정하고 있다(LITL §2).

삼성토탈 사건[230]은 한국까루프 사건과 같은 중간지주회사와 관련된 사건이다. 다만 한국까루프 사건은 양도소득과 관련이 있고 삼성토탈 사건은 배당소득과 관련된 사건이라는 차이가 있다.

먼저 기업 관계와 삼성토탈의 설립 과정에 대해서 살펴보고자 한다. Total S.A.(이하, TSA)는 Total 그룹의 최종 모회사이며 세계에서 다섯 번째로 큰 석유 가스회사로 전 세계 130개 이상의 국가에서 사업 활동을 하고 있고 그룹의 전략과 관련된 투자결정권을 가진 최고 의사결정기구인 집행위원회와 조정감시기구인 경영위원회를 두고 있다.[231] TSA 이외 그룹 관계회사가 100%를 출자하여 프랑스 법인 Total Holdings Europe S.A(이하, THESA)를 설립하였고 THESA는 100%를 출자하여 영국 법인인 Total Holdings U.K. Limited(이하, THUK)를 설립하였다.

THUK는 삼성토탈(현, 한화토탈)과 오스트레일리아의 TR(Chemicals) Limited를 제외하고 영국 내의 법인에만 투자하고 있는 투자지주관리회사이다.[232] THUK는 다른 영업활동을 수행하지 않는 순수 투자지주관리회사로서 직원을 고용하거나 인적시설을 유지한 사실이 없고 고정된 사업장 등의 물적 시설도 가지고 있지 않았으며 삼성토탈이 합작 설립된 2003년에 THUK에 소속된 34개 자회사들은 모두 영국 법인으로 구성되어 있었다.[233]

THUK는 2003년경 우리나라 법인인 삼성종합화학과 합작 계약을 체결하여 각 50%를 출자하여 삼성아토피나(Samsung Atofina Limited)를 설립하였고 이후 삼성토탈(Samsung Total Petrochemicals Co. Ltd.)로 사명을 변경하였다.[234] 삼성토탈은 TSA 또는 자회사인 Total Petrochemicals에 매월 재무보고를 하고 매년 장기경영계획 및 중장기 성장전략 등을 보고해 왔다. 이러한 보고는 프랑스에서 요구한 일자에 맞추어 이루어졌고[235] 삼성토탈 직원들이 THUK에 재무보고와 업무보고 등을 하거나 연락을 취한 사실은 없으며[236] TSA는 삼성토탈의 이사회 중 3인을 지명하고 선임할 권리를 가지고 있었고 임원을 파견했다. 삼성토탈은 TSA와 화상회의

---

230) 대전지방법원 2014.6.11. 선고 2012구합3820 판결, 대전고등법원 2015.4.30. 선고 2013누364 판결, 대법원 2016.7.14. 선고 2015누2451 판결.
231) 대전지방법원 2014.6.11. 선고 2012구합3820 판결.
232) 대전지방법원 2014.6.11. 선고 2012구합3820 판결.
233) 대전지방법원 2014.6.11. 선고 2012구합3820 판결.
234) 대전지방법원 2014.6.11. 선고 2012구합3820 판결.
235) 대전지방법원 2014.6.11. 선고 2012구합3820 판결.
236) 대전지방법원 2014.6.11. 선고 2012구합3820 판결.

를 통한 이사회를 진행하거나 TSA의 재무담당 임원들이 이사회에 참석한 적은 있으나 영국에서 주주총회 또는 이사회를 개최하거나 THUK와 화상회의 등을 진행한 사실은 없었다.[237]

THUK가 투자한 자금은 TSA의 금융 자회사인 SOFAX BANQUE FRANCE로부터 송금되었고 삼성토탈은 배당금을 THUK의 계좌로 지급하였으며 THUK는 수령한 배당금을 즉시 SOFAX BANQUE 또는 Total 그룹의 금융 자회사인 Total Treasury로 송금했다.

우리나라와 영국이 체결한 조세조약 제2조 제6항에서는 주된 목적이 조약 혜택을 얻기 위한 것이 아닌 경우 제10조 제2항에 따른 수익적 소유자가 법인 의결권의 최소 25%를 직간접적으로 소유하는 경우 5%의 제한세율이 적용되는 것으로 규정하고 있다. 그리고 우리나라와 프랑스가 체결한 조세조약 제10조 제2항에서는 수취인이 주식의 최소 10% 이상을 직접 소유하는 경우 배당총액의 10%를, 기타의 경우 15%의 제한세율이 적용되는 것으로 규정하고 있다. 따라서 영국 법인인 THUK가 수익적 소유자에 해당하는 때에는 5%의 제한세율이 적용되고 프랑스 법인인 TSA가 수취인에 해당하는 때에는 "간접 소유"하고 있어 15%의 제한세율이 적용된다.[238]

삼성토탈은 2006년부터 2010년까지 5회에 걸쳐 THUK에 배당금을 지급하였고 THUK를 수익적 소유자로 보아 영국과의 조세조약에 따른 5%의 제한세율을 적용하여 산출된 금액을 법인세로 원천징수하여 납부를 했다.[239] 그러나 과세관청은 법인세 세무조사를 하여 THUK는 우리나라와 영국이 체결한 조세조약에 따른 수익적 소유자에 해당하지 않으므로 영국과의 조세조약이 적용되지 않는 것으로 판단하였다. 따라서 배당소득의 실질적인 수취인은 TSA이므로 프랑스와의 조세조약이 적용되고 TSA가 삼성토탈을 간접 소유하고 있어 15%의 제한세율을 적용하여 산출된 금액과 기납부세액의 차액을 추가로 부과 고지했다.[240]

2. 하급심 판결

대전지방법원과 대전고등법원은 배당소득이 실질적으로 귀속되는 자를 TSA로 보아 프랑스

---

237) 대전지방법원 2014.6.11. 선고 2012구합3820 판결.
238) 프랑스의 법인세 세율은 영국의 법인세 세율보다 높고 2009년부터 영국에서는 이중과세방지를 위한 "지분면제규정(Participation Exemption Rule)"이 적용되고 있어 한화토탈이 THUK에 지급한 배당금은 영국에서 법인세 과세대상에서 제외될 뿐만 아니라 THUK가 TSA에 수익을 배당하는 경우 영국과 프랑스의 조세조약에 따라 세금이 면제된다.
239) 대전지방법원 2014.6.11. 선고 2012구합3820 판결.
240) 대전지방법원 2014.6.11. 선고 2012구합3820 판결.

와의 조세조약이 적용되는 것으로 판결하였으나 대법원은 견해를 다르게 하여 판결하였다.

우리나라와 영국이 체결한 조세조약에서는 다르게 정의되어 있지 않은 용어는 조세에 관한 체약국의 국내법에 따른 의미를 가지며 조세조약에 따른 혜택을 얻는 것을 주요 목적으로 하는 경우 제한세율이 적용되지 않는 것으로 규정하고 있다. 대전지방법원과 대전고등법원은 수익적 소유자의 의미는 국세기본법에 따른 실질과세원칙이 적용되고[241] 귀속자가 독자적으로 사업을 할 능력이 없어야만 하는 것은 아니며 그러한 능력이 있다고 하더라도 배당소득과의 관계에서 귀속명의자가 이를 지배하거나 관리할 의사 또는 능력이 없고 그 배후에 실질적으로 지배하거나 관리하는 자가 따로 있는 경우 배후에 있는 자를 수익적 소유자로 볼 수 있다고 하였다[242].

대전지방법원은 수익적 소유자인지에 대해 배당소득의 지급원인인 삼성토탈 지분의 취득과 경영 및 관리와 관련해 THUK가 지배하거나 관리할 의사 또는 능력을 보인 사실이 없이 형식상 거래의 당사자 또는 대리인의 역할만을 수행하였고 배후의 실질적인 행위 주체인 TSA가 실질적으로 지분의 취득과 주주사로서의 역할을 수행한 것은 인정되고 TSA가 THUK의 지분을 사실상 100% 보유하고 있어 THUK의 이익은 모두 TSA에 귀속되는 것으로 보았다.[243] 하지만 형식적으로 삼성토탈의 주식을 영국의 법인인 THUK가 소유하여 영국과의 조세조약에 따른 제한세율의 적용을 통한 상당한 액수의 조세회피를 하였고[244] 직접 삼성토탈의 주식을 보유하지 않고 인적 및 물적 시설도 없는 THUK의 명의로 주식을 취득 및 관리할 다른 목적이나 필요성이 인정되지 않아 도관회사 또는 형식상 거래당사자에 해당하므로 배당소득의 수익적 소유자는 프랑스 법인인 TSA라고 판결하였다.[245]

TSA가 배당소득의 수익적 소유자이므로 배당소득의 과세는 프랑스와의 조세조약이 적용되고 주식의 "수익적 소유자"와 "직접 소유자"를 구분하고 있으므로 수익적 소유자 여부는 "경제적 실질"에 의해 직접 소유자 여부는 "법적 실질"에 의하여 구분되기 때문에 삼성토탈 주식의 법적 소유명의자는 THUK이고 TSA가 THUK를 통해 주식을 간접적으로 취득 및 보유하고 있

---

241) 영국과의 조세조약상 "수익적 소유자" 여부는 실질적 귀속자의 경우와 마찬가지로 당해 배당의 지급원인이 된 주식의 취득 경위와 목적, 취득자금의 출처, 그 관리와 처분과정, 귀속명의자의 능력과 그에 대한 지배 관계 등 제반 사정을 종합적으로 고려하여 판단하여야 한다고 판시하였다(대전지방법원 2014.6.11. 선고 2012구합3820 판결).
242) 대전지방법원 2014.6.11. 선고 2012구합3820 판결.
243) 대전지방법원 2014.6.11. 선고 2012구합3820 판결.
244) 대전지방법원 2014.6.11. 선고 2012구합3820 판결.
245) 대전지방법원 2014.6.11. 선고 2012구합3820 판결, 대전고등법원 2015.4.30. 선고 2013누364 판결.

다는 사실은 TSA가 주식의 수익적 소유자라고 할지라도 직접 소유자라고 할 수 없어 15%의 제한세율을 적용하여야 한다고 판결하였다.[246]

3. 대법원 판결

대법원은 대전지방법원과 대전고등법원의 판결과 다르게 판결하였고 수익적 소유자의 판단은 국세기본법에 따른 실질과세원칙이 적용된다는 것을 전제한 후 다음과 같은 새로운 판단기준을 제시하였다.

Total 그룹은 1924년 프랑스법에 따라 설립된 TSA의 최종 모회사로 석유 가스 관련 사업을 영위하는 기업이고 THUK는 1983년 영국법에 따라 설립된 법인으로 Total 그룹 내 석유화학 관련 사업을 영위하는 중간지주회사로서 30여 개의 자회사를 두고 있는 점, THUK가 별도의 영업부서를 두지 않고 일상적인 업무 대부분을 자회사의 직원이 수행하도록 하였으나 이사회를 두고 주요 의사결정을 하면서 자회사로부터 배당을 받는 한편 자회사에 대해 지급보증을 하는 등 지주회사로서의 역할을 수행하는 점, 영국에서 법인세를 부담하고 재무제표에 대해 회계감사법인으로부터 외부감사를 받는 점, 관계회사에 대한 투자 활동 내역을 명시한 연차보고서 그리고 환경 및 사회적 책임 보고서 등을 발간하여 업무의 내역을 공시하고 있는 점, 삼성토탈과의 합작계약서에 계약상대방이 THUK로 되어 있고 계약서 제14.1조에서는 준거법을 대한민국 법으로 지정한 점, 합작 계약 체결과정에서 Total 그룹 쪽에서는 당시 석유화학 부문 계열사인 Atofina가 실무적인 역할을 수행하였으나 관련된 법률 및 회계비용을 최종적으로 THUK가 부담한 점, THUK의 이사회가 합작 계약의 체결 및 그에 따른 투자에 관한 의사결정을 최종적으로 한 점, THUK의 투자자금은 TSA의 금융 자회사인 SOFAX BANQUE FRANCE로부터 송금되었으나 THUK의 지시에 따라 송금된 THUK의 자금이라는 점, THUK는 이사회를 개최하여 한화토탈의 주주총회에 참석할 권한을 위임하거나 배당정책과 이사책임 면책 등에 대해 논의하였고 이사를 지명할 권한을 행사하여 재무담당 임원을 임명하는 등 주주의 권한을 행사한 점, 수령한 배당금은 HSBC 은행 서울지점의 THUK 명의 계좌로 입금된 후 HSBC 은행 런던지점의 SOFAX BANQUE 명의 계좌 등을 거쳐 최종적으로 THUK에 송금되었고 THUK

---

246) 대전지방법원 2014.6.11. 선고 2012구합3820 판결.

는 수령한 배당금을 영국 내 자금관리회사인 Total U.K. Finance Limited에 예치하여 운용 및 관리하면서 이자를 수취하거나 다른 자회사에 대여하는 등으로 사용한 점을 종합적으로 고려해 판단해야 한다고 하였다.[247]

즉 THUK의 설립 경위와 사업 활동의 내역, 주식의 취득과 관련된 의사결정 과정, 비용의 부담 및 취득자금의 원천, 주주 활동 경과, 배당소득의 지급 및 사용의 내역 등을 종합적으로 고려해 판단해야 한다는 것이다. 아울러 THUK가 지주회사로서 자체 영업부서 등을 갖추지 않고 업무 대부분을 자회사 직원들을 통해 수행한 점, TSA 또는 다른 자회사 등이 그룹 차원의 전략적 의사결정을 위해 합작 계약의 체결 및 주주 활동 과정에 함께 참여하거나 TSA 또는 프랑스 내 다른 자회사를 통해 주식을 취득한 경우와 비교 배당소득에 대한 세금의 부담이 일부 경감될 수 있는 점은 있으나 이러한 사실만으로 THUK가 실질귀속자 또는 수익적 소유자가 아니라고 단정할 수 없다고 하였다.[248]

결과적으로 대법원은 관련되는 사항을 종합적으로 고려해 보면 THUK는 "독립된 실체와 사업목적"을 가지고 있는 Total 그룹 내 석유화학 관련 사업의 중간지주회사로서 배당소득을 "지배하고 관리"할 수 있는 실질적인 귀속자 또는 수익적 소유자에 해당한다고 보았으며 원심 판단은 실질과세원칙 또는 영국과의 조세조약에 따른 수익적 소유자 등에 관한 법리를 오해하여 판결에 영향을 미친 잘못이 있다고 판결하였다.[249]

4. 사례의 검토

THUK는 TSA가 100% 출자한 영국 법인으로 영국 내 34개 자회사를 비롯한 우리나라의 한화토탈과 오스트레일리아 TR(Chemical) Limited에 투자하고 있고 Total 그룹 내 석유화학 관련 사업을 주요 사업목적으로 수행하고 있는 독립된 법인으로 중간지주회사에 해당한다. 별도의 영업부서를 두지 않고 대부분의 일상적인 업무를 자회사 직원들이 수행하도록 하고 있으나 이사회 개최를 통한 중요한 의사결정과 투자의사 결정, 자회사 임원의 지명, 자회사 지급보증, 회계감사 및 영국에서의 법인세 납부, 업무 내역의 공시, 법률 및 회계비용 등의 직접 부담,

---

247) 대법원 2016.7.14. 선고 2015누2451 판결.
248) 대법원 2016.7.14. 선고 2015누2451 판결.
249) 대법원 2016.7.14. 선고 2015누2451 판결.

자금의 운용 및 대여 등을 종합적으로 고려하면 THUK는 "독립된 법인으로 활동"하는 실체라 할 수 있다.

그리고 THUK가 삼성토탈에 투자한 자금은 TSA로부터 차입하거나 지원받은 자금이 아닌 THUK의 지시에 따라 송금된 THUK의 자금이었고 수령한 배당금은 TSA에 전달되거나 분배되지 않고 영국 내 자금관리회사인 Total U.K. Finance Limited에 예치 운용 및 관리하여 이자소득을 획득하거나 다른 회사에 대여하는 등으로 사용한 점에 비추어 보면 수령한 배당금을 제3자에게 전달할 의무가 존재하지 않고 사전에 약정된 현금흐름 또한 존재하지 않는다고 할 수 있다. 따라서 THUK는 삼성토탈에 투자한 자금과 수령한 배당금에 대한 실질적인 지배력과 소득에 대한 지배, 관리, 처분권을 가지고 있는 수익적 소유자라 할 수 있다.

아울러 THUK가 2003년 합작 계약을 체결한 이후 14년 이상이 지난 지금까지도[250] 삼성토탈(현, 한화토탈)의 지분 50%를 그대로 보유하고 있는 점에 비추어 보면 사업이익과 배당이익의 실현을 "주요 목적"으로 하는 "산업적 투자자"로 보는 것이 합리적이다. 비록 조세의 부담이 일부가 경감되더라도 조세조약에 따른 혜택을 얻는 것을 "주요 목적"으로 한 것으로 볼 수 없어 조세회피만을 목적으로 삼성토탈과 TSA 사이에 개입된 도관회사라 할 수 없어 우리나라와 영국이 체결한 조세조약에 따른 제한세율이 적용되어야 하고 "낮은 세율"로 과세하는 것이 타당하다.

그리고 대전지방법원은 "TSA가 배당소득의 수익적 소유자"라고 언급하고 있으나 프랑스와의 조세조약에서는 수익적 소유자의 개념을 사용하지 않고 "수취인", 즉 "배당을 수령한 자"라고 규정하고 있고 또한 주식의 수익적 소유자와 직접 소유자로 구분하고 있는 것이 아닌 수취인과 직접 소유로 구분하고 있어 수익적 소유자와 직접 소유자를 경제적 실질과 법적 실질에 의해 구분하여 판단해야 한다는 것은 잘못된 기준을 제시한 것이라 할 수 있다.

대법원 판결에서 "배당소득의 실질귀속자 또는 수익적 소유자"가 아니라는 표현을 사용하여 수익적 소유자의 개념을 분명하게 하지 않은 것은 아쉬운 점은 있으나 수익적 소유자의 판단과 관련되어 종합적으로 고려하여 적용한 기준은 국제재정적 의미 또는 조세조약에 따른 수익적 소유자 판단기준을 비롯한 혜택의 자격 조항과 대부분 일치하는 것으로 대법원의 판결이 타당하다.

---

250) 금융감독원 전자공시시스템(http://dart.fss.or.kr), 2017년 9월 말 기준 분기보고서 참조(2017년 11월 14일 분기보고서 공시), (2018년 3월 21일 검색).

Ⅷ. 룩셈부르크 간접투자회사(SICAV 또는 SICAF)

1. 사실관계

룩셈부르크 법률에 따라 설립된 법인인 간접투자회사(SICAV 또는 SICAF, 이하 SICAV)는 국내 상장주식 또는 채권 등에 투자하면서 한국씨티은행, 한국스탠다드 차타드은행, 홍콩상하이은행, 도이치은행, 한국예탁결제원, 제이피모간체이스은행, 제이피모간증권회사를 보관은행(Custodian)으로 선임하여 배당 또는 이자소득을 수취하였다.[251]

보관은행은 SICAV에 2006년부터 2011년까지 지급된 배당 및 이자(국내원천소득)에 대하여 우리나라와 룩셈부르크 사이에 체결된 조세조약 제10조 및 제11조에 따라 제한세율(배당 15%, 이자 10%)을 적용한 법인세를 원천징수하여 납부하였다. 그러나 남대문세무서장, 종로세무서장, 영등포세무서장(피고)은 SICAV가 우리나라와 룩셈부르크 사이에 체결한 조세조약 제28조에 따른 제한세율의 적용이 배제되는 룩셈부르크 법령에 따른 지주회사(Holding company)에 해당하는 것으로 보아 법인세법[252] 제98조 제1항 제3호에 따른 세율을 적용하여 계산한 세액과 제한세율로 계산한 기납부세액의 차액을 법인세 원천징수세액(가산세 포함)으로 부과 처분했다. 이에 원고는 불복하여 심판청구를 하였으나 조세심판원으로부터 기각결정을 받았다. 이 사건은 룩셈부르크 법률에 따라 설립된 법인인 간접투자회사가 조세조약에 따른 제한세율의 적용대상이 되는지를 다룬 사례이다.[253]

가. 조세조약 제28조 일부법인의 제외

우리나라와 룩셈부르크 사이에 체결된 조세조약 제28조(일부법인의 제외)에서는 "이 협약은 룩셈부르크의 특별법, 즉 현행 1929.7.31.자 및 1938.12.17.자 법령 또는 이 협약서명 후 룩셈부르크에 의하여 제정될 유사한 법률에서 의미하는 지주회사에는 적용되지 않는다. 또한 이

---

251) 서울행정법원 2015.1.9. 선고 2014구합55526, 2012구합20571(병합), 2012구합31854(병합), 2012구합38176(병합), 2012구합41950(병합), 2013구합57716(병합) 판결.
252) 2011.12.31. 법률 제11128호로 개정되기 전의 것을 말한다.
253) 서울행정법원 2015.1.9. 선고 2014구합55526, 2012구합20571(병합), 2012구합31854(병합), 2012구합38176(병합), 2012구합41950(병합), 2013구합57716(병합) 판결.

협약은 한국의 거주자가 그러한 지주회사로부터 취득하는 소득 및 동인이 소유하는 그러한 회사의 주식 또는 기타 권리에도 적용되지 않는다"고 규정하고 있다.[254]

나. 1929년 법의 입법취지 및 주요내용

룩셈부르크에서 1929.7.31. 제정된 '1929년 법('지주회사의 과세제도에 관한 법률', 이후 1971년, 1977년, 1978년, 1999년 개정 내용 포함)'의 입법취지 및 주요내용은 아래와 같다.[255]

1) 입법취지

룩셈부르크 내 지주회사 설립에 유리한 혜택을 제공하기 위하여 최소한 스위스 또는 리히텐슈타인공화국과 비슷한 수준의 과세특례제도를 제정하고 국가 간 소득지급 시 이중과세의 불리한 점을 최소화하는 새로운 과세특례 시스템을 도입함으로써 국외자본의 룩셈부르크 내 지주회사의 설립을 촉진하여 정부의 새로운 수입원을 창출하기 위한 것이다.[256]

2) 주요내용

① 다른 회사의 주식 취득 및 운용, 증진이 유일한 사업목적이고, 본질적으로 산업활동을 하지 않으며 영업활동을 하지 않는 룩셈부르크 회사는 지주회사로 간주, ② 지주회사는 법인세, 부가세, 추가세, 지방세를 면제받으며 지주회사가 법률 규정 또는 자사의 정관 등을 준수하지 않는 경우 조세혜택을 철회할 수 있고 토지등기 및 부동산국이 지주회사의 활동을 감독함, ③ 지주회사의 납입자본금이 대공칙령에 따라 확정될 최소금액 미만일 경우 지주회사는 현행 세법 규정의 혜택을 받지 않으며 이러한 최소금액은 백만 프랑에서 천만 프랑 사이에서 확정되고

---

254) 서울행정법원 2015.1.9. 선고 2014구합55526, 2012구합20571(병합), 2012구합31854(병합), 2012구합38176(병합), 2012구합41950(병합), 2013구합57716(병합) 판결.
255) 서울행정법원 2015.1.9. 선고 2014구합55526, 2012구합20571(병합), 2012구합31854(병합), 2012구합38176(병합), 2012구합41950(병합), 2013구합57716(병합) 판결.
256) 서울행정법원 2015.1.9. 선고 2014구합55526, 2012구합20571(병합), 2012구합31854(병합), 2012구합38176(병합), 2012구합41950(병합), 2013구합57716(병합) 판결.

지주회사의 설립유형에 따라 다를 수 있음, ④ 정관 등에 기재되는 사업목적에 '1929년 법'에 의한 지주회사로 취급될 것을 신청하였음을 명시적으로 표현하지 않은 경우 또는 회사명에 '지주회사'라는 단어가 포함되지 않거나 회사가 발행하는 각종 공고, 간행물, 서신 등에 지주회사임을 표시하지 않은 경우, 제1조의 조세 감면이 더 이상 인정되지 않는 것으로 규정하고 있다.[257]

다. 1938년 대공령의 입법취지 및 주요내용

룩셈부르크에서 1938.12.17. 제정된 '1938년 대공령'('최소 10억 프랑의 외국회사의 자산으로 구성된 출자금을 수령하는 지주회사의 과세제도에 관한 대공령', 1971년, 1978년 개정 내용 포함)의 주요 내용은 아래와 같다.[258]

지주회사가 설립과정 또는 향후 증자과정에서 최소 10억 프랑에 상당하는 외국인 회사의 자산으로 구성된 출자금을 수령하는 경우 지주회사는 다른 지주회사들과 동일한 출자세의 과세대상이 된다.

지주회사의 주식과 사채를 포함하는 자본금 금액이 10억 프랑 또는 이 금액에 상당하는 금, 금과 연계된 보고통화 또는 외화 금액에 달하는 경우 ① 지주회사의 유가증권에 대하여 의무적으로 부과되는 연간 청약세, ② 1년 중 6개월 미만의 기간 동안 룩셈부르크에 거주한 이사, 감사 또는 청산인이나 1년 중 6개월 미만의 기간 동안 룩셈부르크에 거주한 사채권자 및 기타 유사한 유가증권 보유자를 제외한 채권자가 납부한 법인세, 부가세 및 추가 세금, ③ 지방자치단체에 납부하는 추가 금액은 ⓐ 사채권자 및 기타 유사한 유가증권 보유자에게 지급된 이자, ⓑ 주주들에게 지급된 배당금, ⓒ 1년 중 6개월 미만의 기간 동안 룩셈부르크에 거주한 이사, 감사 및 청산인에게 지급된 보수로 구분해 법인세로 대체된다.

법인세는 ① 사채권자 및 기타 유사한 유가증권 보유자에게 매년 지급된 이자 총액이 1억 프랑 이상인 경우 ⓐ 사채권자 및 기타 유사한 유가증권 보유자에게 지급된 이자의 3%, ⓑ 5천만 프랑 이하의 배당금 및 보수의 18/1000, ⓒ 5천만 프랑 이상의 배당금 및 보수의 1/1000, ②

---

257) 서울행정법원 2015.1.9. 선고 2014구합55526, 2012구합20571(병합), 2012구합31854(병합), 2012구합38176(병합), 2012구합41950(병합), 2013구합57716(병합) 판결.
258) 서울행정법원 2015.1.9. 선고 2014구합55526, 2012구합20571(병합), 2012구합31854(병합), 2012구합38176(병합), 2012구합41950(병합), 2013구합57716(병합) 판결.

사채권자 및 기타 유사한 유가증권 보유자에게 매년 지급된 이자 총액이 1억 프랑 미만인 경우, ⓐ 사채권자 및 기타 유사한 유가증권 보유자에게 지급된 이자의 3%, ⓑ 100,000,000 프랑과 사채권자 및 기타 유사한 유가증권 보유자에게 지급된 이자의 총액 간의 차액에 해당하는 금액 이하의 배당금 및 보수의 3%, ⓒ ⓑ에 규정된 금액과 5천만 프랑 사이의 배당금 및 보수의 18/1000, ⓓ 5천만 프랑 이상의 배당금 및 보수의 1/1000을 부과한다.

라. 유럽연합 집행위원회의 2006.7.19.자 결정

2006.7.19. 유럽연합 집행위원회는 ① '1983년 법'은 SICAV를 포함한 집합투자기구를 규율하기 위한 법률 및 조세제도를 마련하기 위한 목적으로 제정된 것으로, 지주회사에 관한 '1929년 법'과는 전혀 관계가 없음. 한·룩 조세조약 체결일(1984.11.7.) 현재 시점을 기준으로 '1983년 법'이 이미 제정되어 있었다는 사실은 SICAV 등이 한·룩 조세조약 제28조의 규율대상이 아님을 보여 주고 있으며, ② SICAV는 다수인들로부터 조달한 자금의 집합투자를 목적으로 매도 가능증권 또는 기타 자산에 투자하는 투자기구로, 자회사들에 대한 직접 투자를 사업목적으로 하는 1929년 지주회사와 그 사업목적이 다를 뿐만 아니라, 법령상 상호, 투자자 구성, 금융당국의 법인세 면제요건이 완전히 다르기 때문에 SICAV 등은 우리나라와 룩셈부르크가 체결한 조세조약 제28조의 '1929년 법' 또는 그와 유사한 법률에 의한 지주회사로 볼 수 없다고 결정했다.[259]

마. 룩셈부르크 국세청 조세국장의 답변

룩셈부르크 국세청 조세국장은 1994.4.23. 룩셈부르크 국세청 국제관계감독국장에게 아래와 같은 답변을 하였다.[260]

이 공문은 룩셈부르크 투자기금이 한·룩 조세조약 제4조에서 규정하고 있는 룩셈부르크의 거

---

259) 서울행정법원 2015.1.9. 선고 2014구합55526, 2012구합20571(병합), 2012구합31854(병합), 2012구합38176(병합), 2012구합41950(병합), 2013구합57716(병합) 판결.
260) 서울행정법원 2015.1.9. 선고 2014구합55526, 2012구합20571(병합), 2012구합31854(병합), 2012구합38176(병합), 2012구합41950(병합), 2013구합57716(병합) 판결.

주자에 해당되는지 여부에 관한 답변이다. 공개유한책임회사 형태를 갖추고 있는 룩셈부르크 투자펀드가 룩셈부르크 세법에 따라 거주지, 본사 혹은 주사무소의 소재지나 기타의 다른 기준에 기초하여 '포괄적인 납세의무'를 부담하는 경우 동 투자펀드는 대한민국과 룩셈부르크가 체결한 조세조약에 따른 룩셈부르크 거주자로 간주되어야 한다. 포괄적인 납세의무라는 것은 룩셈부르크에서 실질적으로 과세되는 것을 요구한다고 보지 않는다.

바. 국세청장의 답변과 기획재정부 장관의 유권해석

국세청장은 2009.9.14. 인터넷상담시 "SICAV가 한·룩 조세조약 제28조에서 규정한 지주회사에 포함되는지 여부는 룩셈부르크 법에 의하는 것이다"고 답변하였으나 기획재정부 장관은 2011.5.16. "룩셈부르크 간접투자회사인 SICAV는 우리나라와 룩셈부르크가 체결한 조세조약에 따른 제한세율의 적용대상이 아니다"고 유권 해석하였다.

2. 법원의 판결

행정법원[261]은 수익적 소유자의 의의와 OECD 모델주석서의 해석 및 적용에 대해 상세히 설명하고 판단기준을 제시한 후 아래와 같은 이유로 SICAV가 취득한 국내원천소득에 관하여 제한세율 적용이 배제됨을 전제로 이루어진 처분은 위법하다고 판단하였다. 고등법원[262]과 대법원[263] 동일하게 위법한 처분으로 판결했다.

가. 수익적 소유자의 의의와 OECD 모델주석서의 해석 및 적용

우리나라와 룩셈부르크 사이에 체결된 조세조약 제10조(이자) 및 제11조(배당)는 수익적 소유자를 기준으로 제한세율을 적용하고 있으므로 제한세율을 적용받기 위해서는 수익적 소유자

---

261) 서울행정법원 2015.1.9. 선고 2014구합55526, 2012구합20571(병합), 2012구합31854(병합), 2012구합38176(병합), 2012구합41950(병합), 2013구합57716(병합) 판결.
262) 서울고등법원 2016.2.24. 선고 2015누36876, 2015누37541(병합), 2015누37558(병합), 2015누37565(병합), 2015누37527(병합), 2015누37534(병합) 판결.
263) 대법원 2020.1.16. 선고 2016두35854, 35861, 35878, 35885, 35892, 35908 판결.

에 해당하여야 한다.[264]

　수익적 소유자에 관하여 우리나라와 룩셈부르크 사이에 체결된 조세조약이나 국내 세법에 개념 정의를 두고 있지 아니하므로 그 연혁 등을 고려하여 확정할 수밖에 없다. 수익적 소유자는 영국의 신탁법에서 유래하고 영국의 신탁법상 수익자는 신탁재산에 관하여 대외적인 소유권을 가지고 있지 않지만 신탁재산에 관한 수익을 향유할 수 있는 법적인 권리를 가지는데 이러한 권리를 수익적 소유권으로 보는 것이다.

　이러한 수익적 소유자 개념은 실질에 부합하는 과세를 실현하기 위하여 영국 세법에 도입되면서 경제적인 측면을 고려한 개념으로 발전되어 "신탁재산의 과실을 향유하거나 자신의 이익을 위하여 그 과실을 처분할 수 있는 권리를 가진 자"로 확대되었다. 이와 같이 수익적 소유자는 형식적 소유자(Legal Owner)와 대비되는 개념으로 수취하는 소득에 대하여 실질적, 경제적 처분권(권리의 취득, 변경, 소멸권 등)을 가지며 그와 관련된 위험을 실질적으로 부담하는 자, 즉 당해 소득이 실질적으로 귀속되는 경제적 소유자(Economic Owner)를 의미한다.[265]

　이러한 수익적 수유자라는 개념은 1977년 OECD 모델조세조약(OECD Model Tax Convention) 제10조 제2항, 제11조 제2항 및 제12조 제1항에서 '조약남용(treaty shopping)'의 대책으로 도입되었는데, 이에 대한 정의 규정을 두지 아니하여 그 해석을 둘러싸고 다툼이 제기되었다. 그 후 OECD 모델조세조약 주석서(OECD Model Tax Convention Commentary) 제10조 제12호, 제11조 제8호 및 제12조 제4호에서 그 개념을 정의하였는데, 주석 제12항은 "좁은 기계적 의미로 쓰이는 것이 아니라 이중과세의 방지, 조세회피와 조세포탈 방지를 포함한 협약 문맥과 그 목표 및 의도 안에서 이해되어야 한다"고 규정함으로써 '조약남용(treaty shopping)'을 방지하기 위한 것임을 명백히 하였다. 이러한 OECD 모델조세조약 주석서의 해석은 일반적으로 승인된 국제법규는 아니지만 OECD 회원국 간에 체결된 조세조약에 관하여 국제적으로 권위를 인정받는 해석기준이므로 우리나라와 룩셈부르크 사이에 체결한 조세조약에서 정한 수익적 소유자를 해석함에 있어 그대로 적용할 수 있다고 하였다.[266]

---

[264] 서울행정법원 2015.1.9. 선고 2014구합55526, 2012구합20571(병합), 2012구합31854(병합), 2012구합38176(병합), 2012구합41950(병합), 2013구합57716(병합) 판결.

[265] 서울행정법원 2015.1.9. 선고 2014구합55526, 2012구합20571(병합), 2012구합31854(병합), 2012구합38176(병합), 2012구합41950(병합), 2013구합57716(병합) 판결.

[266] 서울행정법원 2015.1.9. 선고 2014구합55526, 2012구합20571(병합), 2012구합31854(병합), 2012구합38176(병합), 2012구합41950(병합), 2013구합57716(병합) 판결.

나. 판단기준

OECD 모델조세조약 주석서에서는 1992년 OECD 모델조세조약 개정 당시에 "조약남용(treaty shopping)"을 방지하기 위한 방법으로 ① 투시접근법(Look Through Approach),[267] ② 이중조세혜택 배제법((Exclusion Approach),[268] ③ 과세대상접근법(Subject to Tax Approach),[269] ④ 통로접근법(Channel Approach)[270]을 제시하고 있는데 이들 방법으로 판단할 경우 실질적으로 사업을 영위하는 선의의 기업에게도 조약혜택의 적용을 배제할 위험성이 있으므로 일정한 경우 선의의 기업으로 보아 조약상의 혜택을 인정하고 있다.[271]

예컨대 OECD 모델조세조약에 의하면 ㉮ 활동조항은 조세조약에 따른 혜택을 받고자 하는 소득이 당해 법인의 실질적인 사업 활동과 관련이 있는 경우(Activity Provision), ㉯ 세액조항은 조세조약상 감면받는 세액이 거주지국에서 당해 법인에게 부과되는 세액보다 크지 않은 경우(Amount of Tax Provision), ㉰ 상장조항은 당해 법인이 거주지국의 상장회사이거나 상장회사의 자회사인 경우(Stock Exchange Provision), ㉱ 선택적 구제조항은 제3국이 원천지국과 체결한 조세조약상의 혜택이 조약당사국의 조세조약과 비교하여 불리하지 않을 경우(Alternative Relief Provision)에는 당해 법인을 선의의 법인으로 볼 수 있도록 하고 있다.[272]

다. 하급심 판결

1) SICAV가 수익적 소유자에 해당하는지 여부

---

[267] 특정 법인의 소유 또는 지배관계를 고려하여 당해 법인의 거주지국 거주자들이 당해 법인을 소유한 경우에 한하여 당해 법인에게 조세조약의 제한세율 혜택을 부여하는 방법을 말한다.
[268] 거주지국에서 조세감면 혜택을 받는 법인에게 조세조약의 제한세율 혜택을 배제하는 방법을 말한다.
[269] 특정 소득이 도관기업의 거주지국에서 과세되는 경우에 한하여 당해 소득의 원천지국에서의 조약상 혜택을 받을 수 있도록 하는 방법을 말한다.
[270] 비거주자가 법인의 실질적인 지분과 경영권을 가지고 있고, 당해 법인 소득의 일정 비율 이상이 비거주자에게 이자·사용료·개발비·무형재산의 감가상각비 등의 형태로 유입되는 경우 당해 법인은 중간도관회사에 불과하므로 조세조약의 제한세율 적용을 배제하는 방법을 말한다.
[271] 서울행정법원 2015.1.9. 선고 2014구합55526, 2012구합20571(병합), 2012구합31854(병합), 2012구합38176(병합), 2012구합41950(병합), 2013구합57716(병합) 판결.
[272] 서울행정법원 2015.1.9. 선고 2014구합55526, 2012구합20571(병합), 2012구합31854(병합), 2012구합38176(병합), 2012구합41950(병합), 2013구합57716(병합) 판결.

가) SICAV를 통한 국내원천소득이 조약남용에 해당하는지 여부

SICAV은 간접투자를 목적으로 설립된 특수목적회사로 SICAV와 투자자들 중 누가 수익적 소유자인지를 판단하는 데 있어서는 SICAV를 통한 국내원천소득이 조약남용에 해당하는지를 판단하여야 한다.

그런데 ① SICAV는 룩셈부르크 법에 따라 적법하게 설립된 회사로서 자신의 명의로 투자계약 체결 등의 법률행위를 한 점, 룩셈부르크 세법상 SICAV는 자신의 순자산액에 비례하여 청약세를 정기적으로 납부해야 하는 납세의무자인 점 등에 비추어 보면 SICAV는 법률상 독립된 권리의무의 주체에 해당하는 점, ② SICAV에 투자한 투자자들은 보관은행(Custodian)들에 대하여 주주로서 배당금 지급청구권을 행사할 수 없고 SICAV가 배당금 지급청구권을 행사할 수 있는 주체인 점, ③ 보관은행들은 SICAV에 국내원천소득을 지급하였고 그 투자자들에게 이 사건 국내원천소득을 자동적으로 지급하여야 할 계약상 또는 법률상 의무가 있다고 볼 만한 증거가 없는 점, ④ SICAV에 속하는 인력이 없다고 하더라도 이는 간접투자회사의 고유하고 본질적인 특성으로 간접투자회사는 투자자를 모집하고 그 자금을 주식 등을 취득하여 보유하다가 양도한 후 투자자에게 소득을 분배하는 고유한 사업 활동을 하므로 적정한 경제적 이유가 있는 점, ⑤ SICAV는 앞서 살펴본 것과 같이 룩셈부르크에서 설립되어 우리나라와 룩셈부르크 사이에 체결된 조세조약의 적용을 받는 거주자에 해당하는 점 등의 사정을 인정할 수 있다고 판단하였다.[273]

나) OECD 모델조세조약 주석서 판단기준의 적용

OECD 모델조세조약 주석서에서 정한 판단기준을 적용해 보면 ① SICAV는 다수 투자자들로부터 자금을 조달한 일종의 펀드로서 투자자 모집, 투자, 분배 등 고유한 경제적 활동을 하므로 투시접근법이나 통로접근법에 의할 경우 제한세율 혜택이 부여될 수 있는 점, ② 보관은행들로부터 지급받는 국내원천소득에 대하여 청약세 외에는 과세되지 않으므로 이중조세혜택배제

---

[273] 서울행정법원 2015.1.9. 선고 2014구합55526, 2012구합20571(병합), 2012구합31854(병합), 2012구합38176(병합), 2012구합41950(병합), 2013구합57716(병합) 판결.

법이나 과세대상접근법에 의하면 제한세율 혜택이 배제될 가능성도 있다.[274]

그러나 SICAV는 ① 금융당국의 규제를 받고, ② 법률상 분산투자를 위해 특정 주식을 다량 보유할 수 없으므로 조세조약에 따른 제한세율을 적용받을 목적으로 설립된 것으로 볼 수 없는 점, ③ SICAV는 그 지분이 증권 형태로 상장되어 거래되기도 하고 다수 투자자를 모아 다양한 나라의 증권을 취득하여 집합적으로 투자하기 위한 것이므로 특정 국가와의 조세조약을 이용하기 위해서 급조된 구조로 보기 어려운 점 등을 고려할 때 SICAV는 조세조약에 따른 혜택을 받기 위해 '조약남용'을 하였다고 보기 어려우므로, 수익적 소유자에 해당한다고 보았다.[275]

2) 거주자

가) 조세조약에 따른 거주자

우리나라와 룩셈부르크가 체결한 조세조약 제4조 제1항은 "이 협정의 목적상 '일방체약국의 거주자'라 함은 주소, 거소, 본점이나 주사무소의 소재지 또는 이와 유사한 성질의 다른 기준에 의하여 그 국가의 법에 따라 그 국가 안에서 납세의무가 있는(liable to tax) 인을 말한다"고 규정하고 있다.

즉 조세조약의 목적상 거주자가 되기 위해서는 일방체약국의 납세의무를 부담하여야 한다. 이는 일방체약국에 납세의무를 부담하지 않는 자를 굳이 조세조약을 동원해서 이중과세로부터 보호하여 줄 이유가 없기 때문이다. 그리고 이와 같이 거주자의 판정은 해당 국가에 납세의무가 있는지 여부에 따라 결정하는 결과 기본적으로 거주지국의 국내 세법의 내용에 따라 결정할 수밖에 없다.[276]

이와 관련하여 OECD 모델조세조약 제4조 주석의 8.6은 '납세의무가 있는(liable to tax) 인(person)'에 관하여 "설사 체약상대국에서 실제로는 세금을 부과하지 않고 있는 인(person)이

---

274) 서울행정법원 2015.1.9. 선고 2014구합55526, 2012구합20571(병합), 2012구합31854(병합), 2012구합38176(병합), 2012구합41950(병합), 2013구합57716(병합) 판결.
275) 서울행정법원 2015.1.9. 선고 2014구합55526, 2012구합20571(병합), 2012구합31854(병합), 2012구합38176(병합), 2012구합41950(병합), 2013구합57716(병합) 판결.
276) 서울행정법원 2015.1.9. 선고 2014구합55526, 2012구합20571(병합), 2012구합31854(병합), 2012구합38176(병합), 2012구합41950(병합), 2013구합57716(병합) 판결.

라 하더라도 많은 국가들이 이러한 인도 포괄적인 납세의무가 있는 것으로 간주하고 있다. 예를 들어 연금기금, 자선단체 및 기타 단체의 경우 조세가 면제될 수 있으나 관련 세법에서 특정하고 있는 소정의 면제요건을 모두 충족하는 경우에만 과세가 면제된다. 따라서 이들 단체는 체약상대국의 세법의 적용을 받고 있는 것이다. 이들 단체가 정해진 요건을 충족하지 못하는 경우에는 실제로 세금을 납부해야 하며 대부분의 국가들은 이러한 단체를 조세조약의 적용목적상 거주자로 보고 있다"고 설명하고 있다.[277]

나) SICAV가 룩셈부르크의 거주자에 해당하는지 여부

SICAV가 거주자인지를 판단하는 데 있어서는 SICAV가 거주지국가에서 납세의무를 부담하는 인(person)으로 해석되어야 한다.

행정법원은 ① 국세청은 이미 "포괄적 납세의무를 부담한다면 거주자에 해당하고 룩셈부르크에서 실질적으로 과세되는 것을 요구하지 않는다"는 의견을 제시하였고, ② 실제로 세금을 내야만 거주자에 해당한다고 해석한다면 비영리법인 등 면세단체나 법인세를 내지 않도록 설정된 특수목적법인은 언제나 해당국의 거주자에서 제외되어 조세조약을 일률적으로 적용받지 못하는 결과가 발생하므로 특정 법정요건을 갖추어야 면세를 받은 경우 납세의무 자체는 있다고 보는 것이 타당한 점, ③ SICAV는 법인의 자산에 비례하여 청약세를 부담하고 법률이 정한 요건을 위반하는 경우 면세혜택을 볼 수 없고 추가로 가산세를 납부하거나 일정한 경우 부가가치세 및 원천징수의무를 부담하므로 SICAV는 납세의무가 없는 것이 아니라 특례에 의해 과세를 제한한 것이라는 점, ④ SICAV는 독립적으로 투자활동을 영위하고 있고 룩셈부르크 과세당국이 "SICAV는 룩셈부르크 거주자"라는 증명서를 발급한 점, ⑤ SICAV는 법률상 동일한 연결실체 그룹에 총 자산의 10%를 초과하는 투자를 할 수 없는 등 금융감독청(CSSF)으로부터 규제를 받고 있으므로 특정주식 보유를 위한 도관회사로 활용될 가능성이 없는 점, ⑥ 일방체약국이 자국 세금을 감면하였다고 하여 타방체약국이 당연히 추가로 과세할 수 있는 권리를 취득하는 것은 아닌 점 등을 고려할 때 SICAV는 포괄적 납세의무를 부담하고 우리나라와 룩셈부르크가 체결

---

[277] 서울행정법원 2015.1.9. 선고 2014구합55526, 2012구합20571(병합), 2012구합31854(병합), 2012구합38176(병합), 2012구합41950(병합), 2013구합57716(병합) 판결.

한 조세조약의 적용대상인 거주자에 해당한다고 판시하였다.[278]

3) SICAV가 지주회사에 해당하는지 여부

행정법원은 아래와 같은 사정을 고려할 때 SICAV는 간접투자회사로서 지주회사로 볼 수 없고 '1929년 법' 및 '1938년 대공령' 또는 이와 유사한 법률에 의하여 설립되었다고 볼 수 없다고 결론지었다. 따라서 '1929년 법' 및 '1938년 대공령' 또는 한·룩 조세조약 서명 후 룩셈부르크에서 제정된 유사한 법률에 따라 설립된 지주회사임을 전제로 제한세율의 적용을 배제한 우리나라와 룩셈부르크 조세조약 제28조를 적용할 수 없다고 판시했다.[279]

가) 집합투자기구와 지주회사의 목적 등

'1929년 법' 제1조에 따르면 지주회사는 그룹의 자회사 주식을 보유하면서 경영권을 갖는 '직접투자'를 목적으로 한다. 반면에 '1983년 법'(집합투자기구에 관한 1983.8.25.자 법률) 제22조에 따르면 집합투자기구는 투자위험 분산에 의한 투자 및 그에 따른 투자수익의 투자자들에 대한 배분을 위하여 유가증권을 포함한 모든 자산들에 투자하는 것을 목적으로 한다. 그리고 지주회사는 다른 회사를 지배 및 관리를 목적으로 하므로 분산투자 등의 제한이 없으나 '집합투자기구에 관한 2010.12.17.자 법률(제43조, 제48조)'은 집합투자기구의 위험분산, 투자자 보호 등을 위해 "SICAV는 동일한 연결재무제표 작성 그룹 내 회사가 발행한 유가증권에 총자산의 10% 이상을 투자할 수 없으며 발행기관 경영에 상당한 영향력을 행사할 수 있는 의결권부 주식을 취득할 수 없다"고 규정하고 있다.

나) 지주회사와 집합투자기구에 대한 면세의 목적

---

278) 서울행정법원 2015.1.9. 선고 2014구합55526, 2012구합20571(병합), 2012구합31854(병합), 2012구합38176(병합), 2012구합41950(병합), 2013구합57716(병합) 판결.
279) 서울행정법원 2015.1.9. 선고 2014구합55526, 2012구합20571(병합), 2012구합31854(병합), 2012구합38176(병합), 2012구합41950(병합), 2013구합57716(병합) 판결.

지주회사에 대한 면세는 룩셈부르크를 지주회사의 거점으로 육성하기 위해 이루어진 것임에 반해 집합투자기구에 관한 면세는 간접투자를 하는 경우 그 투자기구와 투자자에 각각 과세되는 것을 방지하여 직접투자의 경우와 부담하는 세금에 있어 차이가 없도록 하기 위한 조세중립성을 위한 것이다. 이에 따라 유럽연합 집행위원회는 "지주회사에 대한 면세제도는 유럽공동시장과 양립할 수 없는 국가보조금에 해당한다"는 이유로 지주회사에 대하여 2010.12.31.까지 한시적으로 면세혜택을 허용한 반면 SICAV 등 집합투자기구에 대해서는 유해조세제도로 결정하지 않았다.

다) SICAV와 지주회사 규제

SICAV는 룩셈부르크의 금융감독청(Commission de Surveilance du Secteur Financier, CSSF)에 집합투자기구로 등록되어 규제 및 감독을 받는다. 그러나 지주회사는 상호에 'holding(s)', 즉 지주회사라는 단어가 반드시 포함되어야 하고 지주회사가 작성 또는 발행하는 증서, 공고, 간행물, 서신, 주문 및 기타의 문서에는 이와 같이 지주회사임을 반드시 표시하여야 한다. 또한 등기 및 부동산국(Land Registration and Estates Department)의 감독 및 규제를 받는다.[280]

라) SICAV에 대한 적용법령

국세청과 룩셈부르크 과세당국은 조세조약에 따른 상호합의절차에 따라 협의할 수 있나 협의를 하지 않았다. 따라서 SICAV에 대한 룩셈부르크 및 한국 법령상 성격을 고려하여 판단하여야 하며 기획재정부 장관의 2011.5.16.자 유권해석에 따라 적용 여부를 판단할 수 없다. 그러나 룩셈부르크 과세당국은 "SICAV는 '1929년 법', '1938년 대공령'에 의한 지주회사가 아니다"는 의견이고 SICAV의 등기부등본에는 SICAV의 근거법률은 '집합투자기구에 관한 법률'로 규정하고 있으므로 SICAV는 룩셈부르크에서 우리나라와 룩셈부르크가 체결한 조세조약의 적

---

[280] 서울행정법원 2015.1.9. 선고 2014구합55526, 2012구합20571(병합), 2012구합31854(병합), 2012구합38176(병합), 2012구합41950(병합), 2013구합57716(병합) 판결.

용을 받고 있다.[281]

행정법원은 법률개정 형식 등에 비추어 보아 룩셈부르크는 '집합투자기구에 관한 법률'에 관하여 기존 법률을 개정할 때 종전 법률을 폐지하는 형식을 취하는 동시에 종전 법률상 규정들과 더불어 개정된 규정들을 모두 포함한 다른 법률로써 대체하는 방식으로 법률을 개정한 것으로 보인다. 따라서 '1988년 법'은 기존에 없었던 새로운 법률을 제정하기 위한 법률이 아니라 사실상 기존 '1983년 법'을 개정한 법률로 보는 것이 타당하다고 결론지었다.[282]

우리나라와 룩셈부르크 조세조약 체결 당시 및 그 이후의 사정을 검토한 후 룩셈부르크 과세당국은 SICAV와 같은 집합투자기구에 대한 조세조약혜택을 부인하고 있지 않는 점 등을 고려할 때 우리나라와 룩셈부르크 조세조약 체결당시 SICAV와 같은 집합투자기구를 지주회사로 보아 조세조약상 혜택을 배제하려고 하였다고 단정할 수 없다고 판단했다.[283]

3. 사례의 검토

SICAV와 관련된 판례를 상세하게 살펴보았다. SICAV와 관련된 사례 주요 쟁점은 SICAV를 우리나라와 룩셈부르크가 체결한 조세조약에 따른 제한세율의 적용대상에 해당하는 집합투자기구로 볼 것인지 제한세율의 적용대상에서 배제되는 지주회사로 볼 것인가에 대한 것이다. SICAV 판결은 룩셈부르크의 SICAV가 집합투자기구인지 지주회사인지를 분명하게 구분하여 판단기준을 명확하게 했다는 점에 의의가 있다.

앞에서 살펴본 사례들과 다르게 SICAV 사례는 거주지 국가에 따른 법인 또는 단체의 법적 성격, 규제법령, 납세의무와 거주자, OECD 모델조세조약에 따른 수익적 소유자를 종합적으로 고려하여 SICAV를 집합투자기구로 판단했다. 관련된 사항을 종합적으로 검토하여 판결한 행정법원, 고등법원, 대법원의 판결은 국제조세법, 즉 조세조약의 해석 및 적용과 관련된 사항을 고려하여 적절하게 고려한 타당한 판결이라 생각한다.

---

281) 서울행정법원 2015.1.9. 선고 2014구합55526, 2012구합20571(병합), 2012구합31854(병합), 2012구합38176(병합), 2012구합41950(병합), 2013구합57716(병합) 판결.
282) 서울행정법원 2015.1.9. 선고 2014구합55526, 2012구합20571(병합), 2012구합31854(병합), 2012구합38176(병합), 2012구합41950(병합), 2013구합57716(병합) 판결.
283) 서울행정법원 2015.1.9. 선고 2014구합55526, 2012구합20571(병합), 2012구합31854(병합), 2012구합38176(병합), 2012구합41950(병합), 2013구합57716(병합) 판결.

제5절 소결

수익적 소유자는 1977년 OECD 모델조세조약 이자와 사용료 조항에 처음으로 포함되었으며 "지급된(paid)"과 "거주자에게 지급된(paid to resident)"이라는 용어의 의미를 명확하게 하기 위한 목적으로 포함되었다. 이와 관련해 조세조약은 조세조약을 체결한 국가의 거주자인 경우에만 적용되고 "거주자에게 지급된(paid to resident)"이라는 용어의 의미에 비추어 보면 조세조약과 국내 세법상 거주자를 살펴볼 필요가 있다. 현행 국제조세조정법에서는 거주자에 대해 별도로 정의하고 있지 않으며 법인세법에서는 내국법인과 외국법인으로 구분하고 있고 소득세법에서는 183일 이상의 거소를 둔 개인은 거주자에 해당하며 거주자가 아닌 개인과 국세기본법에 따른 법인이 아닌 단체 중 일부를 비거주자로 정의하고 있다.

OECD 모델조세조약에서는 조세조약은 체약국의 거주자인 경우에만 적용되고 "한 체약국의 거주자"는 다른 기준에 따라 그 국가에서 "납세의무가 있는 인(person)"을 의미하고 비록 거주지 국가에서 납세의무가 없으나 국가 및 지방자치단체를 거주자에 포함하고 있다. "한 체약국의 거주자"라는 의미는 다양한 기능이 있고 조세조약의 적용을 위한 인적범위의 결정과 이중 거주로 인한 이중과세 문제를 해결한다.

조세조약을 체결하는 가장 중요한 목적은 이중과세의 방지에 있고 이중과세를 방지하기 위해 조세조약을 체결하는 국가의 과세권을 제한하거나 배타적 과세권을 부여하는 특징을 가지고 있다. 이러한 과세권의 제한과 배타적 과세권의 부여로 인해 발생하는 혜택을 조세조약에 따른 혜택이라 할 수 있고 조세조약에 따른 혜택은 조세조약을 체결한 국가의 거주자가 추가적인 요건을 충족하는 경우에만 제공이 된다. 따라서 조세조약을 체결한 국가의 거주자에 해당하지 않는 제3국의 거주자는 해당 조세조약에 따른 혜택에 대한 자격이 부여되지 않아 해당 조세조약에 따른 혜택을 부당하게 얻기 위한 목적으로 다양한 조세회피를 계획해 실행할 수 있고 이를 조약쇼핑이라고 한다. 일반적으로 소득 유형의 변경과 회사 또는 단체를 사용한 도관회사 또는 디딤돌 도관회사 구조가 대표적인 조약쇼핑 유형이라 할 수 있고 수익적 소유자와 혜택의 자격 조항은 이러한 조약쇼핑을 방지하기 위한 목적으로 도입되었으며 조세회피를 방지하는 역할을 하고 있다.

OECD 모델조세조약을 비롯한 우리나라가 체결한 대부분의 조세조약에서는 수익적 소유자라는 용어의 정의를 제공하고 있지 않아 수익적 소유자라는 용어는 조세조약을 적용하는 국가의 국내법에 따른 의미가 적용된다. 그러나 우리나라 국내 세법에서는 수익적 소유자의 정의를 제공하고 있지 않고 또한 판단기준을 명확하게 제시하고 있지 않아 해석 및 적용에 있어 많은 어려움을 겪고 있다.

판례를 통해 알 수 있듯이 과세관청도 수익적 소유자의 판단을 정확하게 하는 것으로 보이지 않을 뿐만 아니라 법원도 수익적 소유자와 실질귀속자라는 용어로 인해 해석 및 적용에 어려움을 겪고 있는 것으로 보인다. 이와 관련해 법인세법 및 소득세법 그리고 시행령에서 사용하고 있는 실질귀속자라는 용어가 수익적 소유자와 같은 개념을 가지고 있는 용어인지에 대해 의문이 들지 않을 수 없다. 만약 실질귀속자와 수익적 소유자의 개념이 같은 개념이라고 하면 특별히 수익적 소유자의 개념을 정의할 필요 없이 실질귀속자의 개념을 적용하면 된다. 그러나 같은 개념이 아닌 경우 국내 세법에서 정의를 제공하고 있지 않아 조세조약의 문맥에 따라 대상과 목적을 고려해 조약의 문언에 부여되는 통상적 의미에 따라 성실하게 해석하고 적용해야 한다.

앞서 살펴본 판례에서는 수익적 소유자에 대한 개념을 정확하게 정의하고 있지 않으나 적용에 대한 판단기준을 분명하게 제시하고 있고 OECD를 포함한 국제재정적 의미와 유사한 기준을 적용하고 있는 것으로 보인다. 조약쇼핑을 포함한 조세회피와 남용에 대해서 대법원은 실질과세원칙이 적용된다는 것을 분명히 하고 있고 OECD 모델조세조약 주석서에서도 국내법에 따른 남용방지규정을 조세조약에 적용할 수 있는 것으로 보고 있어 조세조약의 문맥과 대상 및 목적에 부합하지 않는 조세회피와 남용 그리고 탈세를 목적으로 하는 경우 실질과세원칙을 적용할 수 있다.

우리나라 많은 학자, 법원, 과세관청은 실질과세원칙을 적용하여 소득이 사실상 귀속된 실질귀속자의 측면에서 수익적 소유자를 실질귀속자와 같이 취급하고 있는 것으로 보이며 상기 사례들의 판단기준과 과정을 보면 OECD 모델조세조약 주석서 및 주요국의 판례 등에서의 수익적 소유자 판단기준을 그대로 적용하고 있는 것으로 보인다. 즉 판례에서는 명확하게 수익적 소유자라고 언급하고 있지 않지만 "수령한", "전달 또는 전달할 의무", "사전에 약정된 현금흐름의 존재 여부", "자금과 수령한 배당금에 대한 지배력", "주요 목적", "사업목적 및 경영활동", "법률상 독립된 실체" 등 수익적 소유자 판단기준을 그대로 적용하고 있다는 것을 알 수 있다.

대법원 판결에 비추어 보면 조세조약에 따른 수익적 소유자는 소득의 귀속원칙에 따라 소득이 사실상 귀속되고 조세조약에 따른 혜택의 자격이 있는 체약상대국의 거주자를 의미하기 때문에 엄격한 의미에서 국내 세법상 실질귀속자는 수익적 소유자와 같은 의미를 지닌 용어라고 할 수 없다. 그러나 법인세법 및 소득세법 그리고 시행령에 따른 실질귀속자의 정의 및 판단기준 그리고 적용대상 소득의 범위에 비추어 보면 비록 특정 양도소득을 적용대상 소득의 범위에 포함하고 있는 등 일부 차이가 있으나 조세조약에 따른 수익적 소유자와 유사한 의미를 지닌 용어라 할 수 있다.

다만 국내 세법에 따른 실질귀속자 또한 수익적 소유자와 같이 객관적 판단기준을 제시하지 못하는 문제가 있고 법원의 판례를 통해서만 판단기준을 유추할 수 있어 모호하고 불명확해 납세자의 예측 가능성과 법적 안정성을 저해하고 있는 문제점을 가지고 있다.

제3장

주요국의
수익적 소유자

제3장
주요국의 수익적 소유자

제1절 서설

수익적 소유자라는 개념은 OECD 모델조세조약에서 정의하고 있지 않아 조세조약을 적용하는 국가의 국내법에 따른 의미를 적용하게 되고 국내법에 따른 의미의 적용에 있어 조세조약의 문맥과 대상 및 목적에 따라 통상적 의미로 해석되어야 한다. 이와 관련해 OECD 모델조세조약 및 주석서, 영국, 미국, 독일, 중국을 포함한 유럽연합(European Union, EU) 법에 따른 수익적 소유자의 해석과 적용에 대해서 검토하고자 한다.

일반적으로 알려진 것과 같이 수익적 소유자라는 용어는 영국의 법률에 따른 용어로서 영국의 법률에 따른 수익적 소유자의 개념과 적용을 검토하는 것은 중요한 의미가 있다. 영국의 국세청은 Indofood 판결[284]의 영향을 받아 국제조세편람(HMRC International Tax Manual, INTM)에 수익적 소유자와 관련된 지침을 구체적으로 규정하여 시행하고 있어 지침에서 규정된 사항을 중심으로 검토하고자 한다. 미국은 조세회피와 관련해 가장 적극적으로 대응하고 있는 국가로서 미국 모델조세조약에 수익적 소유자를 포함하고 있고 국내법에서도 수익적 소유자의 정의를 제공하고 있을 뿐만 아니라 조세회피를 방지하기 위한 도관자금조달규정, 일반적 조세회피방지규칙, 법인 또는 단체의 분류와 과세 등 다양한 제도를 시행하고 있다. 따라서 미국 모델조세조약과 국내법에 따른 수익적 소유자의 개념 등에 대해 검토한 후 국내법에 따른 다양한 제도와 주요 판례에 대해 살펴보고자 한다.

독일은 국내법에서 수익적 소유자의 개념을 정의하고 있지 않다. 다만 소득세법과 이익정보법령(Zinsinformationsverordnung)에서 수익적 소유자의 정의를 포함하고 있다. 따라서 국내법상 수익적 소유자의 개념에 대해 살펴보고 특히 독일은 지주회사와 미국 S 법인과 관련된

---

284) A3/2005/2497 [2006] EWCA Civ 158.

사례를 중요하게 고려하고 있어 이와 관련되는 법률규정과 판례에 대해 검토하고자 한다.

중국은 OECD 회원국이 아니지만 OECD 모델조세조약을 적극적으로 수용하여 국내법에 수익적 소유자와 혜택의 자격과 유사한 제도를 도입하여 시행하고 있다. 중국은 우리나라와 다르게 물권법에서 소유권에 대해 구체적으로 열거하고 있다. 물권법에서는 점유를 향유(享有)할 수 있다는 것을 포함하고 있고 수익을 물권법상 객체로 포함하고 있는 특징을 가지고 있다. 물론 국가의 체제가 다른 점이 고려된 것으로 보이지만 수익을 물권법상 객체로 포함하고 있어 조세조약에 따른 수익적 소유자의 개념을 큰 어려움 없이 받아들이고 판단기준을 명확하게 하는 것에 적극적인 것으로 보인다.

유럽의 국가들을 고려할 때 EU 법을 함께 고려할 필요가 있다. EU는 특별한 공동체로서 EU 법이 회원국의 국내법에 우선하고 있고 EU 법의 두 지침에서는 수익적 소유자의 정의와 요건을 포함하고 있어 두 지침에 따른 수익적 소유자가 조세조약에 따른 수익적 소유자의 정의와 같은 의미가 있는지 또는 어떠한 차이가 있는지를 살펴보고자 한다.

제2절 OECD 모델조세조약상 수익적 소유자

Ⅰ. 수익적 소유자

1. 도입 및 연혁

가. 1977년 OECD 모델조세조약

수익적 소유자는 OECD의 특별조사위원회 27에 의해 논의되어 "조세조약의 부적절한 사용을 방지"하기 위한 목적으로 1977년 OECD 모델조세조약 이자 및 사용료 조항에 처음으로 포함되었다. 이자소득과 관련해서 한 체약국에서 발생하여 다른 체약국의 거주자에게 지급되는 이자는 거주지 국가에서 과세한다(OECD Model 1977 §11(1)). 다만 그러한 이자가 발생하는 원천지 국가에서도 원천지 국가의 국내법에 따라 과세할 수 있으나 수령자가 이자의 수익적 소유자에 해당하는 때에는 원천지 국가에서 부과되는 세금은 이자 총액의 10%를 초과할 수 없도록 과세권을 제한하고 있다(OECD Model 1977 §11(2)). 그리고 한 체약국에서 발생하고 다른 체약국의 거주자에게 지급되는 사용료는 거주자가 수익적 소유자에 해당하는 경우에만 다른 체약국에서만 과세할 수 있도록 하고 있다(OECD Model 1977 §12(1)).

"지급(payment)"이라는 개념은 계약 또는 관습에 의해 요구된 방법으로 채권자의 처분에 따를 의무의 이행을 의미하므로 "지급된(paid)"이라는 용어는 매우 넓은 의미가 있다(OECD Model CM 1977 §11(5), §12(8)). 이자소득의 수익적 소유자가 다른 체약국의 거주자가 아닌 한 대리인 또는 명의수탁인과 같은 중개인이 수익자와 지급인 사이에 개입된 경우 원천지 국가의 과세제한은 적용되지 않는다(OECD Model CM 1977 §11(8)). 사용료 소득의 수익적 소유자가 다른 체약국의 거주자가 아닌 한 대리인 또는 명의수탁인과 같은 중개인이 수익자와 지급인 사이에 개입된 경우 원천지 국가의 세금으로부터 면제되지 않는다(OECD Model CM 1977 §12(4)).

과세대상과 관련해 만약 거주지 국가에서 완전한 납세의무가 있는 거주자인 명의수탁인의 특정 국외소득에 대해 세금이 과세되지 않는 경우 조약남용이 발생할 수 있는 문제가 있다. 영국은 외관상의 단순한 명의수탁인의 개입으로 인한 조약남용은 과세대상 조항으로 대응할 수 있어 OECD 모델조세조약에 수익적 소유자를 포함하는 것은 불필요한 것으로 보았다.[285]

1963년 OECD 모델조세조약 초안에서는 조세조약의 목적상 "체약국의 거주자(resident of a Contracting State)"라는 용어는 그 국가의 법에 따라 거소, 거주지, 관리장소에 의해 유사한 성격의 다른 기준을 적용하여 과세할 수 있는 인(person)으로 정의하였다(OECD Model 1963 Draft §4(1)).

1977년 OECD 모델조세조약에서는 인(person)이 거주지 국가에 거주하지 않더라도 국내법에 따라 거주자와 같이 고려되고 거주지 국가에서 발생하는 소득에 대해서만 과세가 제한되는 경우 조세조약의 목적상 체약국의 거주자에 포함되지 않는다는 것을 추가하였다(OECD Model 1977 §4(1)). 즉 거주지 국가 내에서의 원천 또는 그 안에 소재하는 자본으로부터 발생하는 소득에 대해서만 "제한적으로 납세의무가 있는 인(person)"을 제외한 것으로 "소득에 기반하지 않고 조세조약에 따른 혜택을 요구하는 인(person)"에 초점을 두어 수령한 소득과 특정

---

285) Michael Lang·Alfred Stock et al., op. cit., p.333.

세목 사이를 구분하지 않고 단순히 수령자에게 "완전한 납세의무(fully liable to tax)"가 있는지를 중요하게 고려하였다.

나. 1995년과 1997년 OECD 모델조세조약

1995년과 1997년 OECD 모델조세조약에서는 수익적 소유자를 정의하지 않고 단순한 설명의 형태를 취하였고 1995년 OECD 모델조세조약에서는 "수령자가 배당 또는 이자의 수익적 소유자이고 다른 체약국의 거주자인 경우"로 변경하였다(OECD Model 1995 §10(2), §11(2)). OECD 모델조세조약 주석서에서는 원천지 국가의 과세제한은 수익적 소유자가 다른 체약국의 거주자가 아닌 경우 대리인 또는 명의수탁인과 같은 중개인이 수익자와 지급인 사이에 개입된 경우 이용할 수 없는 것으로 보완되었다(OECD Model 1995 CM §10(12), §11(8)).

1997년 OECD 모델조세조약에서는 "만약 수령자가 지분의 수익적 소유자라면 변경된 세금은 초과하지 않으며(if the recipient is the beneficial owner of the interest the tax so changed shall not exceed)(OECD Model 1997 §10(2))" 한 체약국에서 발생하고 다른 체약국의 거주자에 의해 수익적 소유된(beneficial owned) 사용료는 다른 체약국에서만 과세할 수 있도록 변경하였다(OECD Model 1997 §12).

원칙적으로 "수령자가 수익적 소유자와 거주자 요건"을 충족하는 경우에만 과세제한의 적용이 가능하다. 다만 대리인 또는 명의수탁인과 같은 형식적 수령자가 수령을 하더라도 형식적 수령자가 수익적 소유자와 같은 체약상대국의 거주자에 해당하는 때에는 조세조약의 적용이 가능한 것으로 보인다. 그러나 "그러한 배당(such dividends)"은(OECD Model 1995 §10(2)) "체약국의 거주자에게 지급된(paid to a resident of the Contracting State)" 배당을 의미하므로(OECD Model 1995 §10(1)) 수익적 소유자와 직접 수령자가 다른 국가의 거주자인 경우는 포함되지 않는다.

다. 2003년 OECD 모델조세조약 주석서

2003년 OECD 모델조세조약 주석서에 따르면 배당과 사용료 소득의 수익적 소유자의 요건은 "거주자에게 지급된(paid to resident)"의 의미를 분명히 하기 위해 언급되었다. 원천지 국가가 조세조약을 체결한 한 국가의 거주자에 의해 "직접 수령(immediately received)"되었다는 단순한 이유로 배당소득에 대해 과세할 권리를 포기할 필요가 없다는 것을 명확하게 하였고 수익적 소유자라는 용어는 "좁은 기술적 의미(narrow technical sense)"로 사용되는 것이 아니라 "재정적 탈세와 회피를 방지하고 이중과세의 방지를 포함하는 조세조약의 문맥과 대상 및 목적에 따라 이해되어야 한다"는 것을 분명히 했다(OECD Model 2003 CM §10(12), §12(4)).

"지급된(paid)"이라는 용어는 현금 지급의 의미가 있어 "분배된(allotted)"보다 넓은 의미가 있고 "에게 지급된(paid to)"은 채권자 또는 주주와의 계약 또는 관행에 따라 결정되어 요구된 의무의 이행을 의미하므로 "에게 지급된(paid to)"은 매우 넓은 의미가 있다(OECD Model 2014 CM §10(7)). 따라서 대리인 또는 명의수탁인의 자격으로 활동하는 체약국의 거주자에 의해 수령된 소득이 단지 체약국의 다른 거주자와 같이 소득을 직접수령한다는 이유로 인해 원천지 국가가 감면이나 면제하는 것은 조세조약의 대상 및 목적과 일치하지 않으므로 과세할 권리를 포기할 필요가 없다. 다만 대리인 또는 명의수탁인의 자격으로 활동하는 체약국의 거주자인 직접 수령자는 조약 혜택의 자격이 부여된다. 수령자가 거주지 국가의 과세목적에 따라 소득의 소유자와 같이 취급되지 않아 잠재적 이중과세 문제가 발생하지 않기 때문이다. 즉 공식적 수령자가 수령한 소득을 수익적 소유자에게 수령한 소득을 전달하는 경우 수령한 소득과 비용의 상계로 인해 세금을 부담하지 않아 잠재적 이중과세 문제가 발생하지 않는 것이다.

아울러 대리인 또는 명의수탁인 이외의 방법으로 단순히 관련된 소득의 실질적인 혜택을 받는 다른 인(person)을 위해 도관과 같이 활동하는 경우에 원천지 국가가 감면이나 면제하는 것도 조세조약의 대상과 목적에 일치하지 않는다. OECD 재정위원회는 "이중과세 조약과 도관회사의 사용 보고서(Double Taxation Conventions and the Use of Conduit Companies, 이하 도관회사 보고서)"를 통해 도관회사가 공식적 소유자이지만 만약 관계된 소득과 관련하여 단순한 수탁자 또는 관리자와 같은 활동만을 수행하는 경우 수익적 소유자와 같은 자격이 부여되지 않는다고 결론을 내렸다(OECD Model 2003 CM §10(12.1)).

그러나 수익적 소유자가 다른 체약국의 거주자인 경우 원천지 국가에서의 과세제한은 체약국 또는 제3국에 소재하는 대리인 또는 명의수탁인이 수익자와 지급인 사이에 개입된 경우에도 적용될 수 있다(OECD Model 2003 CM §10(12.2), §12(4.2)). "지급된(paid)"의 의미가 소득이 직접 수령자에게만 지급될 수 있는 것으로 보이지만 2003년 OECD 모델조세조약에서 소득의 "직접 수령자"와 함께 "지급된(paid)"과 관련된 여러 표현에서는 직접 수령자일 것을 요구하고 있지 않다.

OECD 모델조세조약 주석서에서는 이자소득과 관련해 원천지 국가의 소득 항목에 따른 세목에서의 감면 또는 면제는 거주지 국가에서 소득에 동시에 과세가 되는 것으로부터 발생하는 이중과세의 전부 또는 일부를 회피하도록 다른 체약국의 거주자에게만 부여되는 것으로 변경을 하였다(OECD Model 2003 CM §11(8.1)).

2010년 OECD 모델조세조약에 포함된 조세조약 혜택의 제한에서는 수익적 소유자는 개별적인 사례에 의해 결정되므로 소득의 흐름에 대한 적절한 연결이 불명확하고 특히 소유권이 분할되어 다수에 의해 소유된 소득에 이자가 포함되는 경우 더욱 불명확해 중립적으로 표현되어야 할 뿐만 아니라 공식적 소유권만으로는 수익적 소유권이 보장되지 않아 일반적 정의를 찾아 결정하는 것은 어려울 것이라고 설명하고 있다.[286]

"지급된(paid)"이라는 용어를 명확하게 하는 수익적 소유자와 관련해 "지급된(paid)"은 "거주자에게 지급된(paid to a resident)"을 보완하는 것으로 볼 수 있으나 수익적 소유자와 "지급된(paid)"은 실질적으로 함께 사용되지 않고 있어 단순히 "수령자 또는 소득이 지급된 것"을 의미하고 제한세율의 적용을 요청하는 인(person)의 특성을 명확하게 한 것으로 이해된다.

라. 2014년 OECD 모델조세조약 주석서

2014년 OECD 모델조세조약 주석서의 변경은 수익적 소유권이 협소한 기술적 의미로 사용되지 않으므로 국내법상 정의를 추가할 필요가 없다는 것을 분명히 하기 위한 것이다. 2014년 OECD 모델조세조약 주석서에서는 수익적 소유자라는 용어는 "거주자에게 지급된(paid to a resident)"이란 용어의 사용으로부터 발생하는 잠재적 어려움을 해결하기 위해 추가되었고 수익적 소유자는 이러한 문맥에 따라 해석되어야 하며 특정 국가의 국내법에 따른 기술적 의미를 참조하는 것은 아니라는 것을 분명히 하고 있다(OECD Model 2014 CM §10(2)(12.1)).

배당을 사용하고 향유(enjoy)하는 수령인의 권한은 "수령한 지급금을 다른 인(person)에게 전달할 계약상 또는 법적 의무"에 국한되기 때문에 대리인, 명의수탁인 그리고 수탁자 또는 관리인으로 활동하는 도관회사와 같은 사례에서 배당의 직접적인 수령인은 수익적 소유자에 해당

---

286) OECD, Model Tax Convention on Income and on capital, 2010, R(17), para 22.

하지 않으며 이러한 의무는 일반적으로 법적 계약에 근거한다.

실질적으로 수령인이 "다른 인(person)에게 수령한 지급금을 전달할 계약상 또는 법률적 의무가 없이 배당을 사용하고 향유할 권리"가 없다는 것을 명확하게 보여 주는 사실관계에 따라 계약상 또는 법적 의무가 존재한다고 볼 수 있다. 그러나 계약상 또는 법적 의무는 수령한 지급금에 관련되지 않는 의무와 직접 수령인이 채무나 금융거래의 당사자 또는 조세조약에 따른 혜택을 받을 수 있는 연금제도와 집합투자기구의 일반적인 분배 의무자로서 가지는 의무와 같은 직접 수령인이 수령하는 지급금에 종속적이지 않은 계약상 또는 법적 의무를 포함하지 않는다. 따라서 배당의 수령인이 "다른 인(person)에게 수령한 지급금을 전달할 계약상 또는 법적 의무 없이 배당을 사용하고 향유(enjoy)할 권리를 가지고 있는 경우" 수령인은 배당의 수익적 소유자라 할 수 있다. 다만 주식의 소유자와 다르게 배당의 수익적 소유자를 언급하고 있는 점에 비추어 보면 어떠한 경우에는 배당의 수익적 소유자와는 다를 수 있다(OECD Model 2014 CM §10(2)(12.4)).

2014년 OECD 모델조세조약 주석서의 관련 의견은 대부분 관련되거나 관련되지 않은 모든 "사실과 상황"에 기초하여 존재를 발견할 수 있는 의무를 언급하고 있다.[287] OECD는 계약 또는 법적 의무가 항상 실질을 반영하지 않을 수 있어 모든 "사실과 상황"을 함께 고려하는 것이 적절한 것으로 보았고 수익적 소유자를 실질우위원칙(substance-over-form)으로 다루고 있다.

대리인, 명의수탁인, 수탁자 또는 관리자와 같이 활동하는 도관회사가 사용료 소득의 직접 수령자인 경우 "다른 인(person)에게 수령한 지급금을 전달할 계약상 또는 법적 의무에 의해 사용료를 사용하고 향유할 권리가 제약"되므로 수익적 소유자에 해당하지 않는다(OECD Model 2014 CM §12(1)(4.3)). 따라서 소득을 다른 인(person)에게 전달할 계약상 또는 법적 의무와 같은 법적 요소에 초점을 두고 있으나 관련되거나 관련되지 않은 모든 "사실과 상황"에 기초해 존재를 발견될 수 있는 경제적 측면도 함께 고려하도록 해 법적 측면과 경제적 측면 모두를 함께 고려하고 있다.

---

287) OECD, Update to the OECD Model Tax Convention, 2014, p.2.

마. 2017년 OECD 모델조세조약

2017년 모델조세조약에서는 제1조(인적범위), 제3조(일반적 정의), 제4조(거주자), 제5조(고정사업장)를 포함하여 제10조(배당), 제11조(이자), 제12조(사용료) 조항이 전반적으로 개정되었으며 제29조(혜택의 자격)가 새로이 도입되었다. 이러한 주요 개정은 조세회피 방지를 위한 BEPS 보고서상의 내용을 반영하기 위한 것이다. 그리고 2017년 OECD 모델조세조약 주석서에서는 투명한 단체 또는 약정에 관한 상세한 설명이 추가되었고 조세회피를 방지하기 위한 국내법상의 조세회피방지규정에 대해 강조하고 있다.

인(person)의 범위와 관련해 조세조약의 목적상 어느 한 체약국의 세법에 따라 전체적 또는 부분적으로 재정적으로 투명한 단체 또는 약정에 따라 수령한 소득은 "한 체약국의 과세목적에 따라 수령된 소득을 한 체약국의 거주자 소득으로 간주"하는 경우에만 해당 국가의 거주자 소득으로 간주하도록 하여(OECD Model 2017 §1(2)) 한 체약국의 세법에 따라 투명한 단체 또는 약정을 통해 수령된 소득이 한 체약국의 세법에 따라 거주자의 소득으로 취급될 수 있도록 파트너십과 신탁에 대한 과세요건을 분명히 하였다(OECD Model 2017 §1(2), §1(3)).

한 국가의 공적연금펀드는 해당 국가의 세법에 따라 인(person)으로 구분되는 해당 국가의 단체 또는 약정을 의미한다(OECD Model 2017 §3(1)). 개인에 대한 은퇴 혜택, 보조 또는 부수적인 혜택을 제공하기 위해 독점적 또는 대체로 독점적으로 설립되어 운영되는 국가 또는 정치적 하부조직이나 지방정부에 의해 규제 또는 감독을 받거나(OECD Model 2017 §3(1)(ⅰ)) 언급된 단체 또는 약정의 이익을 위해 자금을 투자하기 위해 독점적 또는 대체로 독점적으로 설립되어 운영되는 것으로 명확하게 정의하였다(OECD Model 2017 §3(1)(ⅱ)).

거주자와 관련되어 한 체약국의 거주자를 한 체약국의 법에 따라 거소, 거주지, 관리장소 또는 이와 유사한 성격의 다른 기준에 따라 납세의무가 있는 인(person)으로 정의하고 있고 한 체약국 및 모든 정치적 하부조직이나 지방자치단체에 추가로 공적연금펀드를 포함하였다(OECD Model 2017 §4(1)).

고정사업장과 관련해 동일기업 또는 관계기업이 동일 체약국의 동일한 장소 또는 다른 장소에서 사업 활동을 수행하는 경우 그 기업이 사용하거나 유지하는 사업의 장소가 고정된 경우에는 적용되지 않는다. 동일한 장소 또는 다른 장소가 그 기업 또는 관계기업의 국내사업장을 구성, 동일 장소에서 두 기업이 업무를 수행하거나 수행하는 활동의 복합으로 인한 활동이 예비적이고 보조적인 성격이 아닌 경우가 해당된다(OECD Model 2017 §5(4.1)). 그리고 고정사업장 조항의 목적상 모든 관련 사실 및 상황에 기초하여 다른 인(person) 또는 다른 인(person)에 대한 지배력을 가진 인(person)이나 기업이 동일한 인(person) 또는 기업의 지배를 받는 경우 다른 기업의 관계기업으로 고려된다. 인(person)이나 기업이 타인에 대한 수익적 지분의 50% 이상을 직접 또는 간접적으로 소유하고 있는 경우 또는 다른 인(person)이나 기업이 수익적 지분의 50% 이상을 소유하고 있는 경우 그 인(person)이나 기업은 관계기업으로 고려되는 것으로 규정하여 관계기업에 대한 개념을 분명하게 정의하였다(OECD Model 2017 §5(8)).

특히 BEPS Action 6에 따라 배당에 적용되는 5% 제한세율의 적용과 관련해 최소 보유 기간 및 관련 해설을 변경하고 파트너십 제외를 삭제하였다. 수익적 소유자가 배당금을 지급하는 날을 포함하여 365일의 기간 동안 배당금을 지급하는 회사 주식의 최소 25% 이상을 직접 소유하는 인(person)에 해당하는 때에는 배당총액의 5%를 적용하도록 하였다. 다만 해당 기간을 계산할 목적으로 주식을 보유하거나 배당금을 지급하는 회사의 합병 또는 분할로 인한 조직개편과 같은 기업구조조정으로 인해 발생하는 소유권의 변경은 고려되지 않는다(OECD Model 2017 §10(1)(a)).

기타 배당과 이자 그리고 사용료와 관련된 2017년 OECD 모델조세조약 및 주석서의 주된 변경사항은 특별과세제도와 개념적 공제제도와 관련된 사항이다.

Ⅱ. 대리인 등

OECD의 모델조세조약과 도관회사 보고서에서는 대리인과 명의수탁인과 같은 조세조약에 따른 혜택으로부터 배제되는 인(person)에 대한 정의를 제공하지 않으며 도관회사는 수탁자 또는 관리인으로 활동하는 공식적 소유자로서 매우 협소한 권리를 가지고 있다고 언급하고 있다.

대리인과 명의수탁인의 개념은 매우 다양하며 대리인과 명의수탁인은 주주의 지시에 따라 수탁한 업무를 수행하므로 "독립적인 존재"의 의미가 없는 것으로 볼 수 있다.[288] 수탁자는 대리인과 명의수탁인과 함께 언급되고 있으나 대리인 또는 명의수탁인과는 다르게 재산양도자 또는

---

288) Du Toit, op. cit., p.215.

수익자와 관계없이 자기 자신의 기능을 가지고 있어[289] 신탁의 수익적 소유권과 법적 소유권 사이의 분할된 전형적인 상황을 보여 준다.[290]

Ⅲ. 도관회사

일반적으로 회사의 부적절한 사용은 조세조약에 따른 혜택을 얻는 것을 주요 목적 또는 유일한 목적으로 하는 인(person)이 직접 사용되지 않고 한 국가에서 설립된 법적 단체(legal entity)의 존재를 통해 사용된다(도관회사 보고서 제1조 제1항). 도관회사 보고서에 따르면 "도관은 조세조약에 따라 제공되는 혜택을 부적절하게 얻기 위한 목적으로 다른 국가에 소재하고 있는 회사에 경제적으로 발생하는 소득이 유입되도록 조세조약이 체결된 국가에 소재하고 있는 회사를 사용하는 것"을 의미한다(도관회사 보고서 제1조 제3항).

대리인이나 명의수탁인은 문제가 되는 재산 또는 소득이 주주에 의해 소유되지만 도관회사는 별도의 독립된 법적 단체이므로 재산 또는 소득을 도관회사가 직접 소유하고 소득 또한 도관회사에 정상적으로 귀속된다. 소득의 전달 측면에서 보면 대리인 또는 명의수탁인은 재산법에 따라 소득을 전달할 의무가 있고 도관회사는 단순히 지급금의 전달에 대한 계약상 의무가 있다.[291]

도관회사가 실질적인 측면에서 매우 협소한 권한을 가지고 있는 단순히 공식적 소유자이고 관련된 당사자를 위해 활동하는 수탁자 또는 관리자에 해당하는 때에는 수익적 소유자와 같은 자격이 부여되지 않는다. 도관회사 보고서에서는 "인(person)에 경제적으로 발생하는 소득이 유입되도록"이라는 표현 등을 사용하고 있다. "경제적 혜택을 얻는 인(person)"의 식별과 관련해 주주 등과 관련되어 도관회사의 의사결정 과정과 같은 확실한 정보를 필요로 하는 점에 비추어 보면 경제적 접근법을 취하고 있는 것으로 보인다.

Saurabh Jain은 회사는 경제적 관점으로부터 "최종 소유자(ultimate owner)의 혜택을 위

---

[289] Prebble, BTR 1 (2001), 69, 76; Prebble, 2eJournal of Tax Research 2 (2004), 192, 201; Danon, Switzerland's direct and international taxation of private express trusts (2004), 333 et seq. In a bare trust, "the trustee holds the asset for the beneficiary, who is absoluyely entitled", Avery Jones·De Broe·Ellis et al., 60 Bulletin for International Taxation 6, 2006, p.220, 246; Angelika Meindl-Ringler, op. cit., p.50.

[290] Prebble, BTR 1 (2001), 69, 76; Prebble, eJournal of Tax Research 2 (2004), 192, 201; Ayerst (Inspector of Taxes) and C. & K. (Construction) Ltd., (1976) A.C. 167, 177 (14., 15., 17.4., 21.5.1975); Ibid, p.50.

[291] Saurabh Jain, op. cit., p.125.

해서 항상 자신의 것으로 소유"하므로 대리인이나 명의수탁인은 결코 소득의 실질적인 수익적 소유자가 될 수 없어 수익적 소유자를 도관 상황과 연결하는 것은 적절하지 않다고 하였다.[292]

실질적으로 도관회사 문제는 중개인의 거주지 국가에서 세금이 과세되지 않거나 낮은 과세를 하는 것이 주요 원인이 된다. 따라서 중개인의 거주지 국가에서 세금이 과세되지 않거나 낮은 과세를 하는 경우에만 도관회사의 사용을 통한 조약쇼핑의 목적에 부합된다고 할 수 있다.

IV. 파트너십

1999년 파트너십 보고서(The Application of the OECD Model Tax Convention to Partnership, Partnership Report)는 파트너십에 대한 자격의 부여와 관련해 발생하는 불일치 문제와 조세조약의 적용을 다루고 있고 수익적 소유자에 대해 법적 접근법을 취하고 있다. 파트너십 보고서는 조세조약의 관련 조항에서의 분배규칙의 조건을 고려하여 투명한 실체와 투명한 실체의 파트너에 대해 조세조약에 따른 혜택을 부여하도록 제안하였다. 배당과 이자 그리고 사용료 소득의 경우 거주지 국가의 법에 따라 파트너십과 파트너가 수익적 소유자와 같은 자격이 부여될 수 있는지에 대해 초점을 두었으며 소득에 대해 세금이 과세되어야 한다는 수익적 소유자와 같은 측면을 고려하였다. 결과적으로 파트너십 보고서에서는 파트너십과 파트너가 각각 납세의무를 가지고 있어 수익적 소유자와 같이 취급되어야 한다고 하였다.

파트너십 보고서의 사례에 따르면 "체약국의 거주자에게 지급된" 이자에 적용된다.[293] 이러한 상황에서 소득은 P 국가에 대한 의무가 있음을 결정하기 위한 목적으로 배분된 소득은 파트너십이 아닌 A와 B에게 지급된 것으로 간주된다. A와 B는 조약의 적용과 관련해 의미 있는 소득을 획득했고 사실상 원천지 국가는 A와 B의 거주지 국가에서 소득에 대한 납세의무가 있는 파트너가 투명한 파트너십(transparent partnership)을 통과하여(flowed through) 소득을 가지고 있는 것으로 간주해야 한다고 언급하고 있다. 따라서 파트너십 보고서는 거주지 국가의 법에 따른 과세목적에 따라 납세의무가 있는지에 따라 수익적 소유자를 소득의 귀속과 같이 이해하고 있는 것으로 보인다.

---

292) Ibid, p.39, 49, 127, 191.
293) OECD, The Application of the OECD Model Tax Convention to Partnership, 1999, p18, para. 48.

V. 시사점

수익적 소유자는 1977년 OECD 모델조세조약 이자와 사용료 조항에 최초로 포함되었다. 이후 추가로 배당소득이 포함되어 배당과 이자 그리고 사용료 소득과 관련된 특정 소득 항목에 대한 원천지 국가에서의 과세권을 제한하기 위한 목적으로 OECD 모델조세조약에 포함되었다. OECD 모델조세조약 및 주석서에서는 수익적 소유자에 대한 정의를 제공하고 있지 않아 이중과세의 방지와 재정적 회피와 탈세를 방지하기 위한 조세조약의 문맥에 따라 대상과 목적을 고려하여 해석 및 적용되어야 한다.

수익적 소유자는 수령한 배당과 이자 그리고 사용료 소득이 고정사업장과 "효과적으로 연결(effectively connected)"되는 한 체약국의 거주자를 의미하고 "그러한 배당(such dividends)"은 "체약국의 거주자에게 지급된(paid to resident of the Contracting State)" 배당을 의미한다. "지급된(paid)"이라는 용어는 "분배된(allotted)"보다 넓은 의미를 가지고 있고 "에게 지급된(paid to)"은 의무의 이행을 의미하며 "지급된(paid)"보다 넓은 의미를 가지고 있다.

OECD 모델조세조약 등에서는 대리인이나 명의수탁인과 같은 중개인에 대한 정의를 제공하고 있지 않다. 대리인이나 명의수탁인과 같이 활동하는 중개인은 잠재적 이중과세 문제가 발생하지 않을 뿐만 아니라 단순한 수탁자 또는 관리자와 같은 활동만을 수행하는 경우 수익적 소유자와 같은 자격을 부여하는 것은 조약의 대상과 목적에 부합하지 않으므로 조세조약에 따른 혜택의 자격을 부여하지 않는 것이 바람직하다. 다만 수익적 소유자와 대리인이나 명의수탁인 등이 같은 체약국의 거주자인 경우에는 조세조약에 따른 혜택을 부여하는 것이 바람직하다.

2014년 개정된 OECD 모델조세조약에서는 수익적 소유자라는 용어는 "협소한 기술적 의미"로 사용되지 않고 "거주자에게 지급된(paid to a resident)"이란 용어의 사용으로부터 발생하는 잠재적 어려움을 해결하기 위해 추가되었고 따라서 특정 국가의 국내법에 따른 기술적 의미를 참조하는 것은 아니라는 점을 분명히 하였다. 다만 OECD의 이러한 견해에도 불구하고 수익적 소유자라는 용어는 실질적으로 조약의 해석 및 적용에 있어 많은 어려움과 문제를 발생시키고 있어 비록 OECD가 국내법에 따른 기술적 의미를 참조하는 것은 아니라는 것을 분명히 하고 있으나 실제 해석 및 적용에 있어 필요한 용어의 정의 및 객관적 판단기준을 제공하는 것이 바람직하다.

아울러 수익적 소유자와 관련해 조세조약에 수익적 소유자를 포함하고 있지 않은 경우의 해석 및 적용을 고려해 볼 필요가 있다. 수익적 소유자를 포함하고 있지 않음에도 불구하고 조약의 해석 및 적용에 특별한 문제가 발생하지 않는 것은 "체약국의 거주자"라는 의미를 적용하여 해석하고 있기 때문이다. 앞서 살펴본 것과 같이 수익적 소유자는 "거주자에게 지급된(paid to a resident)"을 분명히 하기 위해 포함되었으므로 "거주자 의미"로 해석 및 적용이 가능하다. 그러나 거주자와 수익적 소유자는 "에게 지급된(paid to)"이라는 구체적인 의미상의 차이가 있다. 즉 수익적 소유자는 "거주자에게 지급된 배당과 이자 그리고 사용료 소득을 의미"하고 "거주자가 수령한 소득을 제3국의 거주자에게 전달할 계약상 또는 법률적 의무가 없이 자신의 것으로 사용하고 향유(enjoy)할 권리를 가지고 있는 경우" 수익적 소유자가 된다. 이러한 측면에서 보면 수익적 소유자는 법인 또는 단체를 소유하고 있는 "주주 등의 지위"와 관련된 "소유권과 지배력"을 고려한 조세조약에 따른 혜택을 요구할 수 있는 "추가적인 요건"의 하나로서 "조세조약에 따른 혜택을 누릴 자격을 요구하는 자가 입증할 청구권"의 추가적인 요건이라 할 수 있다.

수익적 소유자의 결정과 관련해 OECD는 법적 실질과 경제적 실질 중 어느 하나로 명확하게 구분하고 있지 않다. 도관회사는 독립된 법적 실체이기 때문에 재산을 도관회사가 직접 소유하고 소득 또한 도관회사에 귀속되고 단순히 수령한 소득을 전달할 의무, 즉 "수령한 지급금을 전달할 계약상 의무"를 가지고 있다. 도관회사 보고서에서는 경제적 혜택을 얻는 인(person)의 식별과 관련해 의사의 결정 과정과 같은 확실한 정보를 필요해 경제적 접근법을 취하고 있으나 파트너십 보고서에서는 법적 접근법을 취하고 있다. 그리고 다른 인(person)에게 전달할 계약상 또는 법적 의무와 같은 법적 요소와 관련되거나 관련되지 않은 모든 "사실과 상황"에 기초한 경제적 측면도 함께 고려하도록 하고 있어 두 가지 접근법이 혼용되어 적용되고 있는 것으로 보인다.

결과적으로 수익적 소유자는 법인 또는 단체를 소유하고 있는 "주주 등의 지위"와 관련된 "소유권과 지배력"을 고려한 조세조약에 따른 혜택을 요구할 수 있는 "추가적인 요건"의 하나로 "조세조약에 따른 혜택을 누릴 자격을 요구하는 자가 입증할 청구권"을 의미하고 "거주자에게 지급된(paid to a resident)"이라는 용어의 의미에 비추어 보면 "체약상대국의 거주자가 수령한 배당과 이자 그리고 사용료를 제3국의 거주자에게 전달할 계약상 또는 법적 의무가 없이 자신의 것으로 사용하고 향유(enjoy)할 권리가 있는 체약국의 거주자"를 의미한다.

제3절 영국

Ⅰ. 국내법상 수익적 소유자

1. 법적 의미

영국의 신탁 규정에서는 수익적 소유권(Beneficial Ownership)의 개념을 사용하고 있고 수익적 소유권은 영국의 법률에 따른 용어이다.[294] 형평법상 수익적 소유권의 개념은 관습법으로부터 분리되어 파생되었으며 관습법에서는 소유권을 구분할 수 없다. 그러나 형평법에서는 수익자의 "정당한 소유권(equitable ownership)" 또는 수익적 소유권과 수탁자의 "법적 소유권(legal ownership)"의 구분을 허용하고 있고 영국의 법률을 따르고 있는 다른 관습법 국가들은 국내법에서 같은 의미로 수익적 소유자라는 용어를 사용하고 있다.[295]

일반적으로 민법 국가들은 수익적 소유자라는 용어를 사용하고 있지 않아 배당과 이자 그리고 사용료 소득과 관련해 체약국이 수익적 소유자라는 용어를 해석하기 위해 국내법을 언급해야 하는지, 국내 세법과는 무관한 독자적인 조세조약에 따른 언어의 개념과 같이 해석해야 하는지, 수익적 소유권의 개념이 국내법에 대한 참조로 고려되지 않는 경우 어떻게 해석을 해야 하는지와 관련된 논쟁이 발생하고 있다.[296]

주로 신탁재산과 관련해 수익자와 수탁자의 "소유권의 권리" 사이의 구분에 있어 수익적 소유권의 개념을 사용하고 있고 법적 소유권은 수탁자에게 부여되고 수익적 소유권은 수익자에게 부여된다. 비록 수탁자가 법적 소유자로서 신탁재산을 관리하더라도 수탁자는 수익자의 이익을 위해서만 보유하고 수익적 소유자인 수익자만이 신탁 대상 재산의 이익에 정당한 권리를 가진다.[297][298] 따라서 "재산의 이익을 향유(enjoy)할 수 있는 권리"에 따라 수익적 소유권과 법적 소

---

[294] Ayrest (Inspector of Taxes) v. C & K (Construction) Ltd (1975), 2 All ER 537 at 540; See Baker, supra n.35, at 229; Saurabh Jain, op. cit., p.29.
[295] Ibid, p.29.
[296] Ibid, p.29, 30.
[297] Ibid, p.29, 30.

유권이 구별된다고 할 수 있다.

영국의 신탁법에서는 수탁자에 의해 파생되어 해당연도에 수익자에게 분배된 소득과 이전연도로부터 유보되어 분배된 소득을 구분하고 있다. 해당연도에 분배된 소득은 수익자가 소유하는 소득의 본질을 유지한다. 이전연도로부터 유보된 소득은 수익자가 소유하는 자본 또는 원금으로 간주되며[299] 과거에 유보된 소득의 분배는 자본의 형태로 배분받는다. 그러나 법원은 신탁 내에서 소득의 유보가 근본적인 수익소유권을 변경하지 않는다는 것을 근거로 하여 과세목적에 따라 과거에 유보된 소득의 분배를 수익자의 자본과 같이 취급하는 것을 거부했다.[300]

결과적으로 국내법상 수익적 소유권은 주로 신탁의 맥락에서 법적 소유권과 정당한 소유권의 차이에 관한 문제와 관련이 있고 법적 소유자는 "자산을 법적으로 소유"하고 수익적 소유자는 "자산과 수익을 향유(enjoy)할 수 있는 권리가 있는 소유자"로 구분된다.

2. 영국국세청 지침

영국에서는 Indofood 판결[301]의 영향으로 인해 특정 구조가 조세조약에 따라 원천징수세 과세제한의 혜택이 거부되는지에 대한 불확실성이 발생했고 이러한 불확실성으로 인해 국세청은 국제조세편람에 수익적 소유자의 해석 및 적용과 관련된 지침을 도입하여 제공하고 있다.

---

298) 우리나라 신탁법에서는 수익적 소유자, 소유권과 소유자라는 용어를 사용하지 않고 수익권과 수익자라는 용어를 사용하고 있으며 신탁을 설정하는 자를 위탁자로, 신탁을 인수하는 자를 수탁자로 정의하고 있다. 신탁은 위탁자와 수탁자의 신임관계에 의해 위탁자가 수탁자에게 영업 또는 저작재산권의 일부를 포함한 특정재산의 이전 또는 담보권의 설정 그리고 그 밖의 처분을 하고 수탁자가 수익자의 이익 또는 특정 목적을 위해 재산의 관리, 처분, 운용, 개발 그 밖의 신탁 목적의 달성을 위해 필요한 행위를 하게 하는 법률관계를 의미한다(신탁법 제2조).
신탁행위로 정해진 것에 따라 수익자로 지정된 자는 당연히 수익권을 취득하게 되지만 신탁행위로 수익자를 다르게 정할 수도 있록 하고 있다(신탁법 제56조 제1항). 판례에서는 대내적 소유권과 대외적 소유권으로 분할되는 관계적 소유권 이론을 유지하고 있어 민법에 따른 고전적 소유권의 개념에 부합하지 않는 문제가 있었다(이연갑, 「신탁법상 수익자 보호의 법리」, 경인문화사, 2014, 53면). 이러한 문제를 해결하기 위해 2012년 개정 신탁법에서는 신탁재산에 대한 권리와 의무가 수탁자에게 귀속된다고 규정하여 이를 분명히 했다(신탁법 제31조).

299) Saurabh Jain, op. cit., p.30.

300) Baker v. Archer-Shee (1927), AC 844, Commissioner of Internal Revenue v. Nevius 76 F2d 109 (2d Cir 1935); Ibid, p.31.

301) A3/2005/2497 [2006] EWCA Civ 158.

가. 수익적 소유자의 개념

수익적 소유자라는 개념은 "거주자에게 지급된(paid to a resident)"이라는 용어의 의미를 분명히 하기 위해 1977년 OECD 모델조세조약에서 처음으로 포함되었고 수익적 소유자는 "조세조약에 따른 혜택을 받을 수 있는 자격"을 부여하기 위한 요건이라 할 수 있다. 따라서 다른 체약국의 거주자가 소득을 직접 수령한 "직접 수령자(immediate recipient)"라는 것만으로 충분하지 않으며 거주자는 수령한 소득의 수익적 소유자이어야 한다. 만약 거주자와 수익적 소유자이어야 한다는 조건이 없는 경우 조약을 체결하지 않은 국가의 거주자가 조약을 체결한 다른 체약국의 중개인을 단순히 개입시켜 대신 수령한 소득에 대해 조세조약에 따른 혜택을 얻을 수 있을 것이다(INTM504030).

영국의 관점에서 수익적 소유자를 포함하는 목적은 이러한 조세조약의 남용을 방지하기 위한 것이지만 개념이 제한적일 뿐만 아니라 관대하다는 점에 유의할 필요가 있다. 조세조약에 따른 혜택을 요구하는 자가 소득의 수익적 소유자가 아닌 경우에는 조세조약에 따른 혜택의 적용이 거부된다. 다만 비록 중개인을 통해 파생된 소득일지라도 조세조약에 따른 혜택을 요청하는 다른 체약국의 거주자인 요청자가 소득의 수익적 소유자에 해당하는 때에는 구제가 허용된다. 즉 요청자가 중개인과 같은 국가의 거주자인지 또는 제3국의 거주자인지에 따라 달라질 수 있다는 것을 의미한다.

OECD 모델조세조약 주석서에서는 수익적 소유자라는 용어는 좁은 기술적 의미로 사용되는 것이 아니라 재정적 탈세와 회피를 방지하고 이중과세의 방지를 포함하는 조세조약의 문맥과 대상 및 목적에서 이해되어야 한다고 설명하고 있다. 따라서 수익적 소유자라는 의미는 영국의 신탁법의 맥락에서와 같은 국내법에 따른 의미로 제한되는 것이 아니라 조세조약의 문맥에서 "국제재정적 의미"가 부여되어야 한다.

항소법원의 Indofood 판결[302]에서는 인도네시아 세무당국에 의해 발행된 지침과 같이 "소득으로부터 직접적인 혜택에 대한 완전한 특권(enjoy the full privilege to directly benefit from the income)을 가지고 있는 인(person)"을 소득의 수익적 소유자로 설명하고 있고 OECD 모델조세조약 주석서에서도 대리인 또는 명의수탁인 그리고 중개인은 이러한 "완전한

---

302) A3/2005/2497 [2006] EWCA Civ 158.

특권(full privilege)"을 가지고 있지 않아 소득의 수익적 소유자에 해당하지 않는다고 설명하고 있다.

어떤 인(person)이 "소득으로부터 직접적인 혜택에 대한 완전한 특권"을 가지지 않으면 다른 인(person)에게 "전달할 의무"가 있음을 알 수 있다. "전달할 의무"는 "법률문서"에서 발견될 수 있으나 항소법원은 "협약의 상업적이고 실질적인 내용"을 살펴봄으로써 그러한 의무가 발견될 수 있다고 언급했다. 따라서 수익적 소유자에 해당하는지를 조사할 때 법적 형식뿐만 아니라 거래의 모든 측면을 함께 검토하는 것이 적절하다고 할 수 있다. 이와 관련해 INTM504050에서는 요구의 실질적인 고려사항을 제공하고 있다.

수령한 소득을 전달할 의무와 관련해 "수령한 소득과 같은 소득 유형으로 계속해서 전달되어야 한다는 것을 의미하는 것"은 아니다. 즉 주주에게 배당의 형태로 전달할 의무가 있는 경우 "소득의 성격"이 변화되었다는 것은 중개인이 수령한 소득의 수익적 소유자라는 것을 나타내는 지표는 아니라는 사실이다. 이러한 의미는 법인 또는 단체가 소득으로부터 직접적인 혜택에 대한 완전한 권리가 없어 조세조약의 남용이 의심되는 경우 관련된 조세조약의 다른 조항도 함께 고려해야 한다는 것과 배당과 이자 그리고 사용료 소득의 이동성과 소득을 발생시키는 투자의 이동성 그리고 소득의 성격이 변경되어 조약쇼핑 구조에 일반적으로 포함되므로 혜택의 자격 조항을 "모든 조항으로 적용대상 범위를 확대"하였다는 의미와 일치한다.

아울러 "소득을 즉시 전달하지 않았다는 사실" 또한 반드시 수익적 소유권을 나타내는 지표라고 할 수 없다. 예를 들어 영국의 투자자문가가 고객의 투자소득을 즉시 지급하지 않고 재투자할 수 있는 권한을 가지고 있을 수 있으나 투자자문가는 고객의 소득에 대한 수익적 소유자는 아니다. 다만 존재하는 소득 항목을 전달할 의무가 있는지를 고려할 때 "의무는 수령한 지급금"에만 특정되어야 한다는 점에 유의할 필요가 있다.

예를 들어 은행은 대출하기 위해 통상적인 사업의 과정에서 운용되는 돈을 차입하거나 예금을 받을 수 있다. 일반적으로 차입자로부터 받은 이자소득은 예금에 대한 이자를 지급하거나 이자가 발생하는 자금조달에 사용한다. 그러나 특정 소득 항목을 다른 인(person)에게 전달할 의무가 없어 은행은 수령한 소득의 수익적 소유자가 된다. 마찬가지로 투자자 또는 분배의 형태에서 제도의 구성원 그리고 연금 계획에서 투자소득이 전달되는 연금 펀드에 투자소득을 전달하는 집합투자제도 또는 연금 펀드는 여전히 수령한 소득의 수익적 소유자가 된다.

나. 조세조약과 수익적 소유자

제정된 지침은 실제 Indofood 판결[303]을 다루지 않고 조세회피 방지 구조를 확인하는 것과 관련이 있어 Indofood 사례에 의해 발생한 불확실성이 해결되지 않았다. 이로 인해 수익적 소유권을 보다 명확하게 다루고 INTM332000을 보충하기 위한 목적으로 2012년에 새로운 지침인 INTM504000을 도입하였다(INTM504020). 지침에서는 주요 목적이 문제가 된 조세조약 조항의 혜택을 이용하는지에 초점을 맞추고 있고 상업적 목적으로부터 조세회피를 구분하는 것에 주된 초점을 두고 있다.

INTM504000은 조세회피의 방지를 위한 도관방지규정(anti conduit rules)과 주요 목적 테스트로 구성되어 있고(INTM504010, INTM504020) 조세회피 목적이 없는 경우 도관 구조를 수단으로 사용해서는 안 된다는 것을 분명히 하고 있다(INTM504020). 지침에 따르면 수익적 소유권과 과세대상 조항과 관련해 일부 조세조약에서 수익적 소유권 요건 대신에 과세대상 조항을 포함하고 있다. 개인은 개인 공제 또는 공제액이 소득을 감소시켜 실제로 세금을 부담하지 않더라도 과세대상에 해당하지만(INTM504020, INTM332210) 세금이 비과세되는 자선기금과 연금은 과세대상에 해당하지 않는다(INTM332210).

Indofood 판결[304]에 따르면 수익적 소유자는 "소득으로부터 직접적인 혜택에 대한 완전한 특권(full privilege to directly benefit from the income)"을 가지며 만약 인(person)이 소득으로부터 직접적인 혜택에 대한 완전한 특권을 가지고 있지 않은 때에는 다른 인(person)에게 소득을 전달(pass)할 의무에 따라야 하고 소득을 전달할 의무는 법률문서에서 찾을 수 있으며 약정의 상업적이고 실질적인 내용에 의해서도 찾을 수 있다(INTM504030).

소득을 전달할 의무와 관련해 소득의 성격이 변경되어 전달되거나 중개인이 전달하지 않았다는 사실만으로 중개인이 자동으로 수익적 소유자라는 것을 의미하지 않는다. 소득을 전달할 의무는 "수령한 지급금에 대한 특정 금액"만을 의미한다. 예를 들어 은행은 사업의 통상적인 과정에서 특정 금액을 선택할 수 있는 소득의 일반적인 재원(fund)을 가지고 있는 상태에서 특정 소득 항목의 전달이 요구되지 않기 때문에 수익적 소유권에서 제외되지 않을 수 있다.

결과적으로 수익적 소유권은 다른 인(person)에게 소득을 전달할 의무와 관련된 "소득으로

---

303) A3/2005/2497 [2006] EWCA Civ 158.
304) A3/2005/2497 [2006] EWCA Civ 158.

부터의 직접적인 혜택에 대한 완전한 특권"에만 적용이 가능한 매우 협소한 조세회피방지규칙이라고 할 수 있다(INTM504030).

다. 이중과세 적용과 요청

국제조세편람에서는 수익적 소유권을 "해당 자산 또는 소득을 사용(use), 향유(enjoy), 처분(dispose)할 수 있는 독점적이고 제한받지 않을 권리(the sole and unfettered right)"로 정의하고 있다(INTM332010).

수익적 소유자의 정의와 관련해 자산과 소득의 수익적 소유권 사이의 구분이 중요하다. 조세조약에서 수익적 소유권 요건을 포함하지 않는 경우 과세대상(subject to tax) 조항을 포함하기도 한다. 인(person)은 조세조약에 따른 혜택의 목적상 소유자와 같이 고려되어 과세대상이 될 수 있다(INTM332020).

특히 Indofood 판결[305]과 관련해 국세청은 수익적 소유권의 결정은 조세조약과 관련되어 있고 영국 법의 일부라고 언급하고 있다. 수익적 소유권의 결정은 이중과세와 관련되는 문제를 고려하는 데 설득력이 있을 뿐만 아니라 적합하다. 국세청은 이를 따르도록 의무를 부여하고 있고 상소법원의 결정이 영국의 기존 정책과 함께 완전하게 일치하기 때문에 Indofood 사건이 현재의 관행에 중대한 영향력을 미치지 않는 것으로 보았다(INTM332050 §1).

더욱이 조약쇼핑은 조세조약의 대상과 목적에 부합하지 않을 뿐만 아니라 국제재정적 의미에 따라 조약쇼핑을 방지할 수 있다는 사실을 알게 되었고 국제재정적 의미는 "대부분 영국의 의미와 같고 조약쇼핑과 같은 조세조약의 부적절한 사용을 배제하는 것"이다(INTM332050 §3).

영국의 관점에서 수익적 소유자라는 개념이 영국에서 시작되었고 대부분의 관습법 국가들이 영국의 법률을 따르고 있어 영국 법상 수익적 소유자의 개념을 그대로 국제재정적 의미로 보아도 문제가 되지 않는다고 할 수 있다. 그러나 Indofood 판결[306]에 적용된 국제재정적 의미는 "구조의 주요 목적이 조약남용인 상황인 경우에만 특별히 제한되는 것"을 의미하므로 인(person)이 국제재정적 의미에 따라 수익적 소유자와 같은 자격이 부여되지 않더라도 "구조의 주요 목적이 세금회피에 있지 않은 경우" 국내법상의 의미를 적용하여 조세조약에 따른 혜택을

---

305) A3/2005/2497 [2006] EWCA Civ 158.
306) A3/2005/2497 [2006] EWCA Civ 158.

부여할 수 있도록 하고 있다.

라. 특수한 경우의 이중과세 적용과 요청

특수목적회사(special purpose vehicle, SPV)를 포함한 많은 자본시장거래가 국제재정적 의미에 따라 수익적 소유권 테스트를 충족하지 못하는 문제가 발생할 수 있다. 예를 들어 은행 융자 또는 저당채권을 증권화한 모기지 담보대출(mortage backed loans)과 기타 채권과 관련된 자금조달은 흔히 있는 방식으로 전형적으로 그러한 방식은 제3의 투자자에게 채권을 발행하거나 받을 수 있는 미수금 또는 받을 수 있는 미수금에 대한 채무증권인 채권을 인수하기 위해 특수목적회사를 개입시킨다. 이러한 특수목적회사는 기초자산으로부터 발생하는 소득을 채권보유자에게 전달할 의무가 있고 따라서 특수목적회사는 국제재정적 의미에서 소득의 수익적 소유자가 아닐 수도 있다.

특수목적회사는 일반적으로 소득에 대한 매우 협소한 권한을 가지고 있고 채권보유자에 대해 "소득으로부터 직접적인 혜택에 대한 완전한 권리를 향유(enjoy the full privilege to directly benefit from the income)"하는 일이 거의 없다는 것을 의미한다. 그러나 특수목적회사가 "수령한 소득에 대한 완전한 권리를 향유"하지 못하더라도 조세조약의 남용이 없다면 실질적으로 수익적 소유권의 국제재정적 의미를 적용할 필요가 없다. 조세조약의 문맥에서 수익적 소유권 개념의 적용에 있어 협약의 대상과 목적을 고려할 필요가 있고 조약의 대상과 목적은 수익적 소유권의 국내법상 의미를 사용하는 것과 마찬가지로 쉽게 충족될 수 있다.

특히 펀드(Fund)의 특수목적회사 등과 같은 서로 다른 구조의 문맥에서 조약쇼핑의 위험이 존재하지 않는 경우 수익적 소유권에 국제재정적 의미의 적용을 신중하게 고려할 필요가 없다. 예를 들어 특수목적회사 또는 펀드는 일반적으로 매우 협소한 지배력과 소득을 전달할 의무가 있어 소득의 수익적 소유자와 같은 자격이 부여되지 않는다. 다만 조세조약의 남용이 아닌 경우, 즉 사용된 중개인이 원천징수세액 측면에서 더 유리하지 않다면 국제재정적 의미뿐만 아니라 국내법상의 의미도 적용할 필요가 없다(INTM332060).

특수한 사례에서의 실질적인 적용을 어떻게 해야 하는지와 관련해서 Indofood 판결[307]에 따

---

307) A3/2005/2497 [2006] EWCA Civ 158.

르면 특수목적회사는 수익적 소유자와 같은 자격이 부여되지 않는다. 다만 국세청은 중개인이 개입된 구조는 조세회피를 목적으로 하지만 특수목적회사의 개입과 관계없이 원천징수세가 같은 특수목적회사와 관련된 사례를 사례 1에서부터 6에서 다루고 있고 이러한 사례에 해당하는 때에는 조세조약 혜택의 적용은 거부되지 않는다(INTM332080). 그러나 영국과 조세조약을 체결하지 않은 국가에 소재한 자회사로부터 영국에 거주하는 그룹 내 대출을 다루기 위한 사례 7에서는 특별히 룩셈부르크 회사가 개입된 경우의 사례를 제공하고 있다.

사례 7에 따르면 대출과 이자는 최종수령자에게 전달되도록 "사전에 현금흐름(cash flow)이 결정"되어 있고 중개인은 Indofood 판결[308]에 따라 수익적 소유자와 같은 자격이 부여되지 않으며 그러한 구조는 조세회피를 주요 목적으로 하고 있어 조약 혜택의 자격이 부여되지 않는다.

사례 8에서는 영국과 체약국 간의 조약이 존재하는 것을 제외하고 중개인의 개입으로 원천징수세액공제를 이용하지 않는 경우 조세조약에 따른 혜택은 거부되지 않는다는 점을 분명히 하고 있다.

마. 실질적 고려

조세조약의 적용과 요청(INTM332080) 적용사례와 같이 도관 문맥에서 도관회사 구조는 조세회피의 경우에만 시도된다고 강조하고 있고(INTM504040) 조세조약에 따라 도관 청구자가 대두되는 경우 실질적인 고려가 이루어진다. 각각의 고유한 "사실과 상황"을 고려하여 도관이 상업적인 기업 또는 그룹 금융회사와 같이 완벽하게 유효한 기능을 할 수 있는지를 식별할 수 있고 고유한 모든 "사실과 상황"은 이의가 제기된 조세조약에 따른 혜택의 자격을 승인하기 위한 고려에 있어 충분한 정보가 된다. 이와 관련된 문제는 CSTD Business의 Pricing Team과 Assets & Assets & International에 문의하도록 하고 있고 다음의 "사실과 상황"을 고려하여 결정하게 된다.

기업집단과 관련된 자금조달 구조의 더 넓은 상황이 무엇인지, 자금조달의 실질적인 원천은 어디인지, 3자 대여를 위한 위험을 누가 부담하는지, 해외의 모회사 또는 다른 그룹 자회사가 자금을 대여하기 위해 펀드에 출자한 것으로 상업적인 목적이 거의 없어 보이는 중개인을 통해

---

308) A3/2005/2497 [2006] EWCA Civ 158.

펀드에 출자된 것으로 보이는지, 청구자가 소득에 대한 실질적인 이해관계를 가지고 있지 않고 다른 인(person)을 위한 대리인 또는 명의수탁인과 같이 활동하고 있다는 증거와 다른 당사자를 위해 소득을 취급하고 있다는 증거가 있는지, 청구인이 제3자에게 수령한 특정 소득을 지급할 법적 또는 계약상 의무 그리고 수탁자의 의무가 있는지를 고려하고 이러한 사항에 해당하는 때에는 수익적 소유자에 해당하지 않는다.

다만 법적 의무는 없으나 협약의 의미에서 상업적 또는 실질적인 조건으로 인해 청구자가 소득을 지급할 가능성이 있는 경우에는 결론을 내리기 전에 그러한 상황에 대한 더욱 자세한 검토가 필요하고 아래의 사항을 추가로 검토하여야 한다.

청구자를 통해 전달된 자금의 사용에 대해 청구자가 어떤 재량권을 가지는지, 청구자가 수령한 자금이 대출금의 원금 또는 이자인지와 관계없이 어떠한 지배력이 있는지, 사용이 청구회사의 이사회에 의해 진정으로 논의되어 결정되거나 사전에 결정된 것으로 보이는지, 구조를 설정했을 때 또는 지급 이후의 시점에 자금을 어떻게 조달하고 조달된 자금의 투자기회와 방법의 고안에 있어 청구자가 자금의 조달과 실행에 적극적으로 참여했는지를 추가로 검토하여야 한다.

수익적 소유권에 의심이 있는 경우 청구인의 "실질을 고려"하는 것이 유용할 수 있다. 거주지 국가 내에 직원, 사무실 또는 국내 활동이 있는지, 직원들의 전문지식이 무엇인지, 제3의 당사자에게 외주 또는 그룹의 다른 자회사에 의한 실행에 대해 실질적인 책임을 부담하는지, 비록 청구회사가 실질적으로 복합운영권 등을 가지고 있다고 하더라도 여전히 도관 기능의 일부와 같이 인식되거나 그러한 활동에 대한 청구의 대상이 되는 소득이 될 수 있는지를 추가로 고려할 수 있다.

아울러 실제로 자금이 청구자를 통해 어떤 방식으로 전달되었는지, 전달되지 않는 경우 청구인은 지급금에 대한 확실한 권리를 가지고 있고 다른 당사자에게 직접 지급되도록 선택했는지, 같은 그룹의 다른 부분에 대한 정보가 도움이 되는지를 고려할 필요가 있다. 그리고 돈을 따라가면 중개인을 통해 직접 대여를 하는 경우 이중과세를 경감할 조세조약이 없는 이자에 대한 원천징수세를 수반하는 조세피난처로 추적될 수 있는지, 중간수령인의 개입이 차입자가 부담할 원천징수세의 세율을 감소시켰는지를 검토할 필요가 있다. 만약 수령자가 수령한 이자의 사용에 대한 아주 적은 "법적 결정권 또는 실질적 결정권"을 가지고 있다면 차입자가 이자 지급금의 최종수령자에게 원천징수를 하지 않고 지급하기 위해 수익적 소유권의 검토를 시도하지 않았을 것이다.

위의 내용은 자금조달 구조, 대리인 또는 명의수탁인 그리고 중개인에 해당하는지, 특정 소득 항목을 전달할 의무가 있는지, 자금에 대한 중개인의 지배력, 중개인의 실체, 최종 수령인에게 직접 또는 실제로 중개인을 통해 지급되었는지, 중개인이 부채를 상환할 수 있는 다른 소득의 원천이 있는지, 원천세가 실제로 감소하는지 등으로 요약할 수 있다. 다만 원칙적으로는 가능하지 않으나 특수목적회사와 상업적 목적으로 설립된 지주회사는 제한된 기능에도 불구하고 거주지에 직원이 거의 또는 전혀 없는 경우에도 수익적 소유자로 인정하고 있다.

살펴본 것과 같이 소득에 초점을 두어 수익적 소유자와 같은 자격을 부여할 수 있는 도관인지를 결정할 때 고려해야 하는 기준을 제공하고 있고(INTM504050) 소득의 전달에 대한 의무, 즉 수익적 소유권의 정의를 보다 명확하게 다루고 있으며 상업적이고 실용적인 실질을 고려하도록 하고 있어 소득을 전달할 의무가 존재하는지의 결정에 도움이 된다.

II. 외국단체의 분류

국세청은 과세목적에 따라 다음의 단체를 분류하기 위해 판례법에 근거한 요소 목록을 INTM180010에서 제공하고 있다. 외국단체 목록 및 요소 목록에 근거한 외국단체의 분류는 INTM180030에서 제공하고 있다. 목록에서는 영국에서의 과세대상을 결정하기 위한 목적으로 투명한 단체(transparent entity)와 불투명한 단체(opaque entity)의 구분과 관련된 일반적인 견해를 제공하고 있다. 이러한 구분이 파트너십과 기업을 구분하는 것과 반드시 일치할 필요는 없다(INTM180020). 영국 세무당국의 요소 목록은 다음과 같다.

법인격은 파트너들의 법적 관계가 공동사업의 영위와 공동자산의 소유권에 어떻게 영향을 미치는지에 따라 좌우되므로 단체가 단체와 이해관계에 있는 인(person)과 분리되는 법적 존재인가? 단체가 자본에 대해 주식 또는 그와 같은 기능을 하는 것을 발행했는가? 단체와 분리되어 완전하게 별개인 사업을 단체가 단독으로 또는 단체와 이해관계에 있는 인(person)에 의해 공동으로 사업을 영위하고 있는가? 단체와 이해관계에 있는 인(person)이 단체의 이익이 발생하는 때에 이익을 분배할 자격을 가지고 있거나 인(person)에게 지급한 이익이 이익을 분배하는 단체의 결정에 따라 좌우되는가? 단체 또는 그와 이해관계에 있는 인(person) 중 누가 수행한 사업의 결과로 초래되는 부채에 대한 책임을 부담하는가? 사업의 영위를 위해 사용된 자산은 유익하게 단체 또는 단체와 이해관계에 있는 인(person)에게 귀속되는가?

Ⅲ. 도관 약정

영국과 미국이 체결한 조세조약 제19조에서는 도관 약정 또는 도관 약정의 하나로 지급되는 배당금에 대해서는 낮은 세율이 적용되지 않을 것이라는 조항을 포함하고 있다.

도관 약정은 조세조약 제3조에서 정의된 거래 또는 일련의 거래구조로 조약에 따라 혜택의 자격이 부여되는 체약국의 거주자가 소득을 수령하고 그 거주자가 "수령한 소득의 전부 또는 실질적으로 전부"를 해당 소득 항목과 "같거나 더 유리한(equivalent or more favourable) 소득 항목"으로 혜택의 자격이 부여되지 않는 제3국의 거주자에게 지급하고 거래의 주요 목적 또는 주요 목적 중의 하나가 최종 수령인이 직접 수령한 경우 받을 수 있는 혜택 이상으로 조세조약에 따른 혜택을 증가시키는 것을 의미한다.[309]

영국과 미국이 체결한 조세조약에서 도관 약정에 관한 조항은 국내법에 도관방지규정이 없는 영국의 요청으로 포함하게 되었다.[310] 조세조약 제23조에 포함된 "단체기반 접근법(entity-based approach)" 이외에도 조약쇼핑을 방지하기 위해 영국의 국세청에 의해 선호되는 "거래기반 접근법(transaction-based approach)"을 제공하기 위한 목적으로 포함했다.[311]

영국의 일반적인 접근은 국제상호직접대출(back to back loan) 약정에 따른 국제상호직접대출을 통한 자금조달에 초점을 두고 있고 관습법에 따른 수익적 소유자의 개념으로 진행된다. 수익적 소유자 개념은 조세조약과 국내법에 따른 구제와도 관련이 있고 2006년 Indofood 사례에서 항소법원은 도관회사가 조세조약에 따른 지급금의 수익적 소유자로 고려되기 위해서는 "합법적 또는 상업적으로 그리고 실질적으로 지급금으로부터 직접적인 혜택에 대한 완전한 특

---

309) Gulielmo Maiso·Philippe Martin·Peter Wattel·Frans Vanistendal·Jacques Sasseville·Philip Baker·Peter H. Blessing·Kees van Raad·Angelo Nikolakakis·Philip Kerfs·C. John Taylor·Katharina Daxkobler·Elisabeth Pampert·Kim Bronselaer·Geoffrey Loomer·Alexandre Maitrot de la Motte·Maximilian Bowiz·Sebastian Heinrichs·Paolo de' Capitani di Vimecate·Katarina Közeghy·Reinout de Boer·Frederik Boulobne·Emilio Cencerrado Millán·Philippe Freund·Kelly Stricklin-Coutinho·Mark S. Hoose, Taxation of Intercompany Dividends under Tax Treaties and EU Law, IBFD, 2012, p.139.
310) Ibid, p.139.
311) Ibid, p.140.

권을 향유"해야 하고 소득을 전달하는 경우 수익적 소유자에 해당하지 않는다.

아울러 영국의 요청에 따라 "주요 목적 테스트(main purpose test)"를 포함하였으나 영국은 실질적으로 적용을 하지 않고 있다. 특히 배당과 관련해 주요 목적 테스트가 유용하지만 너무 무차별적으로 광범위해 실질적으로 적용을 하고 있지 않다.[312]

IV. 판례의 검토

1. 사실관계

Indofood 판결[313]은 전형적인 중개인 구조와 관련 있고 수익적 소유자에 대한 영국의 첫 판결이었다. 인도네시아 모회사는 자금의 대여만을 목적으로 모리셔스(Mauritius)에 완전하게 소유한 자회사를 설립했다. 자회사가 발행한 채권을 소지하는 채권소지자가 자회사에 대출을 해 주었고 모회사가 채권의 상환에 대한 보증을 제공했다. 자회사는 대출받은 자금을 모회사에 대여했고 대여금 총액과 이자율(10.375%)은 같았다.[314]

자금의 대여 당시 인도네시아와 모리셔스가 체결한 조세조약에 따라 모회사가 자회사에 지급하는 이자에 대해서는 10%의 원천징수세율이 적용되었다. 이자의 지급은 J.P. Morgan 영국지점을 통해 모회사가 자회사에 대출한 채권의 소지자에게 직접 지급되었다.[315] 이후 2005년 인도네시아와 모리셔스가 체결한 조세조약이 만료되어 모회사가 자회사에 지급하는 이자에 대해 20%의 원천징수세율이 적용되어 모회사가 자회사에 지급할 이자에 대한 이자율을 11.53%로 변경했고 채권소지자인 채권자는 채권계약에서 규정된 이자와 같은 금액을 이자로 받을 수 있었다. 채권계약에서는 인도네시아와 모리셔스의 세법에 따른 추가적인 의무를 회피할 수 없는 확실하게 불리한 상황이라고 합리적으로 판단되는 경우 채권을 반환받는 것이 가능한 조건이

---

312) Ibid, p.140.
313) High Court [2006] STC 192, (2005) 8 ITLR 236, Court of Appeal [2006] STC 1195; (2006) 8 ITLR 653.
314) Indofood International Finance Ltd. v. JPMorgan Chase Bank NA, London Branch, (2006) EWCA Civ 158, 8 ITLR 653, 662.
315) Indofood International Finance Ltd. v. JPMorgan Chase Bank NA, London Branch, (2005) EWHC 2103 (Ch), 8 ITLR 236, 239.

포함되어 있었다.[316]

그러나 채권계약에 따라 계약을 해지하고 다른 계약을 통해 자금을 대출받을 수 있었으나 원천징수세가 10%로 과세되는 인도네시아와 네덜란드가 체결한 조세조약을 이용하는 방법을 선택했고 네덜란드 회사인 Newco를 중간에 개입시키는 방법을 통해 추가로 부담할 원천징수세 10%와 관련된 문제를 해결했다.

이 사건은 인도네시아와 네덜란드가 체결한 조세조약에 따른 원천징수세 10%의 적용과 관련한 수익적 소유자의 판단에 대한 것으로 모회사와 모리셔스 자회사 사이에 Newco가 개입한 것이 정당한지에 대한 판단 문제라고 할 수 있다. 결과적으로 민법에 따른 채권계약의 해석과 Newco가 조세조약에 따른 수익적 소유자와 같은 자격이 있는지에 대한 인도네시아 법원의 수익적 소유자 개념 해석이 주요 고려대상이 되었다.

2. 법원의 판결

인도네시아 세무당국은 Newco는 수익적 소유자와 같은 자격이 부여되지 않는다고 판단하였으나 모리셔스 자회사의 수익적 소유자 자격은 부인하지 않았다. 그러나 모리셔스 자회사가 수익적 소유자에 해당한다면 같은 입장인 Newco를 다르게 취급할 이유가 없다. 비록 Newco는 이자를 지급할 의무가 있었으나 수령한 이자를 투자하여 자신의 소득을 창출하고 자유롭게 사용할 수 있는 권한을 가지고 있어 대리인이나 명의수탁인 그리고 수탁자와 같이 취급해서는 안 된다.

민사법원 형평법부는 Newco와 모리셔스 자회사가 파산하는 경우 자회사가 모회사로부터 수령한 모든 이자는 자회사의 자산이 되고 채권자의 이자 지급요구에 사용될 수 있어 모리셔스 자회사가 채권소지자들을 위한 수탁자에 해당하지 않아 Newco가 대출 기관과 같은 수익적 소유자라고 판결했다.[317] 그리고 모리셔스 자회사에 지급해야 하는 것보다 모회사로부터 더 많은 이자를 받는 Newco의 실질을 고려하면 모리셔스 자회사보다 수익적 소유자로 인정될 수 있는 더 유리한 지위에 있었고 수익적 소유자와 관련된 문제이므로 Newco가 수익적 소유자가 되어

---

316) Ibid, 8 ITLR 236, 239.
317) Indofood International Finance Ltd. v. JPMorgan Chase Bank NA, London Branch, (2005) EWHC 2103 (Ch), 8 ITLR 236, 248.

야 한다고 판결했다.[318]

그러나 항소법원은 민사법원 형평법부의 판결과는 다르게 Newco가 수익적 소유자에 해당하지 않는다고 판결했다. 항소법원은 수익적 소유자의 개념은 국내법으로부터 파생된 의미가 아닌 국제재정적 의미가 부여되어야 하고[319] Philip Baker의 견해와 OECD 도관회사 보고서 및 OECD 모델조세조약 주석서를 비롯한 인도네시아 과세당국에 의해 제공되는 지침을 종합적으로 고려해 "소득으로부터의 직접적인 혜택에 대한 완전한 특권"을 중요하게 고려했다.[320]

항소법원은 Newco는 모회사로부터 수령한 이자를 지급할 의무가 있을 뿐만 아니라 법적 구조에 의해 채권계약에 따른 의무의 이행에 문제가 없는 범위 내에서 소득을 일정한 기간 동안 제한적으로 사용할 수 있어 모리셔스 자회사보다 이자율이 높다는 이유만으로 더 유리한 이익을 얻지 못할 것으로 판단했다. 따라서 수익적 소유자는 "문제의 실질"과 관련되어 있어야 하고 "상업적이고 실용적인 측면"에서 보면 수령한 이자를 모리셔스 자회사에 지급할 의무가 있어 Newco는 수령한 이자로부터 어떠한 직접적인 이익을 얻었다고 할 수 없다.

항소법원의 판결에 비추어 보면 Newco는 단순한 관리자로서 "소득으로부터의 직접적인 혜택에 대한 완전한 특권"을 가지고 있지 않아 수익적 소유자에 해당하지 않으며 이러한 항소법원의 판결은 조세조약의 문맥과 대상 및 목적과 일치하는 판결이라 할 수 있다.

3. 사례의 검토

인도네시아 세무당국은 모리셔스 자회사와 Newco는 같은 입장이었지만 Newco에 대해서만 수익적 소유자에 해당하지 않는다고 판단했다. 민사법원 형평법부는 "조약쇼핑과 관련이 있는 경우" 수익적 소유자 자격을 부여해서는 안 된다는 사실을 발견했음에도 불구하고 Newco를 수익적 소유자와 같은 자격이 부여되는 것으로 판단했다. 그러나 모리셔스 자회사와 Newco 중 하나가 수익적 소유자가 되어야 하는 경우 Newco는 수령한 이자를 투자하거나 자유롭게 사용할 수 있고 수령한 이익을 소유할 수 있어 대리인이나 명의수탁인 그리고 수탁자와

---

318) Ibid, 8 ITLR 236, 258.
319) Indofood International Finance Ltd. v. JPMorgan Chase Bank NA, London Branch, (2006) EWCA Civ 158, 8 ITLR 653, 674.
320) Ibid, 8 ITLR 653, 670.

같이 고려되지 않을 수 있어 Newco가 수익적 소유자가 되어야 한다.

항소법원은 수익적 소유자는 국제재정적 의미에 따른 의미가 부여되고 국제재정적 의미는 "소득으로부터의 직접적인 혜택에 대한 완전한 특권"을 의미하는 것으로 "수령한 이자를 지급해야 할 의무"에 초점을 두었다. 다만 Newco는 수령한 이자를 지급할 의무가 있었고 소득으로부터 직접적인 혜택을 결정하기 위해 상업적이고 실용적인 조건을 종합적 고려한 문제의 실질에 초점을 두어 매우 경제적인 접근법을 적용한 것으로 보이지만 항소법원이 초점을 두고 있는 문제의 실질은 다소 모호하고 불명확하다는 단점을 가지고 있다. Indofood 판결[321]은 수익적 소유자와 관련되어 매우 경제적이고 실용적인 해결책을 제시한 것으로 보인다.

V. 시사점

영국에서 수익적 소유자는 국내법에 따른 법률 용어에 해당하고 형평법에서는 정당한 소유권 또는 수익적 소유권을 가지는 수익자를 의미한다. 국내법에 따른 수익적 소유권은 법적 소유권과 정당한 소유권으로 구분되며 법적 소유자는 자산을 법적으로 소유하고 수익적 소유자는 자산과 수익을 향유(enjoy)할 수 있는 권리가 있는 소유자를 의미한다.

Indofood 판결[322]은 영국의 국제조세법상 수익적 소유자와 관련해 많은 영향을 미친 것으로 보이고 이로 인해 수익적 소유자의 정의와 적용에 관한 기준을 구체적으로 마련하게 된 동기가 되었다. 영국의 국제조세편람에 규정된 지침은 매우 구체적이고 상세한 기준을 제시하고 있어 납세자의 예측 가능성 측면에서 바람직한 것으로 보인다.

수익적 소유권은 "자산과 소득을 사용, 향유, 처분할 수 있는 독점적이고 제한받지 않을 권리"를 의미하고 수익적 소유자를 포함하고 있지 않은 조세조약에 포함된 과세대상 조항을 조세조약의 목적을 위해 수익적 소유자와 같은 의미로 고려하고 있다. 기초자산으로부터 발생하는 소득을 제3자에게 전달할 의무가 있는 경우 "소득에 대한 매우 협소한 권한"을 가지고 있어 수익적 소유자에 해당하지 않는다. 따라서 "전달할 의무가 없어 소득으로부터 직접적인 혜택을 향유할 수 있는 완전한 권리를 가지고 있는 경우" 수익적 소유자에 해당한다.

---

321) A3/2005/2497 [2006] EWCA Civ 158.
322) A3/2005/2497 [2006] EWCA Civ 158.

수익적 소유권은 이중과세와 관련된 문제를 고려하기 위한 것으로 국제재정적 의미는 대부분 영국의 의미와 일치하고 조약쇼핑과 같은 조세조약의 부적절한 사용을 배제하기 위한 것으로 지침에서는 Indofood 판결[323]에 따른 국제재정적 의미는 "구조의 주요 목적이 조약남용인 상황에서만 특별히 제한되는 것"으로 보아 수익적 소유자와 같은 자격이 부여되지 않더라도 구조의 주요 목적이 조세회피에 해당하지 않는 경우 국내법상 의미를 적용하여 조세조약에 따른 혜택을 부여할 수 있도록 하고 있다. 즉 조세회피를 목적으로 하는 경우에만 조세조약에 따른 혜택을 제한적으로 배제하는 것으로 지침에서는 특수목적회사와 그룹 내 대출 그리고 원천징수세액공제를 이용하지 않은 사례를 제공하고 있고 이러한 사례에 해당하는 때에는 조세조약에 따른 혜택이 거부되지 않는다는 것을 분명히 하고 있다. 그러나 주요 목적 테스트는 의미가 포괄적이고 불확실해 상업적 목적과 조세회피를 구분할 필요가 있다. 이러한 불확실을 해결하기 위한 목적으로 조세회피 방지에 이용할 수 있는 도관방지규정과 주요 목적 테스트를 도입하였고 조세회피를 목적으로 하지 않는 경우 이러한 구조를 사용해서는 안 된다는 것을 명확하게 하고 있다.

수익적 소유자의 판단과 관련해 각각의 고유한 모든 "사실과 상황"을 함께 고려하도록 해 도관이 상업적 기업 또는 그룹 금융회사와 같이 완벽하게 유효한 기능을 할 수 있는지의 구별에 도움이 되도록 하고 있다. 더욱이 도관인지를 결정하는 때에 고려되어야 할 구체적 기준을 제공하고 있을 뿐만 아니라 비록 조세조약에 포함된 조항에 따라 조세조약 혜택의 자격이 부여되지 않더라도 조세회피를 목적으로 하지 않는 경우 국내법상의 의미를 적용해 조세조약에 따른 혜택의 자격을 부여할 수 있도록 하는 점에 주목할 필요가 있다.

결과적으로 영국에서의 수익적 소유자는 "수령한 소득을 전달할 의무가 없이 소득으로부터 직접적인 혜택을 향유할 수 있는 완전한 권리를 가지고 있는 수익자"를 의미한다. 다만 전달할 의무가 있어 매우 협소한 권한만을 가지고 있더라도 조세회피를 목적으로 하고 있지 않은 경우와 조세회피 구조의 사용으로 인해 실질적으로 부담할 세금이 감소하지 않는 경우 조세조약에 따른 혜택의 자격이 부여된다. 영국의 수익적 소유자와 관련된 정의와 판단기준을 살펴보았으며 매우 구체적이고 상세하게 판단기준과 범위를 명확하게 하고 있다는 점을 알 수 있고 매우 합리적이라고 생각된다.

---

323) A3/2005/2497 [2006] EWCA Civ 158.

제4절 미국

Ⅰ. 서설

미국 국내법에서는 전통적 조세조약 언어와 같은 목적이 있는 수익적 소유권과 관련된 규정을 포함하지 않았으나 조세조약과 관련된 일부 규정에서는 일부 참조를 포함하고 있다. 수익적 소유권은 내국세입법(Internal Revenue Code, IRC)에서 여러 차례 독립적으로 언급되고 있으며 일부 소유권 비율이나 소유권 귀속에서는 유사한 수익적 소유권의 참조를 포함하고 있으나 이러한 규칙은 적절한 분석을 위한 광범위한 지침은 물론 용어의 유용한 정의를 포함하고 있지 않다.[324]

수익적 소유자의 해석을 위한 유일한 법적 근거는 조세조약과는 다른 원천징수세 규정에 근거하고 있고 적절한 원천징수세의 결정을 위해 조세조약의 적용과 관계없이 수익적 소유자의 결정을 요구하고 있다. 미국연방규정집에서는 수익적 소유자라는 용어의 정의를 포함하고 있으나 조세조약의 조항에 따라 감면되는 세율의 대상이 되는 지급금 이외의 지급금은 혜택이 제한된다는 것을 명확하게 규정하고 있다(CFR §1.1441-1(c)(6)). 원천징수세법에서는 수익적 소유자는 과세목적에 따라 "소득을 수익적으로 소유한(beneficial owned) 소득의 소유자인 인(person)"으로 정의하고 있고 관련 소득이 총소득에 포함되어야 하는 경우 소유자로 간주된다(CFR §1.1441-1(c)(6)).

조세회피에 대한 대응이 중요해짐에 따라 미국은 수익적 소유권의 요건을 분명히 하는 국내법상 도관자금조달규정과 미국 모델조세조약에 포함된 혜택의 제한(Limitation on Benefit, LoB) 조항에 따라 대응하고 있다. 1981년 미국 모델조세조약 제16조에서는 대외적으로 지급되는 배당 또는 이자 그리고 사용료에 대해 일정한 요건을 충족하는 경우에만 제한세율이 적

---

[324] Michael Lang·Alfred Stock et al., op. cit., p.144.

용되는 것으로 제3국의 거주자 지배요건[325]을 변경하였다. 이후 1996년 모델조세조약에서는 조약쇼핑을 방지하기 위한 목적으로 원천지 국가의 조세조약에 따른 과세제한 혜택의 부여를 정당화할 수 있도록 하는 거주지 국가와의 "충분한 연결 또는 관련(sufficient nexus or connection)이 있는 적격자"라는 것을 증명하는 조세조약에 따른 거주자가 통과해야 하는 추가적인 객관적 테스트인 혜택의 제한 조항을 개발했다(US Model 1996 §22). 혜택의 제한 조항은 기계적인 자동집행의 특징을 가지고 있다.

수익적 소유자는 납세자의 동기 또는 의도를 확인하는 주관적인 영역을 고려하고 있으나 혜택의 제한 조항은 납세자의 특성에 기초한 객관적 수량화를 통해 조약쇼핑 여부를 평가할 수 있도록 설계되어 있어 높은 법적 확실성을 제공하여 납세자와의 분쟁을 줄일 수 있을 뿐만 아니라 납세자가 소유할 수 있는 소유권의 구조, 공제가 가능한 지급금의 정도, 사업에 따른 업무의 수행과 사업을 구성할 수 있는 다른 유사한 유형의 경계와 비율에 대한 한계를 명확하게 구분하는 장점이 있다.[326]

그러나 법적 확실성의 범위를 제공하여 정교한 납세자의 공격적인 세금계획에 대한 명확한 개요를 제시하는 약점을 가지고 있고[327] OECD 역시 이러한 약점이 있음을 인정하고 있으나 주요 목적 테스트에 따라 보완될 수 있는 것으로 보고 있다.[328] 혜택의 제한 조항에 대해서는 제4장 OECD와 미국 모델조세조약상 혜택의 자격에서 구체적으로 살펴보고자 한다.

미국 국세청에 따르면 도관자금조달규정은 조세조약과 충돌하지 않으며 원천징수세의 목적을 위해 조세조약에 따른 수익적 소유권의 결정과 혜택의 제한 조항을 보완하는 역할을 한다.[329] 수익적 소유자라는 용어의 정의보다는 사후적인 고려사항을 의미하고 중개인이 조세조약에 따른 혜택에 대한 자격이 있는 경우에도 적용이 되며 도관자금조달규정에 따라 무시될 수 있다.

---

325) a) 체약국 거주하는 직접 또는 간접적인 모회사 주식이 상장되어 거래될 것, b) 미국 시민을 제외한 해당 체약국 외의 자에 의해 지배되지 않을 것('지배'는 소득이 발생하는 국가의 국내 세법에 따라 결정되며 해당 법인 지분의 75% 이상이 해당국의 개인 거주자, 미국의 시민 또는 추구하는 조세 혜택과 같거나 더 유리한 혜택을 제공하는 조세조약 망을 가지고 있는 국가의 거주자에 의해 직접적으로 소유된 경우에는 '지배'하는 것으로 추정한다), c) 주요 목적이 조세조약에 따른 혜택을 얻기 위한 것이 아닌 경우(조약이 적용되어 감액된 부분이 해당 법인이 거주자로 있는 국가에서 부과되는 조세보다 크지 않거나 해당 소득이 거주지 국가에서의 사업활동에 부수하는 경우에는 조세조약의 남용이 없었던 것으로 간주한다)로 변경하였다.; 오윤, 전게서, 785면.

326) Michael Lang·Alexander Rust et al., op. cit., p.170-171.

327) Ibid, p.171.

328) OECD, Preventing the Granting of Treaty Benefits in Inappropriate Circumstances, ACTION 6 Deliverable, p.2, 22, 23, para. 12, 13, 14.

329) Conduit Arrangement Regulations 60 Fed. Reg. 40,997, 40,999 (11.8.1995); Andersen, Analysis of United States Income Tax Treaties, ¶ 10.02 Interest (2015), 45 et seq.; Angelika Meindl-Ringler, op. cit., p.216.

미국은 1977년 이전에는 단체의 분류를 단체의 법적 특성(legal characterstices)에 기초하여 복잡한 기업유사성테스트(corporate resembalance test)를 사용하여 결정하였다.[330] 그러나 1977년 단체의 분류에 따른 어려움을 해결하기 위한 목적으로 재무부와 국세청은 세법상의 분류를 기업이나 단체가 선택할 수 있도록 하는 독특한 특징이 있는 "체크더박스선택(Check-the Box election)"이라고 불리는 "기업 또는 단체의 과세방식 선택 제도"인 IRC § 7701을 제정하여 공포하였다.

미국은 법인 또는 단체와 관련해 폐쇄회사(Closely held corporation)와[331] 파트너십 또는 혼성단체 그리고 S 법인(Subchapter S corporation)에 대해 많은 고려를 하고 있고 이들 단체에 의해 발생한 수동적 소득[332]과 유보이익[333]에 대해서 엄격하게 규제하고 과세하는 특징을 가지고 있다.

---

330) Prior Reg. §301.7701-2(a)(1) (codifying Morrissey v. Commissioner, 296 U.S. 344 (1935); Florian Haas, op. cit., p.189.

331) 미국에서는 회사(Corporation)를 공개회사(publicly held company)와 폐쇄회사(closely held company)로 구분하고 있다(John Armour·Henry Hansmann·Reinier Kraakman, "The Essential Elements of Corporate Law What is Corporate Law?", The Harvard John M. Olin center discussion Paper No. 643, 2009, p.11; 최준영·박종수, "폐쇄회사의 유보이익 과세제도에 관한 연구", 한국세무학회 「세무학연구」 34(4), 2017, 148면).
Donahue v. Rodd Electrotype Co., 사건의 Tauro 판사가 폐쇄회사를 "the close corporation"이라고 표현한 후 "close corporation", "closely held corporation", "one-man corporation", "family corporation", "incorporation partnership", "chartered partnership" 등으로 표현되고 있다(최준영·박종수, 전게 논문, 148면).
Donahue v. Rodd Electrotype Co., 사건 이후 Massachusetts 법원은 주식이 밀접하게 보유된 소수의 주주로 구성되고 주식매매시장이 존재하지 않고 실질적으로 다수주주가 회사의 경영 또는 방향 및 운영에 참여하는 소유와 경영이 일치하는 특성을 가진 회사를 폐쇄회사로 정의하였다(최준영·박종수, 전게 논문, 148면). 일반적으로 폐쇄회사는 10인 이하의 주주로 구성되어 있다. 미국의 폐쇄회사는 자유로운 주식거래의 흠결을 강조하고 소유와 경영이 일치하고 밀접한 개인적 노사관계를 규정하기 위해 폐쇄회사에 있어서 주식의 소유는 일정한 "개인 집단(group of individuals)"으로 한정된다(이윤영, "폐쇄회사의 자기주식취득과 주주권의 충실의무", 고려대학교 법학연구소 「판례연구」 3, 1985, 70면; 최준영·박종수, 전게 논문, 148면). 외적으로는 법인의 형태이지만 실질적으로는 개인회사와 같은 비법인 형태로 이용되고 있다.

332) 사내 유보소득을 보유하고 있는 S 법인이 총소득의 25% 이상을 수동적 소득에서 파생하는 것을 엄격하게 규제하고 있고 25% 이상을 초과하는 수동적 소득에 대해서는 법인세 최고세율인 35%를 적용하여 수동적 소득세(excess net passive income tax, ENPIT)를 부과하고 있고(IRC §11(b)) 3년 동안 연속으로 수동적 소득세가 부과되는 때에는 C 법인 과세제도로 전환되고 전환된다. 그리고 개인소유회사세(Personal holding company tax, PHCT)는 소유가 집중된 폐쇄회사를 이용해 기업의 소득을 주주에게 배당하지 않고 사내유보해 소득을 축적하는 특정 기업의 소득에 부과되는 "벌금 성격"을 가진 세금으로 상당한 소득을 가진 사람들이 자신을 위한 투자를 하면서 법인의 형태를 이용하여 낮은 세율의 혜택을 받는 것을 박탈하기 위한 목적으로 1934년 미국 소득세법에 도입되었다(William J. Vesely, "Adjusted Personal Holding Company Income Concept under the Revenue Act of 1964", Case Western Review, Volume 16, 1965, p.306; 최준영·박종수, 전게 논문, 148면). 개인소유회사세는 S 법인과 세금이 면제되는 기관을 제외하고 주식 소유와 수동적 소득 기준을 모두 충족하는 경우 개인소유회사로 분류되어 적용의 대상이 되고 당해 과세연도의 조정된 일반 총소득(Adjusted ordinary gross income, AOGI)의 60% 이상이 개인소유회사소득(Personal holding company income, PHCI)인 수동적 소득에 해당하는 때에 요건을 충족하는 것으로 간주한다. 배당되지 않고 사내에 유보된 수동적 소득인 개인소유회사소득(Personal holding company income, UPHCI)에 20%를 적용하여 과세한다.

아래에서는 수익적 소유자의 의미와 관련성을 비롯해 단체의 분류와 관련해 파트너십과 혼성 단체, S 법인, 규제된 투자회사에 대해서 살펴보고자 한다.

II. 수익적 소유자

1. 미국 모델조세조약상 수익적 소유자

미국 모델조세조약에 따른 배당, 이자, 사용료, 기타소득 조항에서는 수익적 소유자를 포함하고 있고(US Modle 2006 §10(2), §11(1), §12(1), §21(1)) 수익적 소유자는 조세조약에 따른 혜택을 요구할 수 있다. 사용료와 기타소득의 경우 원천지 국가에서의 과세는 완전히 배제되고 배당과 이자소득의 경우 원천지 국가에서 제한적으로 과세가 허용된다.

수익적 소유자가 배당금을 지급하는 회사 의결권의 최소 10%를 직접 소유하는 경우 배당총액의 5%를(US Model 2006 §10(2)(a)), 기타 모든 경우에는 배당총액의 15%를 초과할 수 없도록 원천지 국가의 과세권을 제한하고 있다(US Model 2006 §10(2)(b)). 다만 2006년 미국 모델조세조약에서는 의결권의 보유 기간에 대해서는 별도로 규정하고 있지 않았다.

2006년 미국 모델조세조약 기술적 설명서에서는 수익적 소유자의 결정과 원천지 국가의 국내법과 관련된 설명을 제공하고 있다(US Model 2006 TE §10(2)). 수익적 소유자는 조세조약에서 정의를 제공하고 있지 않아 세금을 부과하는 원천지 국가의 국내법에 따라 결정되고 제10조(배당)의 목적상 소득이 원천지 국가의 법에 따라 귀속되는 인(person)을 의미한다. 만약 회사에 의해 다른 체약국의 거주자에게 지급되는 배당이 다른 체약국의 거주자가 아닌 대리인 또는 명의수탁인에 의해 수령된 경우 이러한 배당은 조세조약에 따른 혜택에 대한 자격이 부여되

---

333) 유보이익세(Accumulated earnings tax, AET) 제도를 두고 있다. 유보이익세는 기업이 개인주주를 위한 조세회피처(tax shelter)로 사용되는 것을 방지하고 배당을 촉진하기 위한 목적으로 1954년에 도입된 "벌칙 성격"을 가진 조세로서 법인세에 추가로 부과되는 세금이다(최준영·박종수, 전게 논문, 151면). 기업 소득을 배당으로 분배하는 대신 부당하게 사내유보하여 축적되는 소득에 대해 세금을 부과하는 것으로 법인 자체의 조세회피 행위의 규제가 아닌 법인의 주주 개인소득세의 회피를 규제하기 위한 제도이다(R. Michael Baron, Taxation-Accumulated Earnings Tax Not Applicable to a Publicly Held Corporation, 41 Mo. L. Rev., 1976, p.139; 최준영·박종수, 전게 논문, 151면). 사업상 합리적인 요구를 초과하는 사내 유보소득은 소득세 회피 의도가 있는 것으로 간주되고 지주회사와 투자회사는 소득세 회피 의도 및 목적과 관계없이 소득세 회피를 위한 것으로 간주된다(IRC §533(b)). 산출된 유보소득 과세표준(accumulated taxable income, ATI) 금액의 20%가 유보이익세로 과세된다(IRC §531, §535).

지 않는다. 2006년 미국 모델조세조약 기술적 설명서에 따르면 수익적 소유자는 "소득의 귀속(attribution of income)"이라 할 수 있고 대리인 또는 명의수탁인에게는 소득이 절대로 귀속될 수 없다는 것으로 이해된다.

2016년 모델조세조약 이자, 배당, 사용료 조항에서는 수익적 소유자를 포함하고 있으나 기타 소득에서는 수익적 소유자가 아닌 "수익적으로 소유한(beneficial owned)"이라는 표현을 사용하고 있다. 그리고 다른 체약국의 거주자 또는 "자격을 갖춘 제3국(qualifying third state)"의 회사인 수익적 소유자(US Model 2016 §10(2)(a)(ⅰ)) 그리고 수익적 소유자 또는 "자격을 갖춘 이전 소유자(qualfying predecessor owner)"가 배당금을 지급하는 회사의 주식 가치 또는 의결권의 최소 10%를(US Model 2016 §10(2)(a)(ⅱ)) 배당을 받을 수 있는 청구권이 확정된 날로부터 12개월의 기간 동안 직접 소유한 경우 배당총액의 5%를 초과하여 과세할 수 없도록 변경하였다(US Model 2016 §10(2)(a)).

"자격을 갖춘 제3국(qualifying third state)"이라는 용어는 배당금을 지급하는 회사의 체약국과 이중과세의 방지를 위한 포괄적 조약(comprehensive convention)을 체결한 국가를 의미하고 5%보다 낮거나 같은 배당세율로부터의 혜택의 자격이 부여되는 경우 수익적 소유자로 간주한다(US Model 2016 §10(2)(a)(ⅰ). "자격을 갖춘 제3국(qualifying third state)"이라는 용어는 수익적 소유자가 주식을 보유하고 있는 수령한 배당금을 지급하는 회사를 의미하지만 그러한 회사의 주식을 취득했을 때 배당금을 지급하는 회사의 체약국과 이중과세의 회피를 위한 포괄적 조약을 체결한 국가의 거주자인 경우로서 배당의 수익적 소유자와 "관련된 법인(connected person)"인 경우 5%보다 낮거나 같은 배당에 대한 세율로부터의 혜택을 얻을 수 있도록 변경되었다(US Model 2016 §10(2)(a)(ⅱ)). 기타 모든 경우에는 배당총액의 15%를 초과할 수 없도록 하고 있다.

조항의 목적을 위해 회사의 소유권 지분과 비례하여 어느 한 체약국의 거주자인 회사가 체약국의 법에 따라 재정적으로 투명한 것으로 간주하는 단체(US Model 2016 §10(2)(a)(ⅱ)(A)) 그리고 배당금을 지급하는 회사를 다른 체약국의 거주자가 아닌 단체(US Model 2016 §10(2)(a)(ⅱ)(B))가 소유한 주식은 직접 소유한 것으로 간주하고 있다. 다만 배당의 수익적 소유자가 다른 체약국의 거주자인 연기금인 경우와(US Model 2016 §10(3)(a)) 연기금에 의해 수행된 거래 또는 사업으로부터 파생되지 않은 연기금과 관계된 "관련된 법인"의 배당은(US Model 2016 §10(3)(b)) 배당금을 지급하는 회사가 거주자인 체약국에서 과세하지 않는다. 2016년 모델조세조약은 BEPS Action 6와 관련된 사항을 반영하기 위해 변경된 것으로 보인다.

2. 국내법상 수익적 소유자

미국연방규정집 §1.1441-1T(a), §1.1441-1T(b)(1)과 §1.1441-1(c)(6)에서는 외국인에게 지급되는 원천징수와 관련된 사항을 다루고 있고 수익적 소유자에 대해서만 원천징수세 감면의 자격이 부여되며 수익적 소유자를 조세조약에 따른 요청에 의한 과세의 목적상 "원천징수세율이 감면되는 소득을 수익적으로 소유한(beneficial owned)" 자로 정의하고 있다(CFR § 1.1441-1(c)(6)). 특정 소득 항목이 총소득에 포함되는 경우(IRC §61) 그러한 인(person)은 소득의 소유자와 같이 고려되고 수익적 소유권은 IRC §7701(1)과 도관자금조달규정 그리고 기타 미국의 과세원칙에 따라 결정된다(CFR §1.1441-1(c)(6)).

아울러 대리인 또는 명의수탁인 그리고 관리인 등이 수익적 소유자가 아니라는 것을 분명히 하고 있고(CFR §1.1441-1(c)(6)) 투명한 단체(transparent entity)와 복합적인 단체(complex entity)가 명목상 수취인에 해당하는 때에는 주요 목적 테스트에 따라 수익적 소유자를 결정하고 있고 외국 파트너십의 경우 규정의 종합적 접근법에 따라 투명한 것으로 취급하고 있다(CFR §1.1441-1(c)(6)).

III. 도관자금조달규정과 단체의 분류

1. 도관자금조달규정

가. 조세회피 계획

미국 국내법에서는 오랫동안 일반적으로 체약국의 거주자, 최종적인 수익적 소유자와 미국의 지급인 사이에 개입하여 단순히 미국 조세조약에 따른 혜택을 부당하게 얻기 위한 목적으로 하는 거래 또는 약정에 개입된 도관 단체의 존재를 무시하고 조세조약에 따른 혜택의 자격을 부여하지 않았다.

특히 금융 약정과 관련해 조세회피 계획의 일부로 도관 단체가 개입하는 경우 세무당국이 무시할 수 있도록 규정하고 있고 대부분의 도관 약정은 이자의 지급과 관련이 있고 도관방지규정은 일반적으로 부채 또는 주식에 대한 지급금에만 적용이 된다. 미국은 특허, 리스, 대여, 특정주식과 같은 특정한 상황에서 둘 이상의 금융거래와 금융 약정에 개입한 도관 단체와 같은 중간실체를 처리할 수 있도록 도관자금조달규정을 처음으로 도입하였다(CFR §1.881-3(a)(4)). 금융거래는 금융 약정과 관련해 동일한 유형일 필요는 없으며 중간실체가 도관 단체와 같이 취급되는 경우 단체는 원천징수세의 목적상 무시된다.

회사의 특정주식이나 파트너십 그리고 신탁의 유사한 지분은 발행자가 지정된 시간에 주식을 상환하거나 주식과 관련하여 다른 지급을 해야 하는 경우, 발행자가 발행일 현재의 모든 "사실과 상황"에 기초하여 해당 권리에 따른 상환이 발생하지 않을 가능성이 낮은 경우로서 주식 또는 유사한 지분을 상환받을 권리를 가지고 있는 경우, 주식 소유자가 발행자와 관련된 인(person)에게 주식의 인수 그리고 주식 또는 유사한 지분과 관련한 지급을 요구할 권리를 가지고 있는 경우 중 하나를 충족하는 경우 금융거래를 구성하게 된다(CFR §1.881-3(a)(2)(ii)(B)).

두 개 이상의 금융 약정이 개입되는 도관금융약정은 중간실체의 참여로 인해 금융 약정에 대한 지급금에 부과되는 세금이 감소하는지와 중간실체의 개입이 조세회피 계획에 따른 것인지의 두 가지 질문에 대해 각각 긍정적으로 대답이 되는 경우에만 관련 당사자 사이에 존재할 수 있다(CFR §1.881-3(a)(4)).

세금이 감소하는지에 대한 결정은 일반적으로 중간실체는 무시되고 세금과 함께 구조화된 금융 약정에 따른 원천징수세와 CFR §1.881-3(a)(4)(A)에 따른 재평가규칙에 영향을 미치는 세금과 비교하여 산출된 금액을 과세한다. 조세회피 계획은 세금의 부담을 회피하기 위한 계획의 존재와 현저한 세금 감소가 있었는지를 중요하게 고려한다.

조세회피 계획은 구조의 주요 목적 중의 하나가 원천징수세를 회피하고자 하는 경우가 존재하고(CFR §1.881-3(b)(1)) 지배적인 목적이어야 한다는 것을 의미하지 않는다. 조세회피가 주요 목적 중의 하나라는 사실로 충분하며 유일한 동기는 중개인의 사용과 관련된 것이며 사전에 누군가의 최종거래일이 계획되어 존재하고 있어야 한다.

조세회피 계획의 존재는 구조의 동기와 관련된 증거에 기초하여 모든 "사실과 상황"에 따라 결정된다(CFR §1.881-3(b)(2)). 세금의 현저한 감소(Significant reduction in tax), 진행할 수 있는 능력(Ability to make the advance), 금융거래 사이의 경과한 시간(Time period between financing transactions), 사업의 통상적인 과정에서의 금융거래(Financing transactions in the ordinary course of business)인지를 고려하고 있다.

세금의 현저한 감소가 중개인이 미국과 조세조약을 체결하여 원천징수세가 감소되는 국가의 거주자라는 단순한 사실만으로는 충분하지 않다(CFR §1.881-3(b)(2)(ⅰ)). 진행할 수 있는 능력은 중개인이 금융기관과의 거래 없이 진행하기에 충분한 자산을 보유하고 있는지를 의미하고 (CFR §1.881-3(b)(2)(ⅱ)) CFR §1.881-3(e)의 사례 17에 따르면 거래와 관련되어 경과한 시간은 두 개의 금융거래 사이에 경과한 12개월의 기간은 단기간으로 조세회피 계획의 증거로 볼 수 있다(CFR §1.881-3(b)(2)(ⅲ)). 사업의 통상적인 과정에서의 금융거래에 단체가 관련된 경우 거래 또는 사업이 통상적인 사업의 과정에서 발생했는지에 관한 것으로 통상적인 사업의 과정에서 발생하는 거래는 조세회피 계획이 존재하지 않는다는 것을 의미한다(CFR §1.881-3(b)(2)(ⅳ)).

그리고 거래와 관련해 "상당한 금융 활동(Significant financing activities)"을 수행하는 중개인이 관련된 경우 조세회피 계획이 존재하지 않는 것으로 간주한다(CFR §1.881-3(b)(3)(ⅰ)). IRC §954(c)(2)(A)의 의미에서 중개인이 거래 또는 사업 활동의 수행에 있어 리스 또는 특허의 임대로 인한 임대료 또는 사용료를 수령한 경우 상당한 금융 활동을 구성하는 것으로 간주한다(CFR §1.881-3(b)(3)(ⅱ)).

"상당한 금융 활동"은 중개인의 관여가 누적되는 효과를 가지고 있다. "상당한 금융 활동"은 "사업 활동과 위험관리(Business activity and risk management)"가 요구되고 문제의 거래와 관련된 구조에서 중개인의 임원과 직원이 구체적인 부분을 조정하고 활동을 수행하는 경우 사업 활동과 위험관리의 수행이 존재하는 것으로 볼 수 있고 사업 활동과 위험관리는 중개인이 조직된 국가 또는 중개인이 조세조약에 따른 혜택을 요구하는 것과 관련된 나라에서 이루어져야 한다. 이러한 요구는 중개인의 공동경영의 적극적인 활동과 관리의 수행을 포함하고 거래 또는 사업 그리고 "관련된 법인"이 실질적으로 단체를 위해 정당한 서비스를 제공하는 금융거래와 관련된 중요한 시장위험을 관리해야 한다는 것을 의미한다(CFR §1.881-3(b)(3)(ⅰ), §1.881-3(b)(3)(ⅱ)(B)).

실질적으로 같은 기간에 금융거래에 개입된 관련 중간실체인지의 결정과 관련해 앞서 살펴본 원천징수세의 감소에 추가로 "금융기관의 참여가 '아니라면(but for)'" 요건을 충족해야 하고 "아니라면(but for)"은 모든 "사실과 상황"에 따라 다르다. 일반적으로 중개인이 조달된 실체에 대한 책임을 보증하는 경우 실질적으로 같은 기간에 관여하지 않았다고 추정할 수 있다(CFR § 1.881-3(c)(1), (2)(ⅰ)). 이전의 판례에서는 "현금흐름의 일치 또는 지배력과 통제력"에 기초한 경제적 접근법에 초점을 두었으나 도관자금조달규정은 조세회피의 목적에 초점을 두고 있다는 점에서 차이가 있다.

나. 도관자금조달규정

1993년 의회는 과세목적에 따라 최소 두 당사자 사이의 거래를 직접 거래한 것과 같이 복수당사자들의 자금조달 거래를 재구성할 수 있도록 하여 조세회피를 방지하기 위한 목적으로 IRC §7701(1)을 제정했다. 제정된 도관자금조달규정은 도관 구조에 대해서만 관련이 있으며 납세자가 아닌 정부에 의해서만 행사된다(CFR §1.881-3(a)(3)(ⅲ)).

도관자금조달규정의 목적을 위해 금융기관과 자금 사이의 직접거래와 같이 재구성되는 도관과 같은 역할을 하는 중간실체나 금융 약정을 통한 거래는 인정되지 않는다(CFR §1.881-3(a)(3)(ⅱ)(B), §1.881-3(d)(1)(ⅰ)). 실질적이고 절차상으로 거래 또는 사업이 "효과적으로 연결되어(effectively connected)" 있지 않은 외국회사의 미국 내 원천소득 지급금에 관한 원천징수 제도를 예로 들 수 있다. 아울러 도관자금조달규정의 목적을 위해 중개인은 조약에 따른 혜택의 요구를 포함한 모든 자격이 부여되지 않는다(CFR §1.881-3(a)(3)(ⅱ)(C)).

"금융 약정"은 금융기관을 포함한 하나의 인(person)의 돈과 기타 재산 또는 재산의 권리를 사용하여 하나 또는 이상의 개입된 중간실체를 통해 실행되고 조달된 실체에 의해 수령되는 것으로 각각의 중간실체와 조달된 실체는 금융거래로 연결되어 있고 다른 사람에 의해 수령된 일부 거래를 의미한다(CFR §1.881-3(a)(2)(ⅱ)(A)). "금융 약정"은 부채를 포함한 금융거래, 회사의 주식 또는 유사한 지분, 리스와 면허, 금융기관이 선지급한 돈, 자산 또는 자산의 가치를 반환할 의무가 있는 기타 재산 또는 양도된 재산의 사용 권리가 있는 어떤 거래를 의미하고 회사의 주식 또는 유사한 지분은 최종적인 세부요소와 특정 상황에 따른 금융거래만 인정된다(CFR §1.881-3(a)(2)(ⅱ)(B)).

도관과 같은 기능을 하는 중개인이 도관자금조달규정에 따른 세금이 감소하는 구조에 참여하거나, 참여 동기 또는 동기 중의 하나가 조세회피를 위한 것인 경우, 중개인이 금융기관 또는 조달된 실체와 관련되어 있고, 중개인이 "금융기관의 참여가 '아니라면(but for)'" 실질적으로 같은 조건의 구조에 기꺼이 참여하지 않았을 경우가 도관 단체에 해당하는 표준이라 할 수 있다(CFR §1.881-3(a)(4)(i)).

다수와 관련된 중개인이 다수 중개인을 포함하고 있는 구조에서 도관자금조달규정을 우회하여 원천징수세가 감소하는 경우 조세회피 계획의 존재 요인을 포함한 상황과 사실에 기초하여 도관 구조와 같이 하나의 중개인과 같이 취급하지 않을 수 있다. 다수와 관련이 없는 실체가 관련된 경우 앞서 살펴본 도관 단체에 해당하는 표준과 일반적인 원칙에 근거해 결정할 수 있다(CFR §1.881-3(a)(4)(ii)).

중개인은 금융 약정에 따라 도관과 같은 활동을 하고 결과적으로 중개인은 금융기관과 조달된 실체 사이의 관계에서 직접거래와 같이 거래가 재구성되어 무시되고 조세조약에 따른 혜택의 자격이 거부된다(CFR §1.881-3(c)(1), (2)(i)). 중개인은 조세조약에 따른 혜택을 요구할 수 있는 자격을 포함하여 규정의 모든 목적을 위해 무시되므로(IRC §881) 때로는 중개인에 의해 수령된 총액보다 대출 총액이 많은 경우 문제가 된 전액을 재구성하기에는 충분하지 않으나 일부만을 재구성할 필요는 없다(CFR §1.881-3(d)(1)(i), (ii)). 일반적으로 사용료와 배당소득의 경우 금융기관과 관련된 지급 증빙서류에 의해 지급금의 특성이 결정된다((CFR §1.881-3(a)(3)(ii)(B)).

만약 금융기관이 도관 구조와 같이 취급될 수 있더라도 도관 단체와 조달된 실체 양쪽 모두 연관이 없다면 그 구조가 조세회피 목적과 함께 도관 구조라는 사실을 알거나 알아야 할 이유가 없다는 사실을 보여 준다. 그리고 금융기관과 관계없는 중개인이 거래 또는 사업의 실질적인 활동에 사용되었다면 아무런 관련이 없는 것으로 고려된다. 최소한 주로 고객과의 관계를 가지고 있지 않고 금융 분야에서 적극적으로 종사하지 않는다면 투자를 만들고 관리하는 일은 중요하지 않다. 만약 금융기관이 중개인이 그러한 거래 또는 사업으로부터 획득된 자산과 함께 자금을 조달할 수 있다고 기대할 수 있는 경우에는 실질적인 거래 또는 사업에 해당한다(CFR §1.881-3(a)(3)(ii)(E)).

조세조약 혜택에 대한 사전 결정과 관련해 일반적으로 중개인이 "수령한 이익을 소유하고 지급금을 전달할 의무 없이 자금에 대한 완전한 지배력과 통제력이 있는지"와 구조가 "충분한 사업목적"[334]이 있는지 그리고 "첫 번째 현금흐름이 없더라도 두 번째 현금흐름이 있는지" 등을

---

334) 조세회피가 구조의 주요 목적인지, 중개인이 자신의 이익을 수령한 것이 있는지, 지급조건과 시기의 동일 여부, 관련된 당사자의 보증 여부, 통상적인 사업 활동의 수행 과정에서의 구조인지 등을 고려하여 결정하고 있다.

고려하고 있다. 다만 비록 조세회피 목적이 존재하더라도 조세회피가 구조의 "유일한 동기"가 아닌 경우에는 "최소한의 사업 활동"으로 고려된다.

2. 단체의 분류와 과세

가. 파트너십과 혼성단체

"체크더박스선택"을 도입하기 전 미국연방규정집에 따라 다수가 소유하고 있는 단체인 파트너십(CFR §301.7701-3(b)(1)(i))과 무한책임사원으로만 구성되어 소유된 파트너십을 분류하기에는 어려움이 있었다(CFR §301.7701-3(b)(2)(i)(A)). 체크더박스선택에서는 미국연방규정집에 따라 결정된 본질적 기업이 아닌 다수의 소유자가 소유하고 있는 단체는 과세목적에 따라 파트너십 또는 공동소유와 같이 취급되도록 선택할 수 있도록 하고 있다(CFR §301.7701-3(a)). 이러한 선택 가능성으로 인해 미국 이외의 과세목적에 따른 혼성단체는 미국의 과세목적과는 다르게 취급되고 있다.

1) 파트너십

파트너십과 혼성단체의 이해를 위해 파트너십 과세제도(Partnership taxation)에 대해 추가로 살펴보아야 한다. 파트너십(Partnership)은 개인기업과 회사의 중간 형태로 구성원과 별도의 실체로서의 속성을 중요시하는 "실체적 성격"과 구성원의 집합에 불과하여 개별적 속성을 중요하게 생각하는 "집합적 성격"이 혼재하고 있다.[335]

파트너십은 법률적 관점에서 독립된 실체이지만 과세목적에 따라 도관(conduit)으로 취급되어 파트너십 단계에서는 법인세가 부과되지 않고 파트너십 소득이 파트너에게 직접 귀속(pass through)되는 것으로 보아 파트너에게 소득세가 부과되도록 선택 적용이 가능하다.[336] 미국연방규정집에서는 파트너십을 "2인 이상의 구성원으로 이루어진 조직으로 사업을 영위하고 이익을 배당하는 법인이 아닌 조직"으로 정의하고 있다. 통일파트너십법안 제6조에서는 "이익을 추

---

335) 김석환, 「파트너십 과세제도의 이론과 논점」, 경인문화사, 2010, 27면; 최준영·박종수, 전게 논문, 149면.
336) 최준영·박종수, 전게 논문, 149면.

구하기 위해 공동소유자로 사업하는 둘 이상의 단체"로 정의하고 있다.[337]

파트너십의 소득은 파트너의 소득으로 소득금액은 파트너십 단계에서 계산한 후 약정에 따라 파트너에게 배분되고 파트너십 소득은 개인 사업소득과 마찬가지로 계산한다.[338] 다만 개인 단위로 계산하는 항목들은 파트너 단계에서 적용하며 소득은 파트너십 단계에서 계산하고 이를 기초로 파트너십 소득을 산정하는 것을 원칙으로 하고 있다.[339]

다만 파트너 개인에 따라 조세효과가 다르게 되는 단기자본이익과 손실, 장기자본이익과 손실, 사업용 자산의 처분 손익, 기부금, 배당금 수입, 외국납부세액, 기타 시행규칙에서 정하고 있는 이익과 손실, 소득공제와 세액공제 등은 파트너십의 다른 소득과 구분하여 별도로 계산한 후 파트너에게 직접 귀속되는 것으로 규정하고 있다(IRC §702).

2) 혼성단체

미국의 경우 배당금을 포함한 혼성단체를 통해 지급된 지급금에 대해서는 조세조약에 따른 혜택의 제공을 거부한다(IRC §894(c)). 배당을 포함한 과세목적에서 "재정적으로 투명한(fiscally transparent) 것과 같이 취급되는 단체를 통해 파생되어(derived through an entity) 제3국의 인(foreign person)에게 지급된 소득"과 관련 체약국의 거주자가 아닌 제3국의 인(foreign person)에 대해 조세조약에 따른 혜택의 제공을 거부하고 있다(IRC §894(c)(a)).

제3국의 인(foreign person)에게 귀속된 소득은 다른 체약국의 인(person)에 의해 파생된 것으로 고려되지 않는다(IRC §894(c)(b)). 조세조약에서는 다른 체약국에서 재정적으로 투명한 단체에 의해 제3국의 인(foreign person)에게 분배된 소득에 대해 과세를 하지 않는 재정적으로 투명한 단체를 다루는 특정 규정을 포함하지 않고 있지 않다(IRC §894(c)(c)). 따라서 미국과 조세조약을 체결하고 있는 다른 체약국의 거주자인 회사에 의해 완전하게 소유된 미국의 유한책임회사(Limited Liability Company, LLC)가 지급하는 배당에 대해서는 조약 혜택이 거부된다. 그리고 미국의 과세목적에 따라 완전하게 과세되는 회사와 같이 취급되는 단체이지만 다른 체약국의 법에 따라 재정적으로 투명한 것과 같이 취급되는 국내 역혼성단체(domestic

---

337) 박승재, 「기업조세론」, 뿌브아르경제연구소, 2011, 185면; 최준영·박종수, 전게 논문, 149면.
338) 최준영, "사모투자전문회사의 법적 구조와 과세제도에 관한 연구", 고려대학교 법무대학원 석사학위 논문, 2014, 73면.
339) 최준영, 전게 논문, 2014, 73면.

reverse hybrid entity)에 지급되는 소득에 대해서도 조약 혜택의 자격을 거부하고 있다.

미국은 납세자의 미국 이외 소득에 대해 미국에서 과세되는 금액보다 더 많은 공제를 받을 수 없도록 하고 있어(IRC §904) 국내 역혼성단체와 파트너십에 지급되는 소득이 조세조약에 따라 원천징수세 감소의 적용이 되는 적격자인지를 결정하기 위해 복잡한 규정을 제공하고 있다.

파트너십에 적용되는 국외 납부세액공제 규정은 매우 복잡하다. 다만 미국 국내법 또는 미국 외의 법에 따라 재정적으로 투명한 파트너십의 미국의 파트너는 미국 외에서 납부된 세금에 대해 세액공제를 받을 수 있도록 하고 있다. 따라서 미국 이외 국내 역혼성단체의 미국 파트너는 해당 단체의 미국 외 세금에 대해 해당 파트너에게 분배된 몫에 따른 세금에 대해 세액공제를 받을 수 있다. 다만 미국 이외 국내 역혼성단체의 지분을 최소 10% 이상 소유한 미국 파트너는 단체가 납부한 미국 이외 세금에 대해 세액공제를 받을 수 있으나(IRC §909(a)) 해당 세금은 소득이 실질적으로 파트너에게 배분될 때까지 유예된다. 그리고 특정 과세연도에 공제받지 못한 공제금액은 1년 소급 또는 10년간 이월공제가 가능하다(IRC §904(c)).

나. S 법인

미국의 C 법인(Subchapter C corporation) 과세제도는 법인세와 소득세의 이중과세 문제가 있어 이중과세는 조세회피 행위를 유인한다는 논란이 있었다.[340] 이러한 문제와 논란으로 1957년 일정한 요건을 충족하는 회사의 이중과세 문제를 해결하기 위해 S 법인 과세제도를 도입하였다.[341] S 법인은 사법상 주식회사와 조합 과세가 결합한 형태로 주식회사의 장점을 고려하고 이중과세를 해결하기 위한 목적으로 도입되었다.[342]

S 법인은 미국 연방소득세 목적으로 S 법인과 같이 취급되는 정식적인 기업으로 일반적으로 과세목적에 따라 통과하는(pass-through) S 법인을 선택하는 단체는 S 법인을 선택하기 이전에 소유한 자산으로부터 내재된 이익(built-in gains) 또는 S 법인이 수동적 소득을 얻은 경우에만 과세하고 단체 자체에 대해서는 과세하지 않는다(IRC §1374, §1375).

주주는 실질적인 분배와 관계없이 단체의 총소득을 자신이 소유한 지분에 비례하여 세금을

---

340) 최준영·박종수, 전게 논문, 150면.
341) 최준영·박종수, 전게 논문, 150면.
342) 최준영·박종수, 전게 논문, 150면.

부담하도록 하고 있다(IRC §1363, §1366). 예외적인 경우를 제외하고 단체에 대해서는 과세를 하지 않고 실질적인 분배와 관계없이 소유지분의 비율에 따라 분배한 것으로 보아 주주에 대해서만 과세를 하는 것이다.

단기자본이익과 손실, 장기자본이익과 손실, 투자소득으로 간주하는 배당소득, 외국납부세액 등과(IRC §702(a)) 수동적 소득과 손실, 배당과 이자 등의 수동적 소득을 각각 구분 기재하여야 하고 총소득의 25% 이상을 초과하는 수동적 소득에 대해서는 수동적 소득세(excess net passive income tax, ENPIT)가 법인세에 추가되어 부과된다. 다만 80% 이상의 지분을 소유하고 있는 C 법인으로부터 받은 배당과 능동적 사업 활동을 통한 임대수익과 사용료는 수동적 소득의 적용대상 범위에서 제외하고 있다.[343]

S 법인이 이익을 실질적으로 분배하는 경우 그러한 분배는 과세대상에 해당하지 않는다(IRC §1368). 특히 S 법인에 유보된 이익잉여금(accumulated earning and profit, AE&P)이 없는 경우 S 법인의 분배는 각 주주의 지분에 대한 수정 후 기초가액을 초과하지 않는 한 과세하지 않는다. S 법인을 선택하기 전에 일반적인 과세대상 기업의 유보된 이익잉여금만을 보유하고 유보된 이익잉여금이 없는 S 법인의 분배가 수정 후 기초가액보다 큰 초과분을 매각 또는 교환으로 인한 이익으로 보고 있다. 다른 기업이 S 법인에 배당한 경우 S 법인이 수령한 배당금은 배당공제 혜택을 받을 수 없으며 S 법인이 주주에게 배당한 경우 S 법인의 주주 또한 수령한 배당에 대해 배당공제 혜택을 받을 수 없다.

다. 규제된 투자회사

규제된 투자회사(regulated investment company, RIC)가 특정한 소득과 이익을 주주에게 분배하는 경우 S 법인과 같이 통과하는(pass-through) 단체의 자격이 부여된다. 1940년 투자회사법(Investment Company Act)에 따라 미국 증권거래위원회(US Securities and Exchange Commission, SEC)에 등록된 단체는 규제된 투자회사와 관련된 과세를 선택할 수 있다(IRC §851(a)). 규제된 투자회사는 매년 투자회사 과세대상 소득의 최소 90% 이상을 소유자에게 분배하여야 하고 이러한 요건을 충족하는 경우 규제된 투자회사는 배당금을 공제할

---

343) 최준영·박종수, 전게 논문, 150면.

수 있고 소득은 과세목적에 따라 통과(pass-through)될 수 있다.

Ⅳ. 판례의 검토

1. 사실관계

Aiken Industry[344)345)]는 국제상호직접대출을 통한 조약쇼핑의 사례로서 Aiken Industry와 관련이 있는 ECL(바하마), Industry(온두라스), MPI(미국)의 세 개 단체가 관련되었다.[346)]

ECL은 MPI와 Industry의 간접적인 모회사였고 MPI와 Industry는 관계회사였다. ECL은 MPI로부터 이자율 4%의 약속어음을 받고 MPI에 자금을 대여해 주었으며 ECL은 Industry에 약속어음을 양도했다. 그리고 MPI는 ECL로부터 차입한 금액과 같은 금액을 Industry에 원금과 이자로 지급했고 온두라스와 미국이 체결한 조세조약에 따라 원천징수세가 면제되었다. 미국 국세청은 MPI가 Industry에 지급한 이자에 대해서는 미국과 온두라스가 체결한 조세조약이 적용되지 않으므로 Industry는 미국의 과세목적에 따라 조세조약의 적용이 거부되어야 하고 ECL이 MPI가 지급한 이자의 진정한 소유자라고 판단해 30%의 원천징수세율로 과세하였다.[347)]

2. 법원의 판결

법원은 온두라스와 미국이 체결한 조세조약 제9조에 따라 Industry가 수령한 이자에 초점을

---

344) 국내 구조와 관련된 경우로 스위스 회사가 주요 주주로 사업을 수행한 과세목적에 따른 구조의 정당성이 문제된 Moline Properties 사례에서 법원은 "회사가 실질적인 사업목적 또는 실질적인 사업 활동에 사용되어야 인정된다(formed for a substantial business purpose or actually engage in substantive business activity)"고 판결했다. 주주의 재산거래를 위한 보호 장치와 같이 사용되는 단체에 관한 사항으로 법원은 납세자는 회사가 사업목적이나 사업 활동을 수행했다는 것을 입증해야만 회사가 독립된 실체와 같이 취급된다는 점에 주목했다. 단체는 가장(Sham)인 경우에만 부인될 수 있고 법원은 주주의 단체에 대한 지배력과 사업목적의 필요성 기준에 따라 단체가 단순히 자신을 바꾼 주주인지가 고려되었으며 "사업목적과 사업 활동"이 중개인의 합법성을 결정하는 중요한 기준이 되었다(Moline Properties, Inc. v. Comm'r, 319 U.S. 436. (1943), Bass v. Comm'r, 50 T.C. 595, 600. (1968)).
345) Aiken Indus., Inc. v. Comm'r, 56 T.C. 925. (1971).
346) Aiken Indus., Inc. v. Comm'r, 56 T.C. 925, 926. (1971).
347) Aiken Indus., Inc. v. Comm'r, 56 T.C. 925, 931. (1971).

두었으나 제2조 제2항에서는 정의되지 않은 용어는 조세조약을 적용하는 국가의 국내법에 따른 의미를 적용하도록 하고 있다.

법원은 "에 의해 수령한(received by)"의 의미는 미국의 국내법이 적용되고 "수령한 지급금을 단체가 자신의 것으로 수령하고 다른 사람에게 전달할 의무가 없어야 한다는 것"을 의미하는 것으로 판단했다. 따라서 조세조약을 체결한 체약국의 회사로부터 수령한 지급금을 일시적으로 소유하기 위해 단순히 수령한 것이 아닌 수령한 지급금에 대한 "완전한 지배력과 통제력"을 가지고 있어야 한다.

그러나 Industry는 수령한 지급금 전액을 ECL에 전달할 의무가 있었고 정당한 사업목적이라는 것을 충분하게 입증하지 못했다. 결과적으로 Industry는 단지 온두라스와 미국이 체결한 조세조약에 따른 원천징수세를 면제받기 위한 목적으로 개입되었고 자신의 것으로 소유하기 위해 지급금을 수령하지 않았을 뿐만 아니라 수령한 지급금을 수익적으로 소유하지 않아 도관과 같이 취급되었다.[348]

3. 사례의 검토

Aiken Industry 사건은 수익적 소유자와 관련된 사례이지만 법원은 "에 의해 수령한"에 초점을 두어 "수령한 지급금을 다른 사람에게 전달할 의무"와 "자신의 소유와 같이 수령한" 그리고 "수령한 지급금에 대한 완전한 지배력과 통제력"에 초점을 두고 국내법에 따른 의미를 적용하였다. Industry가 수령한 지급금을 자신의 소유와 같이 수령하지 않고 수익적으로도 소유하지 않았으며 수령한 지급금이 실질적으로 ECL에 지급되었다는 점에 비추어 보면 "에 의해 수령한"과 수익적 소유자 사이에 충분한 연결이 있어 "자신의 소유와 같이(as his own)" 지급받은 사람이 수익적 소유자라는 것을 의미한다. 이러한 의미를 고려해 법원은 Industry는 자신의 소유와 같이 지급금을 수령하지 않아 대리인과 도관에 불과하다고 판결했다.

법원은 "자신의 소유와 같이 수령한(received as its own)"을 사용하고 있고 이러한 측면에서 보면 "에 의해 수령한"[349]은 수익적 소유자와 유사한 의미가 있는 것으로 이해된다. "통제력

---

348) Aiken Indus., Inc. v. Comm'r, 56 T.C. 925, 933. (1971).
349) 2006년 미국 모델조세조약에서는 "에 의해 수령한(received by)"이 "지급된(paid)"으로 변경되었고 수익적 소유자를 함께 포함하였다(US Model 2006 §10).

과 지배력"은 수령한 소득을 전달할 의무가 있는지에 따라 결정되고 사업목적이나 사업 활동의 수행은 구체적으로 다루어지지 않았다.

V. 시사점

미국의 국내법에 따른 수익적 소유자는 조세조약에 따라 요구되는 과세목적에 따른 원천징수 세율이 감면되는 소득을 수익적으로 소유한 자를 의미한다. 미국 모델조세조약의 기술적 설명서에 따르면 수익적 소유자는 세금을 부과하는 원천지 국가의 국내법에 따라 결정되고 소득이 원천지 국가의 법에 따라 귀속되는 인(person)을 의미한다. 소득이 원천지 국가의 법률에 따라 귀속되는 인(person)이라는 측면에서 보면 수익적 소유자를 소득귀속원칙으로 보고 있어 대리인이나 명의수탁인은 소득이 귀속될 수 없고 따라서 조약 혜택의 자격이 부여되지 않는다. 결과적으로 조세조약을 적용하는 국가의 국내법에 따른 의미가 적용되므로 미국이 원천지 국가인 경우 미국의 국내법에 따른 의미가 적용되고 미국의 국내법에 따라 소득이 귀속되는 인(person)이 수익적 소유자가 된다.

국내법에서는 단체의 법적 특성에 기초한 복잡한 기업유사성테스트를 통해 단체를 분류해왔으나 체크더박스선택 제도를 도입하여 과세상의 분류를 기업 또는 단체가 선택할 수 있도록 하는 독특한 특징을 가지고 있고 조세회피 방지의 중요성으로 인해 국내법에 따른 도관자금조달 규정과 미국 모델조세조약에 따른 혜택의 제한 조항을 통해 대응하고 있다.

조세회피 계획은 세금의 회피를 위한 계획의 존재를 요건으로 하여 엄격한 세율 비교에 따른 현저한 세금의 감소가 있었는지를 중요하게 고려하고 있고 구조의 주요 목적 중의 하나가 원천징수세를 회피하고자 하는 경우 존재하고 지배적인 목적을 의미하는 것이 아닌 목적 중의 하나로 충분하다는 것을 의미한다. 조세회피 계획의 존재와 관련해 고려되는 사항을 구체적으로 제공하고 있고 독자적으로 진행할 수 있는 능력과 거래 또는 사업의 통상적인 사업과정에서 발생한 것인지를 중요하게 고려하고 있다. 일반적 조세회피방지규칙과 관련해 우리나라의 실질과세원칙과 유사한 실질우위원칙을 두고 있고 실질우위원칙은 형식과 실질이 일치하지 않는 경우 조세조약에 따른 혜택을 거부하는 것이다.

미국의 판례에 따르면 회사가 실질적인 사업목적이나 사업 활동을 수행하여야 하며, 자신의 소유와 같이 지급금을 수령하고, 다른 사람에게 전달할 의무가 없어야 하고, 수령한 지급금에 대한 완전한 지배력과 통제력을 가지고 있는 경우 수익적 소유자의 요건을 충족하게 된다.

제5절 독일

I. 국내법상 수익적 소유자

독일은 국내법에서 수익적 소유자의 개념을 정의하고 있지 않지만 소득세법(Einkommen-steuergesetz, EStG) §50g(유럽연합 회원국의 계열사 사이의 이자 및 사용료 지급에 대한 세금 공제 완화)와 EU 이자와 사용료지침(EU Interest and Royalties Directive) 그리고 EU 저축지침(EU saving Directive)의 이행을 위한 이익정보법령(Zinsinformationsverordnung) §2(1)에서 수익적 소유자의 정의를 포함하고 있다.

조세기본법(Abgabenordnung, AO)에서는 경제적 자산은 소유자에게 귀속되는 것으로 규정하고 있고(AO §39(1)) 소득세법상 "경제적 소유권(wirtschaftliches Eigentüm)"과 실질우위원칙의 의미를 포함하고 있다(AO§39(2)). 다만 통상적인 기간 동안 소유자가 경제적 자산의 영향으로부터 경제적으로 배제되어 다른 사람이 소유자보다 경제적 자산을 효과적으로 통제하는 경우 경제적 자산을 효과적으로 통제하는 사람에게 경제적 자산이 귀속되며 신탁 관계에서 담보의 목적으로 담보발행자에게 소유권(Eigentümer)이 이전된 경우와 독점적 소유물이 독점적 소유자에게 귀속된 경우 경제적 자산은 수익자에게 귀속된다(AO §39(2)(1)).

여러 사람이 공동의 자격으로 참여하는 경우 경제적 자산의 귀속에 비례하여 과세한다(AO §39(2)(2)). 신탁 관계에서 자산은 수익자에게 귀속되는 것으로 규정하고 있는 등 경제적 소유권과 법적 소유권의 구분과 관련해 몇 가지 구체적인 예를 제공하고 있다(AO §39(2)).

소득세법에서는 자본자산으로부터 발생한 소득은 주주에게 귀속되고 주주는 조세기본법 §39에 따라 이익의 분배를 결정하는 때에 자본자산인 주식이 귀속되는 자를 의미하고 용익권자 또는 질권자가 소득의 수령인에 해당하는 때에는 주주로 간주하고 있다(EStG §20(5)). 조세기본법 §39에서는 자본자산과 관련된 배당소득과 관련된 사항만을 규정하고 있고 소득세법상 이자

(EStG §20(1)(7))와 사용료(EStG §21(1)(1)) 소득과 관련된 사항은 규정하고 있지 않다.

경제적 자산의 귀속은 민법상 원리를 따르고 있는 것으로 보인다. 다만 민법상 경제적 자산의 소유권과 같지 않은 인(person)의 경우 예외적으로 경제적 자산을 효과적으로 통제하거나 독점적으로 소유하는 경제적 소유자에게 자산이 귀속된 것으로 보고 있어[350] 경제적 자산의 귀속과 관련해 실질우위원칙을 적용하고 경제적 상황을 고려한 경제적 실질의 관점에서 납세의무를 결정하고 있는 것으로 보인다. 따라서 조세기본법 §39(2)는 자산의 귀속에만 적용되고 소득에 대해서는 적용되지 않는다. 소득은 납세의무의 부과를 위해 법률상 규정된 요건을 충족한 인(person)에게 귀속된다(AO §38). 따라서 경제적 실질의 측면에서 주주는 조세기본법 §39에 따라 결정되고 자본자산(Kapitalvermögen)으로부터 발생하는 배당소득은 소득세법에 따른 경제적 소유자에게 귀속되는 것으로 보아야 한다.

경제적 소유권은 자산의 효과적 통제나 독점적 소유에 따라 결정된다. 소유자의 자산에 대한 지배력이 단순히 의무를 제한하는 것만으로 충분하지 않고 오히려 실질적으로 구속되어야 하며 법인의 주식을 양도하는 경우 새로운 소유자가 주식을 처분할 수 있을 때 경제적 소유권이 양도된 것으로 본다.[351]

자산의 소유권은 과세목적에 따라 법적 소유자에게 귀속된다. 대리인 또는 지명인 그리고 자산의 경제적 수명기간 동안 소유자의 영향을 받는 경우 법적 소유자에서 제외되고 수익적 소유권은 그 사람이 자산의 처분권을 가지는 때부터 그 사람에게 귀속된다.[352] 즉, 경제적 소유권은 개인 자신의 재량에 따라 자산을 사용할 수 있는 시점부터 취득하게 되고 소유, 위험, 사용 및

---

350) 세금에 대한 채무자라는 의미에서 보면 수익자는 수익적 소유자가 아닌 소득을 수령하는 수령인(recipient)을 의미하는 것으로 해석되고 수익자는 원천징수세의 환급을 받기 위해서는 적격 주식을 보유해야 한다. 룩셈부르크에서는 일반적으로 소유권은 수익적 소유자에게 귀속되고 배당금에 대한 경제적 자격을 기준으로 수익적 소유권이 결정된다.
룩셈부르크 세금적용법(Loi d'adaptation fiscale du 16 octobre 1934 ((Steueranpassungsgesetz), Luxembourg Tax Adaptation Law, LTAL)에서는 소유권의 귀속에 대해 규정하고 있고 경제적 소유자를 "자산의 예상 수명 기간 동안 자산에 대한 경제적 영향으로부터 자산의 소유자를 제외할 수 있는 방식으로 자산에 대해 효과적으로 권한을 행사하는 인(person)으로 정의하고 있다(LTAL §11).
룩셈부르크 행정법원(Luxembourg Administrative Court)은 명목가치 이하로 주식의 가치가 하락할 수 있는 위험을 경제적으로 부담하고, 수령한 모든 배당금과 주식에 대한 모든 자본이익을 실현할 수 있는 위치에 있는 자, 정보에 대한 권리를 가지고 있고, 의결권을 효과적으로 행사하는 자를 경제적 소유자로 보고 있다. 일반적으로 납세자의 법적 소유권 및 소유권에 속하는 자산은 법적 소유자에게 귀속되지만 법적 또는 경제적 소유자가 동일하지 않은 경우 경제적 소유자에게 귀속된다(Gulielmo Maiso et al., op. cit., p.766, 767).

351) Ratchow, in: Klein, AO, §39 mn. 48; BFH of 12.12.2007, X R 17/05, BStGl II 2008, 579, 582; Angelika Meindl-Ringler, op. cit., p.171.

352) Federal Tax Court, BFH 26 January 1970 IV R 144/66.

비용, 자산과 관련된 잠재적 위험과 하락 위험은 일반적으로 인수자에게 이전된다.[353]

Vogel의 견해에 따르면 경제적 소유권은 수익적 소유권과 유사한 점이 있으나 법적 소유자와 비교하여 수익적 소유자가 제3자보다 더 나은 보호를 누리기 때문에 독일의 관점에서 수익적 소유자는 단순한 권리가 아닌 절대적인 권리를 가지고 있는 것으로 볼 수 있다.[354]

결과적으로 조세기본법 §39(2)는 소득이 아닌 자산의 경제적 소유자와 관련되어 있고 이자와 사용료 소득과 관련된 사항을 규정하지 않고 있는 점을 고려하면 경제적 소유자와 수익적 소유자가 일부 유사한 점을 가지고 있으나 두 용어를 같은 개념으로 이해하는 것은 적절하지 않은 것으로 생각된다.

II. 지주회사

2007년부터 시행된 투자세법(Investmentsteuergesetz, InvStG) §50d(3)에 따르면 조약남용을 방지하기 위한 목적으로 외국회사의 주주가 직접 독일 국내원천소득을 수령한 경우 독일이 체결한 조세조약의 적용을 받을 수 없도록 하고 있다. 다만 사업목적 기준과 총소득의 10% 이상 그리고 실질적 기준의 세 가지 요건을 모두 충족하는 경우 조약의 적용이 가능하다(EStG §50(d)(3)(1)).

독일은 원천징수세와 연대부가세[355]가 합산되어 26.375%의 합산세율로 과세하고 있고 독일 회사에 의해 지급되는 배당금에 적용되고 특정 제한사항에 따라 독일 거주자 회사의 주식을 소유하는 비거주자 회사는 독일 국내법이나 조세조약의 적용 또는 1990년 7월 23일 개정된 EU 모자회사지침에 따라 원천징수세의 감면이나 면제에 대한 자격이 부여된다.

독일은 국내법상 조약쇼핑 방지 또는 혜택의 제한 조항을 가지고 있고 투자세법 §50(d)(3)은 원천징수대상 소득인 배당과 사용료 그리고 이익배당보험증권대출과 익명파트너십으로부터 발생한 이자에 대해서만 제한적으로 적용된다. 비거주자 회사의 "주된 종류의 주식(Hauptgattung der Aktien)"이 공인된 증권거래소에서 "실질적이고 규칙적으로 거래

---

353) Federal Tax Court, BFH 12 December 1999 I R29/97.
354) Vogel, in: Vogel/Lehner, DBA (5th ed.), Vor Art. 10-12 mn. 14; Angelika Meindl-Ringler, op. cit., p.172.
355) 연대부가세는 소득세, 양도소득세 및 법인세에 대한 추가 수수료를 의미한다.

(wesentlicher und regelmäßiger Handel)"되지 않는 경우 규정의 적용을 받는다. 비거주자인 지주회사에 의해 소유된 경우 국내법이나 조세조약 또는 EU 모자회사지침에 따른 원천징수세 감면에 대한 자격이 부여되지 않는다.

그러한 구제는 지주회사가 직접수령한 배당은 지주회사의 개입을 위한 "경제적 그리고 다른 관련 사유(wirtschaftliche oder sonst beachtliche Merkmale der Unternehmen)", "자신의 경제활동(eigener Wirtschaftstätigkeit stammen)"으로부터 사업연도 총소득의 10% 이상이 발생하여야 하고(자산의 관리만이 아닌 자회사에 대해 관리서비스가 제공되는 경우 자회사로부터의 배당, 이자 그리고 사용료를 포함하고 있다), 실질 테스트(substance test)라고 할 수 있는 일반 상거래의 수행을 위한 직원의 고용, 영업소 등과 전화 및 이메일의 사용 활동 등이 사업을 운영하기에 충분하다는 세 가지 요건을 모두 충족하는 경우에만 감면이 부여된다.

다만 2012년 1월 1일부터 발효된 새로운 규정에서는 10% 총소득 테스트는 삭제되었고 비거주자 회사의 소득이 자신의 경제활동으로 인한 경우 관련된 소득은 원천징수세 감면의 자격이 부여되고 그룹 경영활동을 수행하는 지주회사가 받는 배당금이 포함될 수 있도록 하고 있다. 따라서 비거주자인 지주회사는 해당 소득과 관련하여 지주회사의 개입을 위한 경제적 또는 기타 관련 사유가 있고 실질 테스트인 일반적 상거래의 수행에 사업목적으로 적절한 사업을 영위하고 있어야 한다.

Ⅲ. 판례의 검토

연방재정최고법원(Bundesfinanzhof, BFH)은 독일에서는 불투명(undurchsichtig)한 것으로 미국에서는 투명(durchsichtig)한 것으로 다루어지는 S 법인과 관련된 하이브리드 불일치(hybrid mismatches) 사례를 다루었다.

BFH v. 20.8.2008, I R 39/07 사건은 미국의 S 법인이 독일 원천소득인 배당소득을 수령한 것과 관련이 있다. 미국의 S 법인을 통해 수령한 소득은 법인 단계에서 과세되지 않고 주주 단계에서 과세되므로 미국의 과세목적상 S 법인과 같은 취급을 받는 것으로 결정했다. 즉 독일 국내법에 따라 불투명한 것으로 취급됨에도 불구하고 미국에서 S 법인은 투명한 것과 같이 취급된다.

S 법인은 1989년 독일과 미국이 체결한 조세조약 제10조 제2항(a)에 따른 조세조약에 따른 혜택을 요구했고[356] 연방재정최고법원은 S 법인이 제10조 제2항(a)[357]에 따른 회사와 같은 자격이 부여되는지의 결정을 위해 원천지 국가인 독일 국내법과 1989년 조세조약의 제3조 제1항(e)[358]의 정의를 적용했다. 1989년 독일과 미국의 의정서 제10조에 따라 독일은 S 법인에 소득이 귀속된 것으로 고려되어 독일 국내법에 따른 과세의 제한 대상에 해당해 S 법인은 배당의 수익적 소유자에 해당하였고 S 법인은 비록 소득이 법인 단계에서는 과세되지 않더라도 주주단계에서 미국의 거주자와 같은 자격을 얻는 것이 가능해 결과적으로 S 법인은 조약 제10조 제2항(a)의 요건을 충족해 조세조약에 따른 혜택을 요구할 수 있었다.

그러나 연방재정최고법원은 법의 목적론적 해석에 기초하는 경우 회사단계에서 배당의 이중과세를 배제하기 위해 원천에 대한 세금의 감면이 부여되는 것은 제10조 제2항(a)에서 규정하고 있는 조세조약에 따른 혜택의 자격 조항에서의 목적과 일치하지 않는다는 것을 찾았고 S 법인과 같이 단체의 단계에서 과세하지 않고 S 법인의 주식을 보유한 개인에게 과세하는 경우 제10조 제2항(a)에 따른 원천세의 제한을 거부하는 것이 타당하다고 보았으며 비엔나협약에 따른 해석의 원칙뿐만 아니라 조약의 용어와 일치하지 않으므로 그러한 목적론적 해석을 따르지 않았다.[359]

결과적으로 BFH v. 20.8.2008, I R 39/07 사건은 하이브리드의 불일치로 발생할 수 있는 문제를 보여 주고 있고 연방재정재판소는 S 법인의 경우 수익적 소유자 요건을 무시할 수 없음을 분명히 했다.

Ⅳ. 시사점

독일은 국내법에서 수익적 소유자의 개념을 정의하고 있지 않으나 소득세법과 이익정보법령에서 수익적 소유자의 정의를 포함하고 있다. 독일 조세기본법에서는 다른 나라들과는 다르게

---

356) BFH v. 20.8.2008, I R 39/07, BStBl II 2009, 234, 235.
357) 수익적 소유자가 배당을 지급하는 회사의 의결권주를 적어도 10% 직접 소유하는 회사의 경우 배당총액의 5%를 적용한다.
358) '회사'라는 용어는 법인 또는 조세목적상 법인과 같이 취급되는 단체를 의미한다.
359) BFH v. 20.8.2008, I R 39/07, BStBl II 2009, 234, 237.

경제적 자산과 경제적 소유권의 의미를 포함하고 있는 것이 특징적이다.

조세기본법에 따르면 통상적인 기간 동안 소유자가 경제적 자산의 영향으로부터 경제적으로 배제되어 다른 사람이 소유자보다 효과적으로 통제하는 경우 효과적으로 통제하는 사람에게 경제적 자산이 귀속된다. 소득세법에서는 자본자산으로부터 발생한 소득은 주주에게 귀속되고 주주는 조세기본법에 따라 이익분배 결정을 하는 때에 자본자산인 주식이 귀속되는 자를 의미한다.

경제적 자산의 귀속은 원칙적으로 민법을 따르고 있다. 민법상 경제적 소유권과 같지 않은 예외적인 경우 경제적 자산을 효과적으로 통제하거나 독점적으로 소유하는 경제적 소유자에게 자산이 귀속된 것으로 보고 있어 실질우위원칙을 적용하고 경제적 실질을 고려해 납세의무자를 결정하고 있다. 따라서 경제적 실질의 측면에서 주주는 조세기본법에 따라 결정되고 자본자산으로부터 발생하는 배당소득은 소득세법에 따른 경제적 소유자에게 귀속되는 것으로 보아야 한다.

독일 국내법상의 또 다른 특징은 국내법에 특정 외국회사에 대해서 조세조약의 적용받을 수 없도록 하고 있다는 것이다. 즉 외국회사의 주주가 직접 독일 국내원천소득을 수령하는 경우 독일이 체결한 조세조약의 적용을 받을 수 없도록 하고 있다. 외국회사의 주된 종류의 주식이 상장되지 않은 경우가 적용의 대상이 되며 일종의 혜택의 제한 규정으로 볼 수 있다.

제6절 중국

I. 조세회피와 실질우위원칙

중국의 기업소득세법(企業所得稅法)에서는 기업이 "다른 합리적인 상업적 목적"을 가지고 있지 않고 과세소득이나 소득액을 감소시키는 경우 세무기관은 합리적인 방법에 근거하여 조정할 권리를 가진다고 규정하고 있다(기업소득세법 제47조).

조세회피는 "합리적인 상업적 목적(合理商業目的)"이 없이 세금을 감소시키거나 면제 또는 세금의 납부를 지연하는 것을 주요 목적으로 하는 경우를 의미하고(기업소득세법실시조례(企業所得稅法實施條例) 제120조) 세금혜택의 남용(濫用稅收优惠), 조세조약의 남용(濫用稅收協定), 회사조직형식의 남용(濫用公司組織形式), 조세회피를 위한 조세피난처의 이용(利用避稅港避稅), 기타 합리적인 상업적 목적이 없는 경우가 포함된다(특별납세조정실시판법 제92조).

합리적인 상업적 목적은 〈통지(通知)〉 제1조 제4항의 실질적인 기업의 생산경영 활동에 사용하는 영업자산(经营性资产)이 경영소득의 발생과 직접적인 관련이 있는 자산으로 경영에 사용되는 각종 자산, 기업의 상업 정보와 기술, 경영활동에서 발생하는 미수금이나 투자자산 등을 말한다(기업중조업무기업소득세관리판법(企業重組業務企業所得稅管理辦法) 제5조).

세무기관은 소득세법 제47조 및 소득세법실시조례(所得税法实施条例) 제129조의 규정에 따라 조세회피 기업에 대한 일반조세회피 세무조사를 할 수 있다(특별납세조정실시판법(特別纳税调整实施办法) 제12조). 세무기관은 실질우위원칙에 근거해 기업의 조세회피 여부를 심사하고 처리의 형식과 실질, 체결시간과 집행 기간, 실현방식, 각 단계 또는 구성 부분의 관계, 관련 각 방면의 재무상황 변화, 세수의 결과 등을 종합적으로 고려하여 판단하도록 하고 있다(특별납세조정실시판법 제93조).

세무기관은 경제적 실질에 근거해 기업의 조세회피를 재구성한 후 기업이 조세회피로 얻는 세금의 차이를 제거하고 기업이 경제적 실질을 가지지 않고 특히 조세피난처에 설립되거나 기타 관련이 있는 상대방 또는 관련이 없는 상대방과 함께 조세회피를 하는 경우 조세 목적에 따라 거부할 수 있도록 하고 있다(특별납세조정실시판법 제94조).

결과적으로 중국은 합리적인 상업적 목적을 가지지 않고 세금을 감소시키거나 면제 또는 세금의 납부를 지연하는 것을 주요 목적으로 하는 경우 실질우위원칙과 경제적 실질에 따라 조세회피를 재구성한 후 조세회피에 해당하는 때에는 조세 목적에 따라 거부할 수 있도록 하고 있다.

II. 국내법상 수익적 소유자

1. 입법 연혁

1985년 일본과 체결한 조세조약에서 최초로 "수익소유인(受益所有人, 이하 수익적 소유자)" 규정을 포함한 이후 중국이 체결한 세수협정(税收协定, 조세조약) 배당(股息)과 이자(利息) 그리고 특허권사용비(特许权使用费, 이하 특허권사용료) 조항에서 수익적 소유자 규정을 두고 있으나 중국 국내법에서는 수익적 소유자에 관한 법률이나 해석 지침을 두고 있지 않았다.

조세조약에 따른 배당과 이자 그리고 사용료 조항의 수익적 소유자 개념의 적용을 표준화하기 위해 국가세무총국(国家税务总局)[360]은 2009년 〈국세함[361][2009]601호 세수협정 중 "수익소유인(受益所有人)"에 대한 이해와 승인에 관한 통지(国家税务总局关于如何理解和认定税收协定中"受益所有人"的通知 国税函[2009]601号, 이하 제601호)〉와 2012년 〈국가세무총국 공고 2012년 제30호 국가세무총국의 세수 협정 중 "수익소유인" 인정에 관한 공고(国家税务总局关于认定税收协定中"受益所有人"的公告 国家税务总局公告2012年第30号, 이하 제30호)〉를 공고하여 수익적 소유자의 인정과 판단에 대한 기준을 명확하게 하고자 했다.

그러나 제601호와 제30호가 협정남용방지(이하, 조세조약 남용 방지)에 중요한 역할을 하였으나 일부 문제점이 있어 조세조약 이행의 강화와 수익적 소유자 규정을 더욱 보완하기 위한 목적으로 2015년 〈국가세무총국 공고 2015년 제60호 비거민납세인세수우대혜택관리방법(非居民纳税人享受税收协定待遇管理办法 国家税务总局公告2015年第60号, 이하 60호)〉를 발표했다. 60호 공고는 조세조약의 목적과 결과를 남용하지 않는 조건에서 조세조약에 따른 우대혜택을 받을 수 있도록 허용하고 조세조약에 따른 우대혜택의 확정성을 높여 세금을 징수하는 양체약국의 비용을 줄이고 더 나아가 경영환경을 더욱 개선하는 것을 목적으로 하고 있다.[362]

위탁투자와 관련되어 위탁투자의 범위를 확정하는 방법과 위탁투자 수익과 투자 단계별 또는 기타 각 단계별 보수(수수료)를 명확하게 구분할 수 없는 문제가 있어 이러한 문제를 해결하기 위한 목적으로 국가세무총국은 2014년 〈국가세무총국 공고 2014년 제24호 위탁투자 상황에서 수익소유자 판정 문제에 관한 공고(关于委托投资情况下判定受益所有人问题的公告 国家税务总局公告2014年第24号, 이하 제24호)〉를 추가로 공고하였다.[363]

2018년에는 BEPS의 "조세객체잠식과 이윤전이(税基侵蚀与利润转移, 이하 세원잠식 및 소득이전)" 제6항 행동계획의 조세조약 우대혜택의 부당한 제공 방지를 참고하여 수익적 소유자 판정 기준을 더욱 명확하게 하고 조약남용의 위험이 높은 계획을 더욱 효과적으로 방지하기 위한 목적으로 〈국가세무총국 공고 2018년 제9호 세수협정 중 "수익소유인" 문제에 관한 공고(关于

---

360) 국가세무총국은 조세업무를 총괄하는 국무원(国务院)에 소속된 직속기구임.
361) 국세함(国税函)은 조세 행정과 관련된 문제에 대한 유권해석을 공고한 조세규범성 문건으로 국가세무총국의 국세발(国税发), 국세함(国税函) 등이 있고 예규 및 질의회신 등에 해당하지만 중국에서는 우리나라와 다르게 법원성(法源性)을 인정하고 있다.
362) 国家税务总局, 关于发布《非居民纳税人享受税收协定待遇管理办法》的公告 国家税务总局公告2015年第60号。
363) 国家税务总局办公厅, 2014年04月25日, 事关非居民委托投资收益能否享受税收协定待遇 税务总局明确委托投资受益所有人判定政策。

稅收協定中"受益所有人"有关问题的公告 国家税务总局公告2018年第9号, 이하 제9호)를 추가로 발표하였다. 제9호는 제601호와 제30호 공고 규정의 내용 중 일부를 개정하여 포괄한 공고라 할 수 있다. 기존의 제601호와 제30호는 제9호로 통합되어 폐지되었으며 2018년 4월 1일부터 발생하는 납세의무 또는 원천징수 의무에서 세수협정 우대를 받아야 하는 사항에 적용된다.

2. 제601호

중국은 세수의미상(과세목적상) 국내 세수법률 규정이나 조세조약에서 중국 세수거민(中國稅收居民, 이하 거주자)에 속하지 않는 납세인(納稅人, 이하 납세자)을 비거민(非居民, 이하 비거주자)으로 규정하고 있고 비거민 기업(非居民企業, 이하 비거주자 기업)과 비거민 개인(非居民个人, 이하 비거주자인 개인)을 포함한다.[364]

중국의 민법에서는 우리나라 민법과는 다르게 수익을 물권법상 객체[365]로 포함하고 있어 수익적 소유권의 개념을 쉽게 이해하고 정의하는 데 적극적일 수 있었던 것으로 보인다. 2009년 공고된 제601호에서는 수익적 소유자와 도관공사(導管公司, 이하 도관회사)를 정의하고 있다.

수익적 소유자를 소득 또는 소득으로부터 발생하는 권리 또는 재산에 대한 소유권과 지배권을 가지고 있는 인(人)으로 정의하고 있고(제601호 제1조) 일반적으로 실질적인 경영활동을 영위하는 개인, 회사, 기타단체가 수익적 소유자에 해당하고 대리인 또는 중개회사는 수익적 소유자에 해당하지 않는다(제601호 제1조).

도관회사는 조세의 회피 또는 감소를 비롯해 이익 등을 전달하거나 유보하기 위한 목적으로

---

364) 国家税务总局办公厅, 2014年 04月 25日, 事关非居民委托投资收益能否享受税收协定待遇 税务总局明确委托投资受益所有人判定政策.

365) 중국의 민법 총칙에서 물권(物权)은 법에 의한 권리인(权利人)은 특정 물(物)에 대한 정당한 직접지배(直接支配)와 배타적 권리(排他的权利)를 가지며 이를 향유(享有)할 수 있는 권리로 규정하고 있고 소유권(所有权), 용익물권(用益物权)과 담보물권(担保物权)을 포함하고 있다(민법총칙 제114조). 물권법에서는 소유권을 소유인이 자기의 부동산 또는 동산을 법에 의해 점유(占有), 사용(使用), 수익(收益), 처분(處分)할 수 있는 권리로 규정하고 있다(물권법 제39조). 소유권에 대해 구체적으로 열거하고 법에 따라 "점유(占有)를 향유(享有)"할 수 있다는 것과 "수익(收益)"을 물권법상 객체로 포함하고 있는 것이 특징적이라 할 수 있다. 개인이 합법적인 직업에 종사하거나 노동을 제공하고 합법적으로 취득한 임금이나 보수 등은 세금을 납부한 경우 합법적인 수입에 대한 소유권을 향유하게 되고 개인의 합법적인 투자와 그로 인한 수익 그리고 개인은 법률이 정하는 범위 내에서 다양한 형태의 기업을 설립할 수 있으며 여러 유형의 기업에 투자할 수 있고 투자와 그에 따른 수익은 법률의 보호를 받는다. 주식 투자에 따른 수익이 대표적인 예라 할 수 있으며 투자와 그로 인한 수익 자체는 물권의 객체가 아니지만 보다 강화된 개인 재산권의 보호를 통해 부(富)의 창출을 유도하고 시장경제 질서를 건전하게 유지 발전시키기 위해 물권의 범주에 포함하였다(王利明, 「物權法研究(上卷)」, 中國人民大學出版部, 2007, 549면; 이재목, "중국 물권법상 소유권제도의 구조적 특징에 관한 일고", 홍익대학교 법학연구소 「홍익법학」 11(1), 2010, 189면, 190면).

설립된 회사(公司)로서 오직 법률에 따른 조직형태의 요건을 충족시키기 위해 등록(注册)만 하고 제조, 판매, 관리 등 실질적인 경영활동을 수행하지 않는 회사로 정의하고 있다(제601호 제1조).

수익적 소유자의 자격 판단에 있어 조세조약의 목적에 따른 "이중과세와 조세회피방지(避免双重征税和防止偷漏税)"를 위해 "실질우위원칙(实质重于形式的原则)"에 따른 7가지 요건을 규정하고 있다. 조세조약에 따른 혜택을 요구하는 신청인이 규정시간(规定时间) 내에(소득을 수령(收到)한 후 12개월 이내) 수령한 소득의 전부 또는 일부(全部或部分, 60% 이상)를 제3국의 거주자에게 지급 또는 분배(支付或派发)할 의무가 있는 경우(제601호 제2조 제1항), 소득이 발생하는 재산 또는 권리(财产或权利) 이외에 신청인이 기타 경영활동을 수행하지 않거나 거의 없는 경우(제601호 제2조 제2항), 신청인이 회사 등 단체인 경우 신청인의 자산, 규모, 인원 배치가 비교적 적거나 적어서 소득총액과 조화되기 어려운 경우(제601호 제2조 제3항), 소득 또는 소득이 발생하는 자산 또는 권리에 대한 "지배권 또는 처분권(控制权或处置权)"을 신청인이 가지고 있지 않거나 거의 가지고 있지 않은 경우(제601호 제2조 제4항), 조세조약을 체결한 상대방 체약국이 비과세 또는 면세하거나 과세를 하더라도 실질적인 세율이 매우 낮은 경우(제601호 제2조 제5항), 이자가 발생하고 지급하는 대출계약(贷款合同) 이외 채권자와 제3자 사이에 총액, 이자율과 계약시기(签订时间) 등에 있어 서로 비슷한 기타 차관계약(대출계약) 또는 비용계약(存款合同)이 존재하는 경우(제601호 제2조 제6항), 특허권사용료가 발생하는 저작권(版权), 특허권(专利), 기술(技术) 등 사용권(使用权)의 양도계약(转让合同) 이외에 신청인과 제3자 사이에 저작권, 특허권, 기술 등의 사용권 측면에서 양도계약이 있는 경우(제601호 제2조 제7항)에 해당하지 않는 경우 수익적 소유자에 해당한다(제601호 제2조).

결과적으로 소득에 대한 지배권 또는 처분권을 가지고 있지 않거나 거의 없는 실질적인 수익의 소유자가 아닌 경우, 경영활동이 없거나 활동을 거의 하지 않는 경우, 단체의 거주지 국가에서 해당 소득에 대해 과세하지 않거나 면제하는 경우 또는 과세하더라도 실질적인 세율이 낮은 경우, 조세회피를 위해 기본계약 이외 제3자와 서로 비슷한 대출계약 또는 비용계약이 존재하는 경우 수익적 소유자에 해당하지 않으며 경영활동의 수행을 중요하게 고려하고 있고 수익적 소유자라는 입증의 책임은 조세조약에 따른 혜택을 요청하는 신청인에게 있다.

3. 제30호

2012년의 제30호 공고는 제601호의 수익적 소유자의 내용과 인정을 위한 절차에 대한 보완적 성격이 있다. 제30호에서는 조세조약을 체결한 다른 체약국 거주자의 수익적 소유자 자격의 판단에 있어 제601호 제2조에서 규정된 요건을 종합적으로 분석하여 판단하여야 하며 어떤 항목에 불리한 요건(不利因素)이 존재한다는 이유에만 의존해서는 안 되고 제1조에서 언급된 조세의 회피 또는 감소와 이익 등의 이전 또는 유보를 위한 목적이 존재하지 않는다고 부정 또는 긍정(否定或肯定)하는 인정을 해서는 안 된다고 규정하고 있다(제30호 제1조).

그리고 제601호 제2조 규정의 각 요건의 이해와 판단에 있어 회사정관(公司章程), 회사재무제표(公司财务报表), 자금흐름기록(资金流向记录), 이사회의사록(董事会会议记录), 이사회결의(董事会决议), 인적 및 물적(人力和物力) 배치상황, 관련 비용의 지출(相关费用支出), 직무와 위험부담(风险承担), 대출계약, 특허권사용계약 또는 양도계약, 특허권등록증서(专利注册证书), 저작권소유증명(版权所属证明), 대리계약(代理合同) 또는 지정수령계약(指定收款合同) 등의 자료와 사실과 상황을 종합적으로 분석하여 인정하도록 하고 있다(제30호 제2조).

조세조약에 따른 혜택을 신청한 다른 체약국의 거주자가 중국에서 수령한 소득이 주식의 소유로 인한 배당에 해당하는 때에는 다른 체약국에 상장한 상장회사(市的公司) 또는 다른 체약국의 거주자에 해당하고 다른 체약국에서 상장한 상장회사가 직간접적으로 100% 신청인을 소유하고 있는 경우 그 주식배당이 상장한 회사가 직간접적으로 소유한 지분으로 인해 얻은 소득인 경우 신청인을 수익적 소유자로 간주한다. 다만 중국 거주자 또는 다른 체약국의 거주자가 아닌 제3국의 거주자인 회사가 간접적으로 주식을 보유한 경우는 제외하고 있다(제30호 제3조).

대리인 또는 지정수령인(指定收款人) 등(이하, 대리인 등)이 대리하여 소득을 수령한 경우 대리인 등이 다른 체약국의 거주자인지와 관계없이 신청인의 수익적 소유자 신분에 대한 인정에 영향을 미쳐서는 안 된다. 다만 대리인 등은 세무기관에 자신이 수익적 소유자 신분에 해당하지 않는다는 것을 신고하도록 하고 있다(제30호 제4조).

제30호 규정의 전체적인 내용을 살펴보면 실질적으로 BEPS Action 6에 따른 혜택의 자격요건을 대부분 반영하고 있음을 알 수 있고 이러한 측면에서 보면 혜택의 자격을 국내법에 도입한 것과 같은 효과를 가지고 있는 것으로 보인다.

4. 제9호

다른 체약국의 거주자가 조세조약에 따른 우대혜택을 요구하는 경우 60호 규정에 따라 자료를 신고한 후 세무기관의 지속적 관리를 받는 경우 사전에 신청할 필요가 없다.[366]

가. 제30호 내용 변경

제30호에서는 일정한 요건을 충족하는 경우 수익적 소유자 판단 요건에 근거하여 종합적으로 분석할 필요가 없으며 신청인이 수익적 소유자 자격을 가진다고 인정하는 수익적 소유자 자격의 인정에 대한 안전항 요건을 두고 있었다(제30호 제3조).

일반적으로 신청인 또는 신청인의 주식을 직간접적으로 100% 소유한 자가 조약을 체결한 체약국의 정부, 체약국의 거주자, 체약국에 상장한 회사 또는 체약국의 개인 거주자에 해당하는 때에는 거주지 국가와 강력한 연결(较强联系)을 가지고 있어 일반적으로 조세조약을 남용할 위험이 없어 안전항 요건을 완화하여 "체약국의 개인 거주자"로 안전항의 적용대상 범위를 확대하여 개정하였다(제9호 제4조). 체약국의 개인 거주자로 적용의 범위를 확대한 것은 2017년 개정된 OECD 모델조세조약 혜택의 자격 조항의 적용 범위를 참고하여 개정한 것으로 보인다.

기존 제601호와 제30호 공고에 따르는 경우 신청인은 수익적 소유자 요건에 부합하지 않거나 안전항 요건에 부합하지 않는 경우 중국에서 취득한 소득은 조세조약에 따른 우대혜택을 받을 수 없었으나 수익적 소유자 요건에 부합되지는 않으나 일정한 요건을 충족하는 신청인에 대해서는 조세조약에 따른 우대 기회를 부여하기 위한 간주규정을 도입하였다. 제30호 제3조의 규정상 신청인이 수령한 소득이 주식배당인 경우 신청인은 수익적 소유자 요건에 부합되지 않는다. 다만 제9호의 규정에 부합하는 경우 신청인은 수익적 소유자 요건을 충족하는 것으로 고려된다.

제9호에서는 두 가지 상황을 규정하고 있으나 수익적 소유자 요건에 부합되는 인(person)이 거주자인 경우만을 규정하고 있을 뿐 신청인이 간접적으로 주식을 보유하는 경우 중간소유자(中间层)에 대해서는 별도의 요건을 두고 있지 않다(제9호 제3조 제2항). 그리고 수익적 소유자 요건

---

366) 国家税务总局办公厅, 2018年 02月 06日, 关于《国家税务总局关于税收协定中 "受益所有人" 有关问题的公告》的解读。

에 부합되는 인(person)이 신청인의 거주지 국가의 거주자가 아닌 비거주자인 경우 신청인과 간접적으로 주식을 소유한 중간소유자는 수익적 소유자 요건에 부합되는 인(person)에 해당하여야 한다.[367] 따라서 안전항 조항과는 다르게 제9호에서는 신청인이 수익적 소유자라고 직접적으로 판단할 수 없어 제30호 제2조에서 열거한 요건에 따라 직간접적으로 신청인의 주식을 100% 소유한 자가 수익적 소유자 신분을 가지는지를 종합적으로 고려해 판단하여야 한다.[368]

아울러 주식소유비율의 시간표준(持股比例规定时间标准)과 관련하여 주식소유비율의 충족을 위해 인위적으로 소유비율을 조작하는 것을 방지하기 위해 주식소유비율이 주식배당을 수령하기 전 12개월의 기간 동안 계속해서 어떤 시점에서든지 규정된 비율을 충족해야 한다는 것을 명확하게 하였다(제9호 제5조).

나. 제601호 보완 및 폐지

제9호에서는 제601호 제2조 제1항의 불리한 요소를 다음과 같이 보완하였다. 신청인이 소득을 수령한 후 12개월 이내에 소득의 50% 이상을 제3국의 거주자에게 지급할 의무가 있는 경우(제9호 제2조)에서 "의무가 있는"은 의무를 약정한 상황과 약정을 하지 않았으나 지급 사실을 형성하는 모든 상황을 포함하는 것을 의미한다.

제9호에서는 신청인의 경영활동은 실질적인 경영활동을 구성하지 않는 경우를 규정하고 있다. 실질적인 경영활동은 실질적인 제조, 중개 판매, 관리 등의 활동을 포함하며 신청인이 진행한 실질적인 투자 및 지주회사로서의 관리 활동은 실질적인 경영활동을 구성할 수 있다. 다만 신청인의 실질적인 경영활동을 구성하지 않는 단순 투자 및 지주회사로서의 관리 활동을 수행하고 동시에 기타 경영활동을 한 경우 기타 경영활동이 현저하지 않으면 실질적인 경영활동을 구성하지 않는 것으로 간주된다(제2조 제2항).

즉 신청인이 실질적인 경영활동을 구성하는지를 분석할 때 일반적으로 신청인이 수행하는 기능과 서로 부합되는 자산과 인원 구성을 보유하였는지 소득이나 소득으로부터 발생한 재산 또

---

367) 国家税务总局办公厅, 2018年 02月 06日, 关于《国家税务总局关于税收协定中"受益所有人"有关问题的公告》的解读.
368) 国家税务总局办公厅, 2018年 02月 06日, 关于《国家税务总局关于税收协定中"受益所有人"有关问题的公告》的解读.

는 권리에 대해 신청인이 관련 위험을 부담하는지 등을 중요하게 고려하고 있는 것으로 보인다. 아울러 제9호에서는 제601호 제2조 제3항 및 제4항의 불리한 요소는 분석할 내용이 이와 유사하여 삭제하였다.

제9호에서는 소득을 대리하여 수령한 경우와 관련된 사항을 명확하게 하였다. 제30호 제4조에서는 대리인 등이 대리하여 소득을 수령한 경우 대리인 등이 다른 체약국의 거주자인지와 관계없이 신청인의 수익적 소유권 신분에 대한 인정에 영향을 주어서는 안 된다고 규정하고 있었으며, 신청인이 주주로서 주식 소유에 기초하여 자회사로부터 주식배당을 수령하거나, 채권자로서 채권 보유에 기초하여 채무자로부터 주식배당을 소유하거나 특허권 부여자로서 특허권에 기초하여 특허권 사용자로부터 특허권사용료를 수령한 경우, 다른 인(person)을 대리하여 소득을 수령한 경우에는 소득의 대리 수령(代为收取所得)에 해당하지 않는다는 것을 명확하게 하였다(제9호 제6조).

수익적 소유자 신분을 증명하기 위해 제출하는 자료가 제60호 제7조 제5항에서 규정하고 있는 기타 세수 규범성 문서에 속한다는 것을 명확하게 하였고 관련 증명 자료의 제출은 제60호 제7조의 규정에 따라 제출하여야 한다(제9호 제8조). 제60호 제7조에서 규정하고 있는 세수주민신분증명서는 세무당국이 납세 신고나 원천징수 신고 1년 이내에 발급한 세수주민신분증명서를 의미한다.

아울러 주관세무기관은 후속적 관리 중 신청인이 수익적 소유자 신분을 가지지 않는 것을 확인하여 자체적으로 세금을 추가로 납부하는 경우 주관세무기관은 관련 안건을 상급기관인 성 세무기관에 보고하여 등록하도록 하고 있고 신청인의 수익적 소유자 신분을 거부해야 한다고 판단되는 경우 성 세무기관에 보고하여 동의를 받은 후 실행하도록 하고 있다(제9호 제9조). 그리고 신청인이 수익적 소유자의 자격을 갖추었더라도 주관세무기관이 조세조약에 따른 주요 목적(主要目的) 테스트 조항이나 국내 세수법률 규정을 적용해야 할 필요가 있는 경우 일반조세회피방지규칙(一般反避稅規則)을 적용한다는 것을 분명히 하고 있다(제9호 제10조).

Ⅲ. 위탁투자와 외국 파트너십

1. 제24호

제24호에서는 위탁투자의 정의를 제공하고 있다. 위탁투자는 비거주자가 자체 보유자금을 직접 "국외전문기관(境外专业机构)"에 위탁하여 거주자 기업의 주식 또는 채권에 투자하는 것으로 정의하고 있다.

"국외전문기관(境外专业机构)"이란 소재지 국가 또는 지역 정부의 허가를 받아 증권위탁중개(证券经纪), 자산관리, 자금 및 증권 위탁관리(资金以及证券托管) 등의 업무를 영위하는 금융기관을 의미한다. 위탁투자 기간 동안 국외전문기관은 수탁자금을 자체 보유하고 있는 자금과 구분하여 독립적이고 전문적으로 관리하고 관련 위탁계약 또는 대리계약에 따라 서비스 비용 또는 수수료를 받으며 수탁자금에 대한 투자수익과 위험은 비거주자가 소유하고 부담하여야 한다(제24호 제1조).

비거주자가 위탁투자 소득에 대한 조세조약에 따른 우대 신청을 하는 경우 각 투자 단계별로[369] 체결한 투자 관련 계약 또는 협의 자료와 투자업무를 설명할 수 있는 기타 관련 자료를 세무기관에 제출하여야 한다(제24호 제2조 제1항). 제출하는 자료에는 위탁투자 원금의 출처와 구성상황, 각 단계별 수령 비용 또는 소득 수령의 약정, 투자수익과 기타의 소득이 단계별로 해당 비거주자에 반환된 정보와 증서, 소득 유형의 인정과 구분에 대한 설명자료, 세무기관이 수익적 소유자 판단에 필요하다고 판단되는 기타 일체의 자료가 포함된다(제24호 제2조 제2항, 제3항).

세무기관은 비거주자가 제출한 자료를 심사한 후 소득 유형을 각각 구분하여 처리하고(제24호 제3조) 투자수익의 소득 유형이 주식배당 또는 이자소득에 해당하는 때에는 소득이 단계별로 해당 비거주자에게 반환되는 과정에서 소득의 성격이 변하지 않고 최종적으로 비거주자에게 실질적으로 반환되었다는 것을 증명하는 증서가 있으면 해당 비거주자는 당해 소득의 수익적 소유자의 신분이 인정되고 조세조약에 따른 해당 조항의 우대혜택을 받을 수 있다(제29호 제3조 제1항, 제2항, 제3항).

즉 소득 유형이 변경되어 투자 단계별 해당 비거주자 이외 각 단계에서 수령하는 비용이나 취득하는 보수가 주식배당과 이자와 무관한 경우 해당 비거주자는 해당 부분의 비용이나 보수의 수익적 소유자가 아니다. 따라서 해당 부분의 비용이나 보수는 조세조약에 따른 주식배당과 이자소득 조항에 따른 혜택을 받을 수 없다. 투자수익의 소득 유형이 양도소득 또는 기타 수익적

---

369) 해당 비거주자, 투자관리인(投资管理人) 또는 투자책임자(投资经理), 각 단계별 위탁관리인(各级托管人), 증권회사(证券公司) 등을 포함한다.

소유자 규정의 적용대상이 아닌 소득 유형에 해당하는 때에는 조세조약에 따른 해당 조항의 규정에 따라 처리된다.

만약 비거주자 또는 위탁 대리인이 자료의 제공을 거절하거나 제공한 자료가 비거주자 위탁 투자 수익과 투자 단계상 기타 각 단계별 보수를 구분할 수 없는 경우 세무기관은 해당 조세조약에 따른 혜택을 승인하지 않을 수 있다. 비거주자와 투자 단계상의 1인 또는 다수가 관련되어 연관성이 있는 경우 세무기관에 연관된 거래에 적용된 공정가액원칙(定價原則)과 방법 그리고 관련 자료를 제출하여야 한다. 자료를 제출하지 않거나 제출한 자료가 각 당사자의 거래가 독립거래원칙(獨立交易原則)에 부합된다는 것을 완전하게 증명하지 못하면 세무기관은 관련 조세조약에 따른 우대혜택의 제공을 거부할 수 있다(제24호 제5조).

조세조약에 따른 주식배당 또는 이자소득 조항에 부합되는 비거주자는 동일한 구조, 동일한 투자 단계의 각 당사자, 동일한 투자계약 또는 협약에 따라 수령한 투자수익에 대해서는 이후 3년 이내에 동일한 관할 세무기관에 수익적 소유자 신청을 중복해서 제기하지 않아도 된다.

2. 외국 파트너십 과세

2007년 3월 16일 중국의 전국인민대표회의(全國人民代表大會)에서 반포되고 2008년 1월 1일부터 시행된 새로운 기업소득세법에서는 "비거주자 개인기업 또는 파트너십"에는 적용되지 않는다고 규정하고 있다(기업소득세법 제1조 제2항).

비거주자 개인기업 또는 파트너십의 해석이 기업소득세법의 규정에 따르고 있다는 점에 주목할 필요가 있고 이러한 의미는 실질적으로 외국의 법률에 따라 설립된 파트너십을 제외하고 중국의 법과 행정규제에 따라 수립된 비거주자 개인기업 또는 파트너십에만 관련이 있다는 것을 의미한다.[370] 즉 기업소득세법에 따른 과세의 적용을 거주자 기업 또는 비거주자 기업으로 구분하여 외국 파트너십이 중국의 과세목적에 따라 여전히 기업소득세법의 적용을 받는다는 것을 의미한다.[371]

이러한 측면에서 중국 세무당국은 외국 파트너십을 과세목적상 투명한 단체(transparent

---

370) Florian Haas, op. cit., p.189.
371) Florian Haas, op. cit., p.189.

entity)보다는 과세단체와 같이 취급할 것이다.[372] 하지만 기본적인 원칙으로 인해 시행과정에서의 불확실한 행정절차와 해석의 차이로 인한 문제 또는 특수한 상황들이 발생할 수 있다는 가능성을 예측할 필요가 있고 따라서 외국 파트너십은 세무당국이 규정한 모든 지침 및 분류와 관련해 지속적으로 통용되는 수준을 유지하는 것이 바람직할 수 있다.[373]

외국의 법률에 따라 등록된 외국 파트너십에 중국 파트너가 참여하는 경우 중국 파트너의 세금도 고려할 필요가 있다. 일반적으로 거주자 기업 또는 개인은 중국과 해외에서 벌어들인 소득에 대해 기업 소득세 또는 개인 소득세가 과세된다. 외국 파트너십에서 중국 거주자 기업이 파트너로 참여하는 경우 중국 이외 기업이 이미 납부한 소득세의 상계는 기업소득세법에 따라 산출된 해당 소득에 대한 미납부세금을 한도로 당기 미납부세금과 상계할 수 있고 초과하는 부분은 향후 5년간 공제할 수 있다.[374]

소득이 능동적 소득(积极所得) 또는 수동적 소득(消极所得)으로 분류되어야 하는지와 적용할 세율 등을 포함한 외국 파트너십으로부터 얻은 소득의 특성을 명확하게 규정하고 있지 않으며[375] 중국 개인 파트너가 외국 파트너십으로부터 받은 소득에 대해 중국 내 개인소득세를 신고하는 것 또한 논쟁의 소지가 있고 개인 파트너가 외국 파트너십으로부터 받은 소득에 대한 세율을 5%에서 35% 초과누진세율 또는 20%의 고정세율로 과세하는지에 대해서 여전히 의문이 남는 상황이다.[376]

IV. 사례의 검토

1. 사실관계

홍콩회사(香港公司) B는 A그룹이 중국 홍콩특별행정구에 100%(全资)를 투자하여 설립한 자

---

372) Ibid, p.189.
373) Ibid, p.189.
374) Ibid, p.189.
375) Ibid, p.189.
376) Ibid, p.189.

회사(子公司)이며 중간지주회사(中间控股公司)로 투자자는 네덜란드 회사(荷兰公司) C와 케이만군도 회사(开曼群岛公司) D로 구성되어 있다.[377] 홍콩회사 B는 2010년 12월 31일까지 중국 내에 청도회사 E회사를 포함한 F회사, G회사에 투자하고 있는 중간지주회사다.[378] 청도회사 E는 2009년부터 2010년까지 2년간 3회에 걸쳐 홍콩회사 B에게 이익배당(利润分配)을 하기 위해 이사회(董事会)를 개최하여 배당을 결의하였다.[379] 청도회사 E는 중국과 홍콩이 체결한 조세조약에 따라 주관국세기관에 비거주자가 조약 혜택을 신청하였고 청도회사 E는 중국과 홍콩이 체결한 조세조약 제10조에 따른 배당소득에 대한 제한세율을 적용하였다.[380]

2. 청도시국세국

주관국세기관인 청도시국세국(青岛市国税局)은 홍콩회사 B의 수익적 소유자 신분의 판단을 위한 심사를 진행하였다. 실질지배권(实际控制权)에 초점을 두어 고위임원의 직무와 보수, 회사 경영소득에 대한 지배권 또는 처분권과 위험부담, 배당의 분배 및 처분, 고위임원과 직원의 실질적인 근무 여부, 직원의 수와 소득비율, 직원의 수와 자산규모 등이 소득총액과 서로 조화되는지에 대한 다양한 정보를 종합적인 분석을 진행했다.[381]

2010년 12월 31일까지 홍콩회사 B에 3명의 임원(董事)이 근무한 것으로 되어 있었으나 3명 모두 홍콩회사 B와 중국에 실질적으로 근무한 적이 없고 또한 소득총액과 상호 조화되지 않았다. 기존 이사회 보고서에서는 "모든 연도의 기간 동안 3명의 임원이 실질적으로 근무하지 않았고 비용 또는 급여는 당시 또는 이후에도 발생하지 않을 것"이라는 내용이 반영되어 있었다.[382] 홍콩회사 B에는 2명의 직원이 근무하고 있었으나 아시아와 태평양 지역의 인력자원 총괄, 중국지역 A/S(售后), 교육 훈련 책임자(培训经理) 등의 역할을 할 뿐 투자와 관련된 업무와 관련이 없었다. 등록자본(注册资本)은 6억 위안 남짓(6亿多元)에 불과해 직원 수와 등록자본이 매년 수

---

377) 资讯-揭开跨国公司神秘避税面纱青岛国税查结首例受益所有人案。
https://www.leshui365.com/c19977/push/356371.html, (2018年 2月 28日 검색).
378) 资讯-揭开跨国公司神秘避税面纱青岛国税查结首例受益所有人案。
379) 资讯-揭开跨国公司神秘避税面纱青岛国税查结首例受益所有人案。
380) 内地和香港特别行政区关于对所得避免双重征税和防止偷税的安排。
381) 资讯-揭开跨国公司神秘避税面纱青岛国税查结首例受益所有人案。
382) 资讯-揭开跨国公司神秘避税面纱青岛国税查结首例受益所有人案。

천억 위안의 소득과 조화가 되지 않았다.[383)]

그리고 소득 또는 소득을 발생하기 위한 재산 또는 권리에 대한 실질지배권과 처분권이 부족했고 기본적으로 경영위험을 부담하지 않았다. 홍콩회사 B는 청도회사 E로부터 수령한 배당을 모두 주주인 네덜란드 회사 C와 케이만군도 회사 D에 배당하였고 투자회사(投资公司)로서 수령한 배당을 투자항목(项目投资), 증자(配股), 무상증자(转增股本), 기업합병(企业合并)에 사용하지 않았고 인수위험투자(收购及风险投资) 등의 자본 운용 활동을 수행하지 않았다.[384)]

홍콩회사 B와 금융서비스회사(金融服务公司) H가 체결한 대출계약에는 금융서비스회사 H가 자회사의 화폐위험과 기타위험을 부담하는 것으로 되어 있었고 이러한 점은 금융서비스회사 H가 존재하는 것은 홍콩회사 B와 일종의 위탁대리관계(委托代理关系)로 볼 수 있고 대출위험의 부담을 면제하는 것이 된다.[385)]

홍콩회사 B의 소득은 능동적 소득이 비교적 적고 수동적 소득이 대부분이다. 소득이 발생하는 재산 또는 권리 외에 기타 경영활동이 없거나 거의 없다. 비록 홍콩회사 B는 홍콩에 등록된 거주자 기업이지만 대외적으로 체결된 경영계약(经营合同) 또는 유럽(欧洲)의 한 나라의 법률(某国法律)이 적용된다.[386)]

청도시국세국의 상기 내용에 따르면 홍콩회사 B의 이사회 결정들은 A그룹의 결정에 따른 제한을 받으므로 홍콩회사 B는 실질지배권이 없다고 판단하였고 수익적 소유자 요건에 부합되지 않는다고 결론을 내렸다. 홍콩회사 B의 상하이 관리기구 대표는 이를 인정하고 5%의 원천징수세를 추가로 납부하였다.

3. 사례의 검토

해당 사례는 중간지주회사와 관련된 사례로서 수익적 소유자의 판단과 관련되어 있다. 청도시국세국은 실질지배권에 초점을 두어 모든 관련 사실과 상황을 종합적으로 고려하여 홍콩회사 B는 소득 또는 소득을 발생하기 위한 재산 또는 권리에 대한 실질지배권과 처분권이 부족하고

---

383) 资讯-揭开跨国公司神秘避税面纱青岛国税查结首例受益所有人案。
384) 资讯-揭开跨国公司神秘避税面纱青岛国税查结首例受益所有人案。
385) 资讯-揭开跨国公司神秘避税面纱青岛国税查结首例受益所有人案。
386) 资讯-揭开跨国公司神秘避税面纱青岛国税查结首例受益所有人案。

기본적으로 경영위험을 부담하지 않았다고 판단했다. 그리고 대출계약에서 화폐위험과 기타위험을 금융서비스회사 H가 부담하여 실질적으로 대출위험이 면제되고, 수령한 배당금이 재투자에 사용되지 않고, 소득의 대부분이 수동적 소득인 점, 경영활동이 없거나 거의 없는 점, 이사회 결정이 A그룹의 결정에 따른 지배를 받으므로 실질지배권을 가지고 있지 않아 수익적 소유자에 해당하지 않는 것으로 결정했으며 수익적 소유자의 요건에 부합하는 판단이라고 생각된다.

V. 시사점

중국은 비록 OECD 회원국은 아니지만 조세조약과 국내법에서 OECD 모델조세조약과 주석서의 많은 부분을 참고하여 반영하고 있다. 특히 1985년 일본과의 조세조약에서 수익적 소유자를 포함한 이후 2009년부터 수익적 소유자의 해석 및 적용에 관한 판단기준을 제공하기 위해 적지 않은 노력을 기울이고 있고 최근 2018년 개정된 공고에서 규정하고 있는 기준은 OECD 모델조세조약에 따른 혜택의 자격 조항과 관련된 내용의 많은 부분을 참고하여 도입한 것으로 보인다.

중국은 우리나라와는 다른 체제를 가지고 있고 이러한 점이 비록 물권의 객체에 해당하지 않으나 개인의 재산권 보호와 시장경제 질서의 건전성 유지와 발전을 위해 투자 및 투자로 인한 수익을 물권법에 포함하여 규정함으로써 조세조약에 따른 수익적 소유자의 개념을 이해하고 관련 제도의 도입에 도움이 되었다고 할 수 있다. 우리나라와 체결한 조세조약에서는 수익적 소유자 개념이 도입되어 있고 조세조약에서 용어를 정의하고 있지 않아 우리나라 거주자가 중국을 원천으로 한 배당과 이자 그리고 사용료 소득을 수령하는 경우 수익적 소유자는 중국 국내법에 따른 수익적 소유자의 개념이 적용된다고 할 수 있다.

공고에서는 수익적 소유자를 소득 또는 소득으로부터 발생하는 권리 또는 재산에 대한 소유권과 지배권을 가지고 있는 인(人)으로 정의하고 있고 민법과 물권법에 따른 소유권의 의미에 따르고 있는 것으로 보인다. 도관회사를 조세회피 또는 감소와 이익 등을 전달하거나 유보하기 위한 목적으로 설립된 회사로서 등록한 후 실질적인 경영활동을 수행하지 않는 회사로 정의하고 있다.

제601호에 따르면 수익적 소유자는 실질우위원칙에 따라 결정되고 수령한 지급금을 제3국의 거주자에게 지급 또는 분배할 의무, 실질적인 경영활동의 수행과 수행에 필요한 인적자원 및 물적시설 등, 자산과 소득에 대한 지배권과 처분권, 다른 체약국에서 비과세 또는 면제 그리고 실질적인 세율이 낮은지, 도관 금융 약정 존재 여부, 사용료와 관련해 제3자와의 양도계약 존재 여부 등이 고려되고 30호 규정에서는 판단과 관련되어 고려되는 사항을 구체적으로 규정하였다.

제601호와 제30호 공고를 수정 보완하여 통합한 제9호는 OECD 모델조세조약에 따른 혜택의 자격 조항의 많은 부분을 참고하여 도입한 것이다. 소유권과 관련되어 신청인 또는 신청인의 주식을 직간접적으로 100% 소유한 자로 규정하고 있어 혜택의 자격 조항의 능동적 사업 활동 또는 파생적 혜택 조항에서 규정하고 있는 최소한 50% 또는 동등수익자 7인 이하의 인이 95% 이상 소유하는 경우보다 더 엄격한 기준을 적용하고 있는 것으로 보인다. 이를 다르게 생각해 보면 직간접적으로 100% 소유된 경우에는 다른 적격거주자 테스트를 거치지 않고 적격거주자로 인정하는 것이 합리적이라 할 수 있다.

제9호 공고가 OECD 모델조세조약에 따른 혜택의 자격 조항과 정확하게 일치하지 않으나 혜택의 자격 조항과 많은 부분이 유사하고 이러한 측면에서 보면 중국은 OECD 모델조세조약에 따른 혜택의 자격 조항을 수익적 소유자의 판단과 관련된 판단기준으로 고려하고 있는 것으로 보이고 중국의 수익소유자 개념과 판단기준은 OECD와 국제사회가 추구하고자 하는 방향에 부합하고 있다고 할 수 있다.

제7절 EU

I. 서설

OECD 모델조세조약 제10조, 제11조 및 제12조는 배당금 또는 이자 그리고 사용료 소득에 대한 과세를 다루고 있고 그러한 이자, 배당금 또는 사용료가 다른 체약국의 거주자에 의해 "수익적으로 소유된(beneficially owned)" 경우 원천지 국가에 의해 부과될 수 있는 세금에 대한 과세의 제한을 규정하고 있다.

EU는 석탄이 풍부한 독일과 철광이 풍부한 프랑스가 석탄과 철강을 둘러싼 분쟁을 방지하고 경제적 성장 및 평화를 증진하기 위한 목적으로 1950년 프랑스 외무장관 Rovert Schuman이 제안한 슈만 선언(Schuman Declaration)에 따라 프랑스와 독일 사이의 분쟁을 종식하고 1951년 이탈리아, 벨기에, 룩셈부르크, 네덜란드가 참여하면서 6개 국가로 구성된 유럽석탄철강공동체(European Coal and Steel Community, ECSC)가 출범하면서부터 시작되었으며 현재 28개국이 회원국으로 참여하고 있는 유럽 최대 단일경제권으로 성장을 하였다. 2009년 12월 리스본조약(Treaty of Lisbon)이 발효됨으로써 EU 대통령과 고위 외교대표를 선출하여 최종적으로 완전한 정치적 통합의 단계에 가까이 가고 있다.[387]

배당과 이자 그리고 사용료 소득은 EU 부수 법안(secondary EU legislation)에서 다루어지고 있다. 2003년 EU 이자 및 사용료 지침(EU Interest and Royalties Directive, EUIRD)[388]과 2003년과 2004년 EU 저축지침(EU Saving Directive, EUSD)[389]에서는 수익적 소유자의 정의와 요건을 포함하고 있다.

EU 모자회사지침(EU Parent Subsidiary Directive, EUPSD)[390]에서는 국경을 넘는 회사 간의 배당금에 대해 다루고 있고 관계회사의 이자 및 사용료 지급금은 EU 이자 및 사용료 지침에서 다루어지고 있다. EU 모자회사지침과 EU 이자 및 사용료 지침이 원천소득에 대한 완전한 과세의 폐지를 위해 수익적 소유자와 관련된 문제를 다루고 있는 것으로 볼 수 있으나 실질적으로 이자와 사용료 소득에 대해서만 원천징수세의 완전한 면제를 하고 있다.

2017년 OECD 모델조세조약에 포함된 혜택의 자격 조항과 EU 법과의 양립성에 대해 살펴보고자 한다. 혜택의 자격 조항과 EU 법의 양립 가능성은 1989년 독일과 미국이 체결한 조세조약에서 문제가 제기되어[391] 1990년 유럽의회(European Parliament) 의원인 Gijs De Vries가 서면질의서 2046/90을 통해 EU 법과 양립할 수 있는지 유럽집행위원회(European

---

387) 김정홍, "차별과세의 금지에 관한 국제법 규범의 연구", 서울대학교 박사학위 논문, 2014, 164면.
388) Council Directive 2003/49/EC, 3 June 2003.
389) Council Directive 2003/48/EC, 3 June 2003.
390) Council Directive 2011/96/EU, 30 November 2011.
391) Félix Alberto Vega Borrego, op. cit., p.251.

Commission)에 질의를 하였으나 회신을 받지 못했다.[392]

1992년 Ruding Report(Report of the Committee of Independent Experts on Company Taxation)에서는 혜택의 자격 조항이 EU 원칙과 규정을 비롯한 무차별 원칙(principle of non-discrimination)과 함께 유럽연합기능조약(The treaty on the functioning of the European Union, TFEU)에 따른 기본적 자유와 양립할 수 없다고 결론을 내렸다.[393]

2016년 유럽집행위원회는 혜택의 자격 조항이 "조세조약에 따른 혜택을 오직 하나의 회원국 거주자에 의해 소유된 단체로 제한하고 있어 그 결과 국경 간 투자를 방해하여 단일시장에 해로울 수 있다는 것"을 고려하여 조약쇼핑 구조를 방지하기 위한 목적으로 BEPS Action 6에 포함된 혜택의 자격 조항을 따르지 않는 것으로 결정했고 주요 목적 테스트에 기초한 일반적 남용방지규칙을 따를 것을 권고하였다.[394]

현재 혜택의 자격 조항과 관련된 유럽사법재판소(Court of justice of the European Union, ECJ)의 직접적인 판례가 없어 혜택의 자격 조항과 EU 법의 양립 가능성에 대해 명확한 결론은 없으나 대표적인 판결인 Open Skies와 Act Group(ACT Ⅳ GLO) 사건의 판결에 비추어 보면 양립할 수 없는 것으로도 보인다.

유럽사법재판소의 판례와 유럽집행위원회 조치에 비추어 보면 혜택의 자격 조항이 EU 법과 양립할 수 없는 것으로 보이며 혜택의 자격 조항과 EU 법과의 양립성은 유럽연합기능조약에 따른 규정에 기초해 제공되는 규정과 비교하여 검토되어야 한다. 이러한 측면에서 혜택의 자격 조항이 EU 기본적 자유를 위반하는지를 살펴보는 것이 중요하다고 할 수 있다.

아래에서는 EU 이자 및 사용료 지침과 EU 저축지침에서 규정하고 있는 수익적 소유자의 의미와 원천징수세가 면제되는 자격에 대해 살펴보고 EU 모자회사지침에 따른 혜택이 조세조약에 따른 수익적 소유자의 의미와 같은 개념인지 그리고 혜택의 자격 조항과 EU 법의 양립성에 대해서 살펴보고자 한다.

---

392) Written Question 2046/90, made in July 1990 Gijs De Vries. However, there is a written question indirectly referring to this matter which the Commission replied to in the Answer to Written Question 2047/90 presented 5 September 1990 by the same parliament. The answer can be found in the Official Journal C-195, pp.1-2.; Vega, Las medidas contra el treaty shopping, Instituto de Estudios Fiscales, Madrid, 2003, p.345, foot note 1.039.; Ibid, p.251.
393) Commission of the European Communities, Report of the Committee of Independent Experts on Company Taxation, 1992, 30-31.; Ibid, p.251.
394) EU 2016a, 6.; EU 2016c, 29 and 49.; Ibid, p.252.

II. EU 이자 및 사용료 지침

EU 이자 및 사용료 지침은 이중과세의 배제와 행정상의 부담을 줄여 국경 간의 거래를 순수한 국내 거래와 같게 하고, 사기 또는 남용에 해당하는 지급금에 대해서만 최소한의 원천징수세를 부과하고, 관련된 비용을 공제가 가능한 국가에서 소득에 대해 과세하는 것을 보장하기 위한 목적으로 도입되었다. EU 이자 및 사용료 지침에서는 EU 회원국 내의 관계회사 또는 고정사업장 사이에 발생하는 이자 및 사용료의 지급에 대한 원천징수세의 면제와 관련된 사항을 규정하고 있다(EUIRD §1(1)). EU 이자 및 사용료 지침의 목적은 공동시장의 왜곡을 방지하기 위한 것으로 재화 및 서비스의 교환 그리고 자본과 사람의 이동을 촉진하기 위한 조세조약의 경제적 목적과 유사하다.

1990년 제안된 EU 이자 및 사용료 지침에서는 "이 지침은 사기 또는 남용(fraud or abuse)의 방지를 위해 요구되는 국내 또는 조약에 기초한 조항의 적용을 배제하지 않는다"는 것을 포함하고 있었다.[395] 1998년 제안 및 채택된 EU 이자 및 사용료 지침에서는 규정된 조항으로부터 혜택을 얻기 위해서는 이자 또는 사용료의 수령자가 수익적 소유자이어야 한다는 것과 사기 또는 남용의 사례로 예측되는 이자 및 사용료 지급금에 대해서는 원천징수세를 부과할 수 있도록 규정하였다.[396]

2003년 EU 이자 및 사용료 지침에서는 회원국의 회사가 다른 인(person)을 위한 대리인 또는 수탁자 그리고 권한을 부여받은 서명자와 같은 중개인이 아닌 오직 수익적으로 소유하기 위하여 이자 또는 사용료를 수령한 경우를 수익적 소유자로 규정하였다(EUIRD §1(4)).

EU 이자 및 사용료 지침에서는 "사기 또는 남용"을 방지하기 위한 목적으로 수익적 소유자를 포함하고 있고 수익적 소유자는 중개인의 "인위적인 개입(artificial interposition)"을 통해 부당한 세금의 혜택을 받기 위한 것이 아니라는 것을 요건으로 하는 EU 법상의 용어라고 할 수 있다. 회사는 일반적으로 면제되지 않는 한 §3(a)(ⅲ)에서 언급하고 있는 구체적 항목 중 하나의 적용대상[397]이 되고 "자기 자신의 혜택을 위해 소득을 수령(receiving income for one's

---

395) See article 7 of the Proposal for a Council Directive on a common system of taxation applicable to interest and royalty payments made between parent companies and subsidiaries in different Member States, COM(90) 571 final; Michael Lang·Alfred Stock et al., op. cit., p.216.
396) Michael Lang·Alfred Stock et al., op. cit., p.216.
397) §3(a)(ⅲ)은 개별 EU 회원국의 법인세, 기업소득세, 주 소득세 등의 항목에 대해 열거하고 있다.

own benefit)"하고 다른 인(person)을 위한 대리인 또는 수탁자 그리고 권한을 부여받은 서명자와 같은 중개인에 해당하지 않는 경우 수익적 소유자가 된다.

아울러 지급이 발생하는 이자 또는 사용료 지급금이 "고정사업장과 효과적으로 연결"되는 채무이행요구 또는 관련 정보에 대한 권리 또는 권리의 사용과 관련된 이자 또는 사용료(EUIRD §1(5)(a)) 그리고 지급된 이자 또는 사용료 소득이 EUIRD §3(a)(iii)에 언급된 세금 중 하나에 해당하는 고정사업장과 연결된 소득인 경우(EUIRD §1(5)(b)) 고정사업장은 이자 또는 사용료의 수익적 소유자로 간주하고 있다(EUIRD §1(5)). 다만 고정사업장은 독립된 법인이 아니므로 지급금으로부터 혜택을 받을 수 없어 "자기 자신의 이익을 위해 소득을 수령한 것"에 의존하지 않고 "기초자산이나 권리가 고정자산과 효과적으로 연결(effective connection)"되는지와 회원국에서 지급금이 명시적으로 과세대상에 포함되어 "이중과세의 위험이 있는 경우"에만 혜택이 부여된다. "효과적인 연결"은 OECD 모델조세조약에 따른 의미와 같은 의미가 부여된 것으로 보인다(OECD Model 2017 §10(4), 11(4), 12(3)). 과세대상 요건은 소득이 실제로 과세되어야 한다는 것이 아닌 오히려 세금을 면제해서는 안 된다는 것을 의미한다.[398]

III. EU 저축지침

EU 저축지침에서는 EU 회원국에 거주하는 개인에 의해 수익적으로 소유된 이자 또는 유사한 형태의 EU 원천 저축소득이 수익적 소유자의 거주지 국가에서 유효한 과세대상이 되는지를 확인하기 위한 정보의 자동교환에 관한 사항을 규정하고 있다(EUSD §1(1)). EU 회원국 간 자본이동의 왜곡 방지와 거주지 국가에서의 세금을 회피하는 것을 배제하기 위한 목적이 있다.

EU 저축지침의 목적상 수익적 소유자는 "자신의 이익을 위해 수령 또는 확보되지 않았다는 것을 입증하지 않는 한 그러한 지급금을 수령 또는 확보한 이자 지급금의 수령자 또는 어떤 개인"을 의미한다(EUSD §2(1)). 수익적 소유자는 지급대리인(paying agent)과 같이 활동하는 자(EUSD §2(1)(a)), 법인격이 있거나 법인격이 없는 단체와 함께 또는 단체를 대표해서 활동하는 자, 경제적 운영자 구조 또는 이자가 지급된 성명(name)의 확보, 법적 형태, 단체의 설립장

---

398) Michael Lang·Alfred Stock et al., op. cit., p.215, 246.

소의 주소 공개, 다른 국가 또는 관할권에 소재하는 단체의 효과적인 관리장소의 주소(EUSD §2(1)(b)), 법적 약정을 대표해 활동하는 자, 경제적 운영자가 있는 경우 구조 또는 이자가 지급된 성명의 확보, 법적 형태, 법적 약정의 효과적인 관리장소의 주소, EUSD §1a(c)의 관점에서 언급된 자의 법적 또는 자연인의 성명(EUSD §2(1)(c)), 또는 수익적 소유자와 EUSD §3(2)와 일치하는 수익적 소유자와 같이 지급대리인으로 드러내는 다른 개인을 대표해 활동하는 자 (EUSD §2(1)(d))를 의미한다. 따라서 원칙적으로 수익적 소유자는 자신의 이익을 위해 이자를 수령한 개인이지만 수령자가 수익적 소유자가 아니라는 것을 입증하지 않는 한 수익적 소유자로 간주된다.

2014년 개정된 저축지침에서는 신탁 상황에서 지침의 규정을 회피할 수 없도록 단체가 개입된 상황에 대해서는 "통과접근법(look through approach)"이 적용된다는 것을 분명하게 규정하였다(EUSD §2(3), §2(4)). 따라서 EU 회원국의 단체가 아니거나 효과적으로 과세되지 않는 경우 EU 자금세탁방지지침(EU Anti-Money Laundering Directive, EUAMLD)에 따른 결정과 같이 개입된 단체는 수익적 소유자로 간주한다. 그리고 "통과접근법(look through approach)"을 적용하여 최종 경제적 소유자(ultimate economic ownership)를 확인할 수 있다.

결과적으로 EU 저축지침에서는 이자의 수령자를 수익적 소유자로 간주하고 있고 수령자가 수익적 소유자가 아니라는 것을 입증하지 않는 한 수익적 소유자가 되므로 조세조약에 따른 수익적 소유자와 같은 의미로 이해되지 않으며 EU 법상 독자적인 의미가 부여된 것으로 보아야 한다.

Ⅳ. EU 모자회사지침

EU 모자회사지침은 자회사가 모회사에 지급하는 배당이나 기타 수익 분배에 대한 모회사 단계에서의 이중과세를 방지하기 위해 원천징수세를 면제하는 것을 목적으로 도입되어 시행되고 있다.[399]

다른 회원국의 회사를 함께 그룹화하는 것은 내부시장과 비슷한 조건을 조성하고 내부시장이

---

399) Parent Subsidiary Directive, Council Directive 2011/96/EU of 30 November 2011, L 345/8.

효과적으로 기능할 수 있도록 보장하기 위한 것으로 회원국의 특수한 세금규정으로부터 발생하는 제한이나 불이익과 왜곡이 방해되지 않도록 할 필요가 있다. 다른 회원국의 회사를 함께 그룹화하는 것을 고려하는 기업이 내부시장의 요구에 부응할 수 있도록 경쟁의 측면에서 중립적인 세금규정을 제공할 필요가 있고 중립적인 세금규정은 생산성과 국제 수준에서의 경쟁력을 증가시킬 수 있다.[400]

결과적으로 이러한 그룹화는 모회사와 자회사로 구성되는 그룹을 형성하게 되고 모회사의 회원국은 모회사가 자회사로부터 이익을 분배받는 경우 그러한 이익에 대해 과세를 자제하거나 분배한 이익과 관련해 자회사가 부담한 법인세 중의 일부를 모회사가 세금총액에서 공제할 수 있도록 허용해야 한다.[401]

아울러 실질적인 재정적 중립을 보장하기 위해서는 자회사가 분배하는 이익에 대해 모회사는 원천징수세로부터 면제되어야 한다. 다른 회원국의 자회사로부터 회원국의 회사가 수령한 이익 분배(EUPSD §1(1)(a)), 회원국의 회사가 다른 회원국의 자회사에 분배한 이익(EUPSD §1(1)(b)), 회원국의 자회사로부터 다른 회원국에 소재하고 있는 고정사업장에 의해 수령된 이익 분배(EUPSD §1(1)(c))에 대해서는 원천징수세가 면제된다. 관련된 모든 "사실과 상황"을 고려했을 때 지침의 대상과 목적을 무효로 하는 세금혜택을 얻는 것이 "주요 목적 또는 주요 목적 중의 하나(main purpose or one of the main purposes)"라고 판단되는 때에는 해당 약정 또는 연속된 약정(arrangement or a series of arrangements)에 대해 지침에 따른 혜택은 부여되지 않는다(EUPSD §1(2)).

약정은 하나의 단계 또는 부분 이상이 포함될 수 있으나 약정 또는 연속된 약정이 경제적 사실을 반영하는 유효한 상업적 동기가 있는 경우에는 혜택이 부여된다(EUPSD §1(3)).[402] EU 모자회사지침은 조세회피와 세금 사기 또는 남용의 방지를 위해 필요한 국내법 또는 조약에 기초한 조항의 적용을 배제하지 않는다(EUPSD §1(4)).[403]

EU 모자회사지침의 적용에 있어 회원국의 회사라는 용어의 의미를 이해할 필요가 있다. 회원국의 회사는 부속서 I의 A(Annex I, Part A)에 열거된 형태 중 하나(EUPSD §2(a)(i)) 그리고

---

400) Ibid, L 345/8.
401) Ibid, L 345/9.
402) Parent Subsidiary Directive, Council Directive 2015/121/EU of 27 January 2015, L 21/2.
403) Ibid, L 21/2.

회원국의 세법에 따라 과세목적을 위해 회원국에서 거주자로 고려되는 모든 회사로 정의하고 있고 EU 연합 이외의 과세목적을 위해 제3국과 체결한 조세조약에 따른 거주자는 적용대상 범위에서 제외(EUPSD §2(a)(ii))하고 있다(EUPSD §2(a)).

회원국의 회사는 최소한 EUPSD §2의 조건을 충족하고 같은 조건을 충족하는 다른 회원국 회사 자본의 최소 10%를 소유하는 경우(EUPSD §3(a)(i)) 그리고 같은 조건에 따라 회원국의 회사에 대해 같은 회원국의 회사 지분의 최소 10%를 소유하고 다른 회원국에 소재하고 있는 이전 회사(former company)의 고정사업장에 의해 전부 또는 일부가 소유되는 회사는(EUPSD §3(a)(ii)) 모회사에 귀속된다(EUPSD §3(a)). 자회사는 앞에 언급된 회사의 지분을 소유하는 것을 포함한 것을 의미한다(EUPSD §3(b)).

V. 시사점

EU 이자 및 사용료 지침은 이중과세의 배제와 행정상의 부담을 줄여 순수한 국내 거래와 같게 하고 공동시장의 왜곡을 방지하기 위한 목적으로 도입되었다. 사기 또는 남용에 해당하거나 지급금의 수령자가 대리인 또는 수탁자 그리고 권한을 부여받은 서명자와 같은 중개인이 아닌 수익적 소유자에 대해서는 이자 및 사용료에 대한 원천징수세를 면제하고 수익적 소유자가 아닌 경우 원천징수세를 부과할 수 있고 중개인의 "인위적인 개입(artificial interposition)"을 통해 부당한 세금의 혜택을 받기 위한 것이 아니라는 것을 요건으로 하고 있다.

EU 이자 및 사용료 지침에서는 특별히 고정사업장을 수익적 소유자로 간주하고 있다. 고정사업장은 독립된 법인이 아니므로 자신의 이익을 위해 소득을 수령한 것에 따른 기준을 적용할 수 없어 수령한 지급금이 기초자산이나 권리가 고정자산과 효과적으로 연결되었는지와 명시적으로 과세대상에 포함되어 이중과세의 위험이 있는 경우에만 혜택을 부여하고 있다.

비록 조세조약에 따른 수익적 소유자의 개념과 일치하지는 않으나 자신의 이익을 위해 소득을 수령한 것과 대리인 또는 수탁자 그리고 권한을 부여받은 서명자와 같은 중개인을 배제하고 부당한 세금의 혜택을 받기 위한 것이 아닌 경우를 수익적 소유자의 요건으로 하고 있어 조세조약에 따른 수익적 소유자의 이해에 도움이 될 수 있을 것으로 생각된다.

EU 저축지침에서도 수익적 소유자의 개념을 포함하고 있으나 앞서 살펴본 EU 이자 및 사용료 지침에서의 수익적 소유자 개념과는 다른 의미가 있다. EU 저축지침은 수익적으로 소유된 이자 또는 유사한 형태의 EU 원천 저축소득이 수익적 소유자의 거주지 국가에서 유효한 과세대상이 되는지를 확인하기 위한 것으로 EU 회원국 간 자본이동의 왜곡 방지와 거주지 국가에서의 조세회피를 방지하기 위한 목적이 있다. EU 저축지침에 따른 수익적 소유자는 자신의 이익을 위해 수령 또는 확보하지 않았다는 것을 입증하지 않는 한 그러한 지급금을 수령 또는 확보한 이자 지급금의 수령자 또는 개인을 의미한다.

EU 이자 및 사용료 지침에서는 이자 및 사용료에 대한 원천징수세를 면제하기 위한 목적으로 수익적 소유자 개념을 사용하고 있으나 EU 저축지침은 유효한 과세대상인지를 확인하여 자본이동의 왜곡과 거주지 국가에서의 조세회피를 방지하기 위한 목적이 있어 두 지침에서의 수익적 소유자 개념은 다르다고 할 수 있다. 따라서 조세조약에 따른 수익적 소유자 개념과 다른 의미가 있는 것으로 보이고 조세조약에 따른 수익적 소유자 개념의 해석 및 적용에 도움이 되지 않는다고 할 수 있어 EU 법에 따른 독립적인 의미를 가지는 것으로 보아야 한다.

EU 모자회사지침은 내부시장과 비슷한 환경을 제공하고 내부시장이 효과적으로 기능할 수 있도록 하고 경쟁의 측면에서 중립적인 세금규정을 제공하여 생산성과 국제 수준에서의 경쟁력 향상을 위해 모회사 단계에서의 배당에 대한 이중과세를 방지하고자 원천징수세를 면제하는 것을 목적으로 하고 있으며 수익적 소유자 또는 수익적 소유권이라는 개념을 사용하고 있지는 않다.

결과적으로 경쟁의 측면에서의 중립적인 세금규정은 모회사의 회원국이 모회사가 자회사로부터 수령한 배당금에 대해 과세를 자제하는 것과 자회사가 부담한 법인세 중의 일부를 모회사가 세금총액에서 공제할 수 있도록 허용하거나 자회사가 모회사에 지급하는 배당에 대해 원천징수세를 면제하는 것을 의미한다. 다만 모든 관련 "사실과 상황"을 고려했을 때 세금혜택을 얻는 것이 주요 목적 또는 주요 목적 중의 하나라고 판단되는 경우에는 세금혜택을 부여하지 않을 수 있도록 하고 있어 조세조약에 따른 주요 목적 테스트와 같은 개념을 적용하고 있다.

배당소득에 대한 원천징수의 면제는 회원국의 회사라는 의미를 충족하고 같은 조건을 충족하는 다른 회원국 회사 자본의 최소 10%를 소유하는 경우 고정사업장에 의해 전부 또는 일부가 소유되는 회사가 세금혜택을 얻는 것을 주요 목적 또는 주요 목적 중의 하나로 하지 않는 경우 혜택이 부여된다. EU 모자회사지침에서는 모회사와 자회사의 관계에 있어 소유권 비율을 자본의 최소 10%로 하고 있어 소유권 비율을 엄격하게 적용하고 있는 것으로 보이지 않고 수익적 소유자 개념을 포함하고 있지 않아 조세조약에 따른 수익적 소유자 개념의 해석 및 적용과 관련이 없다.

앞서 살펴본 것과 같이 EU의 세 지침은 배당과 이자 그리고 사용료 소득과 관련이 있다. 지침에서는 수익적 소유자의 개념을 조세조약에 따른 수익적 소유자와 유사한 개념을 포함하거나 전혀 다른 개념으로 정의하여 포함하고 있지 않아 EU 지침상의 수익적 소유자와 조세조약에 따른 수익적 소유자를 같은 개념으로 볼 수 없다. 따라서 조세조약에 따른 수익적 소유자의 해석 및 적용에 도움이 되지 않고 EU 법상 독립된 의미로 이해하는 것이 바람직하다. 다만 EU 이자 및 사용료 지침에서의 수익적 소유자 개념은 조세조약에 따른 수익적 소유자의 해석 및 적용에 도움이 될 수는 있을 것으로 보인다.

제8절 소결

지금까지 OECD를 비롯한 주요국 그리고 EU 법에 따른 지침상의 수익적 소유자와 관련된 개념 및 적용과 관련된 주요국들의 과세제도 및 주요 판례 등을 살펴보았다. OECD를 비롯한 주요국은 수익적 소유자를 "소득귀속원칙"으로 이해하고 있으며 "법인 또는 단체의 소유권 또는 지배력"의 측면에서 해석 및 적용하고 있는 것으로 보인다.

우리나라는 국세기본법 및 국제조세조정법상 실질과세원칙에 따라 소득이 사실상 귀속되는 자를 실질귀속자로 보아 소득귀속원칙으로 이해하고 있는 것으로 보인다. 독일과 중국 그리고 미국 또한 소득귀속원칙으로 이해하고 있으며 영국의 경우 형평법상의 의미에 따른 수익적 소유권의 개념에 기초한 국제재정적 의미로 이해하고 적용하고 있다. 다만 소득귀속원칙으로 이해하고 있는 국가들도 실질적인 판단기준과 관련 수익적 소유자를 "자산과 소득에 대한 권리"의 측면, 즉 "자산과 소득의 소유권과 지배력"의 측면을 고려하고 있다.

우리나라는 국내법상 실질귀속자를 실질적으로 귀속받는 외국법인 또는 실질적으로 귀속받는 비거주자로 정의하고 있고 해당 국내원천소득과 관련해 법적 그리고 경제적 위험을 부담하고 소득을 처분할 수 있는 권리를 가지고 해당 소득에 대한 소유권을 실질적으로 보유하는 자를 판단기준으로 제시하고 있어 조세조약에 따른 수익적 소유자의 판단기준을 제시하고 있는 것으로 보인다.

OECD 모델조세조약과 우리나라를 비롯한 대부분의 국가가 체결한 조세조약에서는 일반적으로 배당과 이자 그리고 사용료 소득에 대해서만 수익적 소유자를 포함하고 있다. 그러나 우리나라 국내 세법에서는 배당과 이자 그리고 사용료 소득에 추가로 특정 양도소득을 적용대상에 포함하고 있고 미국의 경우 미국 모델조세조약 기타소득 조항에 "수익적으로 소유한(beneficial owned)"이라는 용어를 포함하고 있어 수익적 소유자라는 용어를 어떻게 이해해야 하는지에 대한 의문이 든다.

OECD 모델조세조약 및 주석서에서는 수익적 소유자를 정의하기보다는 단순한 설명의 형태로 언급을 하고 있고 원칙적으로 수령자가 수익적 소유자와 거주자 요건을 충족하는 경우 조약에 따른 혜택이 부여되고 수익적 소유자는 "거주자에게 지급된"이라는 용어의 의미를 분명히 하기 위해 포함되었기 때문에 재정적 탈세와 회피를 방지하고 이중과세의 방지를 포함하는 조약의 문맥과 대상 및 목적에서 이해되어야 한다고 언급하고 있어 과세의 제한을 요구하는 요구자의 특성을 명확하게 한 것으로 보인다.

지급금을 수령한 수령인의 권한은 "수령한 지급금을 다른 인(person)에게 전달할 계약상 또는 법적 의무"에 따라 제한되므로 대리인 또는 명의수탁인 그리고 수탁자는 수익적 소유자에 해당하지 않는다. 즉 "수령한 지급금을 다른 인(person)에게 전달할 계약상 또는 법적 의무가 없이 수령한 지급금을 사용하고 향유할 권리"를 가지고 있는 경우 수익적 소유자가 되고 모든 관련된 "사실과 상황"을 함께 고려해 판단하도록 하고 있어 실질우위원칙으로 다루고 있는 것으로 보인다.

우리나라의 판례에서는 국세기본법과 국제조세조정법상 실질과세원칙이 조세조약에도 적용될 수 있다는 것을 분명히 하고 있지만 실질귀속자와 수익적 소유자가 같은 의미가 있는 용어인지에 대해 분명하게 결론을 내리고 있지 않다. 판례에 따르면 투자한 자금의 성격, 사전에 약정된 현금흐름에 따른 수령한 배당금을 전달할 의무, 투자한 자금과 수령한 배당금에 대한 지배력, 주요 사업 활동, 독자적 존재로의 성격을 가지고 있는 실체인 독립된 법인인지를 기준으로 수익적 소유자 또는 실질귀속자를 판단하고 있어 OECD 모델조세조약과 주요국의 수익적 소유자의 정의 및 판단기준과 유사한 기준을 적용하고 있다.

결론적으로 우리나라를 비롯한 주요국 그리고 OECD 모델조세조약에 따른 수익적 소유자의 해석 및 적용기준은 유사하게 적용되는 것으로 보이고 소득귀속원칙과 소유권의 측면에서의 구분은 큰 의미가 없는 것으로 생각되고 우리나라 국내 세법에서 명확하게 해석 및 판단기준을 제시하고 있지 않으나 실질귀속자와 수익적 소유자는 유사한 개념을 가지고 있는 용어로 이해된다. 이와 관련된 사항은 제4장 OECD와 미국 모델조세조약상 혜택의 자격을 검토한 후 제5장 수익적 소유자의 정의 및 판단기준에서 다시 논의하고자 한다.

제4장

OECD와 미국 모델조세조약상 혜택의 자격

제4장
OECD와 미국 모델조세조약상 혜택의 자격

제1절 서설

OECD는 2003년 모델조세조약 주석서 제1조 주석에 혜택의 제한과 관련된 주석을 처음으로 포함하였으며 2017년 모델조세조약 제29조에 혜택의 자격 조항을 포함하였다. 2017년 OECD 모델조세조약에서는 혜택의 자격 조항은 체약국의 의도를 반영하고 이러한 의도는 조약의 전문에 포함된 것으로 조약쇼핑 약정을 포함한 탈세 또는 회피를 통한 세금의 비과세 또는 감면의 기회를 창출하지 않으며 이중과세를 방지하기 위해 도입되었다는 것을 분명히 하고 있다.[404]

혜택의 자격 조항의 의도와 표현은 "OECD /G20 세원 잠식 및 이익 이전 프로젝트(OECD/G20 Base Erosion and Profit shifting Project)"의 부분으로 합의되고 "부적절한 상황에서 조약 혜택의 부여 방지-행동 6: 2015년 최종보고서(Preventing the Granting of Treaty Benefits in Inappropriate Circumstances - Action 6: 2015 Final Report)"에 기술된 제22조의 최소표준에 해당한다.

혜택의 자격 조항은 다양한 남용거래를 방지하는 일반적 규칙의 유연성과 조약남용 문제를 발생시키는 단체의 외국인 소유권과 같은 특수한 특징을 언급하여 쉽게 기술할 수 있는 자동적 규칙의 확실성을 결합할 수 있는 장점이 있다. 체약국의 거주자에 해당하지 않는 인(person)이 조세조약을 체결한 국가의 조세조약에 따른 혜택을 통해 다른 체약국에서 발생하는 세금을 줄이거나 면제받기 위한 목적으로 체약국의 거주자에 해당하는 단체를 설립하는 경우 조약남용을 방지하기 위한 목적으로 포함되었다.

혜택의 자격 조항은 조세조약을 체결한 국가의 거주자로서 조세조약에 따른 혜택에 대한 자

---

404) OECD Model 2017, supra note, p.175, art. 29, para. 1.

격이 부여되는 적격거주자 또는 수익적 소유자에 대한 판단기준을 제공하고 있는 것으로 볼 수 있다. 수익적 소유자는 "납세자의 동기 또는 의도"를 확인하는 주관적인 영역을 고려하고 있으나 혜택의 자격 조항은 납세자의 특성과 소유권에 기초한 객관적 수량화를 통한 적용기준을 제시하고 있어 높은 법적 확실성을 제공하고 있고 소유권의 구조, 공제가 가능한 지급금의 정도, 업무의 수행과 구성, 다른 유사한 유형의 경계와 비율에 대한 범위를 명확하게 구분하는 장점이 있다.

일반적으로 개인, 적격정부기관, 비영리기관 및 공개거래 기업 또는 단체는 거주지 국가와 충분한 연결 또는 관련이 있는 것으로 고려된다. 다른 모든 기업 또는 법적 단체, 특히 비공개거래 기업 또는 단체는 다른 요건을 충족하는 경우에 충분한 연결과 관련이 있는 것으로 간주한다. 객관적 테스트에서는 적격자인지를 결정하기 위해 소유권과 세원잠식을 기준으로 평가하고 있고 소유권 테스트에서는 제3국의 거주자에 의해 최소 50% 이상이 소유된 경우 조세조약에 따른 혜택의 자격이 부여되지 않는다.

조세조약에 따른 혜택에 대한 직접적인 자격이 부여되지 않는 법인에 대해 조세조약에 따른 혜택을 간접적으로 부여하고 체약국의 거주자가 아닌 법인이 적법한 사업을 이유로 체약국에 단체를 설립하는 구조의 사례에서 조세조약에 따른 혜택을 거부할 수 있도록 하고 있고 조세조약의 특정 남용방지 규정의 목적과 관련해 채택이 되었는지 관계없이 적용된다.[405] 다만 다른 조항에 따라 조세조약에 따른 혜택이 거부되더라도 관계기관이 조세조약에 따른 혜택을 얻는 것이 구조의 "주요 목적 중 하나(one of its principal purposes)"에 해당하지 않는다고 결정하는 경우에는 조세조약에 따른 혜택을 부여할 수 있도록 하고 있다.[406]

OECD 모델조세조약 주석서에서는 혜택의 자격 조항과 관련하여 단순 버전과 구체적 버전으로 구분하고 있고 혜택의 자격을 직접 자격과 간접 자격으로 구분하고 있다. 직접 자격은 주로 조세회피의 위험이 없거나 낮은 개인과 단체에 대해 모든 조약 혜택에 대한 직접 자격을 부여하고 간접 자격에서는 능동적 사업 활동을 수행하거나 파생적 혜택 요건의 충족 또는 본부기업으로 활동을 수행하고 있는 단체에 대해서 모든 조약 혜택을 부여하거나 일부 특정 소득 항목에 대해서만 조약 혜택의 자격을 부여하고 있다.

적격자인 거주자에 대한 사항은 단순 버전과 구체적 버전 모두 동일하게 적용되고 혜택의 자

---

405) OECD Model 2017, supra note, p.175, art. 29, para. 3.
406) Ibid, p.175, art. 29, para. 3.

격에서 다르게 명시하는 경우를 예외로 할 때 체약국의 거주자가 혜택이 부여되는 시점에 적격자에 해당하지 않는 경우 조세조약에 따른 혜택에 대한 자격을 부여하지 않는다(OECD Model 2017 §29(1)). 시점과 관계없이 체약국의 거주자에게 조세조약에 따른 혜택을 부여할 때 적용된다. 따라서 조세조약에서 정의한 체약국의 거주자가 적격자에 해당하지 않거나 능동적 사업 활동의 수행, 파생적 혜택, 본부기업, 재량적 구제에 따라 자격이 부여되지 않는 경우 체약국의 거주자에게 제공되는 혜택의 자격은 부여되지 않는다. 그리고 일부 사례에서는 체약국의 거주자가 주어진 시점에서 적격자가 되기 위해 해당 기간 동안 부여된 조건을 반드시 충족하도록 하고 있다.[407]

OECD 모델조세조약 혜택의 자격 조항에서는 체약국의 거주자에 해당하는 법인에 적용하는 다른 조항의 일반적인 범위를 제한하고 있다.

제29조 제1항은 체약국의 거주자가 제2항의 "적격자(qualified person)"에 해당하지 않는 경우 또는 제3항, 제4항, 제5항, 제6항에 따라 조세조약에 따른 혜택이 부여되지 않는 경우 조약 혜택에 대한 자격이 없다고 규정하고 있다.

제2항은 다양한 법인의 "본질 또는 속성"을 통한 "적격법인"을 결정하고 적격법인은 모든 조세조약에 따른 혜택에 대한 자격을 갖는다.

제3항은 법인의 거주지 국가에서 "능동적 사업 활동의 수행(active conduct of a business)"으로 소득이 발생하거나 소득이 능동적 사업 활동의 수행에 부수적으로 발생하는 경우 비록 적격자에 해당하지 않더라도 특정한 소득 항목에 대해 조세조약에 따른 혜택을 향유할 수 있는 자격이 부여된다.

제4항 "파생적 혜택(derivative benefit)"은 거주자가 직접 투자를 수행한 경우 혜택의 자격이 부여되는 제3국의 거주자에 의해 소유된 단체에 대해서는 조세조약 혜택의 자격이 부여된다.

제5항은 "본부기업(headquaters company)"이 비록 적격자에 해당하지 않더라도 특정 소득 항목에 대해서 조세조약에 따른 혜택을 적용받을 수 있도록 하고 있다.

제6항에서는 다른 조항에 따라 혜택이 거부되는 경우 체약국의 관계기관이 조세조약에 따른 혜택을 부여할 수 있도록 하고 있고 제7항에서는 제29조의 목적에서 사용되는 여러 용어의 정의를 포함하고 있다.

---

407) OECD Model 2017, supra note, p.177, art. 29, para. 9.

즉 개인, 체약국의 적격정부기관, 세금면제 조직은 고유한 특성과 기능을 고려할 때 영토와 충분한 연계성을 가지고 있고 공개거래 기업과 단체는 주주들이 행사하는 통제력은 발행주식수의 분산비율에 비례해 감소하기 때문에 분산비율이 높은 경우 조약쇼핑에 사용될 가능성이 낮은 것으로 추정될 수 있어 이러한 고유한 특성과 기능을 고려하여 조약의 모든 혜택에 대한 직접적인 자격이 부여되는 적격거주자로 구분하고 있다. 아울러 공개거래 기업과 단체의 자회사와 비공개거래 기업과 단체는 소유권 및 세원잠식 테스트를 충족하는 경우 적격거주자가 된다. 다만 적격거주자에 해당하지 않는 기업과 단체, 즉 주식거래 조항과 비공개거래 기업과 단체 요건을 충족하지 못하는 기업과 단체는 능동적 사업 활동의 수행 조항을 통해 조세조약에 따른 혜택에 대한 자격이 부여될 수 있다.

제3국의 거주자와 주로 거래하거나 제3국의 거주자에 의해 주식 대부분이 소유되는 경우 소유권 및 세원잠식 조항을 준수하기 어려울 수 있어 능동적 사업 활동의 수행 조항을 통해 적격거주자에 해당하는지와 관계없이 거주지 국가와 충분한 연계와 사업목적이 존재한다는 가정에 근거해 충분한 연계와 사업목적이 입증되는 경우 조약 혜택의 자격이 부여된다.

2016년 미국 모델조세조약에서는 파생적 혜택과 본부기업 조항을 추가로 포함하여 기본적으로 2017년 OECD 모델조세조약과 대부분의 전반적 내용은 같다. 그러나 OECD 모델조세조약에 따른 혜택의 자격 조항은 2006년 미국 모델조세조약을 참고하여 도입된 것으로 미국은 혜택의 제한 조항을 최초로 설계해 적용한 나라로 혜택의 제한 조항을 이해하는 데 도움이 될 수 있어 미국 모델조세조약에서 규정하고 있는 혜택의 제한 조항의 변경과정을 살펴보고자 한다. 또한 미국 모델조세조약과 관련해 아래에서는 1996년과 2006년 그리고 2016년 미국 모델조세조약 및 기술적 설명서(Technical Explanation, TE)에 포함된 혜택의 제한 조항과 미국 국내 세법에 따른 규정 등에 대해 함께 살펴보고자 한다.

아울러 혜택의 자격 조항은 EU 법, 특히 EU 기본적 자유(EU fundamental freedom)와 잠재적으로 양립성 문제가 발생할 수 있다. OECD BEPS Action 6에서 그 자체로 강조되고 있었고 제안된 OECD 모델조세조약 조항이 헌법 또는 EU 법에 따라 적절한 표현을 채택하지 못하도록 하는 제한이 있는 국가의 경우 하나 이상의 특정 해결책을 찾아야 한다고 명시하고 있다.[408] 따라서 혜택의 자격 조항과 EU 법에 따른 기본적 자유와의 양립성에 대한 잠재적인 문제

---

408) OECD, Preventing the Granting of Treaty Benefits in Inappropriate Circumstances, ACTION 6 Deliverable, 2014, p.9, p.19, para. 6, p.23, para. 13.

는 결국 EU 또는 EU 회원국이 해결책을 찾도록 하는 것으로 보인다.

아래에서는 OECD 모델조세조약 및 주석서에 포함된 구체적 버전과 미국의 모델조세조약 및 주석서 그리고 EU 법 및 EU 법에 따른 기본적 자유와 혜택의 자격과의 양립 가능성을 중심으로 살펴보고자 하며 현재 우리나라에서는 수익적 소유자를 정의하고 있지 않을 뿐만 아니라 직접적으로 혜택의 자격 조항을 도입하고 있지 않아 혜택의 자격과 관련된 우리나라의 법률제도 등은 개별조항과 관련되는 부분에서 함께 검토하고자 한다. 아울러 OECD 모델조세조약에 포함된 혜택의 자격 조항과 미국 모델조세조약에 포함된 혜택의 제한 조항의 내용에 특별한 차이가 없어 OECD 모델조세조약에 따른 혜택의 자격 조항에서는 조항의 전반적인 사항을 살펴보고 조항의 구체적인 사항은 미국 모델조세조약에서 검토하도록 하고자 한다.

제2절 OECD 모델조세조약상 혜택의 자격

I. 적격거주자

1. 적격거주자의 범위

적격자 조항에서는 체약국의 거주자는 조세조약에 따른 혜택이 부여되는 시점에 적격자에 해당하여야 하고 적격자에 해당하는 거주자의 범위를 규정하여 관계기관의 결정이나 승인 없이 자동적으로 발효하는 것을 목적으로 하고 있고 세무당국은 납세자가 조항을 부적절하게 해석한 것은 아닌지와 혜택에 대한 자격이 없는지에 대해 결정할 수 있도록 하고 있다.

체약국의 거주자에 해당하는 개인, 체약국 또는 정치적 부분이나 지방 당국과 그러한 체약국과 정치적 부분이나 지방 당국의 대리 또는 대행기관은 적격자에 해당한다(OECD Model 2017 §29(2)(a), §29(2)(b)). 개인이 아닌 법인으로 12개월 동안 최소 절반에 해당하는 날 동안 체약국의 거주자인 개인이 아닌 단체를 개인, 적격정부기관, 주식거래 조항, 세금면제 조직 조항에 따라 조세조약에 따른 혜택에 대한 자격이 부여되는 단체가 법인의 의결권 또는 주식 가치 또는 의결권과 불균일분배주식의 최소 50%를 나타내는 주식을 직간접적으로 소유하고 해당

법인의 과세기간 동안 총소득의 50% 미만 그리고 테스트 그룹 총소득의 50% 미만이 개인, 정치적 부분 등, 주식거래 조항, 세금면제 조직 조항에 따라 법인의 거주지 국가에서 조약에 포함된 과세목적에 따라 공제가 가능한 지급의 형태로 각 체약국의 거주자가 아닌 인(person)에게 직간접적으로 지급되거나 유보되는 경우 적격자에 해당한다(OECD Model 2017 §29(2)(e)).

체약국의 거주자에 해당하는 개인은 적격자에 해당하고 집합투자기구(collective investment vehicle, CIV)는 관련 조약의 적용에 있어 반드시 개인으로 취급되어야 하고 개인으로 취급되는 경우 집합투자기구는 적격자가 된다. 체약국 또는 체약국의 정치적 부분이나 지방 당국 또는 국가 또는 체약국의 정치적 부분이나 지방 당국의 대리 또는 대행기관은 적격자가 된다. 따라서 국가가 정한 개별적인 기금[409]과 같은 국가의 모든 부문으로 적용되고 체약국의 대리 또는 대행기관이나 정치적 부분 그리고 지역기관에 해당하는 별도의 인(person)은 체약국의 거주자로서 적격자가 되고 조세조약에 따른 혜택에 대한 자격을 갖는다.[410]

"대리 또는 대행기관"이라는 개념은 정부가 만든 전적으로 정부와 관련된 업무를 수행하는 단체 또는 국가의 정치적 부분과 지역기관으로 제한되고 특정한 목적에 있어 국가의 대리로 활동을 하지만 정부의 기능을 수행하기 위해 만든 것에 해당하지 않는 기업은 대리 또는 대행기관의 개념에 부합되지 않는다.[411]

체약국의 거주자로서 자격을 갖는 범위에서 일정한 비영리단체에 대해 명시하고 있고 공인된 연기금의 경우 조세조약에 따른 혜택 모두에 대해 자격이 부여된다(OECD Model 2017 § 29(2)(e)). 자선, 과학, 예술, 문화, 또는 교육과 같은 확실한 사회적 기능을 형성하고 운영되는 연기금은 수익자 또는 구성원의 거주지와 관계없이 자동으로 조세조약에 따른 혜택을 받을 수 있는 자격이 부여된다. 공인된 연기금은 국내법에서 또는 국내법의 법적 요인을 통해 기술되는 것이 일반적으로 사용된 표현과 관련해 국가 또는 관계기관이 명시한 사항을 개정하거나 보충할 수 있다.[412]

공인된 연기금[413]은 체약국의 개인 거주자가 인(person)의 "수익적 지분(beneficial

---

409) 이러한 기금은 개별적인 법인을 형성하지 않고 개별적인 법인에 의해 소유되지 않는다.
410) OECD Model 2017, supra note, p.179, para. 14.
411) Ibid, p.179, art. 29, para. 14.
412) Ibid, p.187, art. 29, para. 40.
413) 개인에게 퇴직연금(retirement benefits), 보조연금(ancillary benefits)이나 부수연금(incidental benefits)을 집행 또는 제공하는 단체에 적용되는 의미의 부분에 해당.

interest)" 50% 이상을 소유하거나 제3국의 거주자나 개인이 결정된 비율 이상으로 수익적 지분을 소유하는 경우 조세조약에 따른 혜택이 부여된다. 다만 제3국의 거주자나 개인이 결정된 비율 이상으로 수익적 지분을 보유하는 경우 개인은 제3국 그리고 원천지 국가가 체결한 포괄적 조세조약에 따른 혜택에 대한 자격이 있어야 하고 조약에 따라 제3국의 연기금에서 파생된 이익과 배당금에 대해 같거나 높은 원천세 감면이 제공되어야만 조세조약에 따른 혜택의 자격이 부여된다.[414]

아울러 공인된 연기금과 관련된 재간접펀드(fund of fund)는 개인에게 직접 퇴직연금을 지급하지는 않으나 그 자체로 공인된 연기금의 기금을 투자하기 위해 설립되고 운영되는 기금을 의미하고 재간접펀드로 인해 발생한 소득이 실질적으로 혜택에 대한 자격을 가진 연기금의 혜택을 위해 투입된 투자로부터 파생된 때에만 조세조약에 따른 혜택에 대한 자격이 부여된다.[415]

2. 공개거래 기업과 단체 그리고 자회사

가. 공개거래 기업과 단체 그리고 자회사

공개거래 기업과 단체(publicly traded company and entity) 그리고 공개거래 기업과 단체의 자회사는 공개거래 기업과 단체의 주식[416]이 기업의 개입 없이 증권시장에서 거래된다는 사실로 인해 회사의 경제적 이익과 주주 사이에 분리가 발생해 조약쇼핑이 배제된다는 가정에 근거하고 있다.[417]

경제적 이익과 주주 사이의 분리가 실질적이고 통상적인 방식이라는 것을 보증하기 위해 상장된 주식이 실질적이고 규칙적인 방법으로 거래될 것을 요구하고 있다.[418] 주식이 거래되는 주식시장이 올바르게 기능하고 있는 경우 세법상에서의 이러한 추가적인 요구사항은 불필요하므

---

414) OECD Model 2017, supra note, p.187, 188, art. 29, para. 41.
415) OECD Model 2017, supra note, p.188, art. 29, para. 42.
416) OECD 모델조세조약 혜택의 자격에서는 "주식(Share)"을 정의하고 있지 않기 때문에 주식이란 제3조(일반적 정의)의 제2항을 적용하는 국가의 국내법상 의미를 갖는 것이 일반적이며 기업에 해당하지 않는 신탁과 같은 단체의 경우 주식은 주식과 비교되는 지분을 의미하고 일반적으로 단체의 소득이나 자산의 분배에 해당하는 수익적 지분을 의미한다(Ibid, p.213, para. 120).
417) Félix Alberto Vega Borrego, Limitation on Benefits Clause in Double Taxation Conventions (Second Edition), Wolters Kluwer, Eucotax, 2017, p.124.
418) Ibid, p.124.

로 주식이 거래되는 증권거래소가 올바르게 기능하는 경우 실질적이고 규칙적으로 거래되어야 한다는 요구사항은 불필요하다고 할 수 있다.

1) 주식거래 조항

주식거래 조항은 회사의 자본이 "널리 분산(widely distributed)"된다는 사실에 기초하고 있어 거주지를 확인하도록 요구하고 있지 않다. 공개거래 기업의 주식이 실질적으로 거래되는 경우 각 주주의 거주지와 신원을 확인하는 것은 매우 어렵고 공개거래 기업을 조약쇼핑을 위한 수단으로 사용하는 것은 운영비용과 관련해 경제적인 관점에서 효율적이지 않기 때문에 조약쇼핑에 사용될 가능성은 매우 낮다.

주식거래 조항은 주관적인 요소에 따라 적격자와 같은 단체로 분류하고 있고 근거로 삼고 있는 가정이 효과적으로 이행되도록 보장하기 위해 여러 가지 기준을 제시하고 있다. 즉 회사의 주된 종류의 주식이 상장되고, 정규적으로 규칙적으로 거래되어야 하며, 주식이 조세조약에 규정된 "공인된 증권거래소(recognised stock exchanges)"[419]에서 상장되어 거래되어야 한다는 것을 요건으로 하고 있다.

따라서 체약국의 거주자에 해당하는 기업 또는 단체가 과세기간 동안 주된 종류의 주식 그리고 불균일분배주식이 하나 이상의 공인된 증권거래소에서 거래되거나 주된 관리 및 통제 장소가 기업 또는 단체가 거주자에 해당하는 체약국에 소재하는 경우의 한 가지 요건을 충족하는 경우 적격자가 된다. 다만 공개거래 기업 또는 단체가 기술적으로 특정 국가의 거주자가 될 수

---

419) "공인된 증권거래소(recognised stock exchanges)"란 조세조약의 서명 시점에 관계기관이 상호합의한 증권거래소 목록, 체약국의 관계기관이 합의한 다른 증권거래소를 의미한다. 공인된 증권거래소는 조약 체약국의 국내법에 따라 설립되어 규제되는 모든 증권거래소로 할 수 있고 별도의 증권거래소 목록은 필요하지 않다.
다만 다른 증권거래소를 공인된 증권거래소로 취급할 수 있고 제3국에 설립된 증권거래소 또한 공인된 증권거래소로 인정할 수 있다. 제3국에 설립된 증권거래소를 공인된 증권거래소로 인정하는 것은 금융시장의 세계화와 일부 대형금융센터의 활동으로 많은 공개거래 기업의 주식이 체약국 이외에 소재하고 있는 국가의 증권거래소 한 곳 이상에서 활발하게 거래된다는 사실을 고려한 것이다. 다른 증권거래소를 공인된 증권거래소로 취급하는 경우 특정 증권거래소의 이름을 포함하거나 여러 증권거래소에 관한 일반적인 설명이 포함될 수 있다.
미국의 경우 "1934년 미국 증권거래법(U.S. Securities Exchange Act of 1934)에 따라 미국 증권거래위원회(U.S. Securities and Exchange Commission)에 증권거래소로 등록된 증권거래소"와 같이 할 수 있고 공식적으로 인정받은 유럽연합 증권거래소(European Union stock exchange)의 경우 "유럽연합 회원국 또는 유럽 경제 지역 협약에 참여한 국가에 설립된 증권거래소로 '유럽 금융시장에 관한 지침 2004/39/EC(European Union Markets in Financial Instruments Directive (Directive 2004/39/EC as amended)'이나 이후의 규정에 따라 규제되는 증권거래소"로 설명할 수 있다(OECD Model 2017, supra note, p.211, art. 29, para. 115).

있다는 사실은 기업 또는 단체가 요청한 국가와 체결한 조세조약에 따른 혜택에 대한 자격의 승인에 있어 "충분한 관계(sufficient relationship)"를 가지고 있지 않을 수 있다는 사실을 고려하여야 한다.

2) 충분한 관계

"충분한 관계"는 공개거래 기업 또는 단체의 주식이 주로 기업 또는 단체가 거주하는 국가에 위치하는 공인된 증권거래소에서 거래된다는 사실을 통해 입증된다. 금융시장의 세계화란 일부 국가의 거주자에 해당하는 공개거래 기업 또는 단체의 주식이 외국 주식시장에서 거래되는 경우가 자주 있다는 것을 의미하며 이러한 충분한 관계는 기업 또는 단체가 주로 거주지 국가에서 관리되고 통제된다는 사실을 통해 입증되어야 한다.[420]

3) 주된 종류의 주식

"주된 종류의 주식(principal class of shares)"이 공인된 증권거래소[421]에서 거래되는 기업 또는 단체는 불균일분배주식이 공인된 증권거래소에서 규칙적으로 거래되지 않는 경우 혜택을 향유할 수 있는 자격이 부여되지 않는다. 주된 종류의 주식이라는 용어는 한 가지 종류의 일반주(ordinary share) 또는 보통주(common share)가 의결권 또는 가치의 다수를 차지하지 않는 상황에서 발생하는 문제의 해결을 위해 필요하며 기업 또는 단체의 의결권과 가치의 다수를 차지하는 주식으로 기업 또는 단체의 일반주 또는 보통주를 의미한다.

한 가지 종류의 일반주 또는 보통주가 기업 또는 단체의 의결권 또는 가치의 다수를 차지하지

---

420) Ibid, p.180, art. 29, para. 17.
421) 미국과 룩셈부르크의 조세조약 §24(8)(a)에서는 조약에 규정하고 있는 공인된 증권거래소 중 회사와 주주의 이해관계가 일치하지 않는 "밀접하게 소유된 회사(closely held company)"의 주식이 거래될 수 있는 증권거래소를 제외하기 위한 목적으로 룩셈부르크 증권거래소(Luxembourg stock exchange), 미국 증권업협회(National Association of Securities Dealers, Inc)가 소유한 나스닥 시스템(NASDAQ System), 관계당국이 합의한 다른 증권거래소를 제외하고 있어 1934년 미국 증권거래소법에 따른 증권거래소와 같이 미국 증권거래위원회(U.S. Securities and Exchange Commission)에 등록된 증권거래소만이 "공인된 증권거래소(recognized stock exchanges)"에 해당한다.
미국과 룩셈부르크의 조세조약상 밀접하게 소유된 회사는 주된 종류의 주식 50% 이상이 적격자 또는 EU 회원국과 NAFTA 당사국의 거주자가 아닌 법인(person)에 의해 소유된 회사로서 과세연도 기간 동안 30일 이상 주된 종류의 주식 5% 이상을 단독으로 또는 "관련된 법인(related person)"과 함께 직간접적으로 "수익적으로 소유한(beneficial owned)" 회사를 의미한다(§24(8)(b)).

않는 경우 주된 종류의 주식이란 의결권 또는 가치의 다수를 차지하는 주식의 집합을 의미한다. 오직 한 가지 종류의 주식만을 발행한 경우 당연히 주된 종류의 주식이 되고 한 가지 종류 이상의 주식이 발행된 경우 의결권이나 가치의 다수를 차지하는 주된 종류의 주식을 정의할 필요가 있다. 일부 공개거래 기업이 같은 종류의 주식을 2개의 증권거래소에 상장하는 이중상장회사(dual listed company)[422] 구조의 경우 주된 종류의 주식에 대한 정의로 인한 문제가 발생할 수 있다.[423]

4) 불균일분배주식

"불균일분배주식(disproportionate class of shares)"이란 주주가 배당금, 상환 지급금(redemption payment) 등을 통해, 기업의 특정 자산이나 활동으로 다른 체약국에서 발생한 소득의 분배에 불균일하게 높게 참여하게 하는 한 체약국의 거주자에 해당하는 기업 또는 단체의 주식을 의미한다. 불균일분배주식은 거래요건을 준수하는지를 확인하기 위한 목적으로 주된 종류의 주식과 함께 추가되었다.

주주에게 다른 국가에서 설립된 기업 또는 단체의 소득에 대해 더 높은 분배비율로 참여할 수 있도록 하는 조건이나 약정이 적용된 발행주식이 있는 기업 또는 단체는 불균일분배주식을 가지게 되고 불균일분배주식은 소유권 테스트를 위해 사용된다.[424] 기업이 주식거래 조항의 요건을 충족하더라도 권리의 가치에 기초한 이익보다 더 높은 이익을 분배받을 권리가 부여되는 불균일분배주식을 보유하는 경우 조약쇼핑 구조가 설계될 수 있는 문제가 있고 이러한 문제는 결

---

422) 이중상장회사 구조는 경영, 운영, 주주권리, 목적과 임무에 공통성을 지닌 구조를 의미한다. 이중상장회사는 두 개의 공개거래 기업이 각각 법적 단체의 지위와 주식을 보유하여 상장되고 전략적 방침이나 주주의 경제적 이익이 같거나 거의 같은 이사회 선임, 두 기업의 운영이 통합된 기초에 따라 관리되고, 한 기업 또는 두 기업의 해산을 포함한 두 기업 사이에 적용된 균등비율에 따라 주주에게 균등분배되고, 두 기업의 주주가 집합적인 이해관계에 영향을 주는 문제에 대해 실질적으로 한 가지 의사결정으로 의결권의 행사를 통해 정해진다(OECD Model 2017, supra note, p.180, art. 29, para. 17).
423) Ibid, p.214, art. 29, para. 123.
424) 만약 한 체약국의 거주자인 기업의 발행주식이 다른 체약국에 소재하고 있는 자산에 대한 정확한 기업의 자산수익률을 계산하는 공식을 기초로 배당금을 지급하는 추적주식(tracking shares)의 경우 불균일분배주식을 가지고 있는 것으로 볼 수 있다.; OECD Model 2017, supra note, p.226, 227, art. 29, para. 148.

국 불균일분배주식을 발행하는 기업의 거주지 국가의 회사법[425])에서 불균일한 경제적 권리가 부여될 수 있는지에 따라 좌우된다.

5) 규칙적거래

"규칙적거래(regular trading)" 요건은 주식거래가 활발하지 않고 주식시장에서의 활동이 부족한 회사를 제외하기 위한 것으로 회사가 효과적으로 상장되어야 한다는 것을 의미하고 주식이 실질적으로 증권시장에서 활발하게 거래될 때 효과적으로 상장된 것으로 간주할 수 있다. 규칙적거래는 요구사항의 충족에 필요한 거래량과 빈도를 정의하는 것과 관련이 있고 요건을 충족하는 경우 기본적인 가정을 충족하게 된다. 그리고 발행주식이 공인된 증권거래소에서 거래가 될 때 충족할 수 있으며 하나 이상의 공인된 증권거래소에서 이루어지는 거래는 규칙적 거래의 목적에서 합산되어 고려된다. 따라서 기업 또는 단체는 다른 체약국에 소재하고 있는 공인된 증권거래소에서 주식의 전체 또는 일부가 규칙적으로 거래되는 경우 규칙적거래 요건을 충족할 수 있다.[426]

6) 공인된 증권거래소

기업 또는 단체의 주식이 주로 기업 또는 단체가 거주하는 국가에 소재한 하나 이상의 공인된 증권거래소에서 거래되어야 한다는 추가요건을 포함하고 있다. 일반적으로 기업 또는 단체의 주된 종류의 주식은 과세기간 동안 증권거래소에서 거래되는 기업 또는 단체의 주된 종류의 주식의 수가 다른 국가의 증권거래소에서 거래되는 수를 초과하는 경우 기업 또는 단체가 거주하는 국가에 소재한 하나 이상의 공인된 증권거래소에서 규칙적으로 거래된다고 할 수 있다. 한편

---

425) 우리나라 상법에서는 이익의 배당, 잔여재산의 분배, 주주총회에서의 의결권의 행상, 상환 및 전환 등에 관하여 내용이 다른 종류주식을 발행할 수 있도록 규정하고 있고 다만 종류주식을 발행하고자 하는 경우 정관으로 각 종류주식의 내용과 주식수를 정하도록 하고 있다(상법 제344조 제1항). 회사가 이익의 배당에 관하여 내용이 다른 종류주식을 발행하는 경우 정관에 그 종류주식의 주주에게 교부하는 배당재산의 종류, 배당재산의 가액의 결정방법, 이익을 배당하는 조건 등 이익배당에 관한 내용을 정하여야 하고(상법 제344조의2 제1항) 회사가 잔여재산의 분배에 관하여 내용이 다른 종류주식을 발행하는 경우에는 정관에 잔여재산의 종류, 잔여재산의 가액의 결정방법, 그 밖에 잔여재산의 분배에 관한 내용을 정하도록 하고 있다(상법 제344조의2 제2항).

426) OECD Model 2017, supra note, p.180, art. 29, para. 20.

체약국의 거주자에 해당하는 기업 또는 단체의 주식이 주로 다른 국가에 소재[427]하는 공인된 증권거래소에서 거래된다는 사실은 기업 또는 단체가 조약쇼핑 목적에서 사용되지 않도록 충분히 보장되는 것으로 고려할 수 있다.[428]

공개거래 기업과 단체는 조약쇼핑 목적을 위해 설립될 가능성이 적어 공개거래 기업의 기초가 되는 기업은 5개 이하의 공개거래 기업과 단체가 추가적인 요건에 근거해 다수의 지분을 보유하는 일부 기업[429]으로 범위가 확장된다.[430] 체약국의 거주자에 해당하는 거주자가 특정한 시점에 공개거래 기업과 단체의 계열사 조항에 따라 조세조약에 따른 혜택에 대한 자격이 부여되기 위해 기업은 과세기간 동안 소유권 테스트(ownership test)와 세원잠식 테스트(base erosion test) 두 가지 요건을 반드시 충족해야 한다.

나. 우리나라의 증권거래소

미국이나 일본 등 외국의 경우 다수의 증권거래소가 존재하기도 한다. 반면 우리나라의 경우 증권거래소는 한국거래소(Korea Exchange, KRX) 한 곳만 있다.[431] 우리나라의 경우 자본시장과 금융투자업에 관한 법률(이하, 자본시장법)에서 증권거래소의 허가와 관련한 사항을 규정

---

427) 체약국의 관계기관은 조약을 체결한 이후 상호합의를 통해 조약의 체결 시점에 용어의 정의에 포함된 증권거래소 목록을 추가할 수 있고 증권거래소를 추가하고자 하는 경우 다음과 같은 사항을 고려해야 한다. 증권거래소에 기업이 상장되는 데 필요한 요건과 기준, 재무표준을 포함한 증권거래소 상장유지 요건과 기준, 공개거래 기업에 적용되는 공시대상 자료 등의 연간 또는 중간 공개 자료의 제출요건, 역년에 증권거래소에서 거래되는 주식 거래량 기준, 증권거래소에 관한 규정을 통해 상장주식의 활발한 거래의 보장 여부와 보장 방법, 재무정보와 재무상황에 관한 정보의 공개 의무, 주식 거래량과 전체 주식보유량에 관한 정보의 공개적 이용이 가능한지, 최소자본금과 직원의 수와 같은 최소규모 요건의 부과 여부, 주식의 최소 분산 요건인 공개소유권(public ownership)에 관한 최소 비율의 부과 여부와 정도, 주식의 자유로운 거래 또는 유통과 "완전한 대금의 지급(fully paid for)" 가능 여부(자유롭게 주식을 양수도할 수 있고 매매에 있어 매매대금의 전액이 결제되는지), 일정한 시간대 내에서 주가를 공개하는지 여부, 증권거래소가 소재한 정부기관의 규제를 받거나 정부기관의 감독을 받는지를 고려하여야 한다.
아울러 기존 공인된 증권거래소 목록에 새로운 증권거래소를 추가하고자 하는 경우 기업들이 조세조약에 이미 포함된 공인된 증권거래소가 아닌 새로운 증권거래소에 상장하는 것을 선호하는 이유는 무엇인지와 자본의 조달을 위한 보다 효과적인 수단을 제공하는지를 고려해야 한다.

428) OECD Model 2017, supra note, p.180, 181, art. 29, para. 21.

429) 공개거래 기업과 단체의 자회사를 말한다.

430) Ibid, p.182, art. 29, para. 24.

431) 한국거래소는 증권 및 장내파생상품의 공정한 가격 형성과 매매, 기타 거래의 안정성 및 효율성을 도모하기 위해 기존의 증권거래소, 선물거래소, 코스닥 위원회, ㈜코스닥증권시장 등 4개 기관이 통합되어 2005년 1월 27일 설립되었다(한국거래소, http://info.krx.co.kr, (2018년 7월 24일 방문)).

하고 있고 자본시장법에 따른 허가를 받지 않고 금융투자상품시장[432]을 개설하거나 운영할 수 없도록 엄격하게 규제하고 있다(자본시장법 제373조).

1) 증권거래소

금융투자상품시장을 개설하거나 운영하려는 경우 매매의 대상이 되는 금융투자상품의 범위, 거래소 시장의 거래에 참여할 수 있는 자로 회원이 되는 자의 범위 등 시장개설 단위의 전부나 일부를 선택하여 금융위원회로부터 하나의 거래소 허가를 받아야 한다(자본시장법 제373조의2 제1항).[433] 증권거래소는 증권의 상장 및 상장폐지 업무, 시장감시 업무, 그 밖에 투자자를 보호하고 공정한 거래질서를 확보하기 위한 상장 및 시장감시 등의 책무를 진다(자본시장법 제373조의7). 그리고 정관에 따라 거래소 시장의 개설 및 운영, 증권 및 장내파생상품의 매매, 증권 및 장내파생상품의 거래에 따른 매매확인, 채무의 인수, 차감, 결제증권·결제품목·결제금액의 확정, 결제이행보증, 결제 불이행에 따른 처리 및 결제지시, 증권의 상장, 상장법인의 신고·공시, 증권 또는 장내파생상품 매매 품목의 가격이나 거래량이 비정상적으로 변동하는 거래 등 이상거래의 심리 및 회원 감리에 관한 업무 등을 수행한다(자본시장법 제377조).

2) 상장

상장이란 규정에서 다르게 정하고 있는 경우를 제외하고 특정한 종목의 증권에 유가증권시장에서 거래될 수 있는 자격을 부여하는 것을 의미하고 신규상장, 재상장, 우회상장, 합병상장, 추가상장, 변경상장으로 구분된다(유가증권시장 상장규정 제2조 제1항 제1호). 유가증권시장에

---

432) 증권거래소를 말한다.

433) 증권거래소는 상법에 따른 주식회사, 거래소 허가 단위별로 1천억원 이상으로서 대통령령으로 정하는 금액 이상의 자기자본을 갖출 것, 사업계획이 타당하고 건전할 것, 투자자 보호가 가능하고 금융투자상품시장을 개설하고 운영하기에 충분한 인력과 전산설비, 그 밖의 물적 설비를 갖출 것, 정관·회원관리규정·증권시장업무규정·파생상품시장업무규정·상장규정·공시규정·시장감시규정·분쟁조정규정·그 밖의 업무에 관한 규정이 법령에 적합하고 증권 및 장내파생상품의 공정한 가격 형성과 매매 그리고 거래의 안정성 및 효율성을 도모하며 투자자 보호를 위하여 충분할 것, 임원이 금융회사의 지배구조에 관한 법률 제5조에 적합할 것, 대주주가 충분한 출자능력과 건전한 재무상태 및 사회적 신용을 갖출 것, 이해상충방지체계(Chinese Wall)를 구축하고 있어야 하며 모든 요건을 충족하는 경우에 허가를 받을 수 있고 모든 요건을 지속적으로 유지하여야 한다(자본시장법 제373조의2 제2항).

상장된 법인을 상장법인, 유가증권시장에 주권이나 외국주식예탁증권[434]이 상장된 법인을 주권 상장법인, 코스닥시장에 주권이나 외국주식예탁증권이 상장된 법인을 코스닥시장 상장법인이라고 한다.

유가증권시장에 상장을 위한 심사요건은 형식적 심사요건[435]과 질적 심사요건[436]으로 구분하고 있다. 일반적으로 보통주권 상장법인이 사업보고서와 반기보고서 또는 분기보고서를 법정 제출기한까지 제출하지 않는 경우, 감사인의 의견 미달, 자본잠식, 지분분산 미달, 거래량 미달,[437] 지배구조 미달, 매출액 미달, 주가 미달, 시가총액 미달, 파산신청 및 회생절차개시신청, 공시의무 위반 등에 해당하는 경우 관리종목으로 지정하고 각 사유가 해소되는 경우 관리종목 지정을 해제한다(유가증권시장 상장규정 제47조).

3) 상장 폐지

보통주권 상장법인이 정기보고서 미제출, 감사인 의견 미달, 자본잠식, 주식분산 미달, 거래량 미달, 지배구조 미달, 매출액 미달, 주가 미달, 시가총액 미달, 법률에 따른 해산 사유가 발생한 경우, 최종부도 또는 은행거래 정지, 지주회사 편입, 주식양도 제한, 우회상장기준 위반 등의 경우 상장폐지 요건에 해당하며(유가증권시장 상장규정 제48조 제1항) 상장 적격성 실질 검사의 실시 결과 기업의 계속성, 경영의 투명성, 그리고 공익실현과 투자자 보호 등을 종합적으로 고려하여 필요하다고 인정되는 경우 해당 보통주권을 상장 폐지할 수 있다(유가증권시장 상장규정 제48조 제2항).

---

434) 외국보통주권과 관련된 예탁증권을 말함.
435) 형식적 심사요건은 일반적으로 영업활동 기간, 기업규모, 주식분산, 경영성과, 이익액·자기자본이익률·영업현금흐름 등을 심사요건으로 하고 있으며 감사인의 감사의견이 적정 또는 한정이어야 하며 주식의 양도 제한이 없어야 하고 사외이사 선임과 감사위원회의 설치 의무를 충족하여야 한다(유가증권시장 상장규정 제29조).
436) 질적 심사요건은 형식적 심사요건을 충족한 법인의 보통주권을 상장하는 것이 적합한지에 대해 영업·재무상황·경영환경 등을 고려 기업의 계속성 여부, 기업지배구조·내부통제제도·공시체제·특수관계인과의 거래 등에 비추어 경영 투명성 인정 여부, 지분 당사자 간의 관계·지분구조의 변동 내용 및 기간 등에 비추어 기업 경영의 안정성 여부, 법적 성격과 운영방식의 측면에서 상법상 주식회사로 인정되어야 하고, 공익실현과 투자자 보호를 해치지 않는다고 인정되어야 하는 것을 요건으로 하고 있다(유가증권시장 상장규정 제30조). 다만 공공적법인 등과 지주회사에 대해서는 별도의 특례 상장요건을 두고 있다(유가증권시장 상장규정 제31조).
437) 보통주권을 기준으로 반기의 월평균 거래량이 해당 반기 말 현재 유동주식수의 100분의 1 미만인 경우, 다만 월평균 거래량이 2만 주 이상인 경우와 일반주주가 소유한 주식의 총수가 유동주식 수의 100분의 20 이상이고 해당 일반주주의 수가 500명 이상인 경우 등은 거래량 미달로 보지 않는다.

4) 적격해외증권시장

유가증권시장 상장규정에서는 미국 뉴욕증권거래소(New York Stock Exchange, NYSE)와 나스닥 증권시장(NASDAQ Stock Market), 범유럽증권거래소인 유로넥스트(Euronext), 일본의 동경증권거래소(Tokyo Stock Exchange, TSE), 영국 런던증권거래소(London Stock Exchange, LSE),[438] 독일거래소(Deutsche Boerse AG, DBAG), 홍콩거래소(Hong Kong Exchanges and Clearing, HKEx), 싱가포르거래소(Singapore Exchange, SGX), 캐나다 증권거래소(Toronto Stock Exchange, CSE)를 적격해외증권시장으로 규정하고 있다(유가증권시장 상장규정 시행세칙 제10조 제1항).

3. 비공개거래 기업과 단체

체약국의 거주자에 해당하는 법적 단체의 형태에 적용되는 조세조약에 따른 혜택을 입증하기 위한 추가적인 방법을 규정하고 있다(OECD Model 2017 §29(2)(f)). 이를 위해 소유권 테스트와 세원잠식 테스트를 제공하고 있고 두 가지 요건을 모두 충족하는 경우 적격자가 된다.

가. 소유권 테스트

소유권 테스트는 주주 또는 소유자가 누구인지, 보유해야 하는 주식의 양 또는 비율은 어느 정도인지, 얼마나 오랫동안 보유해야 하는지의 세 가지 요소로 구성되어 있다. 소유권 테스트는 거주지 국가에 있는 회사의 발행주식 대부분을 비거주자가 소유한 경우에만 조약 혜택의 자격

---

[438] 영국 런던증권거래소의 상장주식시장은 영국의 가장 권위 있는 증권시장으로 영국 기업은 물론 다른 국가의 기업에도 개방되어 있다. 기업은 상장주식시장에 주식과 채무증권의 여러 유형의 증권을 상장할 수 있고 파생결합증권 및 유동화 상품을 포함한 기타 금융상품도 상장할 수 있다. 대체투자시장(Alternative Investment Market, AIM)은 런던증권거래소의 2부 시장(second-tier market)으로 대체투자시장은 스스로를 세계에서 가장 성공적인 신시장으로 설명하고 있다. 국제화에 강력한 초점을 두고 있고 상장주식시장보다 덜 엄격한 상장기준과 덜 광범위한 유지의무가 부과된다. 런던증권거래소는 또한 국내 및 해외기업이 전문가 또는 기관 투자자를 대상으로 사채, 전환사채 및 주식예탁증서(DR) 등 전문증권의 발행을 통해 자금조달을 할 수 있는 전문증권시장(Professional Securities Market, PSM)을 운영하고 있다(The importance of wide portfolio diversification is a central element of modern finance theory: M Mubinstein, 'Markowitz's "Portfolio Selection": A Fifty-Year Retrospective' (2002) 57 Journal of Finance 1041; Eilís Ferran·Look Chan Ho, Principles of Corporate Finance Law(Second Edition), OXFORD, p.414).

이 부여되지 않도록 하고 있다.

디딤돌 구조는 중개회사가 원천지 국가에서 파생된 소득을 비용으로 청구하여 중개회사의 거주지 국가에서 비용으로 전환한 후 제3국의 최종투자자에게 비용으로 지급하는 구조를 취해 원천지 국가의 법인세 과세표준을 잠식하게 된다. 따라서 소유권 테스트만을 적용하여 디딤돌 구조를 통한 조세회피와 조약쇼핑을 방지하기에 충분하지 않을 수 있어 세원잠식 테스트를 함께 적용하도록 하고 있다.

소유권 및 세원잠식 테스트는 회사와 원천에서 발생한 소득이 체약국으로부터 충분한 실질적 연결(factual nexus)이 있는 경우에만 조세조약의 적용에 대한 자격이 부여된다는 것을 보장하기 위한 목적이 있고 한 체약국의 거주자에 의해 소유된 회사에 조약의 적용을 제한하며 원천에서 발생한 소득이 제3국의 거주자에 의해 간접적으로 획득되지 않았음을 보증한다.[439]

소유권 테스트에서는 과세연도의 최소 절반에 해당하는 날 동안이라는 보유 기간을 요건으로 하고 있고 전체 과세기간 동안 소유권 요건을 준수해야 한다는 의미가 아니며 규정된 시간의 기간을 준수해야 한다는 것으로 이해된다. 시간이 정해져 있지 않은 때에는 납세의무자는 과세연도의 전체, 해당연도의 단 하루, 세금납부일 또는 원천지 국가에서 소득이 발생하는 때에 요건을 충족해야 하는지의 문제가 발생하게 된다.[440] 최소 보유 기간을 설정하는 경우 전체 과세연도 또는 소득을 얻을 때마다 주식을 보유할 필요가 없어 유연하다고 할 수 있고 조세회피 행위를 방지하기에 충분히 엄격하다고 할 수 있다.

개인이 아닌 법인은 일반적으로 비공개기업의 사례와 관련이 있고 체약국의 거주자에 해당하고 요건을 충족하는 신탁과 같은 단체에도 적용된다.[441] 주식은 단체가 기업이 아닌 경우 주식과 비교 가능한 지분을 의미하고 일반적으로 신탁의 수익적 지분에 해당한다. 소유권 테스트의 목적에서 신탁의 수익적 지분은 수익자가 실제로 가진 신탁의 지분에 비례하여 보유한 것으로 고려되고 신탁의 나머지 부분에 대한 권리를 갖는 수익자의 지분은 소득의 100%에서 수익자가 보유한 전체 비율을 제외한 것과 같다. 만약 신탁에서 수익자의 실제 지분을 결정하는 것

---

439) Kim, The U.S.-West German Income Tax Treaty: Can Article 28's Limitation on Benefits Serve As a Model for the Treasury's Anti-Treaty Shopping Policy, The Tax Lawyer, n° 4, 1990, 993.; Félix Alberto Vega Borrego, op. cit., p.146, 147.

440) 2014년 OECD 모델조세조약 제10조 주석서에서는 주식의 비율이 준수되었는지에 대한 결정은 원천지 국가에서의 중요 납세의무의 성립 시기, 즉 일반적으로 주식 소유자가 법적으로 배당을 처분가능하게 된 시점으로 설명하고 있어 원천지 국가에서 소득을 수령할 때마다 세금납부일에 요건이 충족되었는지를 결정해야 하므로 납세자의 관점에서는 매우 부담스럽다.

441) OECD Model 2017, supra note, p.190, art. 29, para. 48.

이 불가능한 경우 개인, 적격정부기관, 주식거래 조항, 세금면제 조직 조항에 따라 혜택의 자격을 갖는 법인에 의해 소유된 것으로 간주하지 않는다. 결과적으로 신탁에서 수익자의 실제 지분을 결정하는 것이 불가능한 경우 모든 수익자가 개인, 적격정부기관, 주식거래 조항, 세금면제 조직 조항에 따라 혜택의 자격을 가진 법인이 아니라면 소유권 테스트를 충족할 수 없다.[442]

나. 세원잠식 테스트

세원잠식 테스트는 회사의 과세표준이 잠식되는 것을 방지하고 과세표준이 잠식되지 않은 법인에 대해서만 조세조약에 따른 혜택이 적용되는 것을 목적으로 하고 있고 디딤돌 구조를 통한 부당한 조세조약에 따른 혜택 요구의 방지에 매우 유용하다. 중개회사의 거주지 국가에서 과세하지 않거나 최소한의 세금이 과세되는 경우 원천지 국가에서 얻은 소득이 중개회사로부터 비용으로 청구되어 제3국으로 이전된다.

디딤돌 구조가 조세조약에 따른 혜택을 요구하는 것을 방지하기 위해서는 법인의 과세표준을 잠식하는지를 검토해야 하고 법인이 수령한 소득의 상당한 비율이 비적격자의 부채를 충당하는 데 사용되는 경우 거주지 국가와 충분한 연계가 없다는 가정에 기초해 조약 혜택의 적용이 거부되어야 한다. 따라서 세원잠식 테스트를 충족하기 위해서는 과세표준을 잠식해서는 안 된다.

혜택이 요구되는 과세기간 동안 기업 총소득의 50% 미만 그리고 테스트 그룹이 있는 경우 테스트 그룹 총소득의 50% 미만이 거주지 국가에서 법인세를 산출할 때 과세의 목적상 부적격자에게 공제가 가능한 지급의 형태로 직간접적으로 지급되거나 유보되는 경우 적격자에 해당한다.[443] 개인이 아닌 법인의 세원잠식 테스트는 공개거래 기업과 단체의 계열사 조항의 세원잠식 테스트와 다르게 법인이 배당에 따른 제한세율 혜택의 자격을 갖기를 원하는 때에도 적용되고 세원잠식 테스트의 목적에서 배당금이 실질적으로 법인의 거주지 국가에서 세금이 면제되는 경우에도 배당금은 총소득에 포함된다.[444] 그리고 세원잠식 테스트를 적용하는 목적에서 공제가 가능한 세원잠식 지급금에 서비스나 유형자산에 관한 일반적인 사업과정에서 지급되거나 유보된 공정지급총액은 포함되지 않으며 법인의 거주지 국가의 세법에 따라 과세표준으로부터 공제

---

442) Ibid, p.190, art. 29, para. 48.
443) Ibid, p.190, art. 29, para. 49.
444) OECD Model 2017, supra note, p.190, art. 29, para. 51.

가 가능한 범위에서 신탁의 분배는 세원잠식을 구성한다. 마지막으로 이자의 지급은 서비스나 유형자산에 관한 일반적인 사업과정에서 지급되거나 유보되는 공정지급총액에 해당하지 않으며 부적격자에게 제공되는 것으로 간주된다.[445]

4. 집합투자기구

가. 집합투자기구의 정의

집합투자기구(Collective Investment Vehicle, CIV)는 다수의 투자자로부터 자금을 모아 하나의 펀드(fund)를 만들어 전문적인 운용자가 대신 운용하고 투자자는 그 수익을 운용결과대로 배분받는 집단적인 간접적 투자기구를 의미한다.[446] OECD는 2010년 4월 23일 "집합투자기구의 소득에 대한 조세조약 혜택의 허용(The Granting of Treaty Benefits with Respect to the Income of Collective Investment Vehicle, 이하 집합투자기구 보고서)"을 통해 집합투자기구의 과세와 관련된 사항을 확정했고 집합투자기구를 "다수에 의해 소유되고, 다양한 유가증권을 소유하고, 설립지 국가에서 투자자 보호의 대상이 되는 펀드(CIV is limited to funds that are widely-held, hold a diversified portfolio of securities and are subject to investors-protection regulation in the country in which they are established)"로 정의했다.[447]

집합투자기구의 운용자가 집합투자기구의 지분을 보유하고 있는 소유자를 대신하여 자산을 관리하는 재량권(discretionary power)을 가지고 인(person)과 거주자 요건을 충족하고 소득을 지급받는 집합투자기구는 수익적 소유자로 간주된다.[448] 혜택의 자격 조항에서 집합투자기구의 정의[449]는 적격자 조항에 집합투자기구를 다루는 조항을 포함하는 경우 반드시 포함하

---

445) Ibid, p.190, 191, art. 29, para. 52.
446) 한국국제조세협회, 「역외탈세」, 삼일인포마인, 2014, 211면.
447) OECD, The Granting of Treaty Benefits with Respect to the Income of Collective Investment Vehicles, 2010, p.3, para. 4.
448) Ibid, p.10, para. 35.
449) 2017년 OECD 모델조세조약에서는 집합투자기구를 양 체약국의 관계기관이 집합투자기구로 간주하기로 합의한 다른 체약국에서 설립된 투자 펀드 또는 약정 그리고 단체로 정의하고 있다(OECD Model 2017 §29(2)(g)).

여야 하고 정의에서는 조항이 적용 가능할 때 각 체약국의 집합투자기구를 식별할 수 있어야 한다.

나. 공개거래 되지 않는 집합투자기구

공개거래 되지 않는 집합투자기구와 관련해 집합투자기구에 관한 특수 규칙을 포함하여야 하는지 그리고 그러한 규칙을 작성하는 방법은 조약을 집합투자기구에 적용하는 방법과 각 체약국에서 집합투자기구의 처리방식과 사용에 따라 다르다. 그러한 규칙은 적격자 조항의 다른 부분에서 적격자를 형성하는 단체에 필요하며 특수한 규칙이 자주 필요하고 많은 사례에서 집합투자기구의 지분이 공개적으로 거래되지 않고, 제3국의 거주자가 지분을 보유하는 경우, 집합투자기구에 의한 분배가 공제가 가능한 지급금인 경우, 능동적 사업 활동의 수행보다 투자목적에 사용되는 점, 집합투자기구가 소유권 테스트를 충족하지 못하고 본부기업으로 입증되지 않으므로 집합투자기구가 적격자 조항의 다른 조항에 따른 조약 혜택에 대한 자격을 갖지 못하기 때문이다.[450]

조약 혜택에 대한 집합투자기구의 자격과 관련된 문제는 잠재적 조약쇼핑을 포함하여 사용된 다른 유형의 집합투자기구의 경제적 특성(economic characteristics)을 고려할 수 있다.[451] 그러한 분석의 결과 양 체약국에서 설계된 집합투자기구에 대한 과세상의 취급은 조약쇼핑 문제를 발생시킬 수 있다.

집합투자기구를 통해 제3국의 거주자가 직접 투자를 하는 경우 이용할 수 없는 조세조약에 따른 혜택을 얻을 수 있도록 기회를 제공하게 된다. 따라서 체약국의 거주자에 해당하는 집합투자기구가 적격자에 해당하더라도 집합투자기구의 수익적 지분을 동등수익자가 보유한 경우에만 조세조약에 따른 혜택이 부여되어야 한다. 집합투자기구의 수익적 지분을 체약국의 거주자에 해당하는 동등수익자에 의해 소유되는 비율에 따라 조세조약에 따른 혜택을 부여할 수 있고[452] 조약쇼핑 문제를 고려하는 한편 동시에 양 체약국에서 집합투자기구의 조세조약에 따른 처리방식을 분명히 하므로 집합투자기구와 관련되어 발생하는 조약 문제에 대한 보다 광범위한

---

450) OECD Model 2017, supra note, p.192, 193, art. 29, para. 55.
451) Ibid, p.193, art. 29, para. 58.
452) Ibid, p.194, art. 29, para. 60.

솔루션을 제공하게 되고 집합투자기구의 수익적 지분을 동등수익자가 소유하는 경우 집합투자기구가 개인으로 다루어질 수 있다는 점에서 집합투자기구는 적격자를 형성한다.

체약국의 거주자에 해당하는 집합투자기구는 집합투자기구가 설정된 체약국의 거주자가 집합투자기구의 수익적 지분을 소유할 때 적격자를 형성할 수 있도록 집합투자기구가 설정된 체약국의 거주자가 집합투자기구의 수익적 지분을 보유한 경우에만 조세조약에 따른 혜택을 제공하는 것을 고려할 수 있다.[453]

집합투자기구가 설정된 체약국의 거주자에 해당하는 개인이 집합투자기구의 수익적 지분의 다수를 보유하였을 경우 체약국의 거주자가 적격자를 형성하는 것으로 고려할 수 있고 이러한 결과는 소유권 테스트를 통해서 취해질 수 있다.[454] 집합투자기구 투자자의 상당 부분이 조약에 대한 자격이 있다는 사실은 조약쇼핑을 방지하는 데 적절하고 따라서 집합투자기구가 받는 모든 소득에 대해 혜택이 적용되는 때에 소유권 한계를 규정하는 것이 적절할 수 있다. 공개거래되지 않는 집합투자기구는 집합투자기구의 수익적 지분을 집합투자기구가 설정된 체약국의 거주자 또는 동등수익자가 일정 비율 이상 소유한 경우로 할 수 있다.[455] 마찬가지로 주주 또는 집합투자기구 단위 소유자가 개별적으로 통제할 수 없는 이유로 실질적으로 공개거래 집합투자기구가 조약쇼핑에 사용될 수 없다고 고려되는 경우 집합투자기구의 주된 종류의 주식이 상장되고 공인된 증권거래소에서 규칙적으로 거래되는 경우로 해석할 수 있다.[456]

마지막으로 과세되지 않거나 낮은 세율의 과세대상이 되는 집합투자기구에 대해 발생할 수 있는 잠재적인 과세의 이연과 관련해 현재의 기초에서 소득을 분배하기보다는 누적할 수 있는 국가는 현재 소득을 분배하도록 요구되는 집합투자기구에 대해서만 조세조약에 따른 혜택이 부여되는 것으로 할 수 있다.[457]

---

453) OECD Model 2017, supra note, p.195, art. 29, para. 63.
454) Ibid, p.195, art. 29, para. 64.
455) Ibid, p.195, art. 29, para. 65.
456) Ibid, p.195, 196, art. 29, para. 66.
457) Ibid, p.196, art. 29, para. 67.

II. 능동적 사업 활동의 수행

주식거래 조항, 비공개거래 기업 또는 단체에서는 납세자가 수행하는 활동의 본질이 아닌 "납세자의 특성"에 기초하고 있고 "능동적 사업 활동을 수행(active conduct of a business)"을 요건으로 하고 있지 않고 회사가 상장되어 거래되고 있는 증권거래소, 주주의 거주지와 조세조약에 따른 혜택을 요청하는 단체에 의해 지급된 지급금에 대한 수익자의 거주지가 인용되어 주로 사용된다. 이러한 요건이 충족되는 경우 혜택의 제한은 체약국 중 하나와 "충분한 연계(sufficient nexus)"가 있는 것으로 간주된다.

제3국의 거주자에 의해 주식 대부분이 소유되거나 제3국의 거주자와 주로 거래하는 법인은 주식거래 조항과 소유권 및 세원잠식 조항을 준수하기 어려울 수 있다. 즉 합법적인 경제적 활동의 변수를 고려하지 않기 때문에 선의의 합법적인 경제적 활동을 수행한 때에도 주식거래 조항이나 비공개거래 기업 또는 단체 요건을 충족하지 못하는 경우 조세조약에 따른 혜택에 대한 자격이 부여되지 않을 수도 있다.

1. 능동적 사업 활동의 수행 테스트

능동적 사업 활동의 수행 테스트에서는 합법적인 경제적 활동을 영위하는 납세의무자가 부당하게 조세조약에 따른 혜택을 받을 수 없는 경우를 방지하기 위한 목적에서 다양한 기준을 제공하고 있고 수행하고 있는 사업 활동의 성격과 원천지 국가에서 획득한 소득과의 관계를 고려하고 있다. 따라서 능동적 사업 활동의 수행 테스트에서는 단체가 적격자에 해당하지 않아 조세조약에 따른 혜택이 거부되는 다양한 사례에서 조세조약에 따른 혜택을 제공하고 있어 체약국의 거주자가 적격자에 해당하지 않는다는 사실과 관계없이 거주지 국가와의 "충분한 연계(sufficient nexus)"와 "실질적 사업목적(real business purpose)"이 존재한다는 가정에 기초해 능동적 사업 활동의 수행 테스트에 따라 조약 혜택의 자격을 입증할 수 있도록 하고 있다.

2. 실질적 사업목적

"실질적 사업목적"은 거주지 국가에서 실질적인 거래 또는 사업을 수행하고 발생한 소득이 실질적인 거래 또는 사업의 수행과 직접적 또는 부수적이어야 한다는 것을 요건으로 하고 있다. 거주지 국가에서 활발한 거래 또는 사업을 수행하고 있는 경우 거주지 국가와 충분한 연계가 있다고 할 수 있다. 아울러 원천지 국가에서 얻은 소득이 거주지 국가에서 수행하고 있는 거래 또는 사업과 관련된 원천에서 얻은 소득이어야 한다는 것을 요건으로 하고 있어 원천지 국가로부터 얻은 소득과 사업목적의 존재와의 실질적인 연결이 있어야 하고 획득한 소득이 거래 또는 사업의 수행과 실질적인 연계가 없는 경우 조세조약 혜택의 자격이 부여되어서는 안 된다는 것을 가정하고 있고 기업이 수행한 활동과 획득한 소득 사이의 연결된 활동의 본질에 기반하고 있다.

3. 능동적 사업 활동의 수행 테스트의 특징

능동적 사업 활동의 수행 테스트는 원천지 국가에서 소득을 얻을 때마다 소득 항목별로 요건을 충족했는지를 확인하여야 하며 기업이 수행한 활동과 획득한 소득 사이에 직접적 또는 부수적인 연결의 요구로 인해 원천지 국가에서 획득한 소득 일부에 대해서만 조약 혜택의 자격이 부여될 수 있어 조약의 모든 혜택에 대한 자격이 부여되는 적격자와 다르게 취급되고 적격자는 객관적인 기준에 근거하고 있으나 능동적 사업 활동의 수행 테스트는 부정확한 법적 개념을 포함하고 있는 특징을 가지고 있다.

전문서비스와 독립적 특성을 가진 다른 활동의 수행이 포함된다는 것을 분명히 하는 제한적인 목적을 예외로 하고(OECD Model 2017 §3(1)(h)) 거래 또는 사업이라는 용어를 정의하고 있지 않아 일반적 정의에 따라 국내법에 따른 의미가 부여된다(OECD Model 2017 §3(2)). 단체는 단체에서 활동하는 법인이 실질적인 경영과 운영 활동(예를 들어 기업의 임원이나 직원과 같은 활동)을 수행하는 경우에만 사업 활동의 수행에 참여하는 것으로 고려된다.[458]

체약국의 거주자는 거주자가 적격자인지와 관계없이 거주자가 거주지 국가에서 능동적 사업 활동을 수행하고 다른 체약국에서 파생된 소득이 능동적 사업 활동의 수행에서 발생하거나 능동적 사업 활동에 부수적으로 발생하는 경우 다른 체약국에서 파생된 소득에 대해서는 조약에 따른 혜택의 자격이 부여된다(OECD Model 2017 §29(3)(a)). 능동적 사업 활동의 수행에서

---

458) OECD Model 2017, supra note, p.197, art. 29, para. 71.

는 지주회사, 기업집단의 전반적인 관리 또는 감독, 현금통합을 포함한 집단금융의 제공, 은행과 보험회사 또는 등록된 증권중개인에 의해 수행되지 않은 투자 및 투자관리 활동이나 활동의 결합은 혜택의 자격 조항의 목적에서 능동적 사업 활동의 수행으로 보지 않는다. 따라서 체약국의 거주자가 거주지 국가에서 능동적 사업 활동의 수행에 참여할 때 다른 체약국에서 발생한 소득 항목에 대해 조세조약에 따른 혜택을 얻을 수 있다는 일반적인 규칙을 규정하고 있고 소득 항목은 반드시 능동적 사업 활동의 수행에서 발생하거나 부수적이어야 한다는 것을 요건으로 하고 있다.

능동적 사업 활동의 수행은 지주회사, 기업집단의 전반적인 관리 또는 감독의 제공, 현금통합을 포함한 집단금융의 제공, 은행과 보험회사 또는 등록된 증권중개인에 의해 수행되지 않은 투자 및 투자관리 활동이나 활동의 조합 기능과 같은 독립적으로 또는 결합했을 때 테스트의 목적상 모든 기능이 동일 국가에서 수행된 경우에도 체약국에서 능동적 사업 활동의 수행을 형성하는 것으로 간주하지 않는 특수한 기능을 구분하고 있다. 그리고 다국적기업의 행정지원기능과 지주회사로서의 운영 활동은 능동적 사업 활동의 수행에 해당하지 않으므로 이러한 활동 또는 활동에 부수적으로 소득이 발생하는 경우 조세조약에 따른 혜택이 부여되지 않는다는 것을 분명히 하고자 하는 목적이 있다.[459]

능동적 사업 활동의 수행 테스트 목적상 체약국의 거주자와 "관련된 법인"이 수행한 활동은 체약국의 거주자에 의해 수행된 활동으로 간주한다(OECD Model 2017 §29(3)(c)). 즉 능동적 사업 활동의 수행과 실질 테스트를 적용하는 목적에서 "관련된 법인"에 의해 수행된 활동의 사례에서 귀속규칙(attribution rule)을 규정하고 있다. 따라서 귀속규칙은 법인이 능동적 사업 활동의 수행에 참여하고 소득 항목이 능동적 사업 활동의 수행을 통해 파생되었는지와 실질성 요건을 충족하였는지를 결정할 때 적용된다.[460]

---

459) 능동적 사업 활동의 수행 범위와 관련 2010년 네덜란드와 일본이 체결한 조세조약에서는 네덜란드의 요청에 따라 은행과 보험회사를 그리고 일본의 요청에 따라 증권회사를 능동적 사업 활동의 수행 범위에 포함하게 되었다(§21(5)(a)).
체약국의 거주자로서 체약국의 법률에 따라 설립되어 규제되는 은행과 보험회사가 항상 자본배당(capital dividend)을 할 수 있는 것은 아니라는 점과 능동적 사업 활동의 수행 테스트는 다양한 소득 항목을 구분하여 적용되기 때문에 재분류에 따른 어려움이 있어 다른 테스트의 적용으로 인해 적격자가 되지 못할 수 있어 포함하게 되었다(Gulielmo Maiso et al., op. cit., p.866).
자본배당은 제 꼬리 배당이라고도 하며 배당 가능한 이익이 없음에도 불구하고 자산처분이나 재평가차익 등으로 배당을 하는 것을 말한다. 자본배당은 결산 조작에 따라 발생하는 배당으로서 법률상 또는 회계상 금지되어 있다. 자기의 자산을 잠식하여 배당하는 것으로 제 꼬리를 잘라 먹는다는 의미에서 비유된 것이다.

460) OECD Model 2017, supra note, p.199, art. 29, para. 80.

Ⅲ. 본부기업

다국적기업그룹은 때때로 세계 경제에서 지배적인 존재가 되어왔고 국제금융 부문의 구조는 현실 사회의 좋은 예를 제공하고 있다. 최근의 연구에서 대형화 및 복합금융기관으로 확대된 국제금융그룹 중 일부는 50% 이상의 지분을 보유한 수백 개의 자회사를 가지고 있고 여덟 개 그룹은 1,000개 이상의 자회사를 가지고 있다.[461] 다국적기업그룹은 일반적으로 제조정책, 판매정책, 인사정책, 재무관리 등의 기능이 본부기업을 통해 중앙 집중화된다.

본부기업(headquarters company) 조항은 2017년 이전 OECD 모델조세조약과 BEPS Action 6에서는 포함하고 있지 않았으나 미국과 EU 회원국이 체결한 일부 조세조약[462]에서 포함되어 적용되어 왔다. 2017년 OECD 모델조세조약 혜택의 자격에 포함된 본부기업 조항에서는 적격자에 해당하지 않는 체약국의 거주자가 다국적기업그룹의 구성원이 지급하는 배당과 이자에 대해 조세조약에 따른 혜택을 부여하는 것과 관련된 사항을 규정하고 있다.

다국적기업그룹의 본부기업이란 기업이 직간접적으로 보유하고 있는 자회사를 의미하고 상위기업은 포함하지 않는다.[463] 다국적기업그룹의 본부기업으로 기능하는 기업과 직간접적인 자회사에 해당하는 체약국의 거주자는 거주자가 적격자인지와 관계없이 다국적기업그룹의 구성원이 지급하는 배당과 이자에 대해서 조약 혜택의 자격이 부여된다(OECD Model 2017 § 29(5)).[464]

2017년 OECD 모델조세조약의 능동적 사업 활동의 수행에서는 원천지 국가에서 얻은 소득 활동과 직접적 또는 부수적으로 관련이 있는 실질적 관련성을 요구하고 있으나 본부기업 테스트에서는 실질적 관련성의 입증을 요구하고 있지 않아 특정 소득인 배당과 이자에 대해서만 혜택의 자격을 부여하는 것으로 보인다.

---

461) Eilís Ferran et al., op. cit., p.21.
462) 2006년 미국과 벨기에의 조세조약에서는 한 체약국의 거주자이고 다국적기업그룹의 본부기업과 같은 기능을 하는 법인이 다른 구체적인 조건을 충족하는 경우 이 협약에 따라 체약국의 거주자에게 부여되는 "모든 혜택에 대한 자격"을 가지며 혜택을 얻으려는 법인이 일정한 요건을 충족하는 경우 본부기업으로 간주하고 있다(§21(5)).
463) OECD Model 2017, supra note, p.205, 206, art. 29, para. 92.
464) 미국과 벨기에의 조세조약과 2017년 OECD 모델조세조약 본부기업 조항을 비교해 보면 조약 혜택의 범위와 세원잠식 테스트 두 가지에서 차이를 가지고 있다. 미국과 벨기에의 조세조약에서는 본부기업 테스트 요건을 충족하는 경우 조약의 모든 혜택에 대한 자격이 부여되며 세원잠식 요건이 포함되어 있지 않다. 다만 2017년 OECD 모델조세조약 본부기업 조항의 요건을 충족하더라도 특정 소득인 배당과 이자에 대해서만 조세조약에 따른 혜택에 대한 자격이 부여되고 그뿐만 아니라 세원잠식 요건을 충족할 것을 요구하고 있다.

본부기업으로 고려되기 위해서는 여섯 가지 조건을 충족하여야 한다. 수행하는 활동의 장소, 획득한 소득의 발생 장소와 최소 및 최대 금액, 동일한 국가의 거주자 및 과세규정의 적용, 세원 잠식 요건으로 구분할 수 있다. 수행하는 활동의 장소는 본부기업은 관리와 감독을 포함하여 중요한 관리 및 통제 기능을 거주자에 해당하는 국가에서 수행해야 한다는 것을 의미한다. 획득한 소득의 발생 장소와 최소 및 최대 금액은 구성원이 최소 4개국에서 능동적 사업 활동을 수행하여 다국적기업그룹 총소득의 최소 10%를 형성하여야 하고 본부기업의 거주지 국가가 아닌 다른 국가에서 수행되는 사업 활동으로 형성된 총소득은 그룹 총소득의 50%를 초과할 수 없다. 총소득은 당해 과세연도의 총소득을 기준으로 하며 당해 과세연도 총소득을 기준으로 요건이 충족되지 않는 경우 4개 과세기간 총소득의 평균을 사용할 수 있도록 하고 있다. 동일한 국가의 거주자 및 과세규정의 적용은 본부기업이 능동적 사업 활동을 수행하는 법인의 거주지 국가에서 동일한 과세규정을 적용받아야 한다는 것을 의미하고 세원잠식 테스트 요건을 충족해야 한다는 것이다.

본부기업이 조세조약에 따른 혜택을 얻고자 하는 경우 위의 여섯 가지 조건을 반드시 충족해야 하고 주된 관리 및 통제 장소는 거주자에 해당하는 체약국에 위치하여야 한다.[465] 주된 관리 및 통제 장소에 관한 정의에서 관련된 기업과 관련하여 상위기업에 해당하지 않는 기업이 지역을 담당하는 그룹인 하위그룹을 관리할 수 있도록 하고 있어 특정 제한된 사례에서 하위기업이 본부기업 테스트를 충족할 수 있다.[466]

IV. 파생적 혜택

1. 파생적 혜택의 적용

기본적인 다른 테스트의 요건을 충족하지 못했더라도 소득이 소유자에게 직접 지급되었다면 최소한 같은 조세조약에 따른 혜택을 받을 자격이 있는 체약국의 거주자인 특정 기업은 파생적 혜택 조항에 따라 자격이 부여된다. 파생적 혜택 테스트는 제3국의 거주자가 직접 투자함으로

---

465) OECD Model 2017, supra note, p.206, art. 29, para. 93.
466) Ibid, p.206, art. 29, para. 93.

써 같은 조세조약에 따른 혜택을 얻을 수 있는 경우 조세조약에 따른 혜택을 과도하게 얻기 위해 다른 국가에 자회사를 개입시킬 만한 이유가 거의 없다는 점을 고려한 것이다.[467)468)]

2003년 OECD 모델조세조약 주석서에 남용방지 조항의 대안 조항 중 하나로 혜택의 제한 조항을 포함하였으나 파생적 혜택 조항은 포함되지 않았다. 2017년 OECD 모델조세조약에 포함된 파생적 혜택 조항은 지리적 구분이 없거나 제한된 지리적 범위를 가지며 공개거래 기업과 단체에 의해 소유되지 않은 비공개거래 기업 또는 단체에 적용되고 특히 EU, EEA, NAFTA 회원국에 대해 혜택을 확장하는 제한된 지리적 범위를 가지고 있다. 파생적 혜택 조항은 조세조약에 따라 제공되는 모든 혜택이나 배당금, 이자, 사용료와 같은 특정 소득 항목에 대해서만 제한적으로 혜택에 대한 자격이 부여된다.

제한적으로 과세하는 원천징수세율의 적용은 조세조약에 따른 혜택을 요구하는 국가와 소득이 발생한 원천지 국가의 조세조약 그리고 원천지 국가와 EU, EEA, NAFTA 회원국과 체결한 조세조약에 따른 원천징수세율을 비교하여 혜택을 요구하는 국가와 소득이 발생한 원천지 국가의 조세조약에서 규정된 원천징수세율이 덜 유리한 경우에만 조세조약에 따른 혜택에 대한 자격이 부여되고 더 유리한 경우에는 조세를 회피하기 위한 목적이 있는 것으로 고려되고 동등수익자에 해당하지 않아 조세조약에 따른 혜택에 대한 자격은 거부된다.

2. 소유권 및 세원잠식 테스트

파생적 혜택 테스트에서는 소유권 테스트와 세원잠식 테스트를 규정하고 있고 반드시 개별 소득 항목별로 적용하여야 한다. 파생적 혜택 테스트에서는 적격자 조항에서 명시한 적격자에 해당하지 않는 체약국의 거주자가 특정 소득 항목에 대해 조세조약 혜택을 받을 수 있는 테

---

467) 1981년 미국과 자메이카의 조세조약에서 매우 기초적인 파생적 혜택 조항을 도입했고 1989년 미국과 독일이 체결한 조세조약에서 근대적인 혜택의 제한 조항을 포함하였으나 파생적 혜택 조항은 포함되지 않았다. 이후 1990년대 초 미국과 네덜란드와의 조세조약 협상 과정에서 미국과 독일의 조세조약에 포함된 혜택의 제한 조항이 언급되었고 파생적 혜택 조항을 포함하지 않는 것은 문제가 있다고 보았다. 이로 인해 미국과 네덜란드 조세조약 제26조 제4항에 파생적 혜택 조항을 포함하였으나 단순히 배당금, 지점세, 이자 그리고 사용료에만 제한적으로 적용되었다(Michael Lang·Pasquale Pistone·Alexander Rust·Josef Schuch·Clause Staringer, Base Erosion and Profit Shifting(BEPS): The Proposals to Revise the OECD Model Convention, Linde, 2016, p.182, 183).

468) 미국은 파생적 혜택 조항이 제3국의 거주자가 기지회사(base company)를 사용하여 중개 국가에서 소득을 유보하는 데 유리할 수 있어 파생적 혜택과 같은 유형의 조항을 조약에 포함하는 것을 반대했다(Félix Alberto Vega Borrego, op. cit., p.187, 189).

스트를 제공하고 있다.[469] 일반적으로 파생적 혜택 테스트는 동등수익자 7인 이하가 의결권 또는 주식 가치의 95%를 직간접적으로 보유하고 기업이 세원잠식 테스트를 충족하는 경우 체약국의 거주자에 해당하는 기업에 대해 조세조약에 따른 혜택에 대한 자격을 부여한다. 조세조약에 따른 혜택을 요구하는 기업의 의결권 그리고 주식 가치의 95%를 7인 이하의 동등수익자(equivalent beneficiaries)가 보유해야 한다는 요건은 다수의 주주가 동등수익자인지를 결정해야 하는 행정적 부담을 피하기 위한 것이다.[470]

동등수익자에 해당하지 않는 인(person)(OECD Model 2017 §29(4)(b)(ⅰ)), 본부기업 또는 이중과세방지를 위한 포괄적 조약에서 실질적으로 유사한 조항을 근거로 할 때 동등수익자에 해당하는 인(person)에 대해(OECD Model 2017 §29(4)(b)(ⅱ)) 이중과세방지에 관한 포괄적 조약에서 이 조약에서 포함된 용어의 정의와 유사한 특별과세제도(Special tax regime)의 정의가 포함되어 있지 않은 때에는 정의의 원리가 적용된다. 그리고 특별과세제도 정의의 세부조항 (v)의 요건과 관계가 없는 경우 파생적 혜택에서 기술한 기업과 인(person)은 "관련된 법인"으로 고려된다.

공제가 가능한 지급금에 대해 특별과세제도의 정의가 포함된 조항의 언급에서 특별과세제도의 혜택을 누리는 동등수익자에 해당하는 법인에 대해서(OECD Model 2017 §29(4)(b)(ⅲ)) 또는 이자의 지급에 있어 파생적 혜택에서 기술한 기업은 "관련된 법인"이 된다. 그리고 자본의 개념적 공제와 관련된 제11조(이자)에 기술된 유형의 개념적 공제의 혜택을 누리는 동등수익자에 해당하는 법인은 혜택의 자격이 부여된다(OECD Model 2017 §29(4)(b)(ⅳ)).

파생적 혜택 조항에서는 조항의 목적에서 적용 가능한 세원잠식 테스트를 규정하고 있고 부적격자의 목록이 다른 경우를 예외로 할 때 적격자 조항의 세원잠식 테스트와 유사하다. 동등수익자에 해당하지 않는 법인 그리고 정의상 동등수익자에 해당하더라도 본부기업 또는 관련 조약에 따라 법인이 전적으로 본부기업을 근거로 동등수익자인 경우, 파생적 혜택 조항에 따라 조세조약에 따른 혜택을 요구하는 기업과 관련이 있고 지급금에 대해 특별과세제도의 혜택을 누리는 법인인 경우, 이자의 지급에 대해 파생적 혜택 조항에 따라 조약 혜택을 요구하는 법인에 대해 그리고 자기자본의 개념적 공제의 혜택을 누리는 "관련된 법인"인 경우 부적격자에 해당

---

469) OECD Model 2017, supra note, p.202, 203, art. 29, para. 87.
470) Ibid, p.203, art. 29, para. 87.

한다.[471]

3. 동등수익자

"동등수익자(equivalent beneficiary)"란 조약에 따른 소득 항목에 부여되는 혜택과 같거나 유리한 체약국의 국내법이나 이 조약 또는 다른 국제협약에 따라 체약국이 부여하는 소득 항목에 대한 혜택에 대해 자격이 부여되는 인(person)을 의미한다. 인(person)이 기업으로부터 받은 배당금에 대한 동등수익자인지를 결정하기 위한 목적에서 인(person)은 기업으로 고려되고 배당금에 대해 혜택을 요구하는 기업이 보유하는 자산과 같이 배당금을 지급하는 기업과 동일한 자산을 보유할 수 있다.

거주자는 한 국가 그리고 적격자 조항의 개인, 적격정부기관, 주식거래 조항, 세금면제 조직 조항과 실질적으로 유사한 조항에 따라 조세조약에 따른 혜택을 요구하는 체약국이 이중과세를 방지하기 위한 목적에서 체결한 포괄적 소득세 조세조약에 따른 혜택 모두에 대한 자격이 부여되거나 요구되는 혜택이 거주자의 다국적기업그룹의 구성원이 지급한 이자 또는 배당소득과 관련된 경우 거주자는 재량적 구제와 실질적으로 유사한 조항에 따라 혜택에 대한 자격이 부여된다.

제10조(배당), 제11조(이자), 제12조(사용료)에서 언급한 소득을 거주자가 직접 수령한 경우 거주자는 그러한 조약, 국내법의 규정 또는 국제협약에 따라 이 조약에서 적용된 세율과 같거나 낮은 세율의 혜택을 받을 수 있는 자격을 갖는다. 배당금과 관련해 기업이 파생적 혜택 조항에 따라 제10조(배당)의 혜택을 요구하는지와 관계없이(OECD Model 2017 §29(7)(e)(ⅰ)(B)), 거주자가 개인이고 기업이 거주지 국가에서 능동적 사업 활동의 수행에 참여하고 사업 활동이 배당금이 지급되는 소득을 창출하는 사업과 관계가 있거나 유사한 경우 그리고 부수적인 경우 그러한 개인은 기업으로 간주하며 혜택을 요구하는 기업에 대해 "관련된 법인"에 해당하는 인(person)이 수행한 활동은 그러한 기업에 의해 수행된 것으로 간주한다. 사업 활동이 실질적인지는 모든 "사실과 상황"을 기초로 하여 결정한다(OECD Model 2017 §29(7)(e)(ⅰ)(B)(1)(Ⅰ)).

거주자가 기업으로 간주하는 개인을 포함해 기업에 해당하는 때에는 혜택을 요청한 조세조약에서 적용되는 것보다 낮거나 같은 세율에 대한 자격이 있는지의 결정에 있어 배당금을 지급

---

471) OECD Model 2017, supra note, p.204, art. 29, para. 90.

하는 기업의 자산에 대한 거주자의 간접적인 보유는 직접적인 보유로 간주한다(OECD Model 2017 §29(7)(e)(ⅰ)(B)(1)(Ⅱ)). 거주자가 혜택을 요구하는 기업의 거주지 국가의 국내법에서 소득 항목이 재정적으로 투명한 것(fiscally transparent)으로 간주되는 단체를 통해 발생하고 소득 항목이 제1조 제2항과 유사한 조항에 따라 거주자의 소득으로 고려되지 않는 경우 파생적 혜택을 요구하고자 하는 기업이 아닌 개인은 기업에 의해 소득이 발생하는 단체를 소유하게 되고 그러한 거주자는 소득 항목에 대해 동등수익자로 고려되지 않는다(OECD Model 2017 §29(7)(e)(ⅰ)(C)).

동등수익자의 정의는 파생적 혜택 테스트의 목적과 관련이 있으며 공개거래 되지 않는 집합투자기구에 조항을 적용하는 목적과 관련이 있을 수 있다. 동등수익자라는 용어의 정의에서 동등수익자로 인정받을 수 있는 법인을 세 가지로 나누어 규정하고 있다. 적격자 조항의 개인, 적격정부기관, 주식거래 조항, 세금면제 조직 조항에서 명시한 규정과 실질적으로 유사한 조항에 따라 법인의 거주지 국가 그리고 혜택이 요구되는 국가 사이에 체결된 포괄적 소득세 조세조약에 따른 혜택 모두를 갖는 제3국 거주자에 대해 다루고 있다. 기업은 또한 재량적 구제 조항과 실질적으로 유사한 "테스트 조약(tested convention)"에서 언급한 본부기업과 관련된 조세조약에 따른 혜택이 부여된다. 다만 기업이 요구하는 혜택이 동등수익자의 다국적기업그룹의 구성원이 지급한 이자나 배당으로 제한되는 경우 동등수익자가 될 수 있다.[472]

제3국의 거주자인 인(person)이 일정한 요건에 해당하는 경우에는 동등수익자가 될 수 없다.[473] 동등수익자는 테스트 조약, 국내법이나 국제협약에 따라 파생적 혜택을 요구하는 기업으로부터 파생된 소득 항목 유형에 대해 이 조약에서 명시한 세율보다 낮거나 동일한 세율이 적용된다. 따라서 비교되는 세율은 원천지 국가가 테스트 조약에 따라 기업에 적용하는 세율과 잠재적 동등수익자가 원천지 국가에서 직접적으로 소득을 창출할 때 적용할 수 있는 세율을 의미한다.[474]

---

472) OECD Model 2017, supra note, p.218, 219, art. 29, para. 133.
473) 적격자 조항의 공개거래 되는 기업 또는 단체와 실질적으로 유사한 공개거래 기업의 자회사에 관한 테스트, 적격자 조항의 소유권 및 세원잠식 테스트와 실질적으로 유사한 소유권 및 세원잠식 테스트, 적격자 조항의 공개거래 되지 않는 집합투자기구에 포함될 수 있는 것과 실질적으로 유사한 집합투자기구에 관한 테스트, 능동적 사업 활동의 수행과 실질적으로 유사한 사업 활동 테스트, 파생적 혜택과 유사한 파생적 혜택 테스트, 재량적 구제와 실질적으로 유사한 재량적 구제 조항, 기타 이 조약의 테스트에 해당하지 않는 테스트 조약상 혜택의 제한 조항을 충족하는 거주자는 적격자 조항의 개인, 적격정부기관, 주식거래 조항, 세금면제 조직 조항과 실질적으로 유사한 조항에서 적격자가 될 수 없다(Ibid, p.219, 220, art. 29, para. 135).
474) OECD Model 2017, supra note, p.220, art. 29, para. 137.

개인은 세율 비교 테스트(rate comparison test)에 따라 기업으로 고려되고 개인에 의해 수익적으로 소유된 배당금의 경우 제10조 제2항의 a)에서 제공되는 낮은 세율이 적용되지 않는다. 한편 기업은 특수한 조건을 충족하는 경우 낮은 세율이 적용될 수 있고 만약 이러한 조항이 포함되어 있지 않은 때에는 파생적 혜택 조항에서 규정하고 있는 파생적 혜택을 요구하는 기업의 개인주주가 다른 기업의 실질적인 참여에서 발생한 배당금에 대해서는 동등수익자에 해당하지 않는다.

"실질적인 관계(substantial in relation)"라는 표현은 능동적 사업 활동의 수행 조항 c)와 동일한 의미를 가지며 실질성 요건은 배당금이 "관련된 법인"에 의해 파생된 것인지와 관계없이 적용되어야 한다. 그러나 거주지 국가에서 수행된 능동적 사업 활동은 원천지 국가에서 수행된 능동적 사업 활동과 유사 또는 보완적이며 그리고 원천지 국가에서 수행된 능동적 사업 활동과 동일 또는 보완적이지 않아 다른 국가에서 발생한 배당금은 능동적 사업 활동의 수행 조항에서 요구되는 것과 같이 파생적 혜택을 요구하는 기업의 능동적 사업 활동의 수행을 통해 발생해야 하는 것은 아니다.[475]

동등수익자의 자격이 부여되는 법인은 파생적 혜택을 요구하는 기업과 같은 체약국의 거주자에 해당하는 법인으로 고려된다. 그러한 법인은 적격자 조항의 개인, 적격정부기관, 주식거래 조항, 세금면제 조직과 본부기업 조항의 본부기업을 근거로 혜택에 대한 적격자가 되는 경우 동등수익자에 해당한다.[476]

동등수익자로 입증되는 법인은 원천지 국가의 거주자에 해당하는 법인으로 간주된다.[477] 그러한 법인은 법인이 적격자 조항 개인, 적격정부기관, 주식거래 조항, 세금면제 조직을 근거로 혜택을 받을 자격을 가지는 경우 동등수익자가 된다. 이때 거주자는 파생적 혜택을 요구하는 기업의 의결권 또는 주식 가치 그리고 불균일분배주식의 25% 이상을 보유할 수 없다. 파생적 혜택 조항의 소유권 요건에서 소유권은 직간접적인 소유권일 수도 있으나 간접 소유의 사례에서 간접소유자는 반드시 적격중간소유자여야 하며[478] 파생적 혜택에 관한 파생적 혜택 조항이 적용되는 경우 동등수익자의 정의에서 다른 조약에 따라 조약에서 규정하고 있는 구제조치보다 유

---

475) Ibid, p.221, 222, art. 29, para. 140.
476) Ibid, p.224, art. 29, para. 145.
477) Ibid, p.224, art. 29, para. 146.
478) OECD Model 2017, supra note, p.224, art. 29, para. 146.

리하지 않은 원천지 국가의 과세로부터 구제조치의 자격을 갖는 법인은 제외한다.

V. 재량적 구제를 통한 혜택의 자격 부여

1. 재량적 구제

조세조약을 체결한 체약국의 인(person)이 적격자에 해당하지 않고 혜택의 자격에 포함된 테스트의 요건을 충족하지 못하는 경우 관계기관의 재량적 구제를 통해 조약에 따른 모든 혜택 또는 특정 소득 항목에 대한 혜택의 자격이 부여될 수 있다.[479]

파생적 혜택과 재량적 구제는 적격자에 해당하지 않아 혜택에 대한 자격이 없는 거주자인 비공개거래 기업 또는 단체에 주로 적용될 수 있고 관계기관의 결정에 따라 혜택의 자격이 부여될 수 있다. 초기에는 관계기관이 결정하는 경우와 같이 단순하게 표현되었으나 점점 더 고려되는 많은 사항이 추가되고 있어 상대적으로 관계기관의 재량권이 제한되고 있다. 재량적 구제에서는 주요 목적 테스트와 관련되는 모든 "사실과 상황"을 함께 고려하도록 하여 결정하도록 하고 있다.

체약국의 거주자가 적격자에 해당하지 않고 파생적 혜택과 본부기업 테스트에 따라 혜택의 자격이 부여되지 않는 경우 혜택의 자격이 거부된 체약국의 관계기관은 조약의 대상과 목적을 고려해 조약 혜택의 자격을 부여하거나 특정 소득 항목이나 자본 항목에 대해 혜택의 자격을 부여할 수 있다. 다만 거주자가 관계기관에 설립, 인수나 관리 그리고 운영 활동의 "주요 목적 중의 하나(one of its principal purposes)"가 조세조약에 따른 혜택을 얻기 위한 것이 아니라는 사실을 입증한 경우에만 혜택의 자격이 부여되고 조세조약에 따른 혜택을 얻는 것을 주요 목적 중의 하나로 법인을 설립한 경우 조세조약에 따른 혜택에 대한 자격은 부여되지 않는다.[480] 다른 체약국의 거주자가 재량적 구제에 따른 혜택의 부여를 요청하는 경우 체약국의 관

---

[479] 1996년 미국 모델조세조약에서는 재량적 구제를 포함하였고 기술적 설명서에서는 재량적 구제는 국제경제적 관계의 범위 그리고 다양성의 증가와 체약국의 기업이 제3국 거주자와 상당한 관련이 있는 건전한 사업 또는 장기간에 걸친 사업구조 그리고 조세조약에 따른 혜택을 획득하려는 것을 의도하지 않았다는 사실에 의해 보증되는 경우를 포함한다고 설명하고 있다(US Model 1996 TE §22(4)).

[480] OECD Model 2017, supra note, p.208, art. 29, para. 102.

계기관은 혜택의 자격을 부여하거나 거부하기 전 다른 체약국의 관계기관과 협의하도록 하고 있다(OECD Model 2017 §29(6)).

일반적으로 체약국의 거주자가 법인을 설립, 인수 또는 유지 그리고 운영 활동을 수행하는 주요 목적 중의 하나가 조세조약에 따른 혜택을 얻는 것이 아니라는 입증에 있어 관계기관은 거주자가 거주지 국가에서 실질적으로 비과세 연계를 보유하고 있는지를 고려하여야 한다.[481] 예를 들어 제3국에 모회사 또는 자회사가 있는 경우 조약에서 규정한 원천징수세는 원천지 국가와 제3국이 체결한 소득세 조항에서 규정하고 있는 원천징수세율이 낮은 경우에만 인정된다. 그러나 원천지 국가와 제3국의 소득세 조약은 그 자체로 다른 체약국과의 연계 또는 관계를 입증하는 증거가 되어서는 안 된다. 체약국과 연계 또는 관련은 조세조약 망(network)의 존재를 포함한 체약국의 우호적인 국내법을 이용하려는 목적을 통해 형성될 수밖에 없다.[482]

아울러 일반적으로 체약국의 국내법은 물론 조약의 조항을 비롯한 대상과 목적을 고려했을 때 요청자가 거주지 국가와 원천지 국가 모두에서 소득 항목에 대해 세금이 부과되지 않거나 최소한의 세금이 부과되는 경우 재량적 구제를 통한 혜택의 자격이 부여되지 않는다.[483] 재량적 구제 조항의 적용과 관련되는 모든 "사실과 상황"에는 일반적으로 거주자의 연혁, 구조, 소유권과 운영이 포함되고 거주자가 비과세를 위해 최근 비거주자에 의해 인수된 단체인지, 거주자가 실질적인 사업 활동을 수행하는지, 혜택을 요청한 거주자의 소득이 이중과세의 대상이 되는지가 포함되고 거주자에 의한 법인의 설립이나 사용으로 인한 비과세 또는 세금의 감소가 발생하는지는 고려되는 모든 "사실과 상황"에 포함되지 않는다.[484]

관계기관이 모든 "사실과 상황"을 고려하여 판단한 결과 조약 혜택을 얻는 것이 주된 고려사항이 아니며 법인의 설립, 인수 또는 유지 그리고 운영 활동의 주된 목적이 조약 혜택을 얻기 위한 것이 아니라고 판단되는 경우 관계기관은 법인에 조약 혜택의 전부 또는 특정 소득 항목이나 자본 항목에 대해서만 혜택을 부여할 수 있다. 그러나 관계기관은 결정하기 전 반드시 관

---

481) Ibid, p.209, art. 29, para. 103.
482) Ibid, p.209, art. 29, para. 103.
483) 예를 들어 원천지 국가에서 공제를 발생시키는 혼성기구(hybrid instrument)를 사용했을 때 그리고 혼성기구를 통해 발생한 소득이 거주지 국가에서 면제와 같은 대상이 되는 경우 이중 비과세가 발생할 수 있다. 반면 양 체약국에서 세금이 없거나 최소한의 세금이 부과된다는 사실은 한 국가의 거주자인 기업이 배당하는 기업의 주식 상당 부분을 소유한 다른 국가의 거주자 기업에 배당하는 경우 조약의 조항에서 모든 체약국이 배당에 대해 낮은 과세 또는 무-과세(no taxation)를 적용할 의도가 있는 것으로 입증되는 경우에만 조약의 대상과 목적에 부합한다.; Ibid, p.209, art. 29, para. 104.
484) OECD Model 2017, supra note, p.209, art. 29, para. 105.

련된 모든 "사실과 상황"을 고려해야 하며 다른 체약국의 거주자가 제기한 혜택의 자격 부여 요청을 허가 또는 거부하기 전 다른 체약국의 관계기관과 협의하여야 한다.

관련된 모든 "사실과 상황"의 고려는 관계기관은 각각의 요청에 어떠한 장점이 있는지를 고려해야 한다는 것을 의미하고 결정을 하기 전 다른 체약국의 관계기관과 협의하도록 하는 것은 체약국이 유사한 사례를 일관적으로 다루어야 하고 특정 사례의 "사실과 상황"을 기초로 했을 때 한해 결정을 입증할 수 있다는 것을 확인시켜 준다. 다만 협의를 요청한 관계기관이 다른 체약국의 관계기관으로부터 반드시 동의를 구해야 하는 것은 아니다.[485]

재량적 구제 조항에 따른 요청은 요청한 법인의 설립, 인수 또는 유지 이전 또는 이후에 할 수 있으나 요청은 혜택을 주장하기 전에 이루어져야 한다. 다만 혜택의 자격이 부여된다고 관계기관이 결정하는 경우 모든 "사실과 상황"을 고려했을 때 혜택의 소급 적용이 정당한 것으로 입증된다고 가정하는 경우 관련 조약의 조항이 효력을 가진 시점이나 요청을 한 법인이 설립 또는 인수된 시점 이후에 혜택을 소급해 승인될 수 있다고 예상할 수 있다.[486]

결론적으로 관련된 모든 "사실과 상황" 그리고 객관적 테스트의 추가사항을 고려하여 특정 관할권과의 "충분한 연계(sufficient nexus)"가 발견되는 경우 해당 단체에 대해 조세조약에 따른 혜택에 대한 자격을 부여하는 재량적 구제 조항의 목표와 목적을 반영하게 된다.

2. 주요 목적 테스트

"주요 목적 중의 하나(one of its principal purposes)"라는 표현은 조세조약에 따른 혜택을 얻는 것이 법인의 설립, 인수 또는 유지 그리고 운영 활동을 하는 "유일 또는 지배적인 목적(sole or dominant purpose)"이 아니라는 것을 의미한다.

"주요 목적 중의 최소 하나(least one of the principal purposes)"가 조약 혜택을 얻기 위한 것이라면 충분하다는 것을 의미하고 특정 거래 또는 약정의 목적이 조세조약에 따른 혜택을 얻기 위한 것이고 그러한 상황에서 혜택을 얻는 것이 조세조약의 관련 조항의 대상과 목적에 부합되지 않는 경우 이용될 수 없도록 하기 위한 것이다. 주요 목적 중의 하나에서는 국내법에 조약의 부적절한 사용을 다루도록 허락되지 않은 경우에도 지침에 따라 국가가 조약의 부

---

485) Ibid, p.210, art. 29, para. 108.
486) Ibid, p.210, art. 29, para. 110.

적절한 사용에 대해 다룰 수 있도록 조약에서 주요 목적 중의 하나의 기초가 되는 원리를 포함하고 있고 국내법에 이미 조약의 부적절한 사용을 다루도록 하는 국가는 국내법에 따른 원리를 적용할 수 있도록 하고 있다.[487]

주요 목적 중의 하나는 혜택의 자격 조항 제1항부터 제7항의 범위나 적용을 보충하고 범위나 적용을 제한하지 않으며 전문과 제1항부터 제7항을 포함한 조약의 나머지 부분의 맥락을 통해서 해석되어야 하고 특히 관련 조항이 가진 대상과 목적의 결정에 있어 중요하다.

공개거래 기업 또는 단체의 대상과 목적은 다른 국가의 거주자가 주식을 보유하는 공개기업의 조약에 대한 자격의 한계를 규정한 것이지만 그러한 기업이 적격자라는 사실은 혜택이 기업의 주식 소유와 관련이 없다는 이유로 거부될 수 없다는 것을 의미하지 않는다. 주요 목적 중의 하나는 모든 관련 "사실과 상황"을 고려했을 때 거래 또는 약정의 주요 목적 중의 하나가 조세조약에 따른 혜택을 누리는 것이라고 결론을 내리는 것이 "합리적인(reasonably)" 경우에만 체약국이 조세조약에 따른 혜택을 거부할 수 있다.

협약 또는 거래는 반드시 넓게 해석이 되어야 하고 법적으로 유효한지에 관계없이 약정, 합의, 계획, 거래 또는 연속적인 거래가 포함되고 특히 소득의 창출, 양도, 취득이나 자산 또는 권리의 이전도 포함되어야 한다. 아울러 체약국의 거주자로서 법인의 자격을 포함한 소득을 발생시키는 법인의 설립, 인수 또는 유지에 관한 구조를 포함하고 법인이 거주지를 구축하기 위해 수행한 단계가 포함된다. 협약 또는 거래의 주요 목적이 조세조약에 따른 혜택을 얻기 위한 것인지를 결정할 때 약정 또는 거래에 참여한 모든 법인의 대상과 목적을 객관적으로 분석하는 것이 중요하고 약정 또는 거래의 목적은 구조와 관련된 상황을 고려할 수 있는 협약 또는 사건을 기초로 하여 답을 제시할 수 있는지에 대한 질문에 해당한다.

관련된 모든 "사실과 상황"을 객관적으로 분석한 이후 협약 또는 거래의 주요 목적 중의 하나가 조세조약에 따른 혜택을 얻기 위한 것이라고 합리적으로 결정할 수 있어야 한다.[488] 만약 조약에서 발생한 이익을 통해서만 구조를 합리적으로 설명이 가능한 경우 구조의 주요 목적 중의 하나가 혜택을 얻기 위한 것이라고 결론을 내릴 수 있다. 결정을 위해서는 "합리성(reasonableness)"이 필요하고 상황을 다르게 해석할 가능성이 있다는 사실도 반드시 함께 고

---

487) OECD Model 2017, supra note, p.233, art. 29, para. 169.
488) OECD Model 2017, supra note, p.235, 236, art. 29, para. 178.

려해야 한다.[489]

따라서 주요 목적 중의 하나란 조세조약에 따른 혜택을 취하는 것이 특정 구조나 거래의 유일 또는 지배적인 목적이 될 필요가 없다는 것을 의미하고 혜택을 얻는 것이 적어도 주요 목적 중의 하나라는 것으로 충분하다는 것을 의미한다. 특히 협약이 중요한 상업적 활동과 불가분의 관계에 있고 혜택을 얻는 것이 상업적 활동의 형태를 결정하지 않는 경우 혜택을 얻기 위한 것이 주된 목적일 가능성이 낮은 것으로 고려될 수 있다.

주요 목적 테스트는 납세자의 의도를 확인하도록 요구되고 주요 목적 테스트를 적용하는 계기가 되는 필수 요소가 되지만 특정한 사항에 대한 모든 상황과 관련된 사실을 고려하더라도 납세자의 의도를 입증하는 것은 불가능할 수 있다. 객관적 사실은 특정 행동에 후행하는 동기에 대한 징후만을 제공할 수 있다. 따라서 특정 동기의 입증 또는 특정 동기가 존재하지 않는다는 것을 입증하는 것은 거의 불가능하고[490] 납세자가 그 거래가 세금혜택으로 이어져야 한다는 동기가 없다는 것을 증명해야 한다면 납세자는 거의 성공하지 못할 것이고 반대로 관계기관은 납세자의 특정 계획에서 세금 동기가 유일하다는 것을 입증하는 것은 거의 불가능하다.[491]

이러한 점을 고려하면 조약의 직간접적인 혜택을 얻는 것이 약정 또는 거래의 주요 목적 중의 하나인 것으로 결론 내리는 것이 합리적이라는 것으로 충분하고 약정 또는 거래가 세금의 혜택에 의해 합리적으로 설명되고 세금 동기가 부수적이라는 것이 입증되는 경우에만 주요 목적 테스트가 실패할 것이다. 다만 주요 목적과 부수적 목적의 구별에 대한 기준이 명확하지 않아 구별이 어떻게 되어야 하는지는 여전히 모호성이 존재해 법적 안정성을 저해하고 법적 불확실성을 더욱 증가시킨다. 결론적으로 주요 목적 테스트는 약정 또는 거래의 유일한 주요 목적이 세금의 혜택을 얻는 것이라고 결론을 내리는 것이 합리적인 경우에만 남용으로 간주할 수 있다.

아울러 오스트리아의 경우 합법성의 원칙(principle of legality)을 포함하고 있고 입법행위

---

489) Ibid, p.236, art. 29, para. 179.

490) The subjective and the pbjective test of the ECJ also largely overlap. For details, see D. Weber, Abuse of Law in European Tax Law: An Overview and Some Recent Trends in the Direct and Indirect Tax Case Law of the ECJ-Part 2, 53 Eur. Taxn. 7 (2013), at 313, 326, Journals IBFD; Michael Lang·Alexander Rust et al., op. cit., p.284.

491) There is jurisprudence of the Austrian Supreme Administrative Court in cases where anti-abuse [provisions were applied with a substantive meaning. AT: VwGH, 27 Aug. 2002, 98/14/0194; AT: VwGH, 9 Dec. 2004, 2002/14/0074; AT: VwGH, 22 Sep. 2005, 2001/14/0188; AT: VwGH, 25 Feb. 2009, 2006/13/0111, AT: VwGH, 20 May 2010, 2006/15/0005; AT: VwGH, 26 Apr. 2012, 2009/14/0220; Ibid, p.284.

는 명확하고 적용이 예측 가능해야 하며 세무당국 또는 법원에 결정권을 위임할 수 없도록 하고 있어[492] 세무당국의 결정은 납세자가 예측할 수 있어야 할 뿐만 아니라 법적 보호 효과와 균형을 이루어야 하고[493] 헌법에 따르면 비교되는 사례는 동등하게 취급되어야 한다.[494] 구체적 사례에 적용하는 경우 법 규정의 해석이 아닌 냄새 테스트(smell test)로 이어지고[495] 납세자의 주관적 의도와의 관련성도 합법성의 원칙과 충돌할 수 있다.[496] 따라서 주요 목적 테스트는 매우 모호한 표현과 높은 불확실성을 수반하고 있어 법치주의의 지배를 받는 국가는 헌법과 주요 목적 테스트의 양립성에 대한 문제가 발생할 수 있다.

법치주의 국가원리란 국가의 운영이 "법"에 근거하여 이루어지는 것을 말하고[497] "법"은 국민의 대표가 헌법이 정하는 절차에 따라 국민의 자유와 권리를 제한하고 창설하기 위하여 만든 일반적 추상적 규범을 말한다.[498] 이러한 법치주의원리[499]는 국가통치의 모든 영역에 타당하고 국민의 권익을 침해하는 영역뿐만 아니라 혜택을 부여하는 영역에서도 법치주의원칙이 필요하다는 것이 오늘날의 지배적인 견해이다.[500]

---

[492] For Austria, see T. Öhlinger & H. Eberhard, Verfassungsrecht (10th edition, Facultas 2014), paragraph, 580; Ibid, p.293.

[493] H. Eberhard, Die Bedeutung des Legalitätsprinzips im Wirtschaftsrecht, Zeitschrift für Verwaltung (ZfV) 5 (2013), at 727, 728; C. Bezemek, Verfassungsrechtliche Aspekte der Wirtschaftskriminalität, in Rill, Gesetzgebung im demokratischen Rechtsstaat, in Dimensionen des modernen Verfassungsstaates (M. Holoubek et al. eds., Springer 2002), at 73, 75; Ibid, p.293.

[494] For Austria, see C. Plott, Beschränkte Abezugsfähigkeit von (Manager-) Gehältern über 500.000€, Österreichisches Recht der Wirtschaft (RdW) 2 (2014), at 91, 94; W. Berka, Die Grundreche (Springer 1999), paragraph 918 et seq.; Öhlinger & Eberhard, supra note, 79, paragraph 761 et seq; Michael Lang·Alexander Rust et al., op. cit., p.293.

[495] W. Gassner, Wirtschaftliche Betrachtungsweise und Gestaltungsmissbrauch im Steurrecht, in Steuerrech - Ausgewählte Problem am Ende des 20. Jahrhunderts, Festschrift zum 65. Geburtstag von Ernst Höhn (F. Cagianut & K.A. Vallender eds., Haupt 1995), at 65, 84; T. Ehrke-Rabel, in W. Doralt & H.G. Ruppe, Steuerrecht II (7th edition, Manz 2014), paragraph 112; Ibid, p.293.

[496] C. Ritz, Bundesabgabenordnung (BAO) (5th edition, Linde 2014), Section 22, paragraph 6; Ibid, p.294.

[497] 최우정, 「한국헌법학」, 진원사, 2008, 169면; 이동식, 「조세법과 헌법」, 준커뮤니케이션즈, 2012, 58면.

[498] 이동식, 전게서, 58면.

[499] 법치주의원리는 일반적으로 형식적 측면과 실질적 측면으로 설명되고 형식적 측면은 규범이 입법되는 형식적 측면을 파악하여 법치주의를 논하는 것이고 실질적 측면은 입법되는 규범의 구체적 내용이 헌법에 위반되는지를 파악하여 법치주의원리에의 적합성을 검토하는 것으로 법치주의의 기본은 형식적 법치주의를 의미한다. 법치국가원리의 내용(요소)은 기본권 보장, 권력분립제도, 입법 작용의 헌법 및 법률에의 기속, 행정의 합법률성, 사법적 권리의 보호, 공권력 행사의 예측 가능성과 신뢰 보호의 원칙, 비례의 원칙을 들고 있다(이동식, 전게서, 58면).

[500] 이동식, 전게서, 58면.

Ⅵ. 시사점

2017년 OECD 모델조세조약 및 주석서에 포함된 혜택의 자격 조항은 체약국의 거주자에 해당하지 않는 법인이 조세조약을 체결한 국가의 조세조약에 따른 혜택을 통해 다른 체약국에서 발생하는 세금을 줄이거나 면제받기 위한 목적으로 체약국의 거주자에 해당하는 단체를 설립하는 경우의 조약남용을 방지하기 위한 목적으로 2006년 미국 모델조세조약을 참고하여 일부 규정을 추가하여 도입되었다.

혜택의 자격 조항에서는 개인, 적격정부기관, 세금면제 조직, 특정 집합투자기구, 공개거래 기업과 단체 및 자회사, 소유권 및 세원잠식 요건을 충족하는 비공개거래 기업과 단체, 소유권 및 세원잠식 요건을 충족하지 못하는 비공개거래 기업과 단체로서 제3국의 거주자에 의해 소유된 기업과 단체로 구분하고 일정한 요건을 충족하는 경우 적격거주자로 간주하여 조세조약에 따른 혜택에 대한 자격을 부여하고 있다.

혜택의 자격 조항에서는 조약을 체결한 체약국의 거주자에 해당하는 개인과 법인 또는 단체가 조세조약에 따른 혜택의 자격이 있는지에 대한 명확한 판단기준을 제공하고 있다. 특히 법인 또는 단체와 관련 조약남용의 문제를 발생시키는 제3국의 거주자가 의결권과 주식 가치의 대부분을 소유하고 있는 법인 또는 단체의 소유권과 관련된 특수한 특징을 쉽게 기술할 수 있는 자동적 규칙의 확실성을 결합하고 있고, 납세자의 특성과 소유권에 기초한 객관적 수량화를 통한 적용기준의 제공을 통한 높은 법적 확실성, 소유권의 구조, 공제가 가능한 지급금의 정도, 업무의 수행과 구성, 다른 유사한 유형의 경계와 비율에 대한 명확한 구분을 제공하고 있는 장점이 있다.

그리고 직접적인 자격이 부여되지 않는 법인 또는 단체에 대해 조세조약에 따른 혜택을 간접적으로 부여하고 체약국의 거주자가 아닌 법인 또는 단체가 적법한 사업을 수행하기 위한 목적으로 법인 또는 단체를 설립하지 않은 때에는 조세조약에 따른 혜택을 거부할 수 있도록 하고 있다. 다만 다른 조항에 따라 조세조약에 따른 혜택이 거부되더라도 예외적으로 관계기관이 조세조약에 따른 혜택을 얻는 것이 구조의 주요 목적 또는 주요 목적 중의 하나에 해당하지 않는다고 합리적으로 결정하는 경우에는 조세조약에 따른 혜택을 부여할 수 있도록 하고 있다. 즉, 법인 또는 단체의 고유한 특성과 기능 그리고 지배력 등 다양한 법인의 본질 또는 속성을 포함하여 거주지 국가와의 충분한 연계와 사업목적의 존재를 통해 적격법인인지를 결정하고 있다.

수익적 소유자의 개념이 정확하게 정의되어 있지 않아 조세조약과 국내법에 따른 의미 그리고 납세자의 주관적 동기와 의도를 함께 고려한 조세조약의 해석을 통해 적용되어 불명확성과 법적 안정성을 저해하는 문제가 있었으나 혜택의 자격 조항은 다소 복잡하다는 단점이 있으나 해석에 의존하지 않는 객관적 판단기준을 제공하고 있어 예측 가능성과 법적 안정성이 높다고 할 수 있다.

결과적으로 혜택의 자격 조항에서는 조약남용의 문제를 발생시키는 제3국 거주자인 법인 또는 단체에 대한 소유권에 대해 객관적 판단기준을 제시하고 있고 혜택의 자격 조항에 포함된 테스트의 결과 제3국의 거주자에 의해 의결권 또는 주식 가치의 대부분이 소유된 법인 또는 단체로서 능동적 사업 활동을 수행하지 않고 소득 대부분이 수동적 소득으로 구성되거나 조세조약에 따른 혜택을 얻는 것이 주요 목적 또는 주요 목적 중 하나에 해당하는 법인 또는 단체가 제한적으로 조약 혜택의 자격에서 배제된다. 다만 능동적 사업 활동을 수행하지 않는 법인 중 본부기업으로서 사업 활동을 수행하는 법인이 일정한 요건을 충족하는 경우 예외적으로 특정 소득 항목에 대한 혜택의 자격이 부여될 수 있도록 하고 있다.

파생적 혜택 조항은 EU, EEA, EFTA 회원국을 위해 포함된 조항으로서 요건을 충족하는 경우 배당 또는 이자 그리고 사용료와 같은 특정 소득 항목에 대해서만 혜택의 자격을 부여하고 있다. 파생적 혜택 조항은 비록 다른 테스트 요건을 충족하지 못했더라도 소득이 소유자에게 직접 지급되었다면 최소한 같은 조세조약에 따른 혜택을 받을 자격이 있는 체약국의 거주자인 특정 법인 또는 단체에 대해서 특정 소득에 대한 혜택의 자격을 부여하기 위한 것으로 EU, EEA, EFTA 회원국에 대해 혜택을 확장하는 제한된 지리적 범위를 가지고 있다. 특정 소득 항목에 대해서 혜택의 자격을 부여하는 것은 혜택의 자격 조항에 포함된 적격거주자 테스트의 적용 결과 제3국의 거주자에 의해 의결권 또는 주식 가치의 대부분이 소유되고 능동적 사업 활동을 수행하지 않는 소득 대부분이 수동적 소득으로 이루어진 법인과 단체가 배제되기 때문에 수동적 소득과 관련된 특정 소득 항목에 대해서만 혜택의 자격을 부여하는 것이다.

재량적 구제 조항은 조세조약에 따른 혜택의 자격이 없는 법인 또는 단체에 대해 관계기관이 모든 "사실과 상황"을 고려했을 때 조세조약에 따른 혜택을 얻기 위한 것이 주요 목적 또는 주요 목적 중의 하나가 아니라고 합리적으로 판단되는 경우 조세조약에 따른 혜택을 부여한다는 점에서는 긍정적인 제도라 할 수 있다. 다만 재량적 구제 조항은 관계기관에 광범위한 재량권이 부여되어 납세자의 예측 가능성과 법적 안정성이 저해될 수 있는 문제가 있다. 따라서 재량적 구제와 주요 목적 또는 주요 목적 중의 하나에 해당하는지는 조약 혜택을 얻기 위한 목적을 가진 완전하게 인위적인 구조 또는 협약에 대해서만 제한적으로 적용되어야 한다. 더욱이 실질적으로 원천징수세의 감소가 있는 경우에만 제한적으로 적용하는 것이 바람직하다.

마지막으로 우리나라가 혜택의 자격 조항을 도입하는 경우 주식거래 조항의 규칙적거래 요건과 세원잠식 테스트 조항을 포함하여야 하는지에 대한 의문이 남는다. 이와 관련된 의문은 미국 모델조세조약을 검토한 후 제5장 수익적 소유자의 정의 및 판단기준에서 종합적이고 구체적으로 논의하고자 한다.

제3절 미국 모델조세조약상 혜택의 자격

I. 서설

1981년 미국 모델조세조약 제16조에서는 대외적으로 지급되는 배당과 이자 그리고 사용료 소득에 대해 일정한 요건을 충족하는 경우에만 제한세율이 적용되는 것으로 제3국의 거주자의 지배요건[501]을 변경하였다.

이후 1996년 미국 모델조세조약에서는 조약쇼핑을 방지하기 위한 목적으로 체약국에 의한 조약 혜택의 부여를 정당화할 수 있는 관할권과의 "충분한 연결 또는 관련(sufficient nexus or connection)"이 있는 적격자라는 것을 증명하는 조세조약에 따른 거주자가 통과해야 하는 추가적인 객관적 테스트를 개발했으며(US Model 1996 §22) 기계적인 자동집행의 특징을 가지고 있다.

수익적 소유자는 납세자의 동기 또는 의도를 확인하는 주관적인 영역을 고려하고 있으나 혜택의 자격 조항은 납세자의 특성에 기초한 객관적 수량화를 통해 조약쇼핑 여부를 평가할 수

---

501) a) 체약국 거주하는 직접 또는 간접적인 모회사 주식이 상장되어 거래될 것, b) 미국 시민을 제외한 해당 체약국 외의 자에 의해 지배되지 않을 것('지배'는 소득이 발생하는 국가의 국내 세법에 따라 결정되며 해당 법인 지분의 75% 이상이 해당국의 개인 거주자, 미국의 시민 또는 추구하는 조세 혜택과 같거나 더 유리한 혜택을 제공하는 조세조약 망을 가지고 있는 국가의 거주자에 의해 직접적으로 소유된 경우에는 '지배'하는 것으로 추정한다), c) 주요 목적이 조세조약에 따른 혜택을 얻기 위한 것이 아닌 경우(조약이 적용되어 감액된 부분이 해당 법인이 거주자로 있는 국가에서 부과되는 조세보다 크지 않거나 해당 소득이 거주지 국가에서의 사업활동에 부수하는 경우에는 조세조약의 남용이 없었던 것으로 간주한다)로 변경하였다.; 오윤, 전게서, 785면.

있도록 설계되어 있어 높은 법적 확실성을 제공하여 분쟁의 위험을 줄일 수 있을 뿐만 아니라 납세자가 소유할 수 있는 소유권의 구조, 공제가 가능한 지급금의 정도와 사업에 따른 업무의 수행과 구성할 수 있는 다른 유사한 유형의 경계와 비율에 대한 한계를 명확하게 구분하고 있다는 장점이 있다.[502] 다만 법적 확실성의 범위를 제공하여 정교한 납세자의 공격적인 세금계획에 대한 명확한 개요를 제시하는 약점을 가지고 있고[503] OECD 역시 이러한 약점이 있음을 인정하고 있으나 주요 목적 테스트에 따라 보완될 수 있는 것으로 보고 있다.[504]

일반적으로 개인, 적격정부기관, 비영리기관 및 공개거래 기업 또는 단체는 거주지 국가와 충분한 연결 또는 관련이 있는 것으로 고려된다. 다른 모든 기업 또는 법적 단체, 특히 비공개거래 기업 또는 단체는 다른 요건을 충족하는 경우에 충분한 연결과 관련이 있는 것으로 간주한다. 객관적 테스트에서는 적격자인지를 결정하기 위해 소유권과 세원잠식을 기준으로 평가하고 있고 소유권 테스트에서는 제3국의 거주자에 의해 최소 50% 이상이 소유된 경우 조세조약에 따른 혜택에 대한 자격이 거부된다.

2016년 미국 모델조세조약에서는 파생적 혜택과 본부기업 조항을 추가로 포함하여 기본적으로 2017년 OECD 모델조세조약과 전반적인 내용이 대부분 동일하다. 그러나 2017년 OECD 모델조세조약에 따른 혜택의 자격 조항은 2006년 미국 모델조세조약을 참고하여 도입된 것으로 미국이 혜택의 제한 조항을 최초로 설계해 적용한 나라이므로 혜택의 제한 조항을 좀 더 깊이 있게 이해할 수 있도록 도움이 될 수 있어 미국의 혜택의 제한 조항의 변경과정을 살펴보고자 한다.

아래에서는 1996년과 2006년 그리고 2016년 미국 모델조세조약 및 기술적 설명서에 포함된 혜택의 제한 조항과 국내법상의 규정 등에 대해 살펴보고자 한다.

---

502) Michael Lang·Alexander Rust et al., op. cit., p.170-171.
503) Ibid, p.171.
504) OECD, Preventing the Granting of Treaty Benefits in Inappropriate Circumstances, ACTION 6 Deliverable, p.2, 22, 23, para. 12, 13, 14.

II. 적격거주자

미국 국내법에서는 개인이 해당연도 중 31일과 이전 3년간 평균 183일 이상 미국에 체류하는 경우 실질적인 존재가 있는 것으로 고려된다(IRC §7701(b)(3)(A)). 미국 시민권자가 제3국의 거주자로 고려되는 경우 제3국과 미국 사이에 이중 거주의 충돌은 영구적 주거, 절대적 이익의 중심 또는 일상적으로 머무르는 곳이 미국에 유리하게 결정되는 경우에만 조세조약의 목적에 따라 거주자로 고려되고 조세조약의 적용대상이 된다(IRC §7701(a)(50)(B) 등).

미국 모델조세조약에서는 체약국, 정치적 하부조직 또는 지방 당국이 세금을 전액 면제받을 수 있는 기관임에도 불구하고 조세조약의 목적상 거주자로 간주하고 있으며 고유한 특성과 기능을 고려할 때 영토와 충분한 연계성을 가지고 있어 조약쇼핑 구조에 사용될 가능성이 낮다는 점을 고려하여 적격자로 규정하고 있다.

1996년 미국 모델조세조약에서는 체약국 또는 그 정치적 하부조직 또는 지방 당국을 구성하는 조직 또는 단체(US Model 1996 §3(1)ⅰ)), 체약국 또는 그 정치적 하부조직 또는 지방 당국에 의해 직간접적으로 완전하게 소유된(wholly owned) 단체(US Model 1996 §3(1)ⅱ))가 어떤 개인의 이익을 위한 목적이 아닌 공공을 위해 소득을 창출하고(US Model 1996 §3(1)ⅱ)(A)) 해산을 하는 경우 체약국 또는 정치적 하부조직 그리고 지방 당국에 자산의 소유권이 귀속되거나(US Model 1996 §3(1)ⅱ)(B)) 연금 혜택을 관리하고 제공하기 위해 운영되는 연금신탁 또는 단체의 펀드로서 상업적 활동을 하지 않는 경우(US Model 1996 §3(1)ⅱ)(C)) 적격정부기관으로 간주하였다.

2006년 미국 모델조세조약에서는 적격정부기관의 개념을 규정하지 않고 체약국 또는 그 정치적 하부조직 또는 지방 당국을 적격자로 규정하였다(US Model 2006 §22(2)b)). 2016년 미국 모델조세조약에서는 대리 또는 대행기관을 적격자의 범위에 추가하여 체약국 또는 체약국의 정치적 하부조직이나 지방 당국의 대리 또는 대행기관을 적격자로 규정하고 있다(US Model 2016 §22(2)b)).

일반적으로 많은 국가는 종교, 자선, 교육, 과학 또는 이와 유사한 목적으로 설립되고 유지되는 단체에 대해 세율의 감면이나 세액공제와 같은 다양한 세금의 감면을 제공하고 있고 단체의 목적 또는 고유 목적과 관련이 있는 소득을 면제 대상으로 규정하고 있다. 종교, 자선, 교육, 과학 또는 이와 유사한 목적으로 설립되고 유지되는 단체는 일반적으로 행정규제의 대상이 되기 때문에 조약쇼핑 구조에 사용될 가능성이 낮고 공개거래 기업 또는 단체, 소유권과 세원잠식 조항 등을 통해 혜택의 자격을 부여받는 것이 어려울 수 있는 점을 고려하여 미국 모델조세조약에서는 일반적으로 획득한 소득에 대해 세금이 면제되는 체약국의 법률에 따라 조직된 단체를 자동으로 거주자로 간주하고 있다(US Model 1996 §22).

이러한 세금면제 조직은 조세조약에 따른 혜택을 요구하는 시점에 단체의 목적 또는 고유한 목적을 계속해서 영위하여야 하며 단체의 고유 목적과 관련된 활동에서 발생한 소득에 대해서만 자격이 부여되기 때문에 고유한 목적과 관련이 없는 사업에서 발생한 소득은 일반적인 규정에 따라 과세된다. 소득과 단체의 목적이나 고유한 목적 사이에 직접적인 관련성을 가지고 있어야 하므로 관련성이 없는 소득에 대해서는 조세조약에 따른 혜택의 자격이 부여되지 않는다.

연기금 조항은 연기금이 창출한 모든 소득에 대한 완전한 면제를 필수요건으로 하고 있지 않아 실질적으로 과세가 되는 연기금을 제외하기 위한 것이 아닌 완전하게 면제되는 연기금이 거주자로 간주 된다는 것을 분명히 하기 위한 목적에서 규정한 것이다.

1996년과 2006년 미국 모델조세조약에서는 거주 요건의 준수를 보장하기 위한 목적으로 일반적으로 근로자에게 연금 또는 기타 유사한 혜택을 제공하기 위해 체약국의 법률에 따라 조직되어 세금이 면제되는 단체의 수익자 또는 가입자 그리고 참여자의 50% 이상이 어느 한 체약국에 거주하는 개인의 경우 거주자로 직접 분류하여 적격자로 간주하였다(US Model 1996 § 22(2)(e)).

2016년 미국 모델조세조약에서는 연기금이 조약쇼핑을 위한 도관으로 사용되는 것이 거의 불가능하다는 점을 고려해 수익자 또는 가입자 그리고 참여자의 50% 이상이 체약국의 거주자인 개인이라는 요건을 삭제하였다. 연금 또는 퇴직연금을 관리 또는 제공하는 것과 관련이 없는 단체가 수행하는 활동을 제외하기 위한 목적으로 체약국에서 일반적으로 세금이 면제되거나 "독점적 또는 대체로 독점적(exclusively or almost exclusively)"으로 운영되는 체약국에 설립된 인(person)이 연금 또는 퇴직연금을 관리 또는 제공하거나 일반적으로 체약국에서 소득에 대해 세금이 면제되는 연금 또는 퇴직연금을 관리하거나 제공하기 위해 체약국에서 설립된 1인 이상의 인(person)을 위해 소득을 획득하는 것을 목적으로 독점적 또는 대체로 독점적으로 운영되는 것으로 규정하고 있다(US Model 2016 §3(1)(k)).

Ⅲ. 주식거래 조항

1. 공개거래 기업과 단체

가. 주된 종류의 주식

1996년 미국 모델조세조약에서는 체약국의 거주자가 기업의 의결권과 주식 가치의 50% 이상을 나타내는 모든 종류주식 또는 종류주식이 공인된 증권거래소에서 규칙적으로 거래되는 경우로 규정하여(US Model 1996 §22(2)(c)(ⅰ)) 주된 종류의 주식이라는 용어를 사용하지 않고 회사의 의결권과 주식 가치의 50% 이상을 나타내는 모든 종류주식 또는 주식이라는 표현을 사용하였다.

2006년과 2016년 미국 모델조세조약에서는 체약국의 거주자가 주된 종류의 주식 또는 불균일분배주식이 하나 이상의 공인된 증권거래소에서 규칙적으로 거래되고(US Model 2006 §22(2)(c)(ⅰ)) 기업의 주된 종류의 주식이 회사의 거주지 국가인 체약국에 소재한 하나 이상의 공인된 증권거래소에서 규칙적으로 거래되거나(US Model 2006 §22(2)(c)(ⅰ)(A)) 기업의 주된 관리 및 통제의 장소가 기업의 거주지 국가에 소재하는 경우(US Model 2006 §22(2)(c)(ⅰ)(B)) 해당 과세기간에 적격자가 되는 것으로 규정하고 있다.

1996년 미국 모델조세조약에서는 체약국의 증권거래소로 증권거래소의 범위를 제한하고 있었다. 그러나 2016년 미국 모델조세조약에서는 공개거래 기업의 실질적인 연계는 거주지 국가의 영토에 국한되지 않고 부분적으로 체약국이 속한 국제기구로 확장된다는 것을 고려해 조세조약을 체결한 체약상대국이 아닌 제3국에 설립된 특정 증권거래소에 주식을 상장한 때에도 공인된 증권거래소로 인정하게 되었다.[505]

1996년과 2006년 그리고 2016년 미국 모델조세조약의 실질적인 차이는 주된 종류의 주식이 기업의 거주지 국가에서 규칙적으로 거래되지 않는 경우 반드시 기업의 주된 관리 및 통제의 장소가 기업이 거주자에 해당하는 체약국에 소재하여야 한다는 것을 요건으로 하고 있다는 것이다.

---

505) Félix Alberto Vega Borrego, op. cit., p.126.

2006년과 2016년 미국 모델조세조약에서는 주된 종류의 주식이라는 용어를 사용하고 있고 주된 종류의 주식은 기업의 의결권과 가치의 다수를 차지하는 일반주 또는 보통주를 의미한다. 한 종류의 주식이 기업의 의결권과 가치의 과반수를 차지하지 않는 경우 종류주식의 합계가 기업의 총 의결권과 가치의 과반수를 나타내는 종류주식이 주된 종류의 주식이 되고(US Model TE 2016 §22(7)(b)) 주된 종류의 주식이 공인된 증권거래소에서 거래되어야 하는 것을 요건으로 하고 있다.

나. 불균일분배주식

1996년 미국 모델조세조약에서는 기업의 의결권과 주식 가치의 최소 50% 이상을 나타내는 모든 종류주식 또는 종류주식이 공인된 증권거래소에서 규칙적으로 거래되는 경우로 규정하고 있어 불균일분배주식은 제외되는 것으로 보인다. 불균일분배주식은 배당 또는 상환지급금 등의 조건을 통해 다른 체약국에서 기업의 특정 자산 또는 활동(asset or activities)에 따라 창출되는 이익에 대해 불균등하게 높은 분배를 받을 수 있는 권한을 주주에게 부여하는 한 체약국의 법인 거주자의 종류주식을 의미하고(US Model 2006 §22(4)(c)) "불균일(disproportionate)"은 권리의 가치에 기초한 이익보다 더 높은 이익을 분배받을 권리를 의미한다.

불균일분배주식은 권리의 가치에 기초한 이익보다 더 높은 이익의 분배를 통한 조약쇼핑 구조의 설계가 가능해 조약쇼핑을 방지하기 위한 목적으로 2006년 미국 모델조세조약 증권거래 조항에 추가로 포함하게 되었고 거래요건의 추가로 막대한 양의 규칙적 거래요건을 충족하여야 하므로 불균일분배주식이 조약쇼핑에 이용되는 것을 어렵게 하는 효과를 가지고 있다.

다. 실질적이고 규칙적거래

미국 모델조세조약에서는 "실질적이고 규칙적거래(substantial and regular trading)"라는 용어의 정의를 제공하고 있지 않다. 일반적으로 조세조약에서 사용된 개념을 분명하게 규정하지 않는 경우 조약을 적용하는 체약국의 국내법에 따른 의미를 적용하게 된다. 미국의 국내법에서는 실질적이고 규칙적 거래를 지점세(branch tax)에서 정의하고 있다(IRC §1.884-5(d)

(40(i)(B)).

지점세(branch tax)에서는 "완전납입(fully paid)"[506]되지 않은 주식을 이용한 조세회피를 방지하기 위한 목적으로 과세기간 동안 해당 증권거래소의 일반적인 최소 거래량보다 최소한 60일 이상 거래되고 거래된 각 종류주식이 "완전납입(fully paid)"되고 발행주식총수의 최소 10%를 초과는 경우 해당 종류주식이 요건을 충족하는 것으로 하고 있다.

우리나라의 경우 보통주를 기준으로 반기의 월평균 거래량이 해당 반기 말 현재 유동주식 수의 1% 미만인 경우 관리종목 또는 상장폐지 요건으로 규정하고 있으나 월평균 거래량이 2만주 이상인 경우와 일반주주가 소유한 주식의 총수가 유동주식 수의 20% 이상이고 해당 일반주주의 수가 500명 이상인 경우 거래량 미달로 보지 않고 있다. 이러한 측면에서 보면 우리나라의 많은 코스피 상장회사와 코스닥 상장회사가 미국 모델조세조약에 따른 거래빈도 및 거래량 기준을 충족하지 못하는 경우가 발생할 수 있고 증권거래 조항을 통한 조세조약에 따른 혜택이 거부될 수 있어 거래빈도 및 거래량을 결정할 때 이러한 점에 유의해 결정할 필요가 있다.

라. 공인된 증권거래소

체약국과 충분한 연결이 있다는 것을 보증하고 증권거래소 쇼핑(stock exchange shopping)이라는 또 다른 유형의 조약쇼핑을 방지하기 위한 목적으로 체약국에 소재하고 있는 증권거래소 중 하나에 주식이 상장되어 규칙적으로 거래되는 경우 요건을 충족하는 것으로 규정하고 있어 공인되지 않은 증권거래소에서 거래되는 경우 적격자로 고려되지 않는다.

2006년 미국 모델조세조약 기술적 설명서에서는 공인된 증권거래소를 미국 증권업협회(National Association of Securities Dealers, Inc)가 소유한 나스닥 시스템(NASDAQ System)과 1934년 미국 증권거래법에 따른 증권거래소와 같이 미국 증권거래위원회(U.S. Securities and Exchange Commission)에 등록된 증권거래소로 정의하고 있다(US Model TE 2006 §22(2)(c)(ⅰ)).

---

[506] 우리나라 상법에서는 인수를 청약한 자는 배정된 주식의 수에 따라 인수가액을 납입할 의무를 부담하며(상법 제303조) 발행하는 주식의 총수가 인수된 때에 지체 없이 주식에 대한 인수가액을 전액 납입하도록 규정하고 있다(상법 제305조 제1항). 그러나 외국의 회사법에서는 우리나라와 다르게 주식을 전액납입, 부분납입, 무상의 방식으로 발행할 수 있도록 하고 있는 경우가 있다. 영국의 회사법에서는 주식이 전액납입 방식으로 발행되지 않는 경우 납입기일이 발행조건 또는 회사의 정관에 의해 결정될 수도 있고 이와 다르게 정관에 따라 이사들의 재량으로 납입을 청구하도록 할 수도 있도록 하고 있다(Eilís Ferran et al., op. cit., p.42).

OECD 모델조세조약과 대부분의 조세조약에서는 체약국의 관계기관이 합의한 다른 공인된 증권거래소를 공인된 증권거래소에 포함할 수 있도록 하고 있다. 주식거래 조항은 회사의 주식이 광범위하게 분산되어 있다는 가정에 기초하고 있고 상장된 회사가 공인된 증권거래소의 근거가 되는 가정을 충족하는 것을 보장하기 위한 목적으로 다른 공인된 증권거래소의 인정에 대한 상장요건, 소유권의 광범위한 분산, 상당한 거래금액 세 가지의 엄격한 요건을 요구하고 있으나 실질적으로 이러한 요건은 증권거래소의 구조에 달려 있다.

마. 주된 관리 및 통제 장소

미국 모델조세조약에서는 주식거래 조항의 적용을 받는 공개거래 기업 또는 단체가 자회사를 통해 주식을 소유하는 경우 공개거래 기업 또는 단체의 주된 관리 및 통제 장소가 거주지 국가에 소재하는 경우 조세조약에 따른 혜택을 요구할 수 있도록 하고 있다.

다른 공인된 증권거래소의 인정은 공인된 증권거래소 수의 증가를 가져왔고 많은 공인된 증권거래소가 조세조약을 체결한 어느 한 체약국에도 소재하지 않아 증권거래소 쇼핑이 발생할 수 있는 점을 고려해 2006년 미국 모델조세조약에서는 회사와 거주지 국가와의 충분한 관계를 보장하기 위한 목적으로 주된 관리 및 통제 장소 요건을 추가하였다. 미국 모델조세조약 기술적 설명서에 따르면 주된 관리 및 통제 장소는 OECD 모델조세조약 제4조의 실질적인 관리장소와 구별되어야 하고 실질적인 관리장소는 어떤 경우 이사회가 개최되는 장소를 의미하는 것으로 해석된다.

주된 관리 및 통제 장소란 임원과 고위관리직이 다른 국가에서보다 체약국에서 직간접적인 자회사를 포함한 회사의 일상적인 전략, 재무 및 운영정책의 결정을 수행하고 직원은 이러한 결정을 준비하는 데 필요한 활동을 일상적으로 수행하는 장소를 의미한다(US Model 2006 § 22(4)(d)).

주된 관리 및 통제 장소는 회사의 주된 종류의 주식 또는 불균일분배주식이 주로 회사가 거주자인 체약국 이외 하나 이상의 공인된 증권거래소에서 거래되는 경우에만 적용되므로 체약국 이외에 소재하고 있는 하나 이상의 공인된 증권거래소에서 거래되는 경우 회사의 주된 관리 및 통제 장소가 체약국에 있는 경우에만 요건을 충족할 수 있고 조세조약에 따른 혜택을 받을 자격이 부여된다. 그리고 회사의 전략, 재무, 운영정책의 결정을 위해 임원 및 고위관리직이 일상적인 책임을 수행하는 경우에만 회사가 거주자인 국가에 있는 것으로 고려되고 다른 국가 또는 제3국보다 회사가 거주자인 국가에서 직간접적인 자회사를 포함한 회사의 운영정책을 결정하고 그러한 결정을 내리는 경영진을 지원하는 직원도 회사가 거주자인 국가에서 활동을 수행하여야 한다.

2. 공개거래 기업과 단체의 자회사

가. 소유권 및 세원잠식 테스트

주식거래 조항의 의미에서 상장되지 않았거나 조약 혜택에 대한 직접적인 자격이 부여되지 않는 회사를 공개거래 기업 또는 단체가 지배하는 경우 적격자로 간주한다. 즉 공개거래 기업 또는 단체의 자회사에 대해 간접적으로 조약 혜택의 자격을 부여하는 것이다.

1996년 미국 모델조세조약에서는 공개거래 되는 기업에 의해 기업의 각 주식 종류의 최소 50% 이상이 직간접적으로 소유되는 경우 조세조약에 따른 혜택을 요구할 수 있으며 중간소유자는 주식거래 조항에 따른 조세조약에 따른 혜택이 부여되는 인(person)에 해당하여야 한다는 것을 요건으로 하고 있을 뿐(US Model 1996 §22(2)(c)(ii)) 공개거래 기업 또는 단체와 같이 회사의 의결권과 주식 가치의 일정한 비율을 나타낼 것을 요구하지 않았다.

1996년과 2006년 미국 모델조세조약에서는 소유권 및 세원잠식 조항에 따른 테스트를 요구하지 않았으나 2016년 미국 모델조세조약에서는 소유권 및 세원잠식 테스트를 요건으로 추가하였다.

1996년 미국 모델조세조약에서는 과세기간의 절반 이상에 해당하는 기간 동안 개인, 적격정부기관, 공개거래 기업, 거주자에서 기술된 거주자(US Model §1(b)(ⅰ)), 거주자에서 기술된 거주자로서 인(person)의 수익자, 구성원 또는 참여자의 50% 이상이 체약국의 개인 거주자인 경우에서 기술된 인(person)이 직간접적으로 회사의 각 종류주식 또는 기타 수익적 지분의 최소 50% 이상을 소유하는 경우(US Model §1(b)(ⅱ))로 규정하고 있다(US Model 1996 §22(2)(f)(ⅰ)). 따라서 소유권 사슬에 포함된 모든 단체는 혜택의 자격이 있는 적격자로 고려되므로 간접소유권 사슬을 구성하는 단체는 적격자에 해당하여야 하고 간접적인 접근을 허용하기 위해서는 직간접적으로 소유된 주식의 보유량을 계산해야 한다.

2006년 미국 모델조세조약에서는 주된 종류의 주식의 범위에 불균일분배주식의 50%(US Model 2006 §22(2)(c)(ⅰ))와 5개 이하의 공개거래 기업이 기업의 의결권과 주식 가치의 최소 50% 이상을 직간접적으로 소유하는 경우의 두 가지 요건을 추가하였고(US Model 2006 §22(2)(c)(ⅱ)) 간접 소유의 사례에서 중간소유자는 다른 체약국의 거주자이어야 한다는 것을 요건으로 하였다. 2006년 미국 모델조세조약에서는 통제권을 행사하는 회사 또는 단체가 의결권과 주식 가치의 50% 이상을 소유할 것을 요구하고 있어 통제권을 행사하는 납세자와 관련이 있다. 따라서 지배회사는 주식거래 조항의 요건을 충족하여야 하지만 체약국 중 하나의 거주자일 필요가 없어 제3국에 거주하는 법인을 중간소유자로 인정하지 않았으나 혜택의 제한 테스트 요건을 충족하지 않더라도 체약국에 있는 모든 거주자를 중간소유자로 인정했다.

1996년과 2006년 미국 모델조세조약에서는 중간소유자가 체약국 중 하나의 거주자일 것을 요건으로 하지 않았다. 그러나 2016년 미국 모델조세조약에서는 조세조약에 따른 혜택을 받으려는 동일한 체약국의 거주자이어야 한다는 것과 적격중간소유자 요건을 추가했다(US Model 2016 §22(2)(d)(ⅱ)). 적격중간소유자가 조약에 규정된 혜택을 요구하고자 하는 경우 실질적으로 특별과세제도 및 개념적 공제를 포함하고 있는 이중과세 회피에 관한 포괄적 조약을 체결한 국가의 거주자 또는 조약에서 규정한 혜택에 대한 자격이 있는지를 결정하기 위해 간접 증권거래소 테스트, 소유권 및 세원잠식 테스트, 파생적 혜택에 따른 테스트를 적용한 기업과 동일한 체약국의 거주자이어야 한다고 규정하고 있다(US Model 2016 §22(7)(f)).

따라서 제3국 거주자가 특별과세제도 및 개념적 공제를 다루는 규정을 포함하고 있는 원천지국가와 포괄적 조세조약을 체결한 국가의 거주자도 중간소유자로 인정되고 간접 증권거래소 테스트를 통해 조약 혜택을 요구하는 회사와 같은 체약국의 거주자에 해당하는 중간소유자는 간접증권거래소 테스트, 소유권 및 세원잠식 테스트, 파생적 혜택 테스트와 같은 혜택의 제한 규정의 테스트 요건을 충족하는 경우에만 자격이 부여된다.

공개거래 기업과 단체에서는 세원잠식 테스트를 요구하지 않지만 2016년 미국 모델조세조약에서는 다른 단체에 의해 발생된 손실의 상계를 통한 세원잠식을 방지하기 위한 목적으로 간접 소유 조항에 2017년 OECD 모델조세조약과 같은 세원잠식 테스트를 포함하였다. 세원잠식 테스트를 수행하기 위해 회사의 총소득과 테스트 그룹의 총소득도 평가하도록 하고 있고 테스트 그룹은 2016년 미국 모델조세조약에 새롭게 도입되었으며 일반적인 소유권과 세원잠식 테스트와 파생적 혜택 조항에서도 적용된다. 기업의 총소득과 지급금은 기업과 테스트 그룹의 세원잠식 테스트를 위한 기준이 된다. 테스트 그룹에 포함되는 단체는 조세조약에 따른 혜택을 요청하는 단체와 세금통합과 재정 일치 또는 이익과 손실을 분배하도록 요구하는 유사한 제도에 참여하는 그룹의 구성원인 단체와 과세연도에 그룹구제 또는 기타 손실 분담 제도에 따라 회사와 손실을 공유하는 단체도 포함된다.

나. 관련된 법인

2006년 미국 모델조세조약에서는 능동적 거래 또는 사업 활동 조항의 목적을 위해 법인의 활동이 해당 법인과 "관련된 법인(connected person)"의 활동을 포함했다. 수익적 지분의 최소한 50% 이상을 소유하는 경우, 하나의 법인이 다른 법인을 지배하는 경우, 둘 이상의 법인이 동일한 인(person)이나 인(person)의 지배에 있는 경우 "관련된 법인"으로 간주하였다(US Model 2006 §22(3)(c)).

2016년 미국 모델조세조약과 2017년 개정 전 OECD 모델조세조약에서는 제3조 일반적 정의에서 용어의 정의를 제공하였으나 2017년 OECD 모델조세조약에서는 제29조 제7항에서 용어의 정의를 제공하고 있다. OECD와 미국 모델조세조약의 이러한 차이는 "관련된 법인"이라는 용어를 능동적 사업 활동의 수행 목적, 혜택의 제한, 특별과세제도와 고정사업장 개념에도 광범위하게 적용하고 있어 혜택의 제한 조항에서 제공하기보다는 일반적 정의에서 제공하고 있는 것으로 보인다.

2016년 미국 모델조세조약에서는 한 법인이 직간접적으로 다른 법인의 수익적 지분 또는 기업의 의결권과 주식 가치의 최소 50% 이상을 보유하는 경우 또는 다른 인(person)이 직간접적으로 수익적 지분 또는 기업의 의결권과 주식 가치의 최소 50% 이상을 보유한 경우 두 법인은 "관련된 법인"이 되고 모든 "사실과 상황"을 기초로 할 때 하나의 인(person)이 다른 인(person)을 통제하거나 양쪽 모두 같은 인(person) 또는 인(person)의 통제 하(下)에 있는 경우 다른 인(person)과 관계를 갖는다(US Model 2016 §3(1)(m)).

"관련된 법인"과 특수관계기업은 한쪽 당사자가 다른 당사자의 지배 또는 양쪽 모두 제3자의 지배를 받는다는 공통적인 동인을 가지고 있고 유사한 표현을 사용하고 있어 유사한 개념을 제공하고 있다. 따라서 관련된 모든 "사실과 상황"에 기초하여 하나의 인(person)이 다른 인(person)을 통제하거나 양쪽 모두 같은 인(person) 또는 인(person)의 통제 하(下)에 있는 경우 "관련된 법인"이 된다.

다. 공제가 가능한 비용

세원잠식 테스트의 목적에서 총소득의 50% 이상을 적격자가 아닌 수익자에게 지급했는지를 결정하기 위해 과세표준으로부터 공제가 가능한 지급금만 고려하고 있어 과세표준으로부터 공제가 가능한 지급금의 경우 비적격자에게 지급한 모든 지급금이 포함되며 연속된 수취인의 공제가 가능한 지급금은 고려하지 않는다. 공제가 가능한 지급금은 제3국의 거주자 또는 비적격자에 의해 청구된 비용이 공제가 가능한 때를 확인하여야 하므로 소득을 수령한 회사의 거주지 국가의 법률에 따라 산출된 과세표준을 확인하고 참고하여야 한다.

미국 모델조세조약 기술적 설명서에서는 기업의 실질적인 사업목적을 위해 고정자산으로 분류되는 자산을 취득하는 거래가 실질적인 사업상의 목적으로 수행되는 경우 분할상환 또는 감가상각의 형태로 이루어지는 공제를 공제가 가능한 비용의 범위에서 제외하고 있다.

2006년과 2016년 미국 모델조세조약에서는 통상적인 사업과정에서 발생하는 공정가액(arm's length)을 초과하지 않는 서비스 또는 유형자산의 지급금을 제외하고 있다. 2016년 미국 모델조세조약에서는 기업의 총소득과 테스트 그룹 총소득을 모두 고려하기 때문에 집단 내 거래를 추가로 제외하도록 하고 있다.

3. 비공개거래 기업과 단체

가. 소유권 테스트

적격거주자로 분류하는 마지막 조항은 소유권과 세원잠식 조항으로 소유권과 세원잠식 요건을 제시하고 있고 적격자로 고려되기 위해서는 두 가지 요건 모두 충족하여야 한다.

1996년 미국 모델조세조약에서는 과세기간의 최소 절반 이상의 기간 동안 개인, 적격정부기관, 공개거래 기업과 자회사, 세금면제 조직, 연기금 조항에 따른 인(person)에 의해 각 종류 주식 또는 수익적 지분의 최소 50% 이상이 혜택의 자격이 있는 인(person)에 의해 직간접적으로 소유되고 소유자가 납세자와 같은 체약국의 거주자이어야 한다는 것을 요건으로 하였다(US Model 1996 §22(2)(f)(ⅰ)). 따라서 각 종류주식의 50% 이상을 소유하는 것만을 요건으로 하고 있고 간접 소유의 사례에서 소유권 사슬의 일부를 구성하는 모든 납세자가 적격자인 경우에만 소유권 비율의 계산에서 고려되고 간접적인 주식보유량을 함께 고려하여 50%의 비율을 달성할 수 있다.

2006년 미국 모델조세조약에서는 과세기간의 최소 절반 이상의 기간 동안 체약국의 거주자인 법인이 개인, 적격정부기관, 공개거래 기업, 세금면제 조직 조항에 따라 조세조약에 따른 혜택을 받을 수 있는 자가 해당 법인의 주식 또는 다른 수익적 지분의 의결권과 가치 그리고 불균일분배주식의 의결권과 가치의 최소 50%를 직간접적으로 소유한 경우로서 간접적으로 소유하는 경우 중간소유자는 체약국의 거주자이어야 한다고 규정하였다(US Model 2006 §22(2)(e)(ⅰ)). 이러한 점에 비추어 보면 주식거래 조항의 간접 소유 조항(US Model 2006 §22(2)(c)(ⅱ))에 따라 적격자에 해당하는 공개거래 기업의 자회사가 제외되기 때문에 공개거래 기업의 자회사 조항에 따라 적격자로 분류된 모든 적격자는 부적격자에 해당하고 결과적으로 개인, 적격정부기관, 공개거래 기업, 세금면제 조직과 연기금에 의해서만 주식이 소유되어야 소유권 요건을 충족하게 된다.

2016년 미국 모델조세조약에서는 개인, 적격정부기관, 공개거래 기업, 세금면제 조직 조항에 따라 이 협약의 혜택에 대한 자격이 있는 체약국의 거주자인 법인이 법인의 주식 또는 다른 수익적 지분의 의결권과 가치의 최소 50%(그리고 불균일분배주식의 의결권과 가치의 최소 50%를 나타내는 것)를 직간접적으로 소유하는 경우로서 다만 간접 소유의 사례에서 각 중간소유자는 적격중간소유자에 해당하여야 한다고 규정하고 있다(US Model 2016 §22(2)(f)(ⅰ)). 증권거래소 테스트에 포함된 적격중간소유자 요건을 추가하여 각 중간소유자는 적격중간소유자에 해당하여야 한다고 요건을 변경하여 적격중간소유자에게만 혜택의 자격이 부여된다는 것을 분명히 하기 위한 것으로 보인다.

2016년 미국 모델조세조약에서는 적격거주자가 조세조약에 따른 혜택을 요구하는 인(person)과 관련해 관련된 법인의 경우 적격자에 해당하지 않을 수 있어 연속된 수취인의 수를 늘렸다(US Model 2016 §3(1)(m)). 관련된 법인이 지급금과 관련해 특별과세제도로부터의 혜택을 얻거나 이자 지급금과 관련해 수취인이 개념적 공제로부터 혜택을 얻는 경우 적격자에 해당하지 않을 수 있다.

나. 세원잠식 테스트

1996년 미국 모델조세조약에서는 지급금이 다른 체약국의 고정사업장에 귀속되는 경우를 제외하고 법인의 과세연도 총소득의 50% 미만이 다른 체약국의 거주자가 아닌 법인에 직간접적으로 지급 또는 유보되거나 법인의 거주지 국가에서 소득의 과세목적에 따라 공제되는 형태로 지급되는 경우 세원잠식 조항의 요건을 충족하는 것으로 간주하였다(US Model 1996 § 22(2)(f)(ii)). 결과적으로 총소득의 50% 미만이 체약국의 거주자가 아닌 법인의 과세표준으로부터 공제가 가능한 지급금의 형태로 지급될 수 있고 총소득의 50% 미만의 계산에 있어 체약국 중 한 곳에 소재한 고정사업장에 귀속되는 비거주자에 대한 지급금은 고려되지 않는다.

1996년과 2006년 미국 모델조세조약의 세원잠식 조항에서는 일부 차이점이 있다. 법인의 거주지 국가에서 확정된 과세기간 동안 총소득 중 50% 미만이 개인, 적격정부기관, 공개거래 기업, 세금면제 조직과 연기금 조항에 따라 법인의 거주지 국가의 과세목적에서 공제가 가능한 지급금의 형태로 조세조약에 따른 혜택을 받을 자격이 있는 양 체약국의 거주자가 아닌 법인에 직간접적으로 지급되거나 유보되는 경우 세원잠식 요건을 충족한 것으로 본다. 다만 서비스 또는 유형자산의 통상적인 사업과정에서 발생하는 공정지급은 제외한다(US Model 2006 § 22(2)(e)(ii)).

2006년 미국 모델조세조약에서는 세원잠식 테스트의 요건을 엄격하게 하였고 거주자가 아닌 법인도 함께 고려하도록 하고 있을 뿐만 아니라 체약국의 고정사업장에 귀속되는 지급금도 세원잠식 요건을 준수하도록 하기 위한 목적으로 체약국의 고정사업장에 지급금이 귀속되는 경우를 제외하는 것을 삭제하였다.

2016년 미국 모델조세조약에서는 해당 법인의 과세기간 동안 총소득의 50% 미만 그리고 테스트 그룹 총소득의 50% 미만을 개인, 적격정부기관, 공개거래 기업, 세금면제 조직 조항에 따라 조세조약 혜택의 자격이 부여되는 다른 체약국의 거주자가 아닌 법인(US Model 2016 § 22(2)(f)(ii)(A)), 하위-절에 설명된 법인과 "관련된 법인"과 공제가 가능한 지급금과 관련해 특별과세제도로부터의 혜택을 받는 법인(US Model 2016 §22(2)(f)(ii)(B)), 이자의 지급과 관련하여 하위-절에 설명된 법인과 "관련된 법인", 제11조 제2항의 (e)에 설명된 개념적 공제로부터의 혜택을 받는 법인(US Model 2016 §22(2)(f)(ii)(C))에 법인의 거주지 국가에서 조세조약에 따른 과세목적에서 공제가 가능한 지급의 형태로 각 체약국의 거주자가 아닌 인(person)에게 직간접적으로 지급되거나 유보되는 경우 요건을 충족하며 적격자가 된다. 다만 서비스 또는 유형자산의 통상적인 사업과정에서 발생하는 공정지급금과 테스트 그룹 사례에서 집단-내 거래는 제외한다고 규정하여(US Model 2016 §22(2)(f)(ii)) 세원잠식 테스트의 요건을 더욱 엄격하게 하였다.

결과적으로 세원잠식 테스트는 체약국 중 하나의 거주자가 과반수의 주식을 보유한 회사에 대해서만 제한적으로 적용되고 또한 단체에 대해 공제가 가능한 형태로 비용이 지급되는 경우 비거주자에게 지급할 수 있는 금액을 제한하고 있다. 세원잠식 테스트는 총소득과 공제 가능한 비용만을 고려할 뿐 납세자가 수행하는 활동은 고려하지 않기 때문에 적법하게 사업 활동에 참여하는 단체가 비거주자에 의해 특정 비율 이상으로 소유되고 특정 과세기간의 총소득 중 상당한 금액이 공제 가능한 형태로 제3국의 거주자 또는 비적격자가 청구한 비용으로 지급되는 경우 조세조약에 따른 혜택이 거부될 수 있는 문제점을 가지고 있다.

다. 국내법상 소유권의 결정

미국 모델조세조약에 포함된 혜택의 제한에서는 소유권 테스트를 포함하여 소유권 요건을 충족하는 경우 조세조약에 따른 혜택을 부여하도록 하고 있어 아래에서는 미국의 국내법상 소유권의 결정과 관련된 규정을 살펴보고자 한다.

국내법에서는 IRC §960을 제외한 직접소유권 또는 간접소유권과 관련해 소유된 주식은 직접 소유된 주식과 외국단체를 통해 소유된 주식을 의미하는 것으로 규정하고 있다(IRC § 958(a)(1)).

IRC §7701(a)(31)의 의미에서 외국단체를 통해 소유된 주식은 외국회사, 외국파트너십, 외국신탁과 외국부동산(foreign estate)에 의해 직간접적으로 소유된 주식을 의미하고 주주 또는 파트너 그리고 수익자에 의해 비례적으로 소유되는 것으로 간주한다. 인(person)에 의해 소유되는 것으로 고려되는 주식은 인(person)에 의해 실질적으로 소유된 것과 같이 취급된다(IRC §958(a)(2)). 아울러 상호보험회사(mutual insurance company)는 직접 소유한 주식의 적용 목적상 회사의 의결권에 대한 소유자의 자격을 부여하는 증명서를 포함하는 것으로 특별규정을 두고 있다(IRC §958(a)(3)).

국내 세법에서는 소유권의 결정과 관련해 소유권 추정[507]에 대한 규정을 포함하고 있다. 일반적으로 개인이 직간접적으로 소유한 주식, 배우자 그리고 자녀, 손자 손녀 그리고 부모 등 가족 구성원에 의해 직간접적으로 소유된 것을 포함한다(IRC §318(a)(1)). 파트너십 또는 부동산(estate)에 의해 직간접적으로 소유된 주식은 파트너 또는 수익자에 의해 비례적으로 소유된 것으로 고려된다(IRC §318(a)(2)(A)).

국외 신탁 또는 국외 부동산 이외에 개인 외국인 비거주자에 의해 소유된 주식은 시민 또는 개인 외국인 비거주자에 의해 소유된 것으로 고려하지 않는다(IRC §958(b)(1)). 신탁의 형태로 직간접적으로 소유된 주식은 신탁에서 수익자의 계리지분(actuarial interest) 비율에 따라 수익자에 의해 소유된 것과 같이 고려된다(IRC §318(a)(2)(B)).

소유권 추정의 적용에 있어 만약 파트너십, 부동산, 신탁 또는 회사의 의결권에 대한 권리가 있는 모든 종류의 주식에 대한 의결권을 모두 합한 수의 50% 이상을 직간접적으로 회사가 소유한 경우 모든 주식의 의결권에 대한 권리를 소유한 것과 같이 고려된다(IRC §958(b)(2)). 회사의 모든 주식 가치에 비례하여 소유한 것으로 보며 회사 주식 가치의 50% 이상을 직간접적으로 소유한 경우 직간접적으로 주식을 소유한 것과 같이 취급된다(§318(a)(2)(C)). 다만 소유권 추정과 관련해서는 회사 주식 가치의 50%를 10%로 대체하여 적용하고 있다(IRC §958(b)(3)).

IV. 능동적 사업 활동의 수행

1. 능동적 사업 활동의 의미

능동적 사업 활동의 수행에서는 거주지 국가에서 능동적 거래 또는 사업을 수행하여야 한다는 것을 요건으로 하고 있다. 미국 모델조세조약에서는 능동적 거래 또는 사업의 개념을 정의하

---

[507] IRC §951(b)(United States shareholder defined), §954(d)(3)(Related person defined), §956(c)(2)(United States property), §957(Controlled foreign corporations; United States persons), §318(a)(Constructive ownership of stock)의 목적상 IRC §951(b)의 의미에서 미국의 주주와 같이 미국의 인(person)으로 취급되고, §954(d)(3)의 의미에서 관련된 인(related person)과 같이 인(person)으로 취급되며, §956(c)(2)의 지배되는 외국회사(controlled foreign corporation)가 미국의 주주에 의해 소유된 것과 같이 내국회사(domestic corporation)의 주식으로 취급되거나 §957에 따른 지배되는 외국회사와 같이 취급되는 효과가 있다(IRC §958(b)).

지 않고 일반적으로 투자를 하거나 관리하는 사업을 제외하는 방식으로 규정하고 있다. 능동적 거래 또는 사업 테스트는 소득 항목별로 적용되고 조약 혜택에 대한 자격이 직접 부여된다. 만약 능동적 사업 활동의 수행 조항을 준수하지 못하는 경우 납세자는 관계기관에 조세조약에 따른 혜택에 대한 요청(bona fide)을 통해서만 조세조약에 따른 혜택이 부여될 수 있다.

1996년 미국 모델조세조약에서는 은행, 보험회사 또는 등록된 증권중개인에 의해 수행되는 은행업, 보험 또는 증권 활동을 제외한 투자를 하거나 관리하는 사업은 능동적 거래 또는 사업 활동의 수행에 해당하지 않는 것으로 규정하고 있었다(US Model 1996 §22(3)(b)).

2006년 미국 모델조세조약에서는 한 체약국의 거주자는 다른 국가로부터 발생하는 소득 항목에 대해 거주자가 적격자인지와 관계없이 거주자가 한 체약국에서 능동적 거래 또는 사업을 수행하고 다른 체약국에서 발생하는 소득이 능동적 거래 또는 사업의 수행과 "관련이 있는(in connection with)" 또는 부수적으로 발생하는 경우 조세조약에 따른 혜택이 부여된다. 다만 거주자가 자기의 계정으로 투자를 하거나 관리를 수행하는 경우 이러한 활동이 은행, 보험회사 또는 등록된 증권중개인에 의해 수행되는 은행업, 보험 또는 증권 활동과 관련되지 않는 경우 능동적 활동의 수행으로 보지 않았다(US Model 2006 §22(3)(a)).

1996년과 2006년 미국 모델조세조약은 유사한 표현을 사용하였다. 1996년 미국 모델조세조약은 투자를 하거나 관리하는 사업이 요건을 충족하지 않은 경우로 규정하였고 2006년 미국 모델조세조약에서는 거주자가 "자기의 계정으로 투자를 하거나 관리를 수행하는 경우(making or managing investments for the resident's own account)"로 규정하였다. 이러한 표현을 고려하면 비록 은행업, 보험 또는 증권 활동이 은행, 보험회사 또는 등록된 증권중개인에 수행되지 않더라도 제3자의 계정으로 수행되는 활동은 제외되지 않는다.

2016년 미국 모델조세조약에서는 지주회사, 기업집단의 전반적인 관리 또는 감독, 현금통합을 포함한 집단금융의 제공, 은행이나 보험회사 또는 등록된 증권중개인에 의해 수행되지 않는 투자 및 투자관리 활동이나 그러한 활동의 조합은 능동적 거래 또는 사업의 수행에 포함되지 않는다고 규정하고 있다(US Model 2016 §22(3)(a)). 능동적 거래 또는 사업을 정의하고 있지 않아 미국 국내법에 따른 의미가 부여된다. 미국 모델조세조약 기술적 설명서에서는 거래 또는 사업의 개념은 해당 활동의 상황에 따라 사업의 본질에 기초하여 결정하기에 충분해 IRC §367(a)와 CFR §1.367(a)-2(d)(2), §1.367(a)-2(d)(3)에서 규정하고 있는 관련 규정의 개념이 적용되는 것으로 설명하고 있다(US Model 2006 TE §22(3)).

일반적으로 거래 또는 사업은 영리를 목적으로 수행되는 "독립된 경제적 기업(independent economic enterprise)"을 구성하거나 구성할 수 있는 "통합된 활동 그룹(unified group activities)"을 의미하고 이러한 활동의 참여에 적합한 유형과 개인적인 수단이 필요하다.

2016년 미국 모델조세조약에서는 능동적 거래 또는 사업의 수행에 포함되지 않는다고 규정하고 있을 뿐 원천지 국가에서 얻은 소득과 거주지 국가에서의 활동 사이의 직접적 또는 부수적인 관계가 있어야 한다는 것을 요구하지 않고 있어 투자하거나 관리하는 활동이 등록된 금융기관에 의해 수행된 경우에만 인정된다. 다만 기업그룹에 포함된 단체가 그룹 대출과 그룹 또는 독립된 차입자 사이에서 중개자와 같은 활동을 주된 활동으로 수행하는 경우 금융기관에 의해 수행된 활동에 해당하지 않아 현금통합을 포함한 집단금융은 제외된다. 그러나 본부기업과 같이 활동하는 단체 중 일부에 대해 조약 혜택의 자격이 부여될 수 있도록 추가로 본부기업 테스트를 포함하였다.

2. 부수적 사업 활동의 의미

1996년 미국 모델조세조약에서는 한 체약국의 거주자가 다른 국가로부터 파생된 소득 항목과 관련하여 거주자가 거주지 국가의 능동적 거래 또는 사업을 수행하고(US Model 1996 §22(3)(a)(ⅰ)) 거주지 국가에서 수행되는 거래 또는 사업과 "관련이 있는(in connection with)" 또는 "부수적(incidental to)"이며(US Model 1996 §22(3)(a)(ⅱ)) 그리고 거래 또는 사업이 소득을 창출하는 활동과 관련하여 실질적인 경우 조세조약에 따른 혜택을 받을 수 있다고 규정하고 있었다(US Model 1996 §22(3)(a)). 발생한 소득이 다른 국가에서 거래 또는 사업의 수행을 용이하도록 하는 경우 거래 또는 사업과 관련이 있는 부수적인 것으로 규정하였다(US Model 1996 §22(3)(d)). 따라서 거주지 국가에서 수행하는 거래 또는 사업과 관련이 있거나 부수적으로 발생한 소득에 대해서만 능동적 거래 또는 사업 테스트가 적용된다.

2006년 미국 모델조세조약에서는 정의를 삭제하였고 기술적 설명서에서는 원천지 국가에서 소득을 발생하는 활동이 소득의 수령인에 의해 거주지 국가에서 수행된 거래 또는 사업과 같은 선상에서 "일부를 형성(forms a part of)"하거나 "보충하는(complementary)" 경우 해당 소득의 항목은 "관련 있는(in connection with)" 거래 또는 사업에서 발생한 것이라는 유사한 정의를 제공하였다(US Model 2006 TE §22(3)). 원천지 국가의 기업에 의해 발행된 유가증권에 거주지 국가의 기업이 운전자본을 일시적으로 투자하는 경우를 "부수적(incidental to)"인 것으로 간주하였다.[508]

2016년 미국 모델조세조약에서도 "부수적(incidental to)"이라는 용어를 사용하고 있으나 용어의 정의를 제공하고 있지 않다. 아울러 "관련 있는(in connection with)"이라는 용어를 "에서 발생한(emanates from)"이라는 용어로 대체했으나(US Model 2016 §22(3)(a)) 용어의 정의를 제공하고 있지 않다.

미국 재무부는 용어의 대체에 대해 능동적 거래 또는 사업 테스트의 변화는 기존의 능동적 거래 또는 사업 테스트가 특정 상황에서 제3국 거주자가 소득과 관련하여 조약 체약국에서 사업의 거래가 활발한 단체를 통한 조약쇼핑을 허용하고 특히 집단 내 배당과 이자는 조약 체약국에서의 활동과 연계성을 가지고 있어 이러한 우려는 거주지 국가에서 능동적 거래 또는 사업과 "관련해 파생된(derived in connection with)" 것인지를 결정하기 위해 적용되는 기준에서 발생하는 것으로 보았다.[509] 이러한 우려에 보다 직접적으로 대처하기 위해 능동적 거래 또는 사업 테스트가 거주지 국가에서의 능동적 거래 또는 사업과 혜택을 추구하는 소득 항목 사이의 "실질적인 관계(factual connection)"를 요구하는 것으로 변경되었다.[510] 결과적으로 조약으로부터 혜택을 얻은 소득이 거주지 국가의 거주자에 의해 적극적으로 수행된 거래 또는 사업 "에서 발생(emanates from)"하거나 "부수적(incidental to)"인 것이어야 한다.[511]

2016년 미국 모델조세조약 기술적 설명서 전문에서는 소득 항목에 지침을 제공하고 있고 특히 집단 내 배당금 또는 이자 지급금은 거주자가 적극적으로 수행한 거래 또는 사업 "에서 발생(emanates from)"한 것으로 간주하고 있다. 기술적 설명서 전문에 따르면 두 회사가 유사한 사업 분야에 있다는 것만으로 지급된 배당과 이자가 거래 또는 사업의 능동적 수행과 관련이 있음을 입증하기에 충분하지 않다.[512]

재무부는 기술적 설명서에 잠재적인 포함 여부에 대해 추가적인 예와 의견을 제시하고 있고 거주지 국가의 능동적 거래 또는 사업 "에서 발생"하는 배당과 이자소득에 대한 해석을 제공하

---

508) United States, Model Techinical Explanation, 2006, p.71.
509) United States, Preamble to 2016 U.S. Model Income Tax Convention, 2016, p.4.
510) Ibid, p.4, 5.
511) Ibid, p.4.
512) United States, Preamble to 2016 U.S. Model Income Tax Convention, 2016, p.5.

고 있다. 제안된 해석이 대규모로 세계적으로 운영되고 있는 제3국 거주자에 의한 조약쇼핑을 쉽게 할 수 있는 정도를 고려하고 본부기업을 잠재적 동등수익자와 같이 취급하는 것을 포함하는 새로운 파생적 혜택 및 본부기업 테스트와 파생적 혜택 테스트 조항의 목적을 위한 그룹 내 배당과 이자소득의 측면에서 배당과 이자소득을 위한 혜택의 제한 테스트가 더 적절한지와 그러한 소득의 측면에서 능동적 거래 또는 사업의 역할을 대신한다고 설명하고 있다.[513] 앞의 내용에 따르면 "에서 발생한"이라는 용어로 혜택의 제한 조항을 통해 배당과 이자소득과 관련된 조세조약에 따른 혜택의 적용을 제한하려고 하는 것으로 보인다.

2006년 미국 모델조세조약 기술적 설명서에서는 "관련 있는(in connection with)"이라는 용어를 정의하고 있다(US Model 2006 TE §22(3)). 원천지 국가에서의 활동이 거주지 국가에서 수행하는 활동의 "일부를 형성(forms a part of)"하거나 단순히 그 활동에 부수적인지는 같은 선상의 사업인지에 따라 결정된다.[514]

두 기업이 같은 상품 또는 유사한 서비스를 제공하는 경우 상위, 하위, 수평 세 가지 수준의 통합이 있을 수 있다. 예를 들어 원천지 국가에 있는 기업에 의해 요구된 상품의 공급과 관련된 제조공정을 수행하는 거주지 국가에 소재하는 기업은 상위기업의 성격을 가지며 원천지 국가의 기업이 거주지 국가에서 제조된 상품을 유통 또는 판매하는 경우 하위기업의 성격을 가진다. 수평관계의 경우 두 기업은 모두 같은 거래 또는 사업의 수행에 영위한다.[515] 아울러 부수적인 것으로 간주하는 두 가지 활동이 같은 유형의 제품 또는 서비스와 관련될 필요는 없지만 동일한 전체 산업의 일부에 해당하여야 하고 하나의 활동의 성공 또는 실패가 다른 활동의 성공 또는 실패로 이어지는 경향이 있다는 측면에서 관련 있어야 한다는 것을 의미한다.[516]

하나 이상의 거래 또는 사업이 원천지 국가에서 수행되고 거래 또는 사업의 일부를 형성하는 하나 또는 거주지 국가에서 수행된 거래 또는 사업에 부수적인 경우 거래 또는 사업의 소득 항목의 귀속을 구분할 필요가 있다.[517] 이와 관련해 사용료는 일반적으로 기초가 되는 무형자산에 귀속되는 거래 또는 사업과 관련해 발생하는 것으로 고려된다. 배당과 관련해 배당은 조세조약

---

513) Ibid, p.5.
514) United States, Model Techinical Explanation, 2006, p.69.
515) Ibid, p.70.
516) United States, Model Techinical Explanation, 2006, p.70.
517) Ibid, p.70.

에 따른 혜택을 받는 거래 또는 사업의 소득과 수익에서 먼저 발생한 것으로 고려하며 이후 다른 소득과 수익에서 파생된 것으로 본다. 그리고 이자소득은 일관되게 적용되는 합리적인 방법으로 배분될 수 있도록 하고 있다.[518]

3. 거래 또는 사업과 수동적 소득의 의미

가. 거래 또는 사업의 의미

미국 모델조세조약에서는 능동적 거래 또는 사업의 정의를 포함하고 있지 않아 능동적 거래 또는 사업의 개념은 미국 국내법에 따른 의미가 적용된다. 따라서 IRC §367(a))와 CFR §1.367(a)-2(d)(2) 그리고 CFR §1.367(a)-2(d)(3))에 따른 의미가 적용된다.

미국으로부터의 재산양도와 관련된 사항을 규정하고 있고 미국의 인(person)이 외국회사에 재산을 양도하는 경우 IRC §332(자회사의 완전한 청산), IRC §351(양도자에 의해 통제된 회사에 대한 양도), IRC §354(특정 재조직에서 주식과 증권의 교환), IRC §356(추가적 고려대상인 수령), IRC §361(회사에 대한 이익 또는 손실의 비승인: 분배의 취급)에서 규정하고 있는 양도와 관련이 있는 때에는 외국회사는 양도로 인한 이익의 범위를 결정하기 위한 목적상 회사로 간주하지 않는다(IRC §367(a)(1)).

다만 규정에서 제공된 범위에서 양도와 재조직에 대한 당사자인 외국회사의 주식 또는 증권의 양도는 제외된다(IRC §367(a)(2)). 그러나 파트너십 자산의 지분에 비례해 외국회사에 대한 양도와 같이 취급되는 외국회사에 대한 파트너십 지분이 미국의 인(person)에 의해 양도되는 것은 제외한다(IRC §367(a)(3)). IRC §361(a)[519] 또는 IRC §361(b)[520]에서 규정하고 있는 양도의 사례의 경우에는 적용되지 않고 지분 가액의 조정에 대한 대상과 규정에서 제공되고 있는 것과 같은 기타 요건으로 양도인 회사가 5개 또는 5개 이하의 같은 내국회사에 의해 통제되는 경우에는 적용하지 않으며 동일한 계열그룹의 모든 계열사는 하나의 회사와 같이 취급된다

---

518) Ibid, p.70.
519) 그러한 회사가 재조직과 양도 재산에 대한 당사자이고 재조직 계획의 이행에서 다른 회사의 주식 또는 증권에 대해서만 재조직을 하는 경우 회사의 이익 또는 손실은 허용(인식)되지 않는다.
520) 이익의 승인 없이 수령된 하위-절 (a)에 의해 허용된 주식 또는 증권을 포함한 기타 재산 또는 금전으로 이루어진 교환에서 받은 재산이 아닌 양도에 대해 하위-절 (a)가 적용된다.

(IRC §367(a)(4)). 만약 재산이 회사 주식의 양도로 인해 하나 또는 하나 이상의 인(person)에 의해 회사에 양도되고 그러한 인(person) 또는 인(person)의 양도 후 즉시 회사의 통제에 있다면 이익 또는 손실은 허용(인식)되지 않는다(IRC §351).

재산의 양도와 관련한 목적상 지배력은 회사의 모든 종류 주식의 의결권에 대한 권리에 비례하거나 모든 다른 종류 주식의 지분 전체 수의 최소 80%에 해당하는 주식을 소유하는 소유권을 의미한다(IRC §368(c)). 통상적으로 일반적인 계열그룹은 모회사와 주식 소유권을 통해 "관련된 회사"에 포함되는 하나 또는 하나 이상의 소유권 사슬(chain)에 포함되는 회사를 의미한다(IRC §1504(a)(1)(A)).

모회사는 "80% 의결권과 가치 테스트(80-percent voting and value test)" 요건을 충족하는 최소 하나의 다른 회사 주식을 직접 소유하며 모회사를 제외한 소유권 사슬에 포함되는 각 회사는 "80% 의결권과 가치 테스트"의 요건을 충족하는 하나 또는 하나 이상의 다른 회사에 의해 주식이 직접 소유된다(IRC §1504(a)(1)(B)). 따라서 소유권 사슬에 포함되는 다른 회사 주식 전체 의결권의 최소 80%를 소유하고 주식 전체 가치의 최소 80%에 해당하는 가치를 가지는 경우 "80% 의결권과 가치 테스트" 요건을 충족하게 된다(IRC §1504(a)(2)).

미국연방규정집에서는 거래 또는 사업은 외국회사의 활동이 거래 또는 사업을 구성하는지는 모든 "사실과 상황"에 기초해 결정되고 일반적인 거래 또는 사업은 이익을 위해 수행되는 독립된 경제적 기업을 구성하거나 구성할 수 있는 특정 통합된 활동 그룹을 의미한다(CFR § 1.367(a)-2(d)(2)).

예를 들어 외국판매자회사(foreign selling subsidiary)가 모회사를 대신해 독점적으로 활동하고 모회사에 완전하게 통합되어 운영되고 있음에도 불구하고 수익을 위해 독립적으로 수행될 수 있다면 거래 또는 사업을 구성할 수 있다. 거래 또는 사업을 구성하기 위해 통상적으로 기업이 이익 또는 소득을 얻을 수 있는 절차인 활동 그룹의 일부 또는 단계를 형성하는 모든 운영이 포함된다. 이러한 측면에서 그러한 활동의 하나 또는 하나 이상이 외국회사의 직접통제에 따라 독립된 계약자에 의해 수행될 수 있고 활동 그룹은 소득의 회수와 비용의 지급을 통상적으로 포함한다. 만약 외국회사의 활동이 거래 또는 사업을 구성하지 않는다면 회사에 의해 수행된 활동의 수준과 관계없이 예외는 적용되지 않는다.

IRC §212에 의해서만 공제할 수 있는 비용이 발생하는 개인에 의해 수행된 모든 활동이나 주식, 증권, 임대, 또는 기타 재산, 임시판매를 포함한 투자에서 자신이 소유한 계좌로 보유하는 경우 거래 또는 사업의 목적상 거래 또는 사업을 구성하는 것으로 간주하지 않는다(CFR § 1.367(a)-2(d)(2)(i), §1.367(a)-2(d)(2)(ii)). 그리고 외국회사에 의해 능동적으로 수행된 거래 또는 사업이 "능동적 활동(active conduct)"에 해당하는지는 모든 "사실과 상황"에 기초해 결정된다. 일반적으로 회사는 임직원이 실질적인 관리와 운영 활동을 수행하는 경우 거래 또는 사업을 능동적으로 수행한 것으로 고려된다.

회사의 거래 또는 사업과 관련되어 부수적 활동을 독립된 계약자가 대신 수행하더라도 회사가 거래 또는 사업의 능동적 수행에 관계한 것으로 볼 수 있다. 다만 회사의 임직원이 실질적인 관리와 운영 활동을 수행한 것인지의 결정에 있어 독립된 계약자의 활동은 무시된다. 그리고 외국회사의 관계된 단체의 임직원에 의해 일상적으로 관리와 감독이 효과적으로 수행되고 또한 관련된 단체에 의해 급여가 지급되는 관련된 단체의 임직원은 포함한다(CFR §1.367(a)-2(d)(3)).

임대료 또는 사용료를 창출하는 거래 또는 사업이 능동적 수행인지의 결정은 미국연방규정집에 따른다. 거래 또는 사업의 목적상 "임대 또는 재산권을 사용할 수 있도록 하는 활동"이 거래 또는 사업에 해당하는지는 IRC §954(c)(2)의 규정에 따라 결정되고 임대료 또는 사용료가 관련이 없는 당사자로부터 수령되었는지는 관련이 없다(CFR §1.367(a)-2(d)(6)). 이와 관련해서는 외국개인지주회사소득(Foreign personal holding company income)과 외국기지회사 판매소득(Foreign base company sales income)[521]을 참고할 수 있다.

나. 수동적 소득의 의미

거래 또는 사업과 관련해 능동적 활동에 해당하지 않는 수동적 소득과 관련된 사항을 함께 살펴보아야 한다. 수동외국투자회사(Passive foreign investment company)와 관련된 규정에서는 수동적 소득에 대해 정의하고 있어 수동외국투자회사와 관련된 규정을 함께 살펴보고자 한다.

일반적으로 과세연도의 수동외국투자회사 총소득의 75% 또는 그 이상이 수동적 소득(passive income)에 해당하거나 수동적 소득의 발생 또는 수동적 소득의 발생을 위해 과세연

---

521) 외국기지회사 판매소득(Foreign base company sales income)은 "관련된 인(related person)"과 어떤 인(person)에 대해 그것의 판매로부터 개인 재산의 구매, 어떤 인(person)으로부터 개인 재산의 구매 그리고 관련된 인에 대한 판매 또는 관련된 인(related person)을 대신하는 어떤 인(person)으로부터 개인 재산의 구매와 관련되어 파생된 소득(이익, 수수료, 요금 또는 다른 방법의 형태)을 의미하는 것으로 정의하고 있다(CFR §1.954-2(d)).

도의 기간 중 보유하는 자산의 평균비율이 최소 50% 이상인 때에는 수동외국투자회사에 해당한다(IRC §1297(a)). 다만 은행과 같은 사업을 위해 관계기관의 허가를 받은 은행과 적격보험회사에 의한 보험사업 활동의 수행에서 발생된 소득, 이자와 배당 그리고 대여 또는 사용료의 총액에서 "관련된 법인"으로부터 지급금을 수령하거나 유보된 "관련된 법인"의 소득에 대한 정당한 분배와 회사의 수출거래와 관련된 수출거래소득은 수동적 소득에 해당하지 않는다(IRC §1297(b)(2)).

"관련된 법인"은 수동외국투자회사의 목적상 인(person)이 외국회사에 의해 지배되는 측면에서의 "관련된 법인"을 의미한다(IRC §1297(b)(3)). 외국회사의 지배하(下)에서 지배 또는 통제된 개인, 회사, 파트너십, 신탁 또는 부동산이나 외국회사의 지배하(下)에서 지배되는 동일한 인(person) 또는 인(person)의 지배에 있는 회사, 파트너십, 신탁 또는 부동산은 "관련된 법인"에 해당한다(IRC §1297(b)(3)(A), §1297(b)(3)(B)).

지배력(control)은 회사에 대한 직간접적인 소유권의 측면에서 그러한 회사의 의결권 또는 주식의 전체 가치에 대한 권리가 있는 모든 주식 종류의 전체 의결권 50% 이상의 주식을 소유하는 경우를 의미한다. 파트너십과 신탁 그리고 부동산의 사례에서 지배력은 직간접적으로 소유한 수익적 지분 가치의 50% 이상을 의미하고 IRC §958 주식 소유권의 결정 규칙(Rules for determining stock ownership)과 유사한 규정이 적용된다.

4. 활동량과 실질 테스트

1996년 미국 모델조세조약에서는 능동적 거래 또는 사업의 수행 목적을 위해 거래 또는 사업 활동이 실질적인지는 모든 "사실과 상황"에 근거해 결정되고 거래 또는 사업에 대한 양적인 요구사항을 부과하고 있다. 이전 과세기간 또는 이전 3년의 과세연도의 거주지 국가에서 거래 또는 사업의 수행을 위해 사용된 자산가치, 원천지 국가에서 소득을 창출하는 활동에 사용된 자산가치, 각 체약국에서 창출한 총소득, 각 체약국의 평균 급여비용이 거주자와 특수관계자 지분율의 각 7.5% 이상이고 세 가지 비율의 평균이 10%를 초과하는 경우 활동량 요건을 충족하는 것으로 하였다(US Model 1996 §22(3)(c)).

즉 활동량은 거주지 국가에서 거래 또는 사업의 수행하기 위해 사용되거나 원천지 국가에서 소득을 창출하는 활동에 사용된 자산가치, 각 체약국에서 창출된 총소득, 각 체약국의 급여비용

비율 평균을 기준으로 결정되고 수행된 거래 또는 사업 활동은 실질적이어야 한다는 것을 요건으로 하고 있다. 활동량은 과세연도 시작일부터 요건을 준수했는지 여부를 알 수 있게 하고 소득을 지급하는 회사의 주식을 100% 미만 소유하는 등의 경우 각 요건을 일할계산 해야 하기 때문에 다소 복잡하다는 단점이 있으나 불특정개념으로 인한 불확실성을 제거하는 장점이 있다.

2006년 미국 모델조세조약에서는 체약국의 거주자가 다른 체약국에서 거래 또는 사업을 수행하고 소득 항목이 발생하거나 다른 체약국의 "관련된 법인"으로부터 소득 항목이 발생하는 경우 한 체약국의 거주자에 의해 수행되는 거래 또는 사업이 다른 체약국의 거주자 또는 "관련된 법인"의 거래 또는 사업과 실질적인 관련이 있는 경우 능동적 거래 또는 사업의 수행 요건을 충족한 것으로 고려된다. 거래 또는 사업 활동이 실질적인지는 모든 "사실과 상황"에 근거하여 결정한다고 규정하고 있다(US Model 2006 §22(3)(b)).

1996년 미국 모델조세조약에서 관련된 법인을 규정하지 않는 점에 비추어 보면 모든 경우에 적용되는 것으로 보인다. 2006년과 2016년 미국 모델조세조약에서는 "관련된 법인"으로부터 파생된 소득 항목에 대해서만 활동량 요건이 적용되는 것으로 보인다. 활동량 요건은 사실의 문제로 원천지 국가와 거주지 국가의 활동량을 비교하여 요건의 충족 여부를 결정하고 실질적인지는 모든 "사실과 상황"에 근거하여 결정한다고 간단하게 언급하고 있을 뿐 실질적 테스트(substantial test)와 관련된 활동량에 대한 구체적인 기준을 제시하고 있지 않아 실질적인지를 판단하는데 불확실성을 가지고 있다.

V. 파생적 혜택

1. 소유권 및 세원잠식 테스트

파생적 혜택은 소유권 및 세원잠식 조항의 특별 조항이다. 소유권 및 세원잠식 조항의 모든 적격자뿐만 아니라 EU, NAFTA, EEA 회원국의 거주자를 고려하고 있고 증권거래소 조항과 능동적 거래 또는 사업 조항에서도 고려되었다. 2016년 미국 모델조세조약의 파생적 혜택에서는 그러한 지리적 제한을 배제하고 있다.

파생적 혜택은 특수한 파생적 혜택 또는 대안적 구제의 개념을 가지고 있고 일반적으로 배당금과 이자 그리고 사용료와 같은 일부 유형의 소득과 관련하여 원천지 국가와 기업의 주주가 거주자인 국가가 체결한 조세조약에서 수령한 소득에 최소한 더 유리한 규정이 포함되어 있지 않다는 것을 조건으로 하고 있다. 조세조약의 적용은 원천지 국가와 조세조약에 따른 혜택을 요청하는 단체의 주주가 거주하는 국가가 체결한 다른 조세조약에서 설정된 규정에 따라 결정된다.

미국은 파생적 혜택 조항이 제3국의 거주자가 중개 국가에서 기지회사(base company)를 사용하여 소득을 유보하는 데 유리할 수 있어 파생적 혜택과 같은 유형의 조항을 조약에 포함하는 것을 반대했고[522] 1996년과 2006년 미국 모델조세조약에서는 파생적 혜택을 포함하지 않았다. 그러나 2016년 미국 모델조세조약에 파생적 혜택 조항을 포함하였고 제3국의 주주가 동등수익자인 경우를 요건으로 하고 있다.

2016년 미국 모델조세조약에서는 거주자가 적격자인지와 관계없이 혜택이 부여될 때 그리고 12개월 동안의 최소 절반에 해당하는 날 동안 체약국의 거주자인 기업이 다음에 해당하는 경우 조세조약에 따른 혜택의 자격이 부여된다.

동등수익자에 해당하는 7인 이하의 인(person)이 직간접적으로 의결권과 주식 가치의 최소 95% 그리고 불균일분배주식의 최소 50%를 소유한 경우, 다만 간접 소유의 경우 각 중간소유자는 적격중간소유자이어야 한다(US Model 2016 §22(4)(a)). 기업 총소득의 50% 미만 그리고 테스트 그룹의 총소득의 50% 미만이 기업의 거주지 국가에서 이 협약에 포함된 과세의 목적에서 공제가 가능한 지급의 형태로 직간접적으로 지급 또는 유보되는 경우로서 다만 서비스나 유형자산에 관한 일반적인 사업의 과정에서 발생하는 공정지급금과 테스트 그룹의 사례에서 집단 내의 거래는 포함하지 않는다(US Model 2016 §22(4)(b)).

동등수익자에 해당하지 않는 인(person)(US Model 2016 §22(4)(b)(ⅰ)), 제5항 또는 이중과세의 방지를 위한 포괄적 조약에서 실질적으로 유사한 조항을 근거로 하여 동등수익자에 해당하는 인(person)에 대해(US Model 2016 §22(4)(b)(ⅱ)), 이중과세의 방지를 위한 포괄적 조약에 정의(US Model 2016 §3(1)(1))된 것과 유사한 특별과세제도의 정의가 포함되지 않았을 때 정의의 원리를 적용한다. 다만 정의의 세부조항 (v)의 요건과 관계가 없는 경우 이 항에서 기술한 기업에 인(person)은 관련된 법인이며 그리고 공제가 가능한 지급에 관련되는 특별과세제도로부터의 혜택을 누리는 동등수익자에 해당하는 인(person)에 대해(US Model 2016

---

522) Félix Alberto Vega Borrego, op. cit., 187, 189.

§22(4)(b)(iii)) 또는, 이자의 지급에 있어 이 절에 기술한 기업은 관련된 법인이고 그리고 개념적 공제(US Model 2016 §11(2))의 혜택을 누리는 동등수익자에 해당하는 법인(US Model 2016 §22(4)(b)(iv))은 혜택의 자격이 부여된다.

파생적 혜택에서는 적격 국가의 거주자가 주식을 보유하는 경우 일정한 소유비율을 요건으로 하고 있다. 요건을 충족하기 위해서는 적격중간소유자에 의해 직간접적으로 소유된 의결권과 주식 가치의 95%를 소유하여야 하며 비율은 최대 7인의 동등수익자에 의해 소유되어야 하고 더 많은 인(person)에 의해 소유된 경우 요건을 충족하지 못한다. 비록 요구되는 주식의 소유비율이 상당히 높으나 적격자에 의해 부분적으로 소유되지 않은 기업이 체약국 중 하나의 거주자에 의해 테스트 중 하나의 요건을 충족하는 경우 혜택의 자격을 부여하는 장점이 있다. 파생적 혜택 조항은 세원잠식 요건에 큰 영향을 미치지 않으며 유일한 차이점은 동등수익자가 적격자에 추가되어 고려된다는 사실이며 소유권 및 세원잠식 테스트에서 제공된 것과 같은 비율이 적용된다.

이 요건은 다른 조세조약이 동등하거나 더 유리한 규정을 제공하고 있는 경우에만 충족되고 반대로 덜 유리한 규정이 제공되는 경우에는 적용되지 않는다. 비교되는 규정은 원천지 국가가 다른 국가와 체결한 조세조약에서 규정되어 있는 것이며 파생적 혜택 조항은 조약쇼핑 구조가 개발될 가능성을 배제하기 위한 목적이 있다.

다른 국가로부터 발생하는 소득에 주주의 거주지 국가와 원천지 국가가 체결한 조세조약보다 원천지 국가에서 동등하거나 보다 유리한 과세규정이 적용되는 기업을 개입시키는 경우 추가적인 혜택이 제공되지 않는다. 이러한 상황은 단순히 세금 목적으로 원천지 국가에서 다른 국가로부터 형성된 소득을 얻는 것을 배제한다. 이자와 사용료 소득과 관련해 각 조약에서 제공된 과세제한이 비교되고 원천지 국가와 주주의 거주지 국가에 의해 체결된 조약에서 높은 세율을 제공하는 경우 조항은 비교되지 않는다.

2. 동등수익자

개인, 정부기관, 적격정부기관, 세금면제 조직과 연기금과 같은 제3국의 거주자 그리고 소유권 및 세원잠식 조항에서 언급된 것과 유사한 혜택의 제한 테스트를 적용받는 제3국의 거주자는 동등수익자로 간주된다.

2016년 미국 모델조세조약에 따르면 납세자가 특별과세제도와 조세조약의 조항을 결합하여 조약을 체결한 어느 한 국가에서도 과세하지 않거나 낮은 세금만을 부담하여 이중 비과세되는 경우를 배제하기 위한 목적으로 국외 원천소득 또는 송금액 기준과 유사한 방식으로 이익을 수취하는 개인이나 세금이 체약국에서 고정비용과 과세 대상금액 그리고 유사한 기준에 따라 결정되는 개인은 동등수익자로 간주하지 않고 있다(US Model 2016 §22(7)(e)(i)(A)).

2016년 미국 모델조세조약은 조세조약 당사국의 거주자에게 자격을 부여하는 제3국 거주자인 소유자에게 가장 높은 원천징수세율을 부여하는 소위 절벽효과(cliff effect)를 제거했다. 배당금과 관련해 파생적 혜택 조항에 따라 제10조(배당)의 혜택을 요구하는지와 관계없이 제10조(배당), 제11조(이자), 제12조(사용료)에서 언급한 소득을 거주자가 직접 수령하는 경우 거주자는 그러한 조세조약과 국내법의 규정 그리고 국제협약에 따라 이 조약에서 적용된 세율과 같거나 낮은 세율의 혜택을 받을 수 있는 자격을 부여한다(US Model 2016 §29(7)(e)(ⅰ)(B)(1)). 따라서 파생적 혜택 테스트를 포함하는 기존 조세조약에서 개인주주는 배당금에 대해 15% 세율의 자격만 부여되는 개인 혜택 테스트의 자회사가 되기 때문에 그 결과 절벽효과는 원천징수되는 배당금의 감소를 배제할 것이다.

이 문제를 해결하기 위해 기업의 주주가 5% 세율의 자격이 부여되지 않는 개인인 경우에도 개인주주가 배당과 관련하여 세율비교 테스트의 목적을 위해 기업과 같이 취급되도록 해 원천징수하는 배당금에 5% 세율에 대한 자격을 부여한다. 다만 파생적 혜택에 따라 자격이 부여되는 기업은 거주지 국가에서 수행되는 거래와 사업과 충분한 실질을 가지고 있어야 하며 충분한 실질은 개인주주가 낮은 기업 세율로부터 혜택을 얻기 위해서 기업 단체를 통해 단순히 소득을 전달하기 위한 것이 아니라는 것을 나타내는 것이다(US Model 2016 §29(7)(e)(ⅰ)(B)(1)(Ⅰ)).

"동등하거나 보다 나은(equivalent or better)" 규정이 제공되는지를 결정하기 위해 배당과 이자 그리고 사용료 소득에 추가로 사업이익과 자본이익 그리고 기타소득을 추가하였다(US Model 2016 §22(7)(e)(i)(B)(2)). 그리고 원천지 국가에서 동등수익자와 같이 취급되는 적격자의 특정 범주를 허용하고 있지만 그러한 개인, 적격정부기관, 공개거래 기업 또는 단체, 세금면제 조직은 테스트를 거친 기업의 불균일분배주식을 포함해 의결권 또는 주식 가치의 25% 이상을 소유하지 않아야 한다고 규정하고 있다(US Model 2016 §22(7)(e)(ⅲ)). 그러나 원천지 국가에서 거주하는 인(person)은 소유권 및 세원잠식 조항을 위한 자격이 없어 관련된 수정사항으로 비율을 초과하는 경우 어떻게 되는지에 대해서 명확하지 않다.

Ⅵ. 시사점

살펴본 것과 같이 혜택의 제한 조항은 미국에서 개발되어 처음으로 조세조약에 적용이 되었고 1996년 미국 모델조세조약에 포함되었다. 처음 도입되었을 당시 현재와는 다르게 매우 엄격하고 복잡한 구조가 아니었으나 시간이 흐르면서 더 엄격하고 복잡한 구조로 발전이 되었다. 더욱이 2016년 미국 모델조세조약에 추가로 포함된 파생적 혜택과 본부기업 조항으로 인해 더욱더 엄격하고 복잡한 구조를 가지게 되었다.

기본적으로 2017년 OECD 모델조세조약에 포함된 혜택의 자격 조항은 2006년 미국 모델조세조약을 참고하여 설계되었고 이후 2016년 미국 모델조세조약에 따른 혜택의 제한 조항에 추가로 포함된 테스트 그룹과 본부기업 조항을 추가로 반영하여 개정된 것으로 현재 두 모델조세조약에 포함된 조항은 대부분 같은 내용으로 구성되어 있다.

미국은 파생적 혜택 조항이 제3국의 거주자가 기지회사를 통해 중개 국가에서 소득을 유보하는 데 유리할 수 있어 파생적 혜택 조항을 조세조약에 포함하는 것을 반대했고 미국 모델조세조약에도 포함하지 않았다. 그러나 2016년 미국 모델조세조약에 파생적 혜택 조항을 추가하였고 동등수익자에 해당하여야 한다는 것을 요건으로 하고 있다.

그리고 세원잠식 테스트는 이자와 사용료 소득과 관련된 조약쇼핑 구조와 디딤돌 구조에 적용하기 위해 도입이 되었으나 세원잠식 테스트의 목적을 위해 이자와 사용료 소득 이외에도 적용하게 되었다. 2016년 미국 모델조세조약에 추가로 파생적 혜택과 본부기업을 추가하면서 테스트 그룹 요건을 추가하였고 세원잠식 테스트 요건을 포함하고 있다.

우리나라를 비롯한 대부분의 OECD 국가들은 거주자인지를 기준으로 하고 있으나 미국은 자국 시민, 거주자 외국인, 내국법인을 기준으로 세금을 과세하고 있어 다른 대부분의 OECD 국가들과는 다른 조세체계를 가지고 있다. 이러한 차이가 미국이 세원잠식 테스트를 이자와 사용료 소득 이외의 모든 소득에도 적용하게 된 하나의 이유가 된 것으로 보인다.

이러한 측면에서 보면 우리나라와 같이 거주자를 기준으로 세금을 과세하는 국가들은 세원잠식 테스트를 수행할 필요가 없을 것으로 생각된다. 특히 우리나라의 경우 국제조세조정법에 과소자본 또는 이전가격 세제 그리고 특정외국법인 세제 등을 시행하고 있어 추가로 세원잠식 테스트를 수행할 필요가 없다.

미국 모델조세조약과 미국 국내법에 따른 규정에 비추어 보면 미국은 수익적 소유자를 소득의 귀속원칙으로 이해하고 있고 수령한 지급금이 귀속되는 개인 그리고 법인 또는 단체를 자산과 소득의 지배력에 초점을 둔 소유권을 고려하여 귀속되는 자를 결정하고 있는 것으로 보인다. 즉 소득이 귀속되는 순간 귀속된 소득은 자산이 되기 때문에 귀속된 소득 또는 자산의 지배력을 기준으로 소유자를 결정하고 있고 소득 또는 자산의 소유자가 조세조약에 따른 혜택의 자격이 있는 체약국의 거주자인지를 추가로 고려하고 있는 것으로 보인다.

우리나라 국내 세법을 비롯해 OECD와 미국 모델조세조약에서는 거래 또는 사업을 정의하고 있지 않아 조세조약을 적용하는 국가의 국내법에 따른 의미가 적용된다. 미국의 내입세법과 연방규정에서는 일반적으로 독립된 경제적 기업을 구성하거나 구성할 수 있는 활동의 특정 통일된 집합을 거래 또는 사업으로 정의하고 있다. 그리고 수동적 소득에 대한 정의를 제공하고 있어 혜택의 자격 조항에 포함된 능동적 사업 활동의 수행 정의와 적용을 명확하게 하고 있다.

제4절 EU 법과 혜택의 자격

I. 서설

혜택의 자격 조항과 EU 법의 양립 가능성은 1989년 독일과 미국이 체결한 조세조약에서 문제가 제기되어[523] 1990년 유럽의회(European Parliament) 의원인 Gijs De Vries는 서면질의서 2046/90을 통해 EU 법과 양립할 수 있는지 유럽집행위원회(European Commission)에 질의를 하였으나 회신을 받지 못했다.[524]

1992년 Ruding Report(Report of the Committee of Independent Experts on Company Taxation)에서는 혜택의 자격 조항이 EU 원칙과 규정을 비롯한 무차별원칙

---

523) Félix Alberto Vega Borrego, op. cit., p.251.
524) Written Question 2046/90, made in July 1990 Gijs De Vries. However, there is a written question indirectly referring to this matter which the Commission replied to in the Answer to Written Question 2047/90 presented 5 September 1990 by the same parliament. The answer can be found in the Official Journal C-195, pp.1-2.; Vega, Las medidas contra el treaty shopping, Instituto de Estudios Fiscales, Madrid, 2003, p.345, foot note 1.039.; Ibid, p.251.

(principle of non-discrimination)과 함께 유럽연합기능조약(The treaty on the functioning of the European Union, TFEU)에 따른 기본적 자유와 양립할 수 없다고 결론을 내렸다.[525]

2016년 유럽집행위원회가 혜택의 자격 조항이 "조세조약에 따른 혜택을 오직 하나의 회원국 거주자에 의해 소유된 단체로 제한하고 있어 그 결과 국경 간 투자를 방해하여 단일시장에 해로울 수 있다는 것"을 고려 조약쇼핑 구조를 방지하기 위한 목적으로 BEPS Action 6에 포함된 혜택의 자격 조항을 따르지 않는 것으로 결정했고 주요 목적 테스트에 기초한 일반적 남용 방지규칙을 따를 것을 권고하였다.[526]

현재 혜택의 자격 조항과 관련된 유럽사법재판소(Court of justice of the European Union, ECJ)의 직접적인 판례가 없어 혜택의 자격 조항과 EU 법의 양립 가능성에 대해 명확한 결론은 없으나 대표적인 판결인 Open Skies와 Act Group(ACT Ⅳ GLO) 사건의 판결에 비추어 보면 양립할 수 없는 것으로도 보인다.

유럽사법재판소 판례와 유럽집행위원회 조치에 비추어 보면 혜택의 자격 조항이 EU 법과 양립할 수 없는 것으로 보인다. 혜택의 자격 조항과 EU 법과의 양립성은 유럽연합기능조약에 따른 규정에 기초해 제공되는 규정과 비교하여 검토되어야 하며 EU 법에 따른 기본적 자유를 위반했는지를 살펴보는 것이 중요하다. 아래에서는 이러한 측면을 고려해 혜택의 자격 조항과 EU 법의 양립성에 대해서 살펴보고자 한다.

Ⅱ. EU 법상 기본적 자유

1. 유럽연합기능조약

유럽연합기능조약에서는 직접세에 관한 사항을 규정하고 있지 않지만 TFEU §115에 따라 부

---

[525] Commission of the European Communities, Report of the Committee of Independent Experts on Company Taxation, 1992, 30-31.; Ibid, p.251.
[526] EU 2016a, 6.; EU 2016c, 29 and 49.; Ibid, p.252.

수 법안으로 제정된 6개의 지침(directive)[527]에서 관련 사항을 규정하고 있다.

일반적으로 4대 자유(Four Freedom)인 상품의 자유로운 이동(Free Movement of Goods),[528] 인(person)의 자유로운 이동(Free Movement of Persons),[529] 서비스의 자유로운 이동(Free Movement of Service),[530] 설립의 자유(Free of Establishment)[531]와 자본이동의 자유(Free Movement of Capital)[532]에 규정된 조항이 혜택의 자격과 관련된 논의의 근거를 제공하고 있다. 4대 자유에 따른 조치는 우월적인 공공의 이익에 의해 정당화되는 경우, 목적을 달성하기 위해 적절한 조치인 경우, 목적 달성을 위해 필요한 범위를 초과하지 않는 경우 정당화되고 합리성의 원칙(rule of reason)에 따라 판단하게 된다.[533]

EU 법에서는 회원국의 국내법과 조세조약과의 관계에 대해서 분명하게 규정하고 있지 않으며 회원국이 유럽연합기능조약과 EU 기관의 결정에 따른 의무 등을 충실하게 이행을 위한 목적으로 EU 법이 회원국의 국내법보다 상위에 있다고 보고 있다(TFEU §4(3)).

EU 법과 조세조약의 양립성과 관련한 문제가 계속해 발생하고 있고 회원국이 조약을 체결하는 때에 EU 법에 부합되지 않는 사항이 있는 경우 조약을 체결하기 전에 재협상을 하거나, EU 법에 부합되게 개정하거나, 부합되게 적용하도록 하고 있다(TFEU §351). 또한 회원국은 설립된 다른 EU 회원국의 법인 또는 단체에 대해 제3국과 체결한 조세조약에 따라 자국의 영토에 있는 회원국의 법인 또는 단체가 받는 혜택을 일방적으로 연장해야 할 수도 있다.[534] EU 회원국과 제3국이 체결한 조세조약에도 EU 법 상위원칙이 적용되고 있다.[535]

EU 법과 EU 회원국이 제3국과 체결한 조세조약과 관련해 혜택의 자격 조항이 EU법과의 양립성과 관련해 발생하는 가장 대표적으로 문제라 할 수 있고 이와 관련해 유럽사법재판소가 비

---

527) Parent-Subsidiary Direct on Dividends, Merger Directive on Company Reorganization, Interest-Royalty Directive, Savings Directive, Mutual Assistance Directive, Recovery Directive.
528) TFEU §28, §30, §34, §35, §110.
529) TFEU §21, §45.
530) TFEU §56.
531) TFEU §49, §50, §51, §52, §53, §54.
532) TFEU §63, §64, §65.
533) 김정홍, 전게 논문, 204면.
534) Gottardo (C-55/00), para. 37; Saint-Gobain (C-307/97), para. 59; Michael Lang·Alexander Rust, op. cit., p.177.
535) Helminen, 26; 김정홍, 전게 논문, 211면.

례성원칙을 EU 회원국이 아닌 EU 비회원국과의 국경을 넘는 국경 간 조약이나 협정 등에도 적용하고 있어 문제의 원인이 되고 있다.

2. EU 법과 혜택의 자격

현재 EU는 EU 법에 따른 기본적 자유와 조세조약에 따른 혜택의 자격 조항의 양립성으로 인해 매우 곤란한 입장에 있는 것으로 보인다. 앞서 언급한 것과 같이 유럽연합기능조약에서의 정의와 유럽사법재판소 판결에 따르면 기본적 자유는 EU 내부시장에 필요한 법적 요건의 형성을 위하여 인(person), 재화, 서비스와 자본의 자유로운 이동의 촉진과 다른 EU 회원국에서 자유롭게 사업 활동을 수행할 수 있는 설립의 자유를 보장하고 있다. 반면 조세조약에 따른 혜택의 자격 조항은 "진정한 상업적 구조(genuine commercial structure)"를 가진 조약의 적용대상자가 조약으로부터 혜택을 얻는 것을 포기하게 할 수 있어 EU 법으로부터 문제가 될 수 있다는 우려가 있고 EU 법의 측면에서 내부시장의 목적과 상충될 수 있는 문제를 가지고 있다.[536]

유럽연합기능조약은 EU 내에서 회원국의 법률에 따라 설립되고 등록된 사무소, 중앙관리 또는 사업의 주요장소를 가지고 있는 회사를 제한하는 것을 금지하고 있고 다른 회원국의 국내법에 따라 설립된 대리점, 지사 또는 자회사는 다른 회원국이 자국의 국민을 위해 규정한 조건에 따라 사업을 수행할 것을 요구하고 있다. 그러나 혜택의 자격 조항에 포함된 소유권 테스트는 제3국의 거주자에 의해 의결권 또는 주식 가치의 50% 이상이 소유되는 경우 파생적 혜택을 통해 특정 소득 항목에 대해서만 혜택의 자격이 부여되기 때문에 기본적 자유인 설립의 자유에 위반하는 문제가 발생할 수 있다.

EU 법에 따른 설립의 자유와 관련 EU 회원국의 회사에 대해 실체적 문제(substantive problems)와 절차적 문제(procedural problems)가 발생하게 된다.[537] 실체적 문제는 EU 회사가 혜택의 자격 조항에 따른 소유권 테스트에 따라 회원국에서 설립된 회사와 같은 혜택에 동등한 자격이 부여되지 않는 경우가 발생할 수 있음에도 불구하고 EU 회사는 회원국에서 설립된 회사와 다르게 대우해서는 안 된다는 것을 의미한다.[538] 절차적 문제는 다른 EU 회원국에

---

536) Michael Lang·Alexander Rust et al., op. cit., p.171.
537) Pistone, supra note, 21, at 365, footnote 10.; Ibid, p.172.
538) The idea for this example comes from Kofler, supra note, 8, at 63.; Ibid, p.172, 173.

회사를 설립한 EU 회원국이 더 많은 까다로운 조건을 적용받거나 EU 법에 따른 권리가 자동으로 적용된다는 사실에도 불구하고 소재지 국가의 국민과 같은 혜택을 적용받기 위한 절차에서 소유권 테스트에 따라 혜택이 제한되는 문제가 발생할 수 있다는 것을 의미한다.[539]

즉 다른 회원국의 거주자에 의해 완전하게 소유된 경우 능동적 사업 활동의 수행이나 본부기업 조항에 따른 요건을 충족하지 못하는 경우 재량적 구제를 통해 혜택의 자격을 부여받을 수 있고 관계기관이 승인하지 않는 한 조세조약에 따른 혜택이 부여되지 않으며 EU 법에 따라 권리가 자동으로 적용되지 않고 오히려 추가적인 테스트의 대상이 되기 때문에 설립의 자유를 침해하는 것으로 볼 수 있다. 따라서 비거주자 회사에 의해 지배된다는 사실 때문에 거주자인 회사에 대해 조약 혜택에 대한 자격을 제한하는 것이 EU 법상 합법적인지는 분명하지 않다.[540]

혜택의 자격 조항은 적어도 3개국을 포함하는 조약쇼핑 구조 또는 약정을 대상으로 하고 소유권 테스트는 일반적으로 지배적인 영향력을 지닌 사업구조를 대상으로 하고 있어 적용이 가능한 기본적 자유는 설립의 자유로 제한된다.[541] 유럽사법재판소는 회사의 모회사가 다른 회원국의 거주자라는 사실로 인해 불리한 과세대우를 받는 경우 EC 조약의 위반으로 설립의 자유를 제한하는 것으로 각각 다른 회원국에 거주하는 모회사 또는 자회사에 세금의 혜택을 거부하는 경우 EC 조약의 부당한 침해라고 판결했다.[542] 다만 EU 내에서 포럼쇼핑(forum shopping)과 조약쇼핑이 바람직하지 않다는 점과 EU 이자 및 사용료 지침이나 EU 저축지침 그리고 EU 모자회사지침에서도 세금의 혜택을 얻는 것이 주요 목적 또는 주요 목적 중의 하나라고 판단되는 경우에는 세금혜택을 부여하지 않을 수 있도록 하고 있고 이러한 측면에서 보면 혜택의 자격 조항은 조약남용이나 조약쇼핑을 방지하기 위한 목적이 있어 정당성이 인정될 수 있다.

유럽사법재판소는 2006년 9월 12일 Cadbury Schweppes C-196/04 판결에서 "완전히 인공적인 협약(wholly artificial arrangements)"과 같은 경우 혜택의 부여를 거부하기 위한 받아들일 수 있는 규칙으로 보고 있다. 따라서 조약남용이나 조약쇼핑을 방지하기 위한 목적의 범위에서 제한적으로 그리고 인위적인 개입이나 거래 또는 약정만을 대상으로 하여야 하고 설립의 자유에 따른 "충분한 경제적 연결(sufficient economic nexus)"의 입증에 필요한 범

---

539) The idea for this example comes from Kofler, supra note, 8, at 63.; Ibid, p.172, 173.
540) Pistone, supra note, 21, at 365.; Ibid, p.174.
541) M. Lang, P. Pistone, J. Schuch & C. Staringer eds., 3th edition, Linde, 2013, at 49.; Michael Lang·Alexander Rust et al., op. cit., p.173, 174.
542) Kofler, supra note, 8, 62.; Ibid, p.174.

위에서 정당성이 인정될 수 있고 정당성의 범위 내에서 이루어져야 한다. EU 법에 따른 기본적 자유와 혜택의 자격 조항에 대한 양립과 관련된 문제의 해결에 있어 일반적으로 파생적 혜택과 재량적 구제 조항이 잠재적 문제의 해결책으로 고려되고 있다.

아래에서는 혜택의 자격 조항에 포함된 사항에 기초해 EU 법과 혜택의 자격 조항과의 양립가능성에 대해 살펴보고자 한다.

III. EU 법과의 양립성

1. 주식거래 조항

증권거래 조항에서는 체약국에 위치하는 기업의 주식이 조세조약에 포함된 공인된 증권거래소에 상장되어 규칙적으로 거래되어야 한다는 것을 요건으로 하고 있고 공인된 증권거래소는 체약국에 위치하는 증권거래소가 포함되고 관계기관이 합의하여 조세조약에 공인된 증권거래소로 포함한 제3국의 증권거래소가 포함될 수 있다.

EU의 경우 기본적 자유에 따라 EU 회원국의 회사는 거주하는 회원국을 포함하여 EU 회원국 내에 소재하고 있는 증권거래소에 상장할 수 있다. 다만 조세조약에서는 기본적으로 체약국의 증권거래소를 포함하고 필요한 경우 일부 증권거래소를 공인된 증권거래소에 포함할 수 있도록 하고 있어 EU의 측면에서 보면 모든 조세조약에서 EU 회원국 내에 소재하고 있는 모든 증권거래소가 포함되지 않을 수 있고 주식의 발행 및 유통시장을 제한할 수 있어 자본의 자유로운 이동에 장애가 될 수 있다.[543]

일반적으로 조세조약에서 모든 증권거래소를 포함하지 않고 일부 증권거래소만을 대상으로 공인된 증권거래소로 인정하고 있어 특정 증권거래소에 상장하도록 강제하고 있는 것으로 볼 수 있고 이러한 측면에서 보면 특정 증권거래소에 상장하지 않았다는 이유만으로 조세조약에

---

543) 유럽경제공동체(European Economic Community, EEC)의 지침(88/361/EEC)에 포함된 III.B의 자본 이동(capital movements)에서는 증권시장에서의 증권발행과 자본 매출(placing)을 포함하고 있고 유럽의회(European Parliament) 지침 2001/34/EC와 2001년 5월 28일 평의회(Council)에서는 공인된 증권거래소에 상장하는 증권과 상장하는 증권의 정보는 회원국에 소재한 주식 발행 및 유통시장에 상장되는 것을 보증하는 것을 목표로 하고 있다.; Félix Alberto Vega Borrego, op. cit., p.258, 259.

따른 혜택이 거부되는 문제가 있다.

2. 소유권 및 세원잠식 테스트

혜택의 자격 조항에 포함된 소유권 테스트에서는 회사가 위치하는 국가에 거주하고 있는 적격거주자에 의해 의결권 또는 주식 가치의 최소 50% 이상 소유된 단체로 조세조약의 적용을 제한하고 있다.

조세조약을 체결한 체약국 중 하나에 거주하지 않는 비거주자에 의해 의결권 또는 주식 가치의 50% 이상이 소유된 경우 소유권 테스트 요건을 충족하지 못해 조세조약에 따른 혜택이 부여되지 않아 설립의 자유와 2차 설립(secondary establishment)의 자유[544]에 위반하는 문제가 발생할 수 있다. 제3국에 거주하는 납세자가 주식을 소유하고 있는 회사는 회사를 설립한 국가가 체결한 조세조약에 포함된 소유권 조항으로 인해 조세조약에 따른 혜택을 요구할 수 없어 다른 회원국에 자회사를 설립하는데 장애가 된다. 즉 다른 EU 회원국의 개인 또는 법적 단체에 의해 통합된 기업은 기업의 주식 대부분이 제3국의 거주자에 의해 소유되어 거주지 국가가 체결한 조세조약에 따른 혜택이 부여되지 않기 때문이며 결과적으로 자회사가 설립된 국가에 의해 설립의 자유가 제한되는 문제가 발생하게 되는 것이다.

세원잠식 테스트는 과세표준으로부터 발생하는 공제가 가능한 비용을 효과적으로 제한한다. 일반적으로 제3국의 거주자와의 거래에서 회사 총소득의 50%를 초과하는 공제가 가능한 비용이 발생하는 경우 요건을 충족하지 못하고 혜택의 자격이 거부되기 때문에 설립의 자유를 제한하는 것으로 볼 수 있고 제3국의 거주자가 거주지 국가에서 단체를 설립하는 것을 제한할 수 있다.

소유권 및 세원잠식 조항은 요건을 충족하는 EU 회원국의 거주자에 대해서만 모든 혜택 또는 특정 소득 항목에 대해서만 혜택의 자격을 부여하고 특정 소득항목은 파생적 혜택에 따른 소유권 및 세원잠식 조항과 그리고 세부 요건이 동등수익자 요건을 충족하여야 하며 단체의 주식을 소유하고 있는 주주 등의 거주지 국가와 원천지 국가가 체결한 조세조약에서 덜 유리한 과세제도를 포함하고 있지 않은 경우에만 조세조약에 따른 혜택이 제공된다. 결과적으로 소유권 및 세원잠식 조항은 모든 EU 회원국의 거주자와 관련된 문제를 해결하지 못한다고 할 수 있다.

---

544) 2차 설립의 자유는 회원국의 영토 내에서 개인 또는 법적 단체에 의해 통합되는 다른 회원국의 지사 또는 자회사와 같은 주요시설을 운용하는 것을 포함한다.

3. 능동적 사업 활동의 수행

능동적 사업 활동의 수행에서는 원천지 국가에서 얻은 소득이 거주지 국가에서 수행되는 거래 또는 사업과 관련이 있거나 부수적일 것을 요건으로 하고 있다. 유럽연합기능조약에서는 기업은 설립의 자유에 대한 권리를 가진다(TFEU §54). 설립의 자유에 대한 권리는 회원국의 국내법에 따라 설립되고 회원국 내에서 등록된 사무소, 중앙관리 또는 사업의 주된 장소는 법에 따른 보호를 받으며 같은 국가에 위치해야 한다는 것을 요구하지 않고 있다.

1993년 5월 10일 의회의 증권투자서비스 지침(Investment Service in the Securities) 93/22/EEC에 따르면 증권중개회사는 당국에 의해 엄격하게 규제되는 산업으로 조약쇼핑을 위한 목적으로 이용되기 어렵다. 그리고 2001년 10월 8일 의회의 유럽회사규정(European Company Regulation) 2157/2001에서는 주식을 소유한 기업의 경영에 직접 참여하는 것을 주요 목적 중의 하나로 하는 지주회사의 설립을 허용하고 있어 법률에 따라 설립되는 지주회사를 조세조약에 따른 혜택에서 배제하는 것은 바람직하지 않고 기업의 설립에 대한 장애가 될 수 있다.

2009년 7월 13일 의회(Council)는 집합투자를 보장하는 UCITs(Undertakings for Collective Investment in Transferable Securities)와 1995년 6월 29일 95/26/EC 금융기관 및 생명보험 분야의 지침을 개정하여 더욱 엄격하게 규정을 적용하고 있다. 금융기관과 보험회사는 정부의 통제에 따라 정당화될 수 있는 규제된 산업이라는 점을 고려해 본점과 중앙관리장소가 등록된 사무소와 같은 법규명령에 소재할 것을 요건으로 하고 있고 금융기관과 보험회사는 기업이 설립된 국가에 본사와 주요 관리의 장소가 소재하도록 요구하고 있다.

기본적으로 능동적 사업 활동의 수행은 다른 회원국에서 수행되는 활동과 기업이 제공하는 투자서비스와 지주회사 활동과 같은 특정한 활동을 배제하는 일부 문제는 있으나 EU 법과 양립 가능한 것으로 보인다.

4. 재량적 구제와 주요 목적 테스트

적격자 조항을 비롯한 소유권 및 세원잠식 조항과 능동적 사업 활동의 수행 조항의 요건을 충족하지 못하는 경우 재량적 구제를 통해 혜택의 자격이 부여될 수 있다. 관계기관은 주요 목적 중의 하나가 조세조약에 따른 혜택을 얻기 위한 것이 아니라고 합리적으로 인정되는 경우 조세조약에 따른 혜택을 부여할 수 있다. 다만 재량적 구제 조항을 통해 혜택의 자격이 부여되는 납세자는 관계기관에 혜택의 자격과 관련된 모든 "사실과 상황"을 입증할 수 있는 자료를 제출하여야 하고 관계기관이 인정하는 경우에만 혜택의 자격이 부여되므로 혜택의 자격 조항과 EU법의 양립과 관련되어 발생하는 문제 중의 일부를 해결할 수는 있으나 양립할 수 없는 모든 문제를 해결하지는 못한다.

회사 재조직에 관한 합병지침(Merger Directive on Company Reorganization, EUMDCR)에서는 "주요 목적 또는 주요 목적 중의 하나가 탈세 또는 조세회피인 경우"로서 구조조정 또는 경영합리화와 같은 운영에 관계하는 기업 활동과 같은 운영이 "유효한 상업적 이유(valid commercial reasons)"를 수반하지 않는 때에는 탈세 또는 조세회피를 위한 주요 목적 또는 주요 목적 중의 하나로 운영되는 것으로 간주할 수 있다고 규정하고 있다(EUMDCR §15). 모자회사지침에서는 "회원국은 약정 또는 연속된 약정의 주요 목적 또는 주요 목적 중의 하나가 세금혜택을 얻기 위한 것인 경우"로 규정하고 있어(EUPSD §1(2)) 주요 목적 테스트에서의 "주요 목적 중의 하나가 세금의 혜택을 얻는 것"이라는 표현과 매우 유사한 표현을 사용하고 있다.

1990년 5월 8일 Biegl C-751/88과 1995년 2월 14일 Schumacker C-279/93 판결에서 유럽사법재판소는 납세자에게 특정 규정의 차별적인 영향을 재고하도록 관계기관에 요청할 수 있는 절차가 유럽연합기능조약과 EC에 의해 규정된 자유에 반하는 경우 규정은 정당화되지 못한다고 판결하였다.

2007년 7월 5일 Kofoed C-321/05 판결에서 유럽사법재판소는 회사 재조직에 관한 합병지침과 관련해 EU의 일반원칙인 "권리남용의 금지(abuse of rights is prohibited)"를 반영하고 있고 주요 목적 중의 하나라는 의미는 거래의 본질적인 목적이 세금의 혜택을 얻는 데 있어야 한다고 하였고 따라서 "통상적인 상업적 운영(normal commercial operations)"을 수행하지 않고 법에서 제공되는 혜택을 부당하기 얻기 위한 것을 유일한 목적으로 하는 때에만 적용되는 것으로 보아야 한다.

2013년 10월 3일 Itelcar C-282/12 판결에서 유럽사법재판소는 "법적 안정성 원칙(principle of legal certainty)"을 충족하지 못하는 규정은 추구하는 목표와 비례하는 것"으로 간주하지 않으며 규정이 법적 안정성 원칙에 따라 개인과 사업체에 불리한 결과를 초래할 수 있는 경우 "그 영향에 관한 명확성과 예측 가능성"을 분명히 해야 한다고 판결했다. 유럽사법재판소의 판결에 따르면 "주요 목적 중의 하나가 세금혜택을 얻기 위한 것이라는 결론이 합리적"이라는 표현은 많은 법적 불확실성을 포함하고 있다.

법적 안정성 원칙에도 불구하고 유럽사법재판소가 비례성 테스트(proportionality test)를 국경 간의 상황에 적용한 것에 대해 비판을 받았음에도 불구하고 국경 간 상황에서의 불평등한 대우를 정당화하는 것과 같은 비례성 테스트를 충족하지 못하는 법체계는 EU 법과 양립할 수 없을 수도 있다.[545] 따라서 재량적 구제 조항과 주요 목적 테스트는 조세조약에 따른 혜택을 얻기 위한 목적을 가진 완전하게 "인위적인 협약(artificial arrangement)"만을 대상으로 해야 한다. 비록 모든 문제를 해결할 수 없으나 혜택의 자격 조항에 규정된 다른 조항에 따른 요건을 충족하지 못하더라도 재량적 구제를 통해 혜택의 자격이 부여될 수 있도록 하고 있고 조세조약의 남용을 방지하기 위한 목적을 가지고 있어 EU 법에 따라 일정한 범위 내로 제한을 받을 수 있지만 EU 법과 상충하는 것으로 보이지 않는다.

IV. 판례의 검토

유럽연합기능조약과 관련해 유럽사법재판소의 판결은 중요한 의미가 있다고 생각되고 혜택의 자격 조항과 관련해 고려될 수 있는 주요한 사례는 Factortame C-221/89, Open Skies C-466/98, ACT Group(ACT Ⅳ GLO) C-374/04, Bent Vestergaard C-55/98, Cibo C-16/00 판결이 있다.

1991년 7월 25일 Factortame C-221/89 판결은 영국의 선박 등록과 관련된 요건 중 하나에 대한 판결로서 등록의 목적을 위해 선박의 소유자가 영국의 시민이고 영국에서 설립된 기업에 의해 선박이 소유되어야 한다는 것을 등록 요건 중 하나로 규정하고 있었으며 추가로 기업의 발행주식 총수의 최소 75% 이상이 영국의 시민에 의해 소유되어야 한다는 소유권 요건이 포함되어 있었다. 유럽사법재판소는 영국의 선박 등록 요건은 EU 설립의 자유를 위반하였다고 판결하였고 판결에 비추어 보면 혜택의 자격 조항에 포함된 소유권 요건이 EU 설립의 자유에

---

545) Michael Lang·Alexander Rust et al., op. cit., p.294, 295.

위반되는 것으로 보인다.

1999년 10월 28일 Bent Vestergaard C-55/98 판결은 과세대상 소득으로부터 전문훈련 과정과 관련된 비용의 공제와 관련된 사건으로 유럽사법재판소는 서비스가 국내 영토에서 제공될 때보다 다른 회원국의 영토 내에서 제공될 때 서비스 제공에 대한 자유를 위반하는 세금의 감면을 적용하는 데 더 큰 어려움이 있는 중요한 규칙을 포함하고 있어 다른 국가에서 거주하는 거주자로부터 서비스를 받는 것을 고려할 수밖에 없어 서비스를 요청하는 인(person)에 대한 활동에 방해가 될 수 있다고 판결했다. 이러한 측면에서 보면 비거주자에 의해 서비스가 제공되는 경우 서비스를 요청한 인(person)의 공제가 가능한 비용의 한도를 제한하게 되어 비거주자와의 거래가 증가하여 규정된 50% 한도를 초과할 가능성이 있고 따라서 제공되는 서비스를 덜 매력적으로 만들게 되어 기업의 자유로운 운영과 자본의 자유로운 이동을 침해할 수 있다.

2001년 9월 27일 Cibo C-16/00 판결은 부가가치세와 관련된 것으로 유럽사법재판소는 지주회사가 지분을 취득한 회사의 경영에 참여하고 부수적으로 관리 또는 재무 그리고 상업적 또는 기술적 서비스를 제공하는 것은 전반적인 사업과 직접적인 관련이 있는 것으로 보았으며 지주회사를 특정 서비스의 제공을 통해 단체의 경영에 직접 참여하기 위해 회사의 주식을 소유하는 지주회사와 주식을 매수하여 보유하는 것을 유일한 것으로 하는 지주회사로 구분하였다. 즉 단순투자목적을 위해 주식을 소유하는 지주회사와 주식의 소유를 통해 회사의 경영 참여를 목적으로 하는 지주회사로 구분된다. 혜택의 자격에서는 지주회사를 단순투자목적과 경영참여 목적으로 구분하지 않고 능동적인 거래 또는 사업의 범위에서 제외하고 있다.

2002년 11월 5일 Open Skies C-466/98 판결은 1977년 체결된 협정과 관련된 것으로 1946년 미국과 영국의 Bermuda I 협정을 대체하여 Bermuda II 협정으로도 불린다. 이 사건이 발생한 당시 항공자유화협정은 미국이 개별 EU 회원국과 체결을 하고 있었으나 EU 회원국의 국민이 대주주로 실효적인 지배를 하는 항공사에 대해서만 지정항공사로서 미국과의 항공운송서비스 업무를 수행할 수 있어 EU 집행위원회는 미국과의 개별 항공자유화협정에 따라 미국 항공사는 미국의 어느 장소에서도 EU 단일항공시장에 대한 자유로운 접근권을 보장하면서도 EU 각 회원국은 자국과 미국이 합의한 노선에 대해서만 자유로운 접근권을 인정받아 양 지역 간의 항공운송서비스의 심각한 불균형을 초래하고 있는 것으로 보아 미국과 양자협정을 체결한 EU 회원국을 상대로 침해소송을 제기한 사례로 협정 자체에 차별대우의 원인을 포함하고 있어 문제가 되었다. 유럽사법재판소는 EU 회원국과 미국이 체결한 다수의 협정에 포함된 조항이 항공서비스에 대한 설립의 자유에 위반되는 것으로 판결했다. Open Skies 판결에 따르면 EU 회원국들이 조세조약에 포함된 혜택의 자격 조항에 따라 다른 회원국의 시민에 의해 특정 비율 이상 소유된 단체를 조세조약에 따른 혜택으로부터 거부하는 것은 유럽연합기능조약을 제43조를 위반하는 것으로 볼 수 있다.

2006년 12월 12일 ACT Group(ACT Ⅳ GLO) C-374/04 판결은 설립의 자유에 근거한 Open Skies 판결과는 다르게 최혜국대우에 근거한 판결이며 첫 번째 회원국이 두 번째 회원국의 기업에 대해 다른 국가와 체결한 조세조약에서 제공되는 세액공제에 대한 자격을 부여하지 않는 경우와 제3국 회원국에 거주하는 기업이 첫 번째 EU 회원국의 거주자인 기업으로부터 수령한 배당금에 대해 제3국 회원국의 거주자인 기업에 대해 세액공제에 대한 혜택의 자격이 부여되지 않는다는 것을 포함하여 조세조약을 체결한 경우와 관련이 있다. 유럽사법재판소는 유럽연합기능조약에 따른 설립의 자유와 자본이동의 자유를 위반한 것으로 볼 수 없다고 판결해 최혜국대우를 부여해야 한다는 법칙을 거부했고 사실의 복잡함 그리고 영국의 선급법인세 공제와 관련되는 법률과 모회사가 제3국 거주자 기업에 의해 지배될 때 공제를 배제하는 일부 사례에서 영국과 네덜란드 조세조약의 특정한 혜택의 자격 조항에 관한 적용 규칙을 제정하도록 요구했다.[546]

결과적으로 유럽사법재판소의 판결에 비추어 보면 Open Skies는 설립의 자유에 기초하고 ACT Group 판결은 최혜국대우에 기초해 결론이 다르게 내려진 판결로서 EU 법과 혜택의 자격 조항의 양립 가능성에 대한 명확한 결론을 내릴 수 없도록 하였으나 ACT Group 판결에 비추어 보면 EU 법과 혜택의 자격 조항이 양립 가능할 수도 있는 것으로도 보인다.

V. 시사점

EU 법과 혜택의 자격 조항과 관련해 발생하는 양립성 문제는 유럽연합기능조약의 4대 자유와 관련된 문제, 특히 설립의 자유와 관련되어 발생하는 문제라 할 수 있다. 유럽사법재판소가 법적 안정성 원칙에도 불구하고 비례성 테스트(proportionality test)를 국경 간 상황, 즉 EU

---

546) Pistone, supra note, 21, at 363.; Michael Lang·Alexander Rust et al., op. cit., p.177.

회원국이 아닌 제3의 국가와의 조약이나 협정 등에 적용하면서부터 논란이 발생하게 되었고 EU 내에서도 많은 비판을 받고 있다.

유럽사법재판소 판결에서는 소유권, 설립의 자유, 최혜국대우, 서비스의 제한, 지주회사의 기준과 관련된 것으로 혜택의 자격 조항이 EU 법과 양립할 수 없다는 것을 명확하게 판결하고 있지 않다. 2016년 유럽집행위원회가 국경 간 투자를 방해하여 단일시장에 해로울 수 있다는 점을 고려해 혜택의 자격 조항을 따르지 않는 것으로 결정했지만 ACT Group(ACT Ⅳ GLO) 판결은 혜택의 자격 조항이 EU 법과 양립할 수 있다는 가능성을 표현하고 있는 것으로 보인다. 그리고 혜택의 자격 조항은 조약남용을 방지를 위한 기능을 수행하고 있어 EU 내에서 포럼쇼핑과 조약쇼핑이 바람직하지 않다는 측면에서 완전하게 "인위적인 협약"과 "조세조약에 따른 혜택을 얻는 것을 주요 목적 또는 주요 목적 중의 하나"로 하는 경우 제한적으로 정당성이 인정될 수 있을 것으로 생각된다.

EU 법과 혜택의 자격 조항과 관련된 양립성 문제는 유럽사법재판소가 EU 회원국이 아닌 제3의 국가와의 조약이나 협정 등 국경 간 상황에 비례성 테스트를 적용하면서 발생하는 문제이다. 이러한 혜택의 자격 조항과 관련되는 문제는 혜택의 자격 조항이 직접적인 원인을 제공하고 있는 것이 아닌 유럽사법재판소가 국경 간 상황에 비례성 테스트를 적용한 것이 직접적인 원인이 된 것이다. 비록 일부 문제가 없는 것은 아니지만 혜택의 자격 조항은 우리나라와 같은 제3국의 관점에서 보면 합리적이고 객관적인 수치 테스트라 할 수 있고 이러한 측면에서 보면 EU가 국경 간 상황에 비례성 테스트를 적용하는 것이 더 큰 문제라 할 수 있다.

EU가 혜택의 자격 조항이 조세조약을 체결한 한 체약국의 거주자에게만 자격을 부여한다는 측면에서 설립의 자유를 침해하는 것으로 보고 있으나 이러한 EU의 관점은 중요한 한 가지를 고려하고 있지 않다는 문제가 있다.

일반적인 조세조약이 양자 사이의 조세조약으로서 조세조약을 체결한 체약국의 거주자에 해당하는 경우에만 조세조약에 따른 혜택이 부여되기 때문에 EU 기본적 자유를 침해하고 설립의 자유에 부합되지 않는 것으로 고려하고 있다. 물론 양자 사이의 조세조약으로서 체약국의 거주자에 대해서만 혜택의 자격을 부여하고 있으나 실질적인 적용의 측면에서 보면 국가마다 조약을 체결하고 있는 상황이 다르다는 점을 고려해야 한다. 간단히 말하면 제3국이 얼마나 많은 EU 회원국과 양자 조세조약을 체결하고 있는지를 고려해야 하고 그에 따라 다른 설립의 자유를 침해하는지에 대한 다른 결론에 이르게 될 수 있다는 것이다.

그리고 EU 법은 EU 회원국에는 직접적인 효력을 가지지만 EU 회원국이 아닌 제3국에 대해서는 직접적인 효력을 가지지 못한다. 물론 EU는 EU 법이 조세조약보다 우위에 있다는 원칙을 견지하고 있으나 조세조약의 체결과 관련된 권한, 즉 조세조약을 체결할 권한이 EU에 부여되어 있지 않고 개별 회원국에 있다는 점을 고려해야 한다.

제5절 소결

OECD 모델조세조약에 포함된 혜택의 자격은 초기 2006년 미국 모델조세조약에 따른 혜택의 제한 조항을 참고하였고 이후 2016년 미국 모델조세조약에 새로이 포함된 테스트 그룹과 본부 기업 조항을 추가하였기 때문에 일부를 제외하고 미국 모델조세조약과 특별한 차이가 없다.

혜택의 자격 조항은 개인에 대한 사항을 규정하기 위한 목적보다는 거주자에 해당하지 않는 법인이 조세조약을 체결한 국가의 조약상 혜택을 통해 다른 체약국에서 발생하는 세금을 줄이거나 면제받기 위해 법인 또는 단체를 설립하는 경우의 조약남용을 방지하기 위한 목적으로 포함되었다. 법인 또는 단체의 고유한 특성과 기능 그리고 지배력 등 다양한 "법인의 본질 또는 속성"을 포함해 거주지 국가와의 충분한 연계와 사업목적의 존재를 통해 적격법인인지를 결정하고 있다. 특히 조약남용의 문제를 발생시키는 "제3국의 거주자에 의해 의결권 그리고 주식 가치의 대부분이 소유된 법인 또는 단체의 소유권과 관련된 특징"을 쉽게 판단할 수 있는 기준을 제시하고 있다.

혜택의 자격 조항의 수행 결과는 조약남용의 문제를 발생시키는 제3국의 거주자에 의해 의결권 그리고 주식 가치의 대부분이 소유된 기업 또는 단체가 능동적 사업 활동의 수행 조항에 따른 능동적 거래 또는 사업을 수행하지 않거나 모든 관련 "사실과 상황"을 고려했을 때 거래 또는 사업의 주요 목적 또는 주요 목적 중의 하나가 조세조약에 따른 혜택을 얻기 위한 것으로 합리적으로 판단되는 경우에만 조세조약에 따른 혜택이 거부된다. 이러한 결과는 능동적인 거래 또는 사업의 수행 조항과 재량적 구제 조항의 적용을 통해 결정된다. 다만 비록 능동적인 거래 또는 사업을 수행하지 않더라도 제3국의 거주자가 직접 투자한 경우에 같은 조세조약에 따른 혜택을 받을 수 있는 경우 파생적 혜택을 통해 특정 소득 항목에 대해서만 혜택의 자격이 부여될 수 있도록 하고 있다.

파생적 혜택을 통해 특정 소득 항목에 대한 혜택의 자격을 부여하는 것은 다른 테스트의 적용 결과 최종적으로 제3국의 거주자에 의해 소유된 법인 또는 단체가 능동적 사업 활동을 수행하지 않는 경우에만 혜택의 자격을 거부하기 때문에 이와 관련된 수동적 소득인 배당 또는 이자 그리고 사용료 소득에 대해서만 혜택의 자격을 부여하기 위한 것으로 보아야 한다.

아울러 EU 법상 기본적 자유와의 양립성 문제가 발생할 수 있으나 유럽사법재판소 또한 명확한 판결을 하고 있지 않은 것으로 보이며 EU 내에서 포럼쇼핑과 조약쇼핑이 바람직하지 않다는 측면에서 완전하게 "인위적인 협약"과 "조약 혜택을 얻는 것을 주요 목적 또는 주요 목적 중의 하나"로 하는 경우 제한적으로 정당성이 인정될 수 있는 것으로 생각된다. 이와 관련해 앞서 살펴본 것과 같이 혜택의 자격 조항의 적용 결과 혜택의 자격이 부여되지 않는 법인 또는 단체는 능동적 사업 활동을 수행하지 않고 모든 "사실과 상황"을 고려했을 때 거래 또는 사업의 주요 목적 또는 주요 목적 중의 하나가 조세조약에 따른 혜택을 얻기 위한 것으로 합리적으로 판단되는 경우에만 제한적으로 혜택의 자격이 거부된다.

EU 이자 및 사용료 지침은 사기 또는 남용을 방지하기 위한 목적으로 중개인의 인위적인 개입을 통한 부당한 세금의 혜택을 받기 위한 것이 아닌 경우, EU 저축지침은 수익적 소유자의 거주지 국가에서 유효한 과세대상이 되는지를 확인하여 EU 회원국 간 자본이동의 왜곡을 방지하고 거주지 국가에서의 세금을 회피하는 것을 방지하기 위한 목적, 그리고 EU 모자회사지침에서는 자회사가 모회사에 지급하는 배당이나 기타 수익 분배에 대한 모회사 단계에서의 이중과세를 방지하기 위해 원천징수세를 면제하는 것을 목적으로 하고 있다. 다만 모든 관련 "사실과 상황"을 고려했을 때 세금의 혜택을 얻는 것이 주요 목적 또는 주요 목적 중의 하나라고 판단되는 경우 지침에 따른 혜택을 부여하지 않도록 하고 있어 EU 지침에 따른 세금혜택의 거부와 혜택의 자격 조항에 따라 조세조약에 따른 혜택이 거부되는 결과는 큰 차이가 없다고 할 수 있다.

즉 혜택의 자격 조항에서 비록 제3국의 거주자가 의결권 그리고 주식 가치의 대부분을 소유하고 능동적 사업 활동을 수행하지 않는 경우 조세조약에 따른 혜택에 대한 자격이 거부된다. 다만 재량적 구제를 통해 조세조약에 따른 혜택을 얻는 것이 주요 목적 또는 주요 목적 중의 하나가 아니라고 합리적으로 판단되는 경우 혜택의 자격을 부여할 수 있도록 하고 있고 파생적 혜택 조항을 통해 제3국의 거주자가 직접 투자를 한 경우 동일한 조약 혜택을 받을 수 있는 경우 특정 소득 항목에 대해서만 혜택의 자격을 부여할 수 있도록 하고 있어 EU 지침상에 규정된 것과 조약상 혜택의 자격 조항의 적용 결과는 별다른 차이가 있는 것으로 보이지 않는다.

EU 지침은 EU 회원국의 모든 거주자를 일종의 동일한 국가의 거주자 개념, 즉 한 국가의 거주자와 같이 취급하기 때문에 국내법과 같이 적용할 수 있으나 조세조약은 EU 회원국이 아닌 다른 제3국과 체결하는 것이기 때문에 EU 회원국 간에 적용되는 비례성 원칙 또는 비례성 테스트를 제3국에 적용하는 것은 타당하지 않다. 혜택의 자격 조항의 적용 결과를 보면 EU 지침상의 기본적 자유, 특히 설립의 자유를 침해하는 것으로 보이지 않는다. 많은 국가가 체결한 조세조약 거주자 조항에 보면 거주자에 대한 명확한 기준을 제공하지 않아 결과적으로 조세조약을 적용하는 국가의 국내법에 따른 의미와 기준을 적용하도록 하고 있어 법적 확실성 및 법적 안정성이 저해되고 있는 문제가 있고 이러한 거주자의 의미와 판단기준을 명확하게 제공하지 않는 이유 또한 EU 지침상의 기본적 자유와의 양립성 문제로 인한 것으로 생각된다.

혜택의 자격 조항과 관련된 양립성 문제는 근본적으로 EU 회원국이 아닌 제3국과의 국경 간 조세조약에 대해서 유럽사법재판소가 비례성 원칙 또는 비례성 테스트를 적용하고 있어 발생하는 문제로서 이와 관련된 문제는 EU 또는 EU 회원국이 해결책을 제시해야 할 것으로 생각된다. 현재 조세조약을 체결할 권리는 개별 EU 회원국에 있는 것으로 보인다. 따라서 EU가 조세조약에도 비례성원칙 또는 비례성 테스트를 적용하고자 하는 경우 우리나라와 EU가 체결한 FTA와 같이 EU 회원국으로부터 제3국과 다자간 조약을 체결할 권한을 위임받아 다자간 조세조약의 체결을 통해서만 해결이 가능한 문제로 보인다.

결과적으로 혜택의 자격 조항은 불필요하게 엄격한 점은 있으나 객관적인 테스트로서 납세자의 예측 가능성 및 법적 안정성을 높이고 제3국의 거주자가 법인 또는 단체를 설립해 조세조약에 따른 혜택을 부당하게 얻는 것을 주요 목적 또는 주요 목적 중의 하나로 하는 조세조약의 남용을 방지하는 데 탁월한 객관적이고 명확한 기준을 제공하고 있다.

제5장

수익적 소유자의 의미와 판단기준

제5장
수익적 소유자의 의미와 판단기준

제1절 서설

앞서 살펴본 것과 같이 수익적 소유자는 조세조약의 역사라 할 수 있고 지난 반세기 동안 주요 논쟁의 대상이 될 만큼 조세조약에서 중요한 의미가 있는 용어라 할 수 있다. 그동안 우리나라를 비롯한 전 세계 많은 국가에서 수익적 소유자의 정의 및 판단기준과 관련되어 많은 논란이 발생해 왔고 이로 인한 납세자와 과세관청의 분쟁 또한 증가하고 있다.

조세조약에 따른 혜택은 납세의무가 있는 인(person)이 체약상대국의 거주자에 해당하고 수익적 소유자 또는 혜택의 자격 조항 등에 따른 추가적인 요건을 충족하는 경우에만 제공된다. 우리나라가 체결한 대부분의 조세조약에서는 수익적 소유자의 개념을 포함하여 규정하고 있으나 용어의 정의 및 판단기준을 포함하고 있지 않아 국내 세법상에 따른 의미가 적용된다. 국내 세법에 따른 의미를 적용하더라도 수익적 소유자는 국제재정적 의미를 고려하여 조세조약의 문맥과 대상 및 목적에 따라 해석하고 적용되어야 하며 조세회피와 탈세의 방지 측면에서 구조의 주요 목적이 조약남용 상황에 해당하는 경우에만 조세조약에 따른 혜택을 특별히 제한하여야 한다.

OECD 모델조세조약 및 주석서에서는 거주자, 수익적 소유자, 혜택의 자격 조항을 포함하고 있다. 세 가지 조항 중 어느 한 가지를 선택해 적용하더라도 적용의 결과는 같거나 유사해야 하며 그렇지 않은 때에는 조세조약의 문맥과 대상 및 목적에 부합되지 않는 잘못된 해석 및 적용으로 보아야 한다.

조세조약은 조세조약을 체결한 체약국의 거주자인 경우에만 적용되고 조세조약에 따른 혜택이 부여되므로 조세조약을 체결한 체약국의 거주자에 해당하지 않는 제3국의 거주자가 조세조약에 따른 혜택을 얻기 위한 목적으로 거래 또는 약정 그리고 법인 또는 단체를 설립·인수·유지·운영하고 실질적으로 원천징수세가 감소한 경우에만 특별히 제한되어야 한다.

　최근까지 우리나라 국내 세법에서는 수익적 소유자라는 용어를 사용하고 있지 않아 유사한 의미가 있는 실질귀속자라는 용어 또한 법인세법 및 소득세법에서 괄호를 통해 표현되고 있을 뿐만 아니라 배당과 이자 그리고 사용료 소득에 추가로 국내원천 유가증권양도소득을 적용대상 소득에 포함하고 있어 조세조약에 따른 수익적 소유자의 의미와 일치하는 용어인지 명확하지 않아 과세요건 명확주의와 납세자의 예측 가능성 및 법적 안정성이 저해되는 문제가 있었다.

　그럼에도 불구하고 2022.1.1.부터 적용되고 있는 현행 법인세법 및 소득세법에서는 용어의 정의 및 판단기준을 제공하지 않고 제한적으로 "수익적 소유자"라는 용어를 실질귀속자와 함께 사용하고 있어 "수익적 소유자"라는 용어의 해석 및 적용에 있어 어떤 용어의 정의 및 판단기준을 적용해야 하는지 혼란스러울 수밖에 없다. 앞서 살펴본 것과 같이 본문에서 비록 "수익적 소유자"라는 용어를 적용 및 사용하고 있으나 "실질귀속자로 본다"고 규정하고 있어 현행 법률체계에서는 최근 개정되어 현재 시행되고 있는 법인세법 및 소득세법에 따른 "수익적 소유자"라는 용어는 큰 의미가 없으며 기존과 같이 "실질귀속자"로 이해하고 실질귀속자의 정의 및 판단기준을 적용하면 될 것으로 생각한다.

　수익적 소유자와 혜택의 자격 조항은 조세조약을 체결한 체약상대국의 거주자가 조세조약에 따른 혜택을 요구할 수 있는 추가적인 청구권 요건을 의미하며 조세조약에 따른 혜택을 요구할 수 있는 체약상대국의 거주자를 판단하는 기준을 제공하고 있는 것으로 보아야 한다. 수익적 소유자와 혜택의 자격 조항과 관련된 문제는 조세조약에 따른 혜택의 자격이 있는 체약상대국의 거주자인지의 판단과 관련된 문제라 할 수 있다.

　국제재정적 의미에 따르면 체약상대국의 거주자에 해당하지 않는 제3국의 거주자에 의해 의결권 또는 주식 가치의 대부분이 소유된 체약상대국의 법인 또는 단체가 능동적 사업 활동을 수행하지 않고, 과세기간 총소득의 일정 수준 이상이 수동적 소득에서 발생하고, 관련된 모든 "사실과 상황"을 고려하였을 때 거래 또는 약정 그리고 법인 또는 단체의 설립·인수·유지·운영 활동의 주요 목적이 조세조약에 따른 혜택을 얻기 위한 것이라고 합리적으로 판단되는 경우에만 조세조약에 따른 혜택의 전부 또는 일부가 거부된다는 것을 의미한다.

　앞서 살펴본 것과 같이 주요국은 수익적 소유자와 관련해 법인 또는 단체의 주주 등의 지위를 고려한 "소유권 및 지배력"에 기초해 소득으로부터의 직접적인 혜택에 대한 완전한 특권, 해당 자산 또는 소득을 사용·향유·처분할 수 있는 독점적이고 제한받지 않을 권리, 수령한 소득을 제

3국의 거주자에게 전달할 계약상 또는 법적 의무, 수령한 소득과 관련한 법적 또는 경제적 위험의 부담, 독립된 경제적 기업인지 그리고 거래 또는 약정이 상업적 목적이 있는지, 거래 또는 약정 그리고 법인 또는 단체의 설립·인수·유지·운영 활동의 주요 목적이 조세조약에 따른 혜택을 얻기 위한 것인지, 실질적으로 원천징수세가 감소되는지를 주요 판단기준으로 고려하고 있다.

그러나 우리나라 국내 세법에서는 "해당 국내원천소득과 관련하여 법적 또는 경제적 위험을 부담하고 그 소득을 처분할 수 있는 권리를 가지는 등 해당 소득에 대한 소유권을 실질적으로 보유하고 있는 자"로 규정하고 있을 뿐 구체적이고 객관적인 판단기준을 제공하고 있지 않다. 또한 법원은 위에서 언급한 주요국의 주요 판단기준과 유사한 기준을 적용하여 판단하고 있으나 수익적 소유자의 판단과 관련해 가장 중요한 고려사항 중 하나인 법인 또는 단체의 주주 등의 지위를 고려한 "소유권 및 지배력"에 대한 객관적 판단기준을 제시하고 있지 않다.

OECD는 소득이 귀속되는 자가 다른 체약국의 거주자인지를 분명히 하기 위해 수익적 소유자를 OECD 모델조세조약에 포함하였고 미국은 국내법에서 수익적 소유자의 정의를 규정하고 있으나 불명확하고 모호한 수익적 소유자라는 용어의 해석보다는 객관적 판단기준을 명확하게 제공하기 위한 목적으로 미국 모델조세조약에 혜택의 제한 조항을 포함하여 적용하고 있다. 혜택의 제한 조항의 소유권 요건은 수익적 소유자의 "소유권 및 지배력"에 대한 객관적 판단기준을 제공하는 것으로 이해된다. 아래에서는 수익적 소유자와 관련된 사항을 전반적으로 검토한 후 수익적 소유자의 정의 및 판단기준에 대해 살펴보고자 한다.

제2절 수익적 소유자의 정의

OECD는 수익적 소유자는 국내법에 따른 협소한 기술적 의미가 적용되는 것이 아닌 조약의 문맥과 대상 및 목적을 고려하여 이중과세를 방지하고 재정적 회피와 탈세 방지의 측면에서 해석되고 적용되어야 한다고 언급하고 있다. 그러나 실질적인 적용에 있어 용어의 정의가 명확하지 않아 많은 논란이 발생하고 있고 이에 따라 납세자와 과세관청의 분쟁 또한 증가하고 있다.

더욱이 우리나라가 체결한 많은 조세조약에서는 수익적 소유자 개념을 포함하고 있음에도 불구하고 용어의 정의 및 판단기준을 제공하고 있지 않아 국내 세법에 따른 용어의 의미가 적용된다. 국내 세법에서는 수익적 소유자라는 용어의 정의 및 판단기준을 규정하고 있지 않다. 다만 법인세법 및 소득세법에서는 실질귀속자라는 용어를 사용하고 있으나 판단기준 그마저도 괄호를 통해 표현되고 있을 뿐만 아니라 적용대상 소득 항목에 배당 또는 이자 그리고 사용료 소득에 추가로 특정 양도소득을 포함하고 있어 수익적 소유자와 동일한 용어와 정의 그리고 판단기준을 제공하고 있는 것인지 명확하지 않다.

아래에서는 앞서 살펴본 내용을 토대로 수익적 소유자의 의미에 대해서 살펴보고 정의를 제공하고자 한다.

Ⅰ. 수익적 소유자의 의미

수익적 소유자는 "거주자에게 지급된"이라는 용어를 명확하게 하기 위한 목적으로 OECD 모델조세조약에 포함되었고 우리나라를 비롯한 대부분의 조세조약에서는 "조세조약은 납세의무가 있는 체약국의 거주자인 인(person)"에 대해 적용한다고 규정하고 있다. 인(person)은 개인 또는 법인 그리고 기타 인(person)의 단체를 의미하고 법인격이 있는 단체 또는 그 법인이 거주자에 해당하는 체약국의 과세목적에 따라 법인격이 있는 단체로 취급되는 실체로 정의하고 있다.

조세조약에서는 적용의 대상이 되는 인(person)을 개인 또는 법인 그리고 기타 인(person)의 단체로 정의하고 있을 뿐 거주자의 결정과 관련된 판단기준을 제공하고 있지 않아 조세조약을 적용하는 체약국의 국내 세법에 따른 의미를 적용하게 된다. 따라서 조세조약을 체결한 양 체약국이 거주자를 결정하기 위해 같은 기준이 적용된다고 할 수 없다. 수익적 소유자는 "거주자에게 지급된"이라는 표현이 모호하고 불명확하여 제한세율이 적용되는 특정 소득 항목에 대해 "거주자에게 지급된"을 분명히 하기 위한 목적으로 포함되었다.

현행 법인세법과 소득세법에 따른 관련 규정에서는 "국내원천소득을 실질적으로 귀속받는 외국법인과 비거주자"를, 괄호에서는 "해당 국내원천소득과 관련하여 법적 또는 경제적 위험을 부담하고 그 소득을 처분할 수 있는 권리를 가지는 등 해당 소득에 대한 소유권을 실질적으로 보유하고 있는 자"를 실질귀속자로 표현하고 있다. 따라서 법인세법 및 소득세법상의 의미에 비추어 보면 국내원천소득이 실질적으로 귀속되는 외국법인과 비거주자가 귀속된 소득에 대한 소유권 및 지배력을 가지고 있는 경우를 실질귀속자로 볼 수 있다.

법인세법과 소득세법에 따르면 "실질적으로 귀속받는 외국법인과 비거주자"를 실질귀속자의 정의로, "법적 또는 경제적 위험을 부담하고 그 소득을 처분할 수 있는 권리를 가지는 등 소득에 대한 소유권을 실질적으로 보유하고 있는 자"를 실질귀속자의 판단기준으로 볼 수 있다. 이러한 측면에서 OECD를 비롯한 주요국들이 소득이 귀속되고 귀속된 소득에 대한 지배력을 가지고 있는 자를 수익적 소유자로 정의하고 있는 점에 비추어 보면 유사한 의미가 있는 것으로 보인다.

그러나 수익적 소유자는 "거주자에게 지급된"을 분명히 하기 위해 OECD 모델조세조약에 포함되었고 "거주자에게 지급된"이라는 용어는 "소득이 귀속된 체약상대국의 거주자"를 의미한다. 조세조약에 따른 수익적 소유자는 조세조약에 따른 혜택을 적용받기 위한 추가적인 청구권의 요건으로 귀속된 소득을 사용, 향유, 처분할 수 있는 권리가 있는 체약상대국의 거주자를 의미하므로 실질귀속자가 정확하게 일치하는 용어라 할 수 없다. 수익적 소유자는 조세조약의 적용대상이 아닌 제3국의 거주자인 인(person)이 조세조약에 따른 혜택을 얻기 위한 목적으로 체약상대국에 법인을 설립하거나 거래 또는 약정을 체결하는 경우 조세조약에 따른 혜택을 거부하기 위한 목적으로 도입되었으므로 엄격한 의미에서 실질귀속자를 수익적 소유자와 같은 용어로 보는 것은 바람직하지 않다.

납세자가 조세조약에 따른 수익적 소유자라는 용어의 의미를 해석하고 적용하기 위해서는 조세조약에 포함된 전문과 조항을 확인하고 조세조약에서 용어의 정의를 제공하지 않는 때에는 국내 세법에 따른 용어의 의미를 찾아 적용해야 하지만 구체적이고 객관적인 판단기준을 제공하고 있지 않아 납세자가 용어의 해석 및 적용에 있어 어려움을 겪고 있다. 따라서 수익적 소유자에 해당하는지를 납세자가 직접 예측해서 판단할 수 없으며 결과적으로 과세관청의 판단에 의지할 수밖에 없다. 그러나 과세관청 또한 판단기준을 명확하게 제시하고 있지 않아 과세관청이 합리적으로 정확한 판단을 하지 않는 경우 법적 불확실성으로 인해 발생하는 피해는 고스란히 납세자에게 귀속될 수밖에 없다. 이와 관련해 앞서 살펴본 판례에 비추어 보면 과세관청이 합리적으로 정확하게 판단하고 있는지 의문이 들지 않을 수 없고 결과적으로 납세자는 법원의 판단에 의지할 수밖에 없다.

Ⅱ. 적용대상 소득의 범위

OECD 모델조세조약 및 주석서 그리고 우리나라를 비롯한 많은 국가가 체결한 조세조약에서는 배당 또는 이자 그리고 사용료 소득과 같은 특정 소득 항목과 관련된 조항에서 수익적 소유자를 포함하고 있어 수익적 소유자라는 용어의 정의와 관련해 수익적 소유자가 특정 소득 항목에 대해서만 제한적으로 적용되는 용어인지에 대한 논란이 있다.

이와 관련해 법인세법 및 소득세법에서는 "국내원천소득을 실질적으로 귀속받는 외국법인과 비거주자"를 실질귀속자로 정의하고 있고 법인세법 시행령 및 소득세법 시행령에서는 배당과 이자 그리고 사용료 소득에 추가로 특정주식양도소득을 적용대상 소득으로 언급하고 있다.

미국의 경우 미국 모델조세조약에 배당과 이자 그리고 사용료 소득을 비롯해 추가로 기타소득에 수익적 소유자의 개념을 포함하고 있고 국내 세법에서는 원천징수 세율의 감면에 대한 자격은 수익적 소유자에 대해서만 부여되고 과세의 목적상 "원천징수 세율이 감면되는 소득을 수익적으로 소유한 인(person)"을 수익적 소유자로 정의하여 규정하고 있다. 영국의 경우 국제조세편람에서는 직접 언급하고 있지 않으나 영국과 일부 국가가 체결한 조세조약에서 기타소득에 수익적 소유자 개념을 포함하고 있는 점에 비추어 보면 수익적 소유자 개념이 반드시 특정 소득 항목에만 적용이 되는 특정 용어로 이해되지 않는다.

우리나라를 비롯한 주요국들은 소득귀속원칙으로 보아 소득이 귀속되는 인(person)을 수익적 소유자로 정의하고 있다. 수익적 소유자를 OECD 모델조세조약에 포함한 것은 "거주자에게 지급된"을 명확하게 하기 위한 것이라는 점에 비추어 보면 비록 제한세율이 적용되는 특정 소득 항목에서 수익적 소유자라는 용어를 포함하고 있으나 실질적인 의미는 "모든 원천징수대상 소득이 귀속되는 체약상대국의 거주자"를 의미하는 것으로 보는 것이 바람직하다.

결과적으로 조세조약에서 제한세율이 적용되는 특정 소득 항목에 대해서만 수익적 소유자를 언급하고 있는 것은 "거주자에게 지급된" 소득에 대해서만 제한세율이 적용된다는 것을 분명하게 하기 위한 것으로 이해하는 것이 바람직하다. 따라서 수익적 소유자는 특정 소득 항목에 적용되는 용어가 아닌 "모든 원천징수대상 소득이 귀속되는 체약상대국의 거주자"를 의미하는 것으로 이해하여야 한다.

Ⅲ. 소결

앞서 살펴본 것과 같이 수익적 소유자의 정의 및 판단기준을 명확하게 하고 있지 않아 해석 및 적용 그리고 적용대상 소득의 범위 등과 관련된 다양한 문제가 발생하고 있다.

OECD 모델조세조약에서는 제한세율이 적용되는 배당과 이자 그리고 사용료 소득과 같은 특정 소득에 수익적 소유자를 포함하게 된 것은 "거주자에게 지급된"을 명확하게 하기 위한 것으로 "거주자에게 지급된"이라는 용어의 의미에 비추어 보면 거주자에게 지급된 소득을 거주자가 "제3국의 거주자에게 전달할 계약상 또는 법률적 의무가 없이 사용하고 향유할 수 있는 권리를 가지고 있는 체약상대국의 거주자"를 의미한다.

영국은 "자산과 소득을 사용, 향유, 처분할 수 있는 독점적이고 제한받지 않는 권리"를 수익적 소유권으로 정의하고 있고 "기초자산으로부터 발생하는 소득을 제3자에게 전달할 의무 없이 소득으로부터 직접적인 혜택을 향유할 수 있는 완전한 권리"를 가지고 있는 경우 수익적 소유자에 해당하는 것으로 보고 있다. 즉 "수령한 소득을 제3자에게 전달할 의무가 없이 소득으로부터 직접적인 혜택을 향유할 수 있는 완전한 권리를 가지고 있는 자"를 수익적 소유자로 정의하고 있다.

미국은 "소득이 원천지 국가의 국내법에 따라 귀속되는 인(person)"과 조세조약에 따른 과세의 목적상 "원천징수 세율이 감면되는 소득을 수익적으로 소유한(beneficial owned) 인(person)"을 수익적 소유자로 정의하고 있다. 그리고 독일은 다른 국가들과는 다르게 수익적 소유자를 정의하지 않고 경제적 자산과 경제적 소유권에 기초해 실질우위원칙과 경제적 실질을 고려하여 납세자를 결정하고 있어 수익적 소유자와 경제적 소유자를 유사한 개념으로 볼 수 있다. 특히 중국은 수익을 물권법상 객체로 포함하여 "점유, 사용, 수익, 처분할 수 있는 권리"를 소유권으로 규정하고 있고 조세조약에 따른 수익적 소유자를 "소득 또는 소득으로부터 발생하는 권리 또는 재산에 대한 소유권과 지배권을 가지고 있는 인(person)"으로 정의하고 있다.

OECD 모델조세조약과 주요국의 수익적 소유자 정의 및 관련 사항을 고려해 보면 "원천지 국가에서 발생한 소득을 수령하는 체약상대국 거주자에게 소득이 귀속되고 체약상대국의 거주자가 수령한 지급금을 제3국의 거주자에게 전달할 의무가 없이 귀속된 소득을 사용, 향유, 처분할 수 있는 권리를 가지는 경우" 수익적 소유자라 할 수 있다. 이러한 의미에 비추어 보면 체약상대국의 거주자에게 소득이 귀속되는 것과 관련해서는 국내법에 따른 소득귀속원칙이 적용되고 조세조약에 따른 혜택에 대한 자격이 있는 체약상대국의 거주자인 수익적 소유자에 해당하는지는 법인 또는 단체를 소유하고 있는 주주의 "소유권"에 기초한 "지배력 및 통제력"을 기준으로 판단을 하고 있는 것으로 생각된다.

"수령한 소득을 사용, 향유, 처분할 수 있는 권리"는 수령한 소득에 대한 "지배력 및 통제력"을 의미한다. 그리고 수익적 소유자에서 "수익적(收益的)"은 "귀속되는 소득"을, "소유자(所有者)"는 "귀속된 소득을 소유하고 실질적으로 지배하고 통제할 수 있는 지배력과 통제력을 가지고 있는 체약상대국의 거주자"를 의미하는 것으로 보아야 한다.

우리나라 국내 세법 및 판례에서는 "실질귀속자"가 "수익적 소유자"와 같은 용어인지를 분명히 하고 있지 않아 납세자뿐만 아니라 법원도 해석 및 적용에 어려움을 겪고 있다. 국내 세법에 따른 실질귀속자의 정의 및 판단기준 그리고 관련 법률 규정의 내용이 복잡한 것은 그동안 국내 세법에서 수익적 소유자라는 용어를 사용하지 않아 발생하는 문제이다.

이와 관련해 조세조약에 따른 수익적 소유자의 해석 및 적용을 더욱 복잡하고 어렵게 하는 것 중 하나가 법인세법 및 소득세법에서 사용하고 있는 "실질귀속자"라는 용어이다. 용어의 정의 및 판단기준 그리고 적용대상 소득의 범위 등에 비추어 보면 조세조약에 따른 수익적 소유자를 의미하는 것으로 보인다. 그러나 실질과세원칙을 지나치게 고려해 수익적 소유자가 아닌 실질귀속자라는 용어를 사용하고 있어 수익적 소유자의 해석 및 적용을 더욱 복잡하고 어렵게 하고 있다. 더욱이 2022.1.1.부터 적용되고 있는 현행 법인세법 및 소득세법 일부 규정에서는 "수익적 소유자"라는 용어를 적용 및 사용하고 있어 조세조약에 따른 수익적 소유자라는 용어를 "국내 세법"에 따른 실질귀속자와 수익적 소유자 중 어느 용어를 적용해 해석 및 판단해야 하는가 하는 문제가 새롭게 추가되었다.

"실질귀속자"가 "수익적 소유자"와 같거나 유사한 의미가 있는 용어라 하더라도 "수익적 소유자"라는 용어는 조세조약에 포함되어 사용되고 있는 "국제공통용어"이고 납세자를 포함한 실무적으로 "실질귀속자"라는 용어보다는 "수익적 소유자"라는 용어를 주로 사용하고 있는 점을 고려하면 국제공통용어인 "수익적 소유자"라는 용어를 사용하고 국제조세조정법에서 용어의 정의 및 객관적 판단기준을 함께 제공하는 것이 가장 바람직하다.

결과적으로 우리나라의 실질귀속자와 수익적 소유자의 국제재정적 의미 그리고 OECD 모델 조세조약과 주요국의 개념을 고려하는 경우 "국내원천소득을 실질적으로 귀속받는 외국법인과 비거주자가 귀속받은 국내원천소득을 제3국의 거주자에게 전달할 계약상 또는 법적 의무 없이 사용, 제한, 처분할 수 있는 권리를 가지는 등 해당 소득을 향유(enjoy)하고 소유권을 실질적으로 보유하는 조세조약에 따른 혜택의 자격이 있는 체약상대국의 거주자"로 정의할 수 있다.

제3절 외국단체의 분류와 조세조약의 적용

I. 외국단체의 분류

거주지 국가에서의 납세의무와 관련해 주로 문제가 되는 것은 외국 법인 또는 단체의 분류와 관련된 문제라 할 수 있다. 즉 국내법상으로 존재하지 않고 국내법에 따른 법인과 같은 개념이 존재하지 않는 국외 혼성단체와 관련된 문제이다.

대법원은 "단체의 구성원으로부터 독립된 별개의 권리 및 의무의 귀속 주체로 볼 수 있는지"를 외국단체의 분류기준으로 제시하였고 법인세법에서는 외국법인을 "외국에 본점 또는 주사무소를 둔 단체로서 대통령령으로 정하는 기준에 해당하는 법인"으로 정의하고 있다.

법인세법 시행령에서는 설립된 국가의 법에 따라 법인격이 부여된 단체, 구성원이 유한책임사원으로만 구성된 단체, 그 밖에 해당 외국단체와 동종 또는 유사한 국내의 단체가 상법 등 국내의 법률에 따른 법인인 경우의 그 외국단체 중 어느 하나에 해당하는 때에는 외국법인에 해당하는 것으로 규정하고 있다. 다만 법인세법 및 법인세법 시행령에 따른 외국법인의 정의 및 분류기준이 포괄적이고 모호하며 관련된 법률의 정확한 검토를 통해서만 외국법인에 해당하는지 판단할 수 있어 법률 전문가가 아닌 납세자가 외국법인에 해당하는지를 판단하는 데 어려움이 발생할 수밖에 없다.

법인세법 시행령에서는 국세청장은 외국법인의 유형별 목록을 고시할 수 있도록 하고 있고 납세자의 관점에서 외국법인의 정의 및 분류기준에 따른 검토보다는 유형별 목록을 통해 외국법인 해당하는지를 쉽고 정확하게 확인하는 것이 가장 좋은 방법이라 할 수 있다. 그러나 법인세법 및 법인세법 시행령이 개정된 지 약 9년이라는 시간이 지났음에도 불구하고 현재까지 외국법인의 유형별 목록이 고시되지 않고 있다.

II. 소결

앞서 살펴본 것과 같이 영국은 외국단체의 분류 및 단체가 주주 등과 분리된 법적 존재인지와 관련해 주식 또는 이와 같은 기능을 하는 것을 발행했는지, 단체와 분리되어 완전하게 별개인 사업을 단체가 단독으로 또는 공동으로 영위하고 있는지, 지급한 소득이 이익을 분배하는 단체의 결정에 따라 좌우되는지, 사업을 수행한 결과로 인한 부채에 대한 책임이 누구에게 있는지, 사업을 위해 사용된 자산이 단체 또는 단체와 이해관계에 있는 인(person)에게 귀속되는지를 고려하도록 하고 있다.

그리고 투명한 단체(transparent entity)와 불투명한 단체(opaque entity)의 구분과 관련된 요소 목록을 제공하고 있을 뿐만 아니라 외국단체 분류 목록을 함께 제공하고 있다. 미국은 일정한 외국의 사업단체(business entity)를 자동으로 회사로 고려하면서 회사로 고려되는 세계 각국의 사업단체 목록을 제공하고 있고 투명한 단체로 결정되는 경우 단체에서 파생된 소득은 파트너의 소득으로 보아 파트너에게 조세조약을 적용하게 된다(INTM335510). 영국과 미국의 제도에 비추어 보면 외국법인의 유형별 목록을 고시하여 납세자가 외국법인에 해당하는지를 쉽게 확인할 수 있도록 하는 것이 납세자의 예측 가능성과 법적 안정성 측면에서 바람직하다. 따라서 조속한 시일 내 외국법인의 유형별 목록을 고시하여 납세자에게 제공하도록 하여야 한다.

아울러 파트너십이 회사로 간주되고 파트너십이 거주지 국가에서 회사와 같은 방법으로 과세가 되는 경우 과세가 되는 국가의 거주자로 보아 거주지 국가와 체결한 조세조약에 따른 혜택을 부여하여야 한다. 다만 파트너십이 설립된 국가에서 재정적으로 투명한(fiscally transparent) 것으로 취급되는 혼성단체 또는 역혼성단체인 경우 설립된 국가에서 납세의무를 부담하지 않아 조세조약의 목적에 따른 거주자에 해당하지 않으므로 조세조약의 적용대상이 되지 않는다.

그러나 조세조약의 적용 목적에 따른 대칭성을 확보하고 혼성단체 또는 역혼성단체와 관련된 문제를 근본적인 해결하고 이중과세 또는 이중 비과세와 관련된 문제의 실질적 해결을 위해서는 파트너십에 대해 조세조약의 적용이 거부되더라도 파트너십의 소득이 파트너의 지분에 비례하여 파트너에게 배분되고 파트너가 파트너의 거주지 국가의 과세목적에 따라 거주지 국가에서 납세의무를 부담하는 경우 파트너의 거주지 국가와 체결한 조세조약에 따른 혜택을 제공하는 것이 바람직하다.

〈표 5-1〉 영국의 외국단체 분류 목록상 투명한 단체의 예시

> Partnership(캐나다), Limited Partnership(LP, 오스트레일리아, 버진아일랜드, 캐나다, 케이만군도, 아일랜드), Limited Liability Partnership(LLP, 카자흐스탄), Limited Liability Company(LLC, 맨섬), Exempted Limited Partnership(ELP, 케이만군도), GmbH & Co KG(오스트리아), Societe en nom collectif(SNC, 벨기에, 프랑스, 룩셈부르크, 뉴칼레도니아), Groupement d'Interet economique(GIE, 프랑스), Limited partnership with legal personality(버뮤다), 독일의 GmbH & Co.와 Offene Handelsgesellschaft(OHG) 그리고 KG Kommandit Gesellschaft(KG)와 Gesellschaft des Burgerlichen Rechts(GBR), 룩셈부르크의 Fonds commun de placement(FCP)와 En Nom Collectif(ENC)를 일반적으로 투명한 단체로 분류하고 있다(INTM180030).
>
> 미국의 단체 중 Limited Liability Partnership(LLP)과 Limited liability limited partnership set up under the Revised Uniform Limited Partnership Act(LLLP) 그리고 Partnership set up under the Uniform Partnership Act를 포함해 Limited Partnership set up under the Uniform Limited Partnership Act에 따른 단체를 투명한 단체로 분류하고 있다(INTM335510).

〈표 5-2〉 미국의 회사(법인)로 고려되는 세계 각국의 사업단체 목록 예시

> Corporation(미국령 사모아), Sociedad Anonima(아르헨티나, 콜롬비아, 코스타리카, 과테말라, 온두라스, 멕시코, 스페인), Public Limited Company(오스트레일리아, 홍콩, 영국, 싱가포르, 몰타), Aktiengesellschaft(오스트리아), Limited Company(바베이도스, 뉴질랜드), Societe Anonyme(벨기에, 프랑스, 룩셈부르크), Corporation and Company(캐나다), Gufen Youxian Gongsi(중국), Akciova Spolecnost(체코), Aktieselskab(덴마크), Sociedad Anonima or Compania Anonima(에콰도르), Societas Europaea(EEA, EU), Aktiengesellschaft(독일, 리히텐슈타인, 스위스), Societa per Azioni(이탈리아), Kabushiki Kaisha(일본), Chusik Hoesa(대한민국), Ashyk Aktsionerlik Kogham(카자흐스탄), Akcine Bendroves(리투아니아), Naamloze Vennootschap(네덜란드), Allment Aksjeselskap(노르웨이), Otkrytoye Aktsionernoy Obshchestvo(러시아), Stock Corporation(필리핀), Publika Aktiebolag(스웨덴), Anonim Sirket(터키) 등이 미국 국내 세법에 따라 회사로 고려되는 사업단체에 해당한다(CFR 301.7701-2(b)(8)(ⅰ)).

제4절 수익적 소유자의 판단기준

Ⅰ. 서설

수익적 소유자의 판단기준은 소득이 실질적으로 귀속되는 체약상대국의 거주자가 조세조약에 따른 혜택에 대한 자격이 부여되는 수익적 소유자인지를 판단하기 위한 구체적인 기준을 의미한다.

국내 세법에서는 개인과 법인의 구분 또는 기타 단체의 특성 그리고 거주지 국가인 체약상대국에서의 법인과 단체의 특성 및 구분을 함께 고려하고 있다. 아울러 과세대상인지 등을 고려하여 거주자를 판단하고 있을 뿐 거주자가 조세조약에 따른 혜택에 대한 자격을 가지고 있는 수익적 소유자인지를 판단하는 객관적 판단기준을 제공하고 있지 않다. 원천징수와 관련하여 법인세법 및 소득세법 그리고 시행령에서 규정하고 있는 비거주자의 비과세 또는 면제, 국외투자기구의 비과세 또는 면제, 비과세 등의 사전승인 그리고 제한세율의 적용 등과 관련된 규정을 통해 판단기준을 유추할 수 있을 뿐이다.

조세조약에 따른 혜택의 자격이 있는 체약상대국의 거주자인 수익적 소유자에 해당하는지에 대한 구체적인 판단기준은 오직 판례의 검토를 통해서만 확인할 수 있다. 국내 세법에서 조세조약에 따른 혜택에 대한 자격이 있는 체약상대국의 거주자인 수익적 소유자인지에 대한 객관적 판단기준을 명확하게 제공하고 있지 않아 조세조약의 해석 및 적용에 있어 많은 어려움이 발생하고 있고 납세자와 과세관청의 분쟁이 점점 더 증가하고 있으며 법원의 결정에 의해서만 명확하게 결정되고 있다. 법원은 기본적으로 국내 세법에 따른 실질과세원칙과 실질귀속자, OECD 모델조세조약 및 주석서, 그리고 주요국의 판례 등을 참고해 국제재정적 의미를 고려해 판단하고 있다.

OECD 모델조세조약에서 규정하고 있는 수익적 소유자는 기본적으로 영국의 국내법을 기초로 하고 있으며 혜택의 자격 조항은 미국의 국내 세법과 미국 모델조세조약을 기초로 하고 있다. 영국은 국내법에 따른 의미에 따라 납세자의 주관적 동기 및 의도를 고려한 국세청의 국제조세편람에서 제공하고 있는 고려 요소의 검토를 통해 수익적 소유자에 해당하는지를 결정하고 있어 납세자의 예측 가능성은 높다고 할 수 있으나 법적 불확실성을 포함하고 있는 문제가 있다. 혜택의 자격 조항은 납세자의 예측 가능성 및 법적 안정성이 높으나 미국의 정책을 반영한 미국 국내 세법을 기초로 하고 있어 엄격하고 복잡해 우리나라에 그대로 적용하기에 적합하지 않은 문제가 있다.

아래에서는 조세조약에 따른 혜택에 대한 자격이 있는 체약상대국의 거주자인 수익적 소유자와 혜택의 자격 조항의 판단기준을 적용한 결과를 상호 비교한 후 적용 가능한 판단기준에 대해 살펴보고자 한다.

II. 납세자의 동기 및 의도를 고려한 주관적 고려사항

그동안 우리나라를 비롯한 주요국들은 납세자의 동기 및 의도를 고려한 주관적인 고려사항을 적용하여 수익적 소유자인지를 판단해 왔다.

법인세법 및 소득세법에서는 거래 또는 약정과 관련된 고려 요소를 제공하고 있지 않고 국세기본법 및 국제조세조정법에서는 "제3자를 통한 간접적인 방법이나 둘 이상의 행위 또는 거래를 거치는 방법으로 이 법 또는 세법의 혜택을 부당하게 받기 위한 것으로 인정되는 경우 경제적 실질 내용에 따라 당사자가 직접 거래한 것으로 보거나 연속된 하나의 행위나 거래를 한 것으로 보아 이 법 또는 세법을 적용"한다고 규정하고 있으나(국세기본법 제14조 제3항, 국제조세조정법 제2조의2 제3항) 구체적인 거래 또는 약정의 고려 요소 또는 판단기준을 제시하고 있지 않다.

대법원은[547] 사전에 투자수익으로 인한 세금의 비과세 또는 감면을 통한 이익의 극대화를 위해 각국의 조세제도와 조세조약 등을 연구 및 분석한 점, 조세회피를 주된 목적으로 전형적인 다단계 도관 구조를 취한 점, 사전에 약정된 현금흐름에 따른 수령한 소득을 전달할 의무, 독립된 사업장의 존재, 전화번호 및 자산의 구성, 임원과 직원의 구성, 인건비와 사업운영에 필수적인 사업비용의 지출, 구성원들의 재산과 별개의 재산을 보유하고 자금에 대한 실질적인 지배력을 판단기준으로 하였다.

영국의 국제조세편람에서는 납세자의 동기 및 의도를 고려한 주관적 고려 요소를 구체적으로 제공하고 있다. 영국은 수익적 소유자의 의미를 국내법에서 파생된 의미가 아닌 국제재정적 의미로 이해하고 있으며 국제재정적 의미는 구조의 주요 목적이 조약남용 상황에 해당하는 경우에만 특별히 제한하는 것을 의미한다. 비록 국제재정적 의미에 따라 수익적 소유자와 같은 자격이 부여되지 않더라도 구조의 주요 목적이 조세회피가 아닌 경우에는 국내법상의 의미를 적용하여 조세조약에 따른 혜택을 부여할 수 있도록 하고 있어 수익적 소유자의 개념이 제한적이고 판단기준이 관대하다는 특징을 가지고 있다.

영국은 도관회사 구조는 조세회피의 경우에만 시도되고 고유한 "사실과 상황"을 고려하는 경우 도관의 상업적인 기업 또는 그룹 금융회사와 같은 완벽하게 유효한 기능을 식별할 수 있는

---

[547] 대법원 2012.10.25. 선고 2010두25466 판결.

것으로 보고 있으며 수익적 소유자인지의 결정과 관련된 고려되는 사항들의 목록을 제공하고 있다. 즉 자금조달의 구조, 자금조달의 실질적인 원천, 제3자 대여를 위한 위험의 부담, 상업적인 목적이 거의 없어 보이는 중개인을 통해 펀드에 출자된 것으로 보이는지, 다른 인(person)을 위한 대리인 또는 명의수탁인과 같이 활동하고 있는지, 다른 당사자를 위해 소득을 취급하고 있다는 증거가 있는지, 수령한 특정 소득을 제3자에게 지급할 계약상 또는 수탁자의 의무가 있는지를 기본적으로 고려하고 있다.

그리고 법적 의무는 없으나 상업적 또는 실질적인 조건으로 인해 소득을 지급할 가능성이 있는 경우 수령한 지급금에 대한 중개인의 재량권 및 지배력, 이사회에서 진정으로 논의되어 결정되거나 사전에 결정된 것인지, 구조의 설정 시점이나 이후에 자금의 조달방법과 조달된 자금의 투자기회 및 투자방법의 고안에 있어 자금의 조달과 실행에 적극적으로 참여했는지를 추가로 검토하도록 하고 있다. 추가로 수익적 소유권에 의심이 있는 경우 직원의 고용, 사무실 또는 국내 활동, 직원의 전문지식, 제3의 당사자에게 외주 또는 그룹의 다른 자회사에 의한 실행에 대해 실질적인 책임을 부담하는지, 도관 기능의 일부와 같이 인식되거나 그러한 활동에 대한 청구의 대상이 되는 소득이 될 수 있는지와 같은 법인 또는 단체의 실질을 고려하도록 하고 있다. 다만 조세조약에 따른 혜택을 얻는 것이 주요 목적 또는 주요 목적 중의 하나인지를 함께 고려하도록 하고 있으나 주요 목적 또는 주요 목적 중의 하나라는 용어의 의미가 무차별적으로 광범위해 실질적으로 적용하고 있지 않다.

결과적으로 영국은 국제재정적 의미를 고려하여 구조의 주요 목적이 조약남용에 해당하는 경우에만 특별히 조세조약에 따른 혜택을 제한하는 것으로 이해되고 제3국의 거주자가 조세조약에 따른 혜택을 얻기 위한 목적으로 그러한 구조를 설계하고 실질적으로 원천징수세가 감소하는 경우에만 조세조약에 따른 혜택에 대한 자격이 거부되는 것으로 보고 있어 비록 제3국의 거주자에 의해 소유된 법인 또는 단체의 주요 목적이 조약남용인 경우에도 실질적으로 세금 또는 원천징수세가 감소하지 않는 경우 체약상대국의 거주자로 인정하여 조세조약에 따른 혜택에 대한 자격을 부여하는 것으로 결론지을 수 있다.

미국은 두 개 이상의 금융 약정이 개입되는 도관 금융 약정은 중간실체의 참여로 금융 약정에 따른 지급금에 부과되는 세금이 감소하는지와 중간실체의 개입이 조세회피 계획에 따른 것인지의 두 가지 질문에 긍정적으로 답변되는 경우에만 존재할 수 있는 것으로 보고 있다. 조세회피 계획은 세금을 회피하기 위한 계획의 존재와 현저한 세금의 감소가 있었는지를 중요하게 고려하고 있고 구조의 동기와 관련된 증거에 기초해 세금의 현저한 감소, 진행할 수 있는 능력, 금융거래 사이의 경과한 시간, 사업의 통상적인 과정에서의 금융거래인지를 고려해 결정된다.

진행할 수 있는 능력은 중개인이 금융기관과의 거래 없이 진행하기에 충분한 자산을 보유하고 있는지를 의미하고 금융거래 사이의 경과한 시간은 두 개의 금융거래 사이에 12개월의 기간은 단기간으로 조세회피 계획의 증거로 볼 수 있다. 사업의 통상적인 과정에서 발생하는 금융거래는 조세회피 계획이 존재하지 않는다는 것을 의미한다. 다만 상당한 금융 활동은 사업 활동과 위험관리가 요구되고 상당한 금융 활동을 수행하는 중개인이 관련된 경우 조세회피 계획이 존재하지 않는 것으로 고려된다. 그리고 세금이 감소하는 구조에 참여하거나 참여 동기 또는 동기 중의 하나가 조세회피를 위한 것인 경우와 중개인이 금융기관 또는 조달된 실체와 관련되어 있고 중개인이 금융기관의 참여가 아니라면 실질적으로 같은 조건의 구조에 참여하지 않았을 경우를 도관 단체의 표준으로 제시하고 있다.

미국은 조세조약에 따른 혜택에 대한 사전 결정과 관련해 중개인이 수령한 이익을 소유하고 지급금을 전달할 의무 없이 자금에 대한 완전한 지배력과 통제력이 있는지, 구조가 충분한 사업목적이 있는지, 첫 번째 현금흐름이 없더라도 두 번째 현금흐름이 있는지 등을 고려하고 있다. 또한 비록 조세회피 목적이 존재하더라도 조세회피가 구조의 유일한 동기가 아닌 경우에는 최소한의 사업 활동으로 간주하고 있다. 충분한 사업목적은 조세회피가 구조의 주요 목적인지를 의미하고, 중개인이 자신의 이익을 수령한 것이 있는지, 지급조건과 시기의 동일 여부, 관련된 당사자의 보증 여부, 통상적 사업 활동의 수행 과정에서의 구조인지 등이 고려된다.

앞서 살펴본 것과 같이 최근 대법원 판결에서는 영국과 미국의 고려사항과 같거나 유사한 기준을 적용하여 판단하고 있어 판단기준에는 큰 차이가 없는 것으로 보인다. 다만 수익적 소유자의 결정과 관련된 구체적이고 다양한 고려사항을 제공하고 있으나 대부분의 고려 요소가 납세자의 동기 및 의도 그리고 주관적인 판단을 고려하도록 하고 있어 납세자의 예측 가능성은 높으나 법적 안정성은 낮은 단점이 있다.

결론적으로 영국은 조세회피 목적이 있는 경우에도 불구하고 실질적으로 "원천징수세의 감소가 없는 경우" 조세조약에 따른 혜택을 부여하고 있고 미국은 거래 또는 약정과 관련해 "조세회피 목적이 존재하더라도 조세회피가 유일한 동기"인 경우에만 조세조약에 따른 혜택을 거부하고 있어 조세회피 목적이 존재하더라도 조세회피가 "유일한 동기가 아닌 경우"와 "실질적으로 원천징수세의 감소가 없는 경우"에는 조세조약에 따른 혜택의 적용이 거부되지 않는다. 영국은 수익적 소유자의 결정과 관련된 구체적인 고려사항을 제공하고 있고 조세조약에 따른 혜택으로부터 배제되는 경우를 최소화하기 위해 조세회피 또는 원천징수세의 실질적인 감소가 없는 경우 국내법에 따라 조세조약에 따른 혜택을 제공할 수 있도록 하고 있어 납세자의 예측 가능성과 권리보장 측면에서 바람직한 것으로 보인다.

Ⅲ. 법인 또는 단체의 소유권 및 지배력의 고려

앞서 살펴본 것과 같이 영국의 국제조세편람에서 제공되는 고려 요소는 납세자의 동기 및 의도 그리고 주관적인 판단을 고려하고 있으나 객관적 판단기준을 제공하고 있지 않다. 수익적 소유자인지의 판단에 있어 법인 또는 단체를 소유하고 있는 주주 등의 지위를 고려하는 것은 아주 중요한 문제라 할 수 있으나 미국을 제외한 우리나라를 비롯한 대부분의 국가는 납세자의 동기 및 의도 그리고 주관적인 판단을 고려하였을 뿐 법인 또는 단체를 소유하고 있는 주주 등의 지위를 고려한 "소유권 및 지배력"에 대한 객관적 판단기준을 제시하고 있지 않다.

반면 미국은 수익적 소유자의 개념과 해석에 의존하기보다는 "소유권 및 지배력"에 기초한 객관적 기준을 통한 객관적 테스트 요건을 충족하였는지에 따라 수익적 소유자인지를 판단하고 있다. 조세조약에 따른 혜택을 얻는 것을 주요 목적으로 제3국의 거주자가 체약국에 설립된 법인 또는 단체를 사용하여 미국과 다른 체약국이 체결한 조약에 따른 혜택을 얻는 것을 방지하기 위한 목적으로 혜택의 자격 조항을 미국 모델조세조약에 포함하였고 혜택의 제한 조항은 도관회사의 방지에 탁월한 남용방지 대응책이라 할 수 있다.

미국의 경우 수익적 소유자를 원천지 국가의 국내법에 따라 소득이 귀속되는 인(person)으로 정의하고 있고 소득이 귀속되는 인(person)이 체약상대국의 거주자인지의 결정은 법인 또는 단체의 구분 그리고 납세자의 주관적인 동기 또는 의도를 고려하기보다는 객관적 판단기준을 제공하여 요건을 충족하였는지에 따라 결정하고 있다.

객관적 판단기준은 기본적으로 소유권과 세원잠식 그리고 능동적 사업 활동의 수행 요건으로 구성되어 있고 추가로 제3국의 거주자를 위한 파생적 혜택 요건과 본부기업 요건을 포함하고 있다. 구체적으로 혜택의 제한에서는 소유권과 세원잠식 요건을 기본으로 하여 법인 또는 단체에 대한 "소유권 및 지배력"에 근거한 의결권 또는 주식 가치의 소유비율, 거주지 국가와의 충분한 연결 또는 관련, 능동적 사업 활동의 수행과 실질 테스트, 능동적 소득 또는 수동적 소득, 원천징수세의 감소 등을 주로 고려하고 있고 납세자의 주관적 동기 또는 의도를 고려하기보다는 명확한 판단기준을 제공하여 객관적 테스트를 통해 요건을 충족하는 경우에만 조세조약에 따른 혜택에 대한 자격을 부여하고 있다.

혜택의 제한 조항에서는 조세회피 또는 조약남용의 가능성이 낮은 순으로 적격거주자를 판단하고 있고 제3국의 거주자에 의해 의결권 그리고 주식 가치의 대부분이 소유된 비공개거래 법인 또는 단체 그리고 소득 대부분이 수동적 소득으로 구성된 법인 또는 단체가 조세회피 또는 조약남용의 가능성이 높은 것으로 보고 있다. 적격거주자 또는 적격거주자에 의해 소유된 법인 또는 단체는 조약남용을 할 이유가 없다는 점을 고려할 때 혜택의 자격의 결정기준은 합리적인 것으로 보인다. 적격거주자와 적격거주자에 의해 소유된 법인 또는 단체는 조약에 대한 혜택의 자격이 동일하게 부여되고 혜택 또한 동일하므로 조약남용을 목적으로 거래 또는 구조를 설계할 필요가 없으며 이러한 경우에 발생할 수 있는 조세회피는 거주지 국가인 체약상대국의 국내 세법에 따른 조세회피로서 조약남용과는 관계가 없는 것으로 국내법에 따른 소득귀속원칙과 조세회피방지 규칙에 따라 처리되어야 할 문제에 해당한다. 따라서 조세조약에 따른 조약남용은 적용되는 조약에 따른 혜택의 자격이 부여되지 않는 제3국의 거주자에 의해 소유된 법인 또는 단체가 주요 고려대상이 된다.

혜택의 제한 조항에 따르면 체약상대국과 충분한 연결이 있고 조세회피의 위험이 낮은 개인, 적격정부기관, 세금면제 조직, 공개거래 기업과 단체 및 자회사 그리고 앞에서 언급된 인(person)에 의해 의결권 또는 주식 가치의 최소 50% 이상 소유되고 세원잠식 요건을 충족하는 비공개거래 법인 또는 단체는 적격거주자로 인정된다. 능동적 사업 활동의 수행과 파생적 혜택 그리고 본부기업 요건은 실질적으로 적격거주자에 해당하지 않는 제3국의 거주자에 의해 의결권 또는 주식 가치의 50% 이상이 소유된 비공개거래 법인 또는 단체를 의미한다. 이러한 비공개거래 법인 또는 단체는 주주와 밀접하게 관련되어 있어 조세회피를 할 가능성이 높은 것으로 가정되고 따라서 추가적인 요건을 충족하는 경우에만 조세조약에 따른 혜택에 대한 자격을 부여하고 있다.

능동적 사업 활동의 수행에서는 소유권과 세원잠식 요건의 충족을 요구하고 있지 않으나 실제 비공개거래 법인 또는 단체의 구분 단계에서 소유권 및 세원잠식 테스트를 적용하고 요건을 충족하지 못해 추가적인 소유권 및 세원잠식 테스트를 수행할 필요가 없어 소유권 및 세원잠식 요건의 충족을 요구하지 않는 것이다. 따라서 능동적 사업 활동을 수행하지 않고 소득 대부분이 수동적 소득에 해당하는 법인 또는 단체는 체약상대국과 충분한 연결이 있는 것으로 고려되지 않고 조세회피의 위험이 높은 것으로 고려되어 조세조약에 따른 혜택에 대한 자격이 부여되지 않는다. 다만 파생적 혜택과 본부기업 요건을 충족하거나 모든 관련 "사실과 상황"을 고려했을 때 조세조약에 따른 혜택을 얻는 것을 주요 목적 또는 주요 목적 중의 하나가 아니라고 합리적으로 결론이 되는 경우에만 재량적 구제를 통해서만 혜택의 자격이 부여된다.

혜택의 제한 조항에 따른 판단기준의 적용 결과 적격거주자에 해당하는 법인 또는 단체는 우선적으로 조세조약에 따른 혜택에 대한 자격이 부여되고 제3국의 거주자에 의해 소유된 비공개 거래 법인 또는 단체는 다른 추가적인 테스트를 적용하여 요건을 충족하는 경우에만 혜택의 자격이 부여된다. 조약 혜택의 자격이 부여되지 않는 제3국의 거주자에 의해 소유된 법인 또는 단체의 소득 대부분이 수동적 소득으로 구성되어 독립된 실체라기보다는 주주와 밀접한 관련이 있다. 다만 구조 또는 거래의 주요 목적 또는 주요 목적 중의 하나가 조약에 따른 혜택을 얻기 위한 것인 경우에도 실질적으로 원천징수세가 감소한 경우에만 조세조약에 따른 혜택에 대한 자격이 거부되어야 한다.

결과적으로 혜택의 자격 조항은 납세자의 주관적인 동기 또는 의도를 고려하기보다 객관적 판단기준을 제공하고 있고 테스트의 적용 결과 요건을 충족하는 경우 조세조약에 따른 혜택의 자격이 있는 체약상대국의 거주자로 인정되고 조세조약에 따른 혜택을 부여하고 있어 높은 예측 가능성과 법적 안정성을 제공하는 장점이 있다. 다만 혜택의 자격 조항은 경제 규모가 크고 복잡한 미국의 상황과 입장을 고려한 미국 국내 세법에 기초하고 있어 미국과 상황이 다른 입장에 있는 국가들이 적용하기에는 복잡하고 불필요한 내용을 많이 포함하고 있는 단점이 있다. 이와 관련해 OECD 또한 이러한 측면을 인지하여 2017년 개정된 모델조세조약 주석서에 구체적 버전과 단순 버전 그리고 대안조항을 포함할 수 있도록 한 것으로 생각된다.

IV. 소결

현재까지 미국 또는 혜택의 제한 조항을 포함하여 미국과 조세조약을 체결한 국가 그리고 인도와 일본 등 일부 국가들을 제외한 많은 국가가 조세조약에 따른 혜택에 대한 자격이 있는 체약상대국의 거주자인 수익적 소유자에 해당하는지를 결정하기 위해 OECD 모델조세조약 및 주석서에서 포함하고 있는 거주자 조항 또는 수익적 소유자 등과 관련된 내용을 참고해 국내 세법에 따른 정의 및 판단기준을 적용하여 판단하고 있다.

수익적 소유자인지를 결정하기 위해 영국의 국제조세편람에서 제공되는 고려사항은 납세자에게 높은 예측 가능성을 제공하는 장점이 있다. 그러나 납세자의 동기 또는 의도 그리고 주관적인 판단을 고려하도록 하고 있어 법적 불확실성을 포함하고 있는 단점이 있다. 반면 혜택의 자격 조항은 객관적이고 명확한 기준을 제공하여 예측 가능성과 법적 안정성이 높은 장점이 있으나 지나치게 엄격하고 복잡해 현실적으로 미국이 아닌 다른 국가들이 적용하는 데 어려움이 발생할 수밖에 없고 납세자의 동기 또는 의도가 고려되지 않는 문제가 있고 거래 또는 약정을 통한 조세회피의 방지에 충분하지 않은 단점이 있다.

수익적 소유자와 혜택의 자격 조항은 조세조약에 따른 혜택의 자격이 있는 체약상대국의 거주자를 결정하기 위한 판단기준을 제공하고 있는 것으로 체약상대국의 거주자가 아닌 제3국의 거주자를 결정하기 위한 과정에서 납세자의 주관적 동기 및 의도에 기초해 판단할 것인지 다소 복잡하고 어렵더라도 객관적 기준을 적용한 객관적 테스트에 따라 결정할 것인지 또는 두 가지 모두를 고려하여 판단할 것인지와 관련된 판단기준의 선택 문제라 할 수 있다. 국제재정적 의미에 기초해 조약의 문맥과 대상 및 목적을 고려하는 경우 두 가지 방법 중 어떤 방법을 선택하더라도 조세조약에 따른 혜택에 대한 자격이 있는 체약상대국의 거주자인 수익적 소유자 또는 조세조약에 따른 혜택에 대한 자격이 거부되는 제3국의 거주자는 같거나 유사하게 결정되어야 한다.

즉 모든 관련 "사실과 상황"을 고려했을 때 제3국의 거주자에 의해 소유된 법인 또는 단체가 조세조약에 따른 혜택을 얻는 것을 주요 목적 또는 주요 목적 중의 하나로 해당 구조 또는 거래를 설계하고 실질적으로 원천지 국가의 원천징수세를 감소시킨 경우에만 조세조약에 따른 혜택에 대한 자격이 거부되어야 한다. 원천지 국가의 원천징수세 감소를 고려하는 것은 주요 목적 또는 주요 목적 중의 하나가 비록 조세조약에 따른 혜택을 얻기 위한 것일지라도 실질적으로 원천지 국가의 원천징수세가 감소되지 않는 경우 조약남용인지를 고려할 필요가 없기 때문이다.

이러한 결과에 비추어 보면 납세자의 관점에서 예측 가능성과 법적 안정성이 높은 기준을 선택하여 규정하는 것이 바람직하므로 명확하고 객관적인 판단기준을 제시하고 있는 혜택의 자격 조항을 적용하는 것이 바람직하다. 다만 혜택의 자격 조항은 납세자의 주관적인 동기 또는 의도를 반영하지 못하는 문제와 거래 또는 약정을 통한 조세회피를 방지하기에 충분하지 않은 문제 그리고 너무 엄격하고 복잡하다는 단점이 있다.

결과적으로 납세자의 주관적 동기 및 의도를 고려하여 거래 또는 약정과 관련된 문제에 대한 판단기준을 제공하고 "소유권 및 지배력"에 대한 객관적 판단기준을 함께 고려하는 것이 바람직하다고 할 수 있다.

1. 세원잠식

혜택의 자격 조항에서는 소유권 및 세원잠식 테스트를 기본적인 테스트로 포함하고 있다. 소유권 테스트는 실질적으로 원천징수세와 관련되어 있고 세원잠식 테스트는 체약상대국의 법인 또는 단체가 법인세 과세표준의 잠식을 통해 체약상대국에서의 법인세 부담을 회피하는 것을 방지하기 위한 목적과 관련이 있다.

혜택의 자격 조항에서는 비공개거래 법인 또는 단체, 능동적 사업 활동의 수행, 파생적 혜택, 본부기업 조항에 세원잠식 테스트 요건을 포함하고 있어 세원잠식 테스트를 포함할 필요가 있는지가 우선적으로 검토되어야 한다. 조세조약에 따른 혜택에 대한 자격이 있는 체약상대국의 거주자인 수익적 소유자에 해당하는지는 법인 또는 단체의 "주주 등의 지위"를 고려해야 하고 "주주 등의 지위"는 "소유권 및 지배력"을 의미한다. "소유권 및 지배력"의 측면에서 보면 혜택의 자격 조항에 포함된 소유권 테스트는 수익적 소유자의 객관적 판단기준을 제공하고 있어 필요한 테스트라 할 수 있다.

세원잠식 테스트는 체약상대국의 법인 또는 단체가 거주지 국가에서 법인세 과세표준을 잠식하여 법인세의 부담을 회피하는 경우 원천지 국가가 조약에 따른 혜택을 부여하지 않도록 하기 위한 목적으로 포함되었다. 조세조약에 따른 혜택에 대한 자격이 있는 체약상대국의 거주자인 수익적 소유자에 해당하는지의 판단과 관련 "수령한 소득을 전달할 계약상 또는 법적 의무"의 측면에서 세원잠식 테스트는 객관적 판단기준이 될 수 있다.

그러나 "수령한 소득을 전달할 계약상 또는 법적 의무"는 "수령한 지급금에 대한 특정 금액"만을 의미하는 것이지 법인 또는 단체의 총소득을 의미하는 것은 아니라는 것에 유의할 필요가 있다. 그리고 세원잠식 테스트는 과세표준으로부터 발생하는 공제가 가능한 비용을 제한하므로 일반적으로 제3국의 거주자와의 거래에서 회사 총소득의 50%를 초과하는 공제가 가능한 비용이 발생하는 경우 요건을 충족하지 못해 조세조약에 따른 혜택이 거부되어 제3국의 거주자가 체약상대국에 단체를 설립하는 것을 제한할 수 있는 문제점을 가지고 있다.

아울러 원천지 국가의 입장에서 조약남용 또는 조세회피는 체약상대국에서의 조세 부담의 회피 또는 감소가 아닌 원천지 국가와 조세조약을 체결한 국가 중 유리한 원천징수세율을 제공하고 있는 체약상대국에 제3국의 거주자가 원천징수세의 부담을 회피하기 위한 목적으로 법인 또는 단체를 설립하고 실질적으로 원천징수세가 감소하는 경우가 고려대상이 된다. 우리나라가 원천지 국가에 해당하는 경우 제3국의 거주자가 체약상대국에 법인 또는 단체를 설립하여 실질적으로 원천징수세가 감소하는 경우에만 제한적으로 조세조약에 따른 혜택이 거부되어야 하고 세금의 감소는 원천지 국가에서 부담할 원천징수세의 감소를 의미하는 것이지 체약상대국에서의 법인세 등의 감소를 의미하는 것은 아니다.

그리고 같은 소득에 대해 조약을 체결한 국가에서 모두 과세가 되어야 한다는 것을 의미하는지에 대해서도 의문이 들고 이중 비과세의 창출을 목적으로 하지 않는다는 측면에서 보면 한 번은 과세되어야 한다는 것으로 이해하는 것이 합리적이라 생각된다. OECD를 포함한 각국의 소득이전과 세원잠식 방지를 위한 취지나 목적은 이해하고 있고 함께 참여하는 것이 바람직하지만 체약상대국의 거주자인 법인 또는 단체의 법인세 과세표준의 잠식을 통한 법인세 부담의 회피까지 원천지 국가가 관여하는 것이 바람직한지 그리고 체약상대국의 과세제도 또는 과세권에 직간접적으로 관여하는 것이 바람직한지에 대한 의문이 들며 우리나라가 체약상대국의 조세제도를 잘 알지 못할 뿐만 아니라 과세행정의 역량도 충분하지 않은 것으로 보인다.

결과적으로 혜택의 자격 조항에 포함된 세원잠식 테스트는 미국과 같이 시민권을 기준으로 전 세계 소득에 대해 과세하는 국가에서는 필요할 수 있으나 거주자를 기준으로 과세하는 우리나라는 적용의 필요성이 없으므로 원천징수세와 관련되어 조세조약에 따른 혜택에 대한 자격이 있는 체약상대국의 거주자인 수익적 소유자에 해당하는지의 판단과 관련이 있는 소유권 테스트만을 판단기준으로 고려하는 것이 바람직하다.

2. 주식거래 조항

주식거래 조항, 즉 공개거래 기업과 단체 그리고 자회사 조항에서는 기업과 단체의 주식이 증권시장에서 거래된다는 사실에 기초해 회사의 경제적 이익과 주주 간에 분리가 발생해 조약쇼핑이 배제된다는 것에 가정하고 있고 이러한 가정을 보장하기 위해 실질적이고 규칙적으로 거래되어야 한다는 것을 요구하고 있다. 즉 기업의 주된 종류의 주식이 상장되고, 규칙적으로 거래되어야 하며, 조약에서 규정되어 있는 공인된 증권거래소에 상장되고 거래되어야 한다는 세 가지를 요건으로 하고 있다.

주식거래 조항에서 검토되어야 하는 사항은 세 가지 요건 중 규칙적으로 거래되어야 한다는 것이다. OECD 모델조세조약에서는 거래량을 직접적으로 규정하여 언급하고 있지 않고 기업의 과세기간 동안 60일 이상 기업의 발행주식 중 평균 10% 이상이 거래되는 경우와 같은 예를 제공하고 있다. 미국 모델조세조약에서는 이와 유사한 과세기간 동안 해당 증권거래소의 일반적인 최소 거래빈도보다 최소한 60일 이상 거래되고 거래된 각 종류주식이 완전히 납입되고 발행된 주식수의 최소 10%를 초과하는 경우 요건을 충족하는 것으로 규정하고 있다.

우리나라의 경우 유가증권시장 상장규정에서는 보통주를 기준으로 반기의 월평균 거래량이 해당 반기 말 현재 유동주식 수의 1% 미만인 경우 관리종목 또는 상장폐지 대상 요건 중의 하나로 규정하고 있고 다만 월평균 거래량이 2만주 이상인 경우와 유동주식 수의 20% 이상을 일반주주가 소유하고 일반주주의 수가 500명 이상인 경우 거래량 미달로 보지 않고 있어 거래량을 엄격하게 요구하는 경우 우리나라의 많은 코스피 상장회사 및 코스닥 상장회사가 규칙적거래 요건을 충족하지 못할 수 있다.

실제 증권시장에 상장된 회사들을 보면 능동적 사업 활동을 수행하고 투자자로부터 좋은 평가를 받는 회사의 경우 주주 또는 투자자들이 주식을 빈번하게 거래하지 않는 회사들이 많이 있다. 이러한 점에 비추어 보면 법인세법시행규칙에 따른 사업연도 중 해당 법인의 주식거래가 이루어진 일수가 60일 이상이고 거래가 이루어진 주식의 총수가 해당 법인의 발행주식총수의 100분의 10 이상인 때에는 요건을 충족하는 것으로 규정하는 것이(법인세법시행규칙 제68조의4) 바람직한가에 대한 의문이 들지 않을 수 없고 단순히 OECD 모델조세조약과 미국의 규정을 참고하여 규정하고 있는 것으로 보이고 우리나라 기업의 현실에 부합하지 않는 규정으로 보인다.

OECD 모델조세조약에서는 조세조약을 체결하는 시점 또는 체결 이후에 관계기관이 상호 합의하여 공인된 증권거래소를 선정하여 지정할 수 있도록 하고 있고 공인된 증권거래소의 선정과 관련된 다양한 고려 요소들을 제공하고 있으며 또한 우리나라를 비롯한 많은 국가의 감독기관들이 증권거래소의 승인을 포함한 기업의 상장과 유지 그리고 관리종목의 지정과 상장폐지 등과 관련된 엄격한 요건들을 나름대로 규정하고 있어 이러한 사항들에 따라 증권거래소가 올바르게 기능하는 경우 규칙적거래 요건은 불필요하다. 그리고 상장을 위한 또는 상장 유지를 위한 비용이 많이 들고 감독기관의 엄격한 통제와 규제의 대상이 된다는 점에 비추어 보면 단순히 조세회피 또는 조세조약에 따른 혜택을 얻기 위한 목적으로 기업 또는 단체를 상장하는 것은 기업 또는 단체의 측면에서 합리적인 선택이 되지 못한다. 따라서 너무 엄격한 요건을 설정할 필요가 없으며 관계기관이 공인된 증권거래소를 선정할 때 신중하게 고려하여 선정하는 것으로 충분하다고 생각된다.

결과적으로 주식거래 조항과 관련된 문제는 실질적으로 규칙적거래 또는 거래량을 주요 고려의 대상으로 하기보다는 OECD 모델조세조약에서 제공하고 있는 고려 요소들을 종합적으로 고려해 공인된 증권거래소를 잘 선정해야 할 문제라고 할 수 있다. 즉 규칙적거래 또는 거래량이 중요한 고려대상이 아닌 공인된 증권거래소를 잘 선정하는 것이 중요하다는 것을 의미하고 공인된 증권거래소에 상장되어 공개거래 기업 또는 단체의 규칙적거래 또는 거래량을 요건으로 하기보다는 조세조약에 따른 혜택을 요구하는 시점에 관리종목 또는 상장폐지 종목으로 지정되지 않은 경우를 요건으로 하는 것이 바람직하다.

마지막으로 조세조약에서 공인된 증권거래소 목록을 포함하고 있지 않은 때에는 체약상대국의 공인된 증권거래소와 유가증권 상장규정에서 규정하고 있는 적격해외증권시장(유가증권시장 상장규정 시행세칙 제10조 제8항)을 공인된 증권거래소로 보는 것이 바람직하다.

3. 제3국의 거주자 소유 판단기준

체약상대국의 거주자가 아닌 제3국의 거주자에 의해 의결권 또는 주식 가치의 50% 이상이 소유된 법인 또는 단체는 능동적 사업 활동의 수행 조항을 통해 조세조약에 따른 혜택에 대한 자격이 부여된다. 수행하는 활동은 능동적 사업 활동의 수행과 수동적 소득과 관련된 활동으로 구분할 수 있고 수동적 소득과 관련된 활동의 경우 OECD 모델조세조약에서는 특정 금융기관에 의해 수행되는 경우를 제외하고 원칙적으로 조세조약에 따른 혜택에 대한 자격이 부여되지 않으며 예외적으로 파생적 혜택과 본부기업 조항의 요건을 충족하는 경우에는 특정 소득 항목에 대해서만 혜택의 자격을 부여할 수 있도록 하고 있다. 아울러 세 가지 조항의 요건을 충족하지 못하는 경우 모든 "사실과 상황"을 고려하여 조세조약에 따른 혜택을 얻는 것이 주요 목적 또는 주요 목적 중의 하나에 해당하지 않는 경우 관계기관의 재량적 구제를 통해 조약의 모든 혜택 또는 특정 소득 항목에 대해서 혜택이 부여될 수 있도록 하고 있다.

가. 능동적 사업 활동의 수행

능동적 사업 활동의 수행은 원래 외국의 기지회사와 관련된 사례를 결정하기 위한 테스트였으나 회사 구조와 거주지 국가의 납세자에게 발생하는 소득 측면에서 유사성을 가지고 있어 도관회사에 대해서도 적용을 하게 되었다. 일반적으로 기지회사의 결정은 능동적 소득과 수동적 소득의 구분에 따라 좌우되고 법원은 기지회사를 결정하기 위한 목적에서 능동적 사업 활동의 수행을 중요하게 고려하여 적용하고 있다.

도관회사는 소득의 본질과 관련이 없어 도관회사에 능동적 사업 활동의 수행 테스트를 적용하는 것은 적절하지 않을 수 있으나 소득을 수령한 회사가 능동적 사업 활동을 수행하지 않았다는 것은 "실질"의 부족을 보여 주기 때문에 도관회사와 능동적 사업 활동의 수행과의 관련성을 완전히 배제할 수는 없다. 다만 능동적 사업 활동을 수행하는 회사도 도관이 될 수 있어 능동적 사업 활동의 수행이라는 단순한 존재가 반드시 조세조약에 따른 혜택을 받을 수 있다는 것을 의미하는 것이 아니라는 점에 유의할 필요가 있다.

능동적 사업 활동의 수행 조항에 따르면 제3국의 거주자에 의해 의결권 또는 주식 가치의 50% 이상이 소유된 비공개거래 기업 또는 단체가 독립된 경제적 기업으로서 합법적인 경제적 활동을 수행하고 있음에도 불구하고 조세조약에 따른 혜택에 대한 자격이 부여되지 않을 수 있다. 따라서 합법적인 경제적 활동을 영위하는 경우 혜택에 대한 자격을 부여하기 위한 목적으로 사업 활동의 성격과 원천지 국가에서 획득한 소득과의 연계를 고려하여 체약상대국과의 충분한 연계와 실질적 사업목적이 존재한다는 가정에 기초해 능동적 사업 활동을 수행하는 경우 조약 혜택에 대한 자격이 있다는 것을 입증할 수 있도록 하고 있다.

체약상대국에서 실질적인 거래 또는 사업을 수행하고 발생한 소득이 실질적인 거래 또는 사업의 수행과 직접적 또는 부수적이어야 한다는 것을 요건으로 하고 있고 비록 수동적 소득 관련 활동에 해당하더라도 은행과 보험회사 또는 등록된 증권중개인에 의해 수행된 투자 및 투자 관리 활동이나 활동의 결합은 능동적 사업 활동의 수행에 포함하고 있다.

OECD 모델조세조약과 미국 모델조세조약에서는 능동적 사업 활동의 수행 조항과 관련해 체약상대국에서 능동적 거래 또는 사업을 수행하여야 한다는 것을 요건으로 하고 있음에도 불구하고 능동적 거래 또는 사업에 대해서 정의하지 않고 투자를 하거나 관리하는 사업을 제외하는 방식으로 규정하고 있다. 미국 모델조세조약 기술적 설명서에 따르면 거래 또는 사업은 국내법에서 규정하고 있는 개념이 적용되는 것으로 설명하고 있다.

미국연방규정집에서는 외국회사의 활동이 거래 또는 사업을 구성하는지는 모든 "사실과 상황"에 기초해 결정되고 일반적인 거래 또는 사업은 이익을 위해 수행되는 독립된 경제적 기업을 구성하거나 구성할 수 있는 활동의 특정 통합된 활동 그룹으로 정의하고 있다. 따라서 우리나라가 능동적 사업 활동의 수행 조항을 적용하는 경우 국내법에서 거래 또는 사업이라는 용어를 정의하고 있지 않아 정의 및 판단기준에 따른 문제가 발생할 수 있다. OECD 모델조세조약에서 투자를 하거나 관리하는 사업을 제외하는 방식으로 규정을 하고 있으나 명확한 해석 및 적용을 위해서는 능동적 거래 또는 사업 그리고 수동적 소득의 정의 및 판단기준을 국내 세법에 규정하여 제공하여야 한다.

그리고 OECD 모델조세조약에서는 실질적 테스트와 관련해 체약상대국에서 능동적 사업 활동을 수행하고 혜택을 요구하는 지급금이 사업과 실질적인 관련이 있는 경우 요건을 충족하는 것으로 언급하고 있을 뿐 실질적인 활동량에 대해서는 기준을 제공하고 있지 않다. 미국의 경우 1996년 미국 모델조세조약에서는 실질적 테스트 요건의 준수를 판단하기 위해 최소 10% 이상인 때에는 요건을 충족하는 것으로 규정하고 있었으나 2016년 미국 모델조세조약에서는 실질적인지는 모든 "사실과 상황"에 근거하여 결정한다고 언급하고 있을 뿐 명확한 기준을 제시하고 있지 않다.

결론적으로 능동적 거래와 사업의 정의 및 판단기준을 비롯해 능동적 사업 활동의 수행과 수동적 소득 관련 활동을 구분하는 기준을 명확하게 제시하여 납세자의 예측 가능성과 법적 안정성을 높이는 것이 바람직하다.

나. 수동적 소득

혜택의 자격 조항과 관련해 실질적으로 가장 중요한 부분은 수동적 소득과 관련된 활동에 관한 것이다. 수동적 소득은 앞서 논의한 능동적 사업 활동의 수행에 해당하지 않는 활동으로 능동적 사업 활동의 수행에서 제외되는 활동과 본부기업 그리고 파생적 혜택과 관련이 되어 있다.

수동적 소득과 관련된 활동을 어떻게 이해하고 구분하는지에 따라 조세조약에 따른 혜택의 자격이 있는 체약상대국의 거주자인 수익적 소유자에 해당하는지 그리고 재량적 구제 조항을 포함한 주요 목적 또는 주요 목적 중의 하나에 많은 영향을 미치게 된다.

혜택의 자격 조항에서는 수동적 소득의 정의 및 판단기준을 제공하지 않고 능동적 사업 활동의 수행에서 지주회사, 기업집단의 전반적인 관리 또는 감독, 현금통합을 포함한 집단금융의 제공, 은행과 보험회사 또는 등록된 증권중개인에 의해 수행되지 않은 투자 및 투자관리 활동이나 활동의 결합은 혜택의 자격의 목적상 능동적 사업 활동의 수행에서 제외하는 방식으로 규정을 하고 있다. 비록 2017년 OECD 모델조세조약에서는 수동적 소득의 정의 및 기준을 제공하고 있지 않으나 납세자의 예측 가능성을 위해 정의 및 판단기준을 규정하여 제공할 필요가 있다.

미국의 국내법에서는 배당, 이자, 사용료, 대여, 연금소득, 특정 부동산 거래, 거래로부터 손실보다 이익이 초과하는 모든 거래로 선물거래 및 선도거래 또는 이와 유사한 거래, 외환차익, 이자와 유사한 소득 등을 수동적 소득으로 규정하고 있어 미국의 정의 및 기준을 참고해 규정하는 것을 고려해 볼 수 있다.

2017년 OECD 모델조세조약과 2016년 미국 모델조세조약에서는 본부기업 조항을 추가하여 적격자에 해당하지 않는 체약국의 거주자가 다국적기업그룹의 구성원이 지급하는 배당과 이자에 대해 조세조약에 따른 혜택을 부여하는 것과 관련된 사항을 추가하였다. 본부기업은 기업의 주된 관리 및 통제 장소가 체약상대국에 있고 다국적기업그룹 총소득의 최소 10%를 형성하는 4개국 또는 4개국을 집합하는 거주자이며 그리고 최소 4개국에서 능동적 사업 활동의 수행에 참여하는 경우를 요건으로 하고 있으며 세원잠식 테스트 요건의 충족하는 경우 비록 수동적 소득 관련 활동에 해당하더라도 특정 소득 항목에 대한 혜택의 자격을 부여할 수 있도록 하고 있다.

이와 관련해 독일 투자세법에서 조약남용을 방지하기 위한 목적으로 외국회사의 주주가 직접 독일 국내원천소득을 수령하는 경우 사업목적 기준과 자신의 경제활동으로부터 사업연도 총소득의 10% 이상이 발생하여야 하는 것으로 규정하고 있었다. 반면 개정된 투자세법에서는 총소득의 10% 요건을 삭제하고 "자신의 경제활동으로 인한 경우 관련된 소득은 원천징수세 감면의 자격이 부여되는 것"으로 규정하여 그룹 경영활동을 수행하는 지주회사가 받는 배당금이 포함될 수 있도록 하고 있다.

미국의 경우 거래 또는 약정과 관련해 비록 조세회피 목적이 존재하더라도 조세회피가 구조의 "유일한 동기가 아닌 경우"에는 최소한의 사업 활동으로 간주하여 조세조약에 따른 혜택의 적용을 거부하지 않는다는 점을 함께 고려해 보면 비록 불확실한 개념이지만 해당 소득과 관련해 경제적 또는 기타 관련 사유가 존재하고 일반적 상거래 수행에 사업목적으로 적절한 사업을 영위하고 있는 것만으로도 요건을 충족하는 것으로 보는 것이 합리적이다. 그리고 다국적기업

그룹의 총소득의 최소 10% 요건을 충족하도록 하는 경우 오히려 조세회피를 유인하는 결과가 발생할 수도 있어 총소득의 최소 10% 요건을 삭제하는 것이 바람직하다고 할 수 있다.

마지막으로 수동적 소득과 관련이 있는 조항으로 파생적 혜택 조항이 있다. 파생적 혜택 조항은 기본적인 다른 테스트 요건을 충족하지 못했더라도 소득이 소유자에게 직접 지급되었다면 최소한 같은 수준의 조세조약에 따른 혜택을 받을 자격이 있는 체약상대국의 거주자인 특정 기업에 대해 배당 또는 이자 그리고 사용료 소득에 대해서만 조세조약에 따른 혜택에 대한 자격을 부여하기 위해 포함되었다.

파생적 혜택 조항은 주로 EU, EEA, EFTA 회원국을 고려하기 위해 포함되었고 이들 회원국과 체결한 조세조약이 많지 않은 국가들의 경우 파생적 혜택 조항을 포함하는 것을 고려할 수 있으나 우리나라의 경우 EU, EEA, EFTA의 32개 회원국 중 경제 규모가 작은 3개국을 제외한 29개 회원국과 조세조약을 체결[548]하고 있어 파생적 혜택 조항을 포함하는 것은 불필요하다고 할 수 있다. 다만 제3국의 거주자에 의해 소유된 법인 또는 단체의 총소득 중 일정 비율 이상이 수동적 소득에 해당하더라도 일정한 요건을 충족하는 경우 체약상대국의 거주자로 간주되도록 하여 조세조약에 따른 혜택을 부여할 필요가 있다.

다. 소결

앞서 살펴본 것과 같이 제3국의 거주자에 의해 소유된 법인 또는 단체의 능동적 사업 활동의 수행과 수동적 소득에 대해서도 명확한 구분 기준을 제시하는 것이 바람직하고 소유권 비율과 같은 기준을 적용하여 과세기간 동안 총소득의 50% 이상이 능동적 사업 활동의 수행으로부터 발생하는 경우 능동적 사업 활동의 수행 요건을 충족하고 과세기간 동안 총소득의 50% 이상이 수동적 소득인 경우 능동적 사업 활동의 수행 요건을 충족하지 못한 것으로 보아 일정한 요건을 충족하는 경우에만 체약상대국의 거주자로 간주할 수 있다.

---

[548] 2018년 9월 12일 현재 EU 회원국은 28개국(그리스, 네덜란드, 덴마크, 독일, 라트비아, 루마니아, 룩셈부르크, 리투아니아, 몰타, 벨기에, 불가리아, 스웨덴, 스페인, 슬로바키아, 슬로베니아, 아일랜드, 에스토니아, 영국, 오스트리아, 이탈리아, 체코, 크로아티아, 키프로스, 포르투칼, 폴란드, 프랑스, 핀란드, 헝가리)이며 EEA 회원국은 31개국(EU 회원국에 노르웨이, 아이슬란드, 리히텐슈타인이 추가됨) 그리고 EFTA 회원국은 32개국(EEA 회원국에 스위스가 추가됨)이며 우리나라는 총 32개 회원국 중 몰타, 키프로스, 리히텐슈타인을 제외한 29개 회원국과 조세조약을 체결하고 있다; 국세법령정보시스템(https://txsi.hometax.go.kr), (2018.09.12. 검색).

우리나라가 체약상대국 그리고 제3국 거주자의 거주지 국가와 체결한 조세조약에서 규정하고 있는 원천징수세율을 비교하여 체약상대국과 체결한 조세조약에서 규정하고 있는 원천징수세율이 더 유리하지 않고 실질적으로 원천징수세가 감소하지 않는 경우와 실질적으로 원천징수세가 감소하더라도 관련된 모든 "사실과 상황"을 고려하였을 때 주요 목적이 조세조약에 따른 혜택을 얻기 위한 것이 아니라고 합리적으로 판단되는 경우의 두 가지 요건 중 한 가지를 충족하는 경우 체약상대국의 거주자로 간주할 수 있다.

우리나라 국내 세법에서는 능동적 거래 또는 사업이라는 용어를 정의하고 있지 않아 정의 및 판단기준과 관련된 문제가 발생할 수 있어 능동적 거래 또는 사업 그리고 수동적 소득의 정의 및 판단기준[549]을 규정하여 제공하는 것이 바람직하며 독립된 경제적 기업인지의 판단과 관련된 "사실과 상황"의 고려 요소에 대해서도 예시를 제공하여 납세자의 예측 가능성을 높일 필요가 있다.

4. 재량적 구제와 주요 목적 테스트

OECD와 미국 모델조세조약 혜택의 자격 조항에서는 재량적 구제를 포함하고 있고 재량적 구제에서는 주요 목적 테스트를 포함하고 있다. 재량적 구제는 조세조약을 체결한 체약국의 인(person)이 적격자에 해당하지 않고 혜택의 자격에 포함된 테스트 요건을 충족하지 못하는 경우 관계기관의 재량적 구제를 통해 조약에 따른 모든 혜택 또는 특정 소득 항목에 대해서만 혜택의 자격이 부여될 수 있도록 하고 있다. 이와 관련해 재량적 구제와 관련해 혜택의 자격에 포함된 테스트 요건과 주요 목적 테스트와의 관계에 대해서 살펴볼 필요가 있다.

OECD 모델조세조약 주석서에서는 "주요 목적 중의 하나(one of the principal purpose)"는 제29조 혜택의 자격 조항 제1항부터 제7항의 범위나 적용을 보충하고 혜택의 제한 규정을 제한하지 않으며 반드시 제1항부터 제7항 그리고 전문을 포함한 조약의 나머지 부분의 문맥에 따라 해석되어야 하고 특히 조약의 관련 조항에 따른 대상 및 목적의 결정에 있어 중요한 의미가 있다고 언급하고 있다. 1996년 미국 모델조세조약에서는 재량적 구제를 포함하였고 기술적 설명서에서는 국제 경제적 관계의 범위 그리고 다양성의 증가와 체약국의 기업이 제3국 거주자

---

[549] 2021.12.21. 법률 제18588호로 개정되어 2022.1.1.부터 적용되고 있는 국제조세조정법 제29조 제2항에서는 "수동소득"의 정의를 제공하지 않고 수동소득의 범위를 규정하고 있다.

와 상당한 관련이 있는 건전한 사업 또는 장기간에 걸친 사업구조 그리고 조세조약에 따른 혜택을 획득하려는 것을 의도하지 않았다는 사실에 의해 보증되는 경우를 포함한다고 설명하고 있다. OECD 모델조세조약 주석서와 1996년 미국 모델조세조약 기술적 설명서에 따르면 주요 목적 테스트는 혜택의 자격 조항의 다른 테스트 조항을 보충하기 위한 것으로 이해된다.

혜택의 자격 조항은 납세자의 특성에 기초한 객관적 수량화를 통해 조약쇼핑 여부를 평가할 수 있도록 설계되어 있어 높은 법적 확실성을 제공하여 분쟁의 위험을 줄일 수 있을 뿐만 아니라 납세자가 소유할 수 있는 소유권의 구조와 사업에 따른 업무의 수행과 구성할 수 있는 다른 유사한 유형의 경계와 비율에 대한 한계를 명확하게 구분하고 있다는 장점이 있으나 납세자의 동기 및 의도기 배제되어 진정한 상업적 구조를 가진 조약의 적용대상자를 배제할 수 있는 단점을 가지고 있다.

앞서 살펴본 것과 같이 영국은 조세회피 목적이 있더라도 실질적으로 "원천징수세의 감소가 없는 경우" 조세조약에 따른 혜택을 부여하고 있고 미국은 거래 또는 약정과 관련해 "조세회피 목적이 존재하더라도 조세회피가 유일한 동기"인 경우에만 제한적으로 조세조약에 따른 혜택을 거부하고 있다. 그리고 독일은 "자신의 경제활동으로 인한 경우 관련된 소득은 원천징수세 감면의 자격이 부여되는 것"으로 규정하여 "일반적 상거래 수행에 사업목적으로 적절한 사업을 영위"하는 것만으로도 요건을 충족하는 것으로 보고 있다.

이러한 점을 고려하면 조세회피가 "주요 목적 중의 하나(one of the principal purpose)"에 해당하더라도 실질적으로 "원천징수세의 감소가 없는 경우"와 "조세회피 목적이 존재하더라도 조세회피가 유일한 동기"에 해당하지 않고 "최소한의 상업적 사업 활동을 수행"하는 경우 조세조약에 따른 혜택을 부여하는 것으로 이해된다. 이러한 점은 OECD가 조세조약에 따른 혜택을 얻기 위한 것이 "주요 목적 중의 하나(one of the principal purpose)"인 경우 조세조약에 따른 혜택에 대한 자격을 부여하지 않도록 하는 것과 차이가 있고 주요 목적 테스트를 어떻게 이해하는지에 따른 관점의 차이로 이해된다.

즉 OECD는 주요 목적 테스트를 조세회피 방지 제도의 측면에서 접근하고 있는 것으로 보이고 영국은 조세회피의 방지보다는 "실질적으로 원천징수세의 감소"가 있는지를 더 중요하게 고려하고 있고 미국과 독일은 "최소한의 상업적 사업 활동을 수행"을 더 중요하게 고려하여 "진정한 상업적 구조"를 가진 조약의 적용대상자가 조약으로부터 배제되는 경우를 최소화하는 것을 목적으로 하는 것으로 보인다. 아울러 영국은 조세조약에 주요 목적 테스트를 포함하고 있으나 너무 무차별적으로 광범위해 실질적으로 적용하지 않고 있다. 그리고 주요 목적 테스트는 주요 목적과 부수적 목적의 구별 기준이 무엇인지 명확하지 않아 어떻게 구별되어야 하는지에 대한 모호성이 존재하고 있어 법적 안정성을 저해하고 법적 불확실성을 증가시키는 문제가 있다.

OECD와 주요국들의 견해와 적용의 차이를 고려하면 납세자가 주요 목적 테스트를 "거래 또는 약정 그리고 법인 또는 단체의 설립·인수·유지·운영 활동의 주요 목적이 조세조약에 따른 혜택을 얻기 위한 것이라고 합리적으로 판단되는 경우에만 제한적으로 조세조약에 따른 혜택의 전부 또는 일부를 제공하지 않을 수 있다는 점"에 유의할 필요가 있다는 일종의 "주의규정" 정도로 이해하도록 하는 것만으로 충분하다고 생각한다.

제5절 수익적 소유자의 해석 및 적용

앞서 살펴본 것과 같이 그동안 조세조약에 따른 거주자와 수익적 소유자 그리고 국세기본법 및 국제조세조정법의 실질과세는 수익적 소유자 또는 체약상대국의 거주자에 대한 정의 및 판단기준을 명확하게 규정하지 않아 많은 논란이 되어 왔고 실제로 납세자의 예측 가능성과 법적 안정성이 저해되고 과세관청과의 분쟁이 계속해서 증가하고 있다. 이러한 논란과 문제점을 해결하기 위해서는 수익적 소유자의 정의 및 판단기준을 명확하게 제공하는 것이 바람직하다.

앞서 살펴본 내용을 토대로 일반적으로 적용할 수 있는 수익적 소유자의 정의 및 판단기준을 요약 정리하면 아래와 같다.

Ⅰ. 조세조약에 따른 혜택과 혜택의 제한

조세조약에 따른 혜택은 "원천지 국가에서 부과되는 세금의 감면, 면제, 과세이연 또는 세금환급 등의 모든 제한과 이중과세로부터의 구제 및 체약국의 거주자와 국적자의 보호를 포함한 조세조약에 따라 제공되는 모든 직간접적인 혜택을 의미"하고 조세조약에 따른 요건을 충족하는 체약상대국의 거주자에 대해서만 혜택이 제공된다. 다만 관련된 모든 사실과 상황을 고려하고 관계기관이 체약상대국의 관계기관과 협의하여 거래 또는 약정 그리고 법인 또는 단체의 설립·인수·유지·운영 활동의 주요 목적이 조세조약에 따른 혜택을 얻기 위한 것이라고 합리적으로 판단되는 경우 조세조약에 따른 혜택의 전부 또는 일부를 제공하지 않을 수 있다.

II. 외국단체의 분류와 조세조약의 적용

체약상대국의 거주자에 대해서만 조세조약이 적용되고 조세조약에 따른 혜택을 받기 위해서는 거주자 요건에 추가로 거주지 국가에서의 납세의무 요건을 충족하여야 하고 거주지 국가에서의 납세의무와 관련해 외국단체의 분류는 중요한 의미가 있다.

법인세법에서는 외국법인을 "외국에 본점 또는 주사무소를 두고 있는 단체로서 대통령령으로 정하는 기준에 해당하는 법인"으로 정의하고 있고 법인세법 시행령에서는 외국법인의 분류기준을 제시하고 있다. 외국법인에 해당하는지는 국세청장이 고시한 외국법인의 유형별 목록이 없으므로 앞선 살펴본 "〈표 5-1〉 영국의 외국단체 분류 목록상 투명한 단체의 예시" 및 "〈표 5-2〉 미국의 회사(법인)로 고려되는 세계 각국의 사업단체 목록 예시"를 참고하여 판단할 수 있다.

대통령령으로 정하는 기준에 해당하는 법인은 법인세법 시행령에서 규정하고 있는 외국단체의 분류기준 중 다음의 어느 하나에 해당하는 외국단체를 의미한다.

① 설립된 국가의 법에 따라 법인격이 부여된 단체
② 구성원이 유한책임사원으로만 구성된 단체
③ 그 밖에 해당 외국단체와 동종 또는 유사한 국내의 단체가 상법 등 국내의 법률에 따른 법인인 경우의 그 외국단체

외국단체의 분류와 관련해 발생하는 문제는 주로 국내법상으로 존재하지 않고 국내법에 따른 법인과 같은 개념이 존재하지 않는 국외 혼성단체, 즉 외국의 파트너십과 관련된 문제라 할 수 있다. 파트너십이 법인으로 고려되고 파트너십이 설립된 거주지 국가에서 회사와 같은 방법으로 과세가 되는 경우 과세가 되는 국가의 거주자로 보아 거주지 국가와 체결한 조세조약에 따른 혜택을 부여하여야 한다.

다만 파트너십이 설립된 국가에서 재정적으로 투명한(fiscally transparent) 것으로 취급되는 혼성단체 또는 역혼성단체인 경우 설립된 국가에서 납세의무를 부담하지 않아 조세조약의 목적에 따른 거주자에 해당하지 않고 조세조약의 적용대상이 되지 않는다. 파트너십에 대해 조세조약의 적용이 거부되는 경우 파트너십의 소득이 파트너의 지분에 비례하여 파트너에게 배분되고 파트너가 파트너의 거주지 국가의 과세목적에 따라 거주지 국가에서 납세의무를 부담하는 경우 파트너는 파트너의 거주지 국가와 체결한 조세조약에 따른 혜택의 적용을 요청할 수 있다.

Ⅲ. 수익적 소유자의 정의

조세조약에 따른 혜택을 받기 위해서는 체약상대국에서 납세의무를 부담하는 거주자에 해당하여야 하고 추가로 충족해야 하는 요건인 수익적 소유자 요건을 충족하여야 한다. 조세조약에서는 수익적 소유자를 포함하고 있으나 정의를 제공하고 있지 않아 국내 세법에 따른 의미가 적용된다.

수익적 소유자란 "국내원천소득을 실질적으로 귀속받는 외국법인과 비거주자가 귀속받은 국내원천소득을 제3국의 거주자에게 전달할 계약상 또는 법적 의무 없이 사용, 제한, 처분할 수 있는 권리를 가지는 등 해당 소득을 향유(enjoy)하고 소유권을 실질적으로 보유하는 조세조약에 따른 혜택의 자격이 있는 체약상대국의 거주자"를 의미한다.

Ⅳ. 수익적 소유자의 적용대상 소득의 범위

우리나라가 체결한 조세조약을 비롯한 OECD 모델조세조약에서는 배당과 이자 그리고 사용료 조항에서 수익적 소유자를 포함하고 있다.

수익적 소유자는 "거주자에게 지급된"을 분명히 하기 위해 조세조약에 포함되었고 "국내원천소득을 실질적으로 귀속받는 조세조약에 따른 혜택의 자격이 있는 체약상대국의 거주자"를 의미한다. 조세조약에서는 제한세율이 적용되는 배당과 이자 그리고 사용료 소득조항에서만 수익적 소유자를 포함하고 있으나 원천징수대상인 "모든 국내원천소득"이 적용대상 소득에 해당되는 것으로 이해해야 한다.

V. 수익적 소유자의 일반적 고려

실질적으로 지배하고 관리하는 자의 판단은 "주식이나 지분의 취득 경위와 목적, 취득자금의 출처, 관리와 처분과정, 귀속명의자의 능력과 지배 관계 등의 제반적인 사항을 종합적으로 고려해 판단"하도록 하여야 한다.

납세자의 동기 및 의도를 고려한 주관적 고려사항은 기본적 고려사항과 제3자에게 수령한 소득을 지급 또는 전달할 가능성이 있는 경우, 수익적 소유자인지에 대해 추가로 고려가 필요한 경우로 구분되며 각각의 경우에 고려되는 사항은 다음과 같다.

① 기본적 고려사항은 자금의 조달 구조, 자금조달의 실질적인 원천, 제3자 대여를 위한 위험의 부담, 상업적인 목적이 있는지, 제3자를 위한 대리인이나 명의수탁인과 같이 활동하고 있는지, 제3자를 위해 소득을 수령한 것인지, 수령한 소득을 제3자에게 지급할 계약상 또는 법적 의무가 있는지가 고려된다.

② 두 개 이상의 금융 약정이 개입되는 도관금융 약정은 금융 약정에 따른 지급금에 부과되는 세금이 감소하는지와 중간단체의 개입이 조세회피 계획에 따른 것인지의 두 가지 질문에 긍정적으로 답변되는 경우에만 존재하는 것으로 간주한다. 조세회피 계획은 세금을 회피하기 위한 계획의 존재와 현저한 세금의 감소가 있었는지를 중요하게 고려하고 있다. 구조의 동기와 관련된 증거에 기초해 세금의 현저한 감소가 있는지, 진행할 수 있는 능력, 금융거래 사이의 경과한 시간, 사업의 통상적인 과정에서의 금융거래인지가 고려된다. 진행할 수 있는 능력은 중개인이 금융기관과의 거래 없이 진행하기에 충분한 자산을 보유하고 있는지를 의미하고 금융거래 사이의 경과한 시간은 두 개의 금융거래 사이에 12개월의 기간은 단기간으로 조세회피 계획의 증거로 볼 수 있다. 사업의 통상적인 과정에서 발생하는 금융거래는 조세회피 계획이 존재하지 않는다는 것을 의미한다.

③ 제3자에게 수령한 소득을 지급 또는 전달할 가능성이 있는 경우 수령한 지급금에 대한 재량권 및 지배력, 이사회에서 논의되어 결정되거나 사전에 결정된 것인지, 자금의 조달방법과 조

달된 자금의 투자기회 및 투자방법의 고안에 있어 자금의 조달과 실행에 적극적으로 참여했는지가 추가로 고려된다.

④ 수익적 소유자인지에 대해 추가로 고려가 필요한 경우 임직원의 고용과 전문지식, 인건비와 사업운영에 필수적인 사업비용의 지출, 독립된 사업장의 존재와 전화번호, 자산의 구성, 구성원들의 재산과 별개의 재산을 보유 여부, 자금에 대한 실질적인 지배력, 제3의 당사자에게 외주 또는 그룹의 다른 자회사에 의한 실행에 대해 실질적인 책임을 부담하는지와 같은 법인 또는 단체의 실질이 고려된다.

Ⅵ. 수익적 소유자의 소유권 및 지배력의 고려

일반적으로 조약쇼핑은 조세조약에 따른 혜택을 얻는 것을 주요 목적으로 제3국의 거주자가 체약상대국에 설립된 법인 또는 단체를 사용하여 원천지 국가와 체약상대국이 체결한 조약에 따른 혜택을 얻는 것을 의미한다. 수익적 소유자는 거주자에게 지급된 배당과 이자 그리고 사용료 소득 항목과 주로 관련이 있고 "거주자가 수령한 소득을 제3국의 거주자에게 전달할 계약상 또는 법률적 의무 없이 자신의 것으로 사용하고 향유(enjoy)할 권리를 가지고 있는 경우" 수익적 소유자 요건을 충족하게 된다.

이러한 측면에서 보면 수익적 소유자인지의 판단에 있어 법인 또는 단체를 소유하고 있는 주주 등의 지위를 고려하는 것은 아주 중요한 문제라 할 수 있고 수익적 소유자인지의 판단에 있어 납세자의 동기 및 의도 그리고 주관적인 판단의 고려뿐만 아니라 "소유권 및 지배력"의 측면에서 법인 또는 단체를 소유하고 있는 주주 등의 지위를 함께 고려하여야 한다.

"소유권 및 지배력"의 측면을 고려한 다음의 어느 하나에 해당하는 경우 "수익적 소유자" 요건을 충족하여 체약상대국과 체결한 조세조약에 따른 혜택에 대한 자격이 부여되는 것으로 볼 수 있다. 다만 조세조약에 혜택의 자격 조항을 포함하고 있거나 다르게 규정하고 있는 때에는 조세조약에 따라야 한다.

1. 주요 용어의 정의

① "주된 종류의 주식"은 법인의 의결권과 가치의 다수를 차지하는 일반주 또는 보통주를 의미하며 한 종류의 주식이 법인의 의결권과 가치의 과반수를 차지하지 않지 않는 경우 종류주식의 합계가 법인의 총 의결권과 가치의 과반수를 나타내는 종류주식이 주된 종류의 주식이 된다.

② "불균일 분배 주식"이란 주주가 배당금, 상환지급금 등을 통해 기업의 특정 자산이나 활동으로부터 체약상대국에서 발생한 소득에 대한 분배에 있어 불균일하게 높게 참여하는 법인과 단체의 주식을 의미한다.

③ "적격해외증권시장"은 미국의 뉴욕증권거래소(New York Stock Exchange, NYSE)와 나스닥 증권시장(NASDAQ Stock Market), 범유럽증권거래소인 유로넥스트(Euronext), 일본 동경증권거래소(Tokyo Stock Exchange, TSE), 영국 런던증권거래소(London Stock Exchange, LSE), 독일거래소(Dutsche Boerse AG, DBAG), 홍콩거래소(Hong Kong Exchanges and Clearing, HKEx), 싱가포르거래소(Singapore Exchange, SGX), 캐나다 증권거래소(Canada Toronto Stock Exchange, CSE)를 의미하며 조세조약에서 다르게 정하고 있는 경우 조세조약에 따른 유가증권시장을 적격해외증권시장으로 한다.

④ "주된 관리 및 통제 장소"는 임원과 고위관리직이 다른 국가에서보다 체약상대국에서 직간접적인 자회사를 포함한 회사의 일상적인 전략과 재무 그리고 운영정책의 결정을 수행하고 직원이 이러한 결정을 준비하는 데 필요한 활동을 일상적으로 수행하는 장소를 의미한다.

⑤ "능동적 거래 또는 사업"을 구성하는지는 모든 사실과 상황에 기초해 결정되고 일반적인 거래 또는 사업은 이익을 위해 수행되는 독립된 경제적 기업을 구성하거나 구성할 수 있는 활동의 특정 통합된 활동 그룹을 의미한다. 능동적 거래 또는 사업에 부수적으로 수동적 소득이 발생 되는 경우 능동적 거래 또는 사업으로 간주한다.

⑥ "수동적 소득"은 은행과 보험회사 또는 등록된 증권중개인에 의해 수행되는 투자 및 투자관리 활동이나 활동의 조합을 제외한 배당, 이자, 사용료, 대여, 연금소득, 특정 부동산 거래, 거래로부터 손실보다 이익이 초과하는 모든 거래로서 선물거래 및 선도거래 또는 이와 유사한 거래, 외환거래 차익, 이자와 유사한 소득 등을 의미하고 자신이 소유한 계좌로 보유하는 경우 거래 또는 사업의 목적상 거래 또는 사업을 구성하는 것으로 간주하지 않는다.

⑦ "총소득"이란 혜택이 부여되는 시점을 포함하는 과세기간 동안 총 수령액을 의미한다. 법

인이 제품의 제조, 생산이나 상품의 판매를 포함한 사업을 수행하는 경우 판매된 재화의 원가를 제외한 전체 수령액을, 비금융서비스를 제공하는 사업에 참여한 경우 수령액을 발생하는 데 발생한 직접원가(직접비용)를 제외한 전체 수령액을 의미한다.

⑧ 모든 "사실과 상황"은 독립된 경제적 기업인지 그리고 거래 또는 약정이 상업적 목적이 있는지를 판단하기 위한 것으로 일반적으로 거주자의 연혁과 구조, 소유권과 운영, 거주지 국가 내 직원의 고용과 전문지식, 사무실 유지, 외주 또는 그룹의 다른 자회사에 의한 실행에 대해 실질적인 책임을 부담하는지, 세금을 회피하기 위한 목적으로 설립 또는 인수된 법인과 단체인지, 능동적 사업 활동의 수행, 소득이 이중과세의 대상인지, 자금의 원천, 세금의 현저한 감소, 진행할 수 있는 능력, 금융거래 사이의 경과한 시간, 사업의 통상적인 과정에서의 금융거래인지 등 관련된 모든 사실과 상황을 의미한다.

⑨ "국외투자기구"는 국외에서 설립된 것으로 투자를 권유하여 모은 금전 등을 재산적 가치가 있는 투자대상 자산의 취득이나 처분 그리고 다른 방법으로 운용하여 운용의 결과로 발생하는 소득을 투자자에게 배분하여 귀속시키는 투자행위를 하는 기구를 의미한다.

⑩ "국외공모집합투자기구"는 자본시장법에 따른 집합투자기구와 유사한 국외투자기구로서 조세조약을 체결한 체약국의 법률에 따라 등록하거나 승인을 받은 국외투자기구로 증권을 사모로 발행하지 않고 직전 회계 기간 종료일 현재 투자자가 100명 이상이고 조세조약에서 혜택의 적용을 배제하도록 규정된 국외투자기구에 해당하지 않는 국외투자기구를 의미한다.

2. 체약상대국의 거주자에 의해 소유된 법인 또는 단체

① 국가 또는 정부기관 그리고 지방자치단체와 국가 또는 정부기관 그리고 지방자치단체의 대리 또는 대행기관의 경우 혜택을 받는 자의 100분의 50 이상이 상대방 체약국의 거주자인 경우

② 자선, 과학, 예술, 문화 또는 교육과 같은 확실한 사회적 기능을 형성하고 운영되는 연기금으로 상대방 체약국의 개인 거주자가 수익적 지분의 최소 100분의 50 이상을 소유하는 경우

③ 상장된 법인과 단체 그리고 상장된 법인과 단체의 자회사는 다음에 해당하는 법인과 단체를 의미한다.

가. 법인 또는 단체의 주된 종류의 주식 또는 불균일분배주식이 과세기간 동안 하나 이상의 체약상대국의 법령에 따라 인정된 유가증권시장 또는 적격해외증권시장에 상장되어 거래되고

조세조약에 따른 혜택을 요청하는 때에 관리대상 또는 상장폐지대상 법인과 단체로 지정되지 않고 주된 종류의 주식이 체약상대국에 소재하는 유가증권시장에서 주로 거래되거나 법인 또는 단체의 주된 관리 및 통제 장소가 체약상대국에 소재하고 적격해외증권시장에서 주로 거래되는 경우

나. 가목에 따른 유가증권시장 상장 법인과 단체에 의해 의결권 또는 주식 가치 그리고 불균일분배주식의 최소 100분의 50 이상이 직접 소유 또는 간접 소유된 비상장 법인 또는 단체. 다만 간접 소유의 경우 간접소유자는 상장된 법인 또는 단체와 같은 체약상대국의 거주자이어야 하며 간접소유비율은 국제조세조정법 시행령 제2조 제2항을 준용하여 계산한 비율로 한다.

④ 과세기간의 12개월 동안의 최소 183일에 해당하는 날 동안 체약상대국의 거주자인 개인과 상기 ①에서부터 ③에 해당하는 체약상대국의 거주자에 의해 의결권 또는 주식 가치 그리고 불균일분배주식의 최소 100분의 50 이상이 직접 소유 또는 간접 소유된 비상장 법인 또는 단체. 다만 간접 소유의 경우 간접소유자는 상기 각 항에 해당하는 체약상대국의 거주자와 같은 체약상대국의 거주자이어야 하며 간접소유비율은 국제조세조정법 시행령 제2조 제2항을 준용하여 계산한 비율로 한다.

⑤ 국외투자기구는 개인으로 국외공모집합투자기구는 법인 또는 단체로 간주한다.

3. 제3국의 거주자에 의해 소유된 법인 또는 단체

① 체약상대국의 거주자에 해당하지 않는 제3국의 거주자에 의해 의결권 또는 주식 가치 그리고 불균일분배주식의 100분의 50 이상이 소유된 기타 법인 또는 단체가 체약상대국에서 독립된 법인 또는 단체로서 능동적 거래 또는 사업을 수행하고 과세기간 동안 체약상대국에서 발생한 총소득의 100분의 50 이상이 능동적 사업 활동의 수행에서 발생하거나 부수적인 경우. 다만 다음 각목에 따른 사업 활동은 능동적 사업 활동의 수행으로 간주된다.

가. 은행과 보험회사 또는 등록된 증권중개인에 의해 수행되는 투자 및 투자관리 활동이나 활동의 조합

나. 기업의 주된 관리 및 통제 장소가 체약상대국에 소재하고 체약상대국을 포함한 4개국 또는 4개국을 집합하는 거주자로서 최소 4개국에서 능동적 사업 활동을 수행하고, 다국적 기업그룹 총소득의 최소 100분의 10을 형성하며 거주지 국가가 아닌 다른 국가에서 수행되는 사업

활동으로 형성된 총소득이 그룹 총 소득의 100분의 50을 초과하지 않는 본부기업

② 체약상대국의 거주자에 해당하지 않는 제3국의 거주자에 의해 의결권 또는 주식 가치 그리고 불균일분배주식의 100분의 50 이상이 소유된 기타 법인 또는 단체가 체약상대국에서 발생한 총소득의 100분의 50 이상이 수동적 소득에서 발생한 경우로서 다음 각목에 따른 요건을 충족하는 경우

가. 우리나라가 체약상대국 그리고 제3국 거주자의 거주지 국가와 체결한 조세조약에서 규정하고 있는 원천징수세율을 비교하여 체약상대국과 체결한 조세조약에서 규정하고 있는 원천징수세율이 더 유리하지 않고 실질적으로 원천징수세가 감소되지 않는 경우

나. 실제로 원천징수세가 감소되는 때에도 관련된 모든 사실과 상황을 고려하였을 때 법인의 설립, 인수 또는 유지 그리고 운영 활동의 주요 목적이 조세조약에 따른 혜택을 얻기 위한 것이 아니라고 합리적으로 판단되는 경우

Ⅶ. 배당소득에 대한 낮은 세율의 적용

일반적으로 우리나라가 체결한 조세조약에서는 배당소득에 대해 낮은 세율과 높은 세율 두 가지 세율로 규정하여 제한 과세하도록 하고 있다. 낮은 세율의 적용과 관련해 "직접 소유", "직접 소유 또는 간접 소유", "소유", "소유의 개념을 사용하지 않는 경우" 등 조세조약마다 다르게 규정하고 있어 배당소득의 수익적 소유자에 대한 낮은 세율의 적용과 관련된 "소유"의 의미가 무엇인지 해석 및 적용에 어려움이 발생한다.

이러한 "소유"의 개념과 관련해 조세조약에서 "소유" 또는 "직접 또는 간접 소유" 그리고 "소유의 개념을 사용하지 않는 경우"로 규정하고 있는 경우 "직접 소유뿐만 아니라 간접 소유를 포함"하는 것을 의미하고 "직접 소유"로 명확하게 규정하고 있는 경우 "간접 소유"는 포함되지 않는 것으로 해석 및 적용되는 것이 합리적이라 생각한다.

제6장
결론

제6장
결론

 지난 반세기 동안 수익적 소유자의 의미와 판단기준 그리고 판단과 관련해서 전 세계적으로 논란이 되어 왔고 주요국을 비롯한 많은 국가가 OECD 모델조세조약과 주요국의 조세제도 그리고 각국의 판례 등을 참고해 나름의 정의 및 판단기준을 확립하고자 노력해 왔으나 현재까지 국제적으로 공통된 정의 및 판단기준이 명확하게 확립되어 있지 않다.

 OECD 또한 정의를 제공하지 않아 국제재정적 의미가 적용되기 때문에 각국의 국내법에서 별도로 정의할 필요가 없다는 견해만을 밝히고 있다. 그러나 실제 조세조약의 적용에 있어 수익적 소유자의 의미와 판단기준이 명확하지 않은 경우 조세조약을 적용하는 국가마다 서로 다른 기준을 적용하게 되고 납세자의 예측 가능성과 법적 안정성이 저해되는 문제가 발생한다.

 OECD는 조세조약의 부적절한 사용을 방지하기 위한 목적으로 1977년 OECD 모델조세조약 이자와 사용료 조항에 수익적 소유자의 개념을 최초로 포함하고 2003년 OECD 모델조세조약에서는 수익적 소유자 요건은 "거주자에게 지급된"이라는 용어의 의미를 명확하게 하기 위한 목적으로 포함했다. 좁은 기술적 의미로 사용되는 것이 아닌 재정적 탈세와 회피를 방지하고 이중과세의 방지를 포함하는 조약의 문맥과 대상 및 목적에 따라 이해되어야 한다고 하였다. 아울러 도관회사 보고서 및 파트너십 보고서 그리고 조세조약에 따른 혜택에 대한 자격의 제한 보고서 등 다양한 보고서를 통해 수익적 소유자의 의미와 판단기준을 제공하고자 노력하였으나 무엇 하나도 명확한 정의와 판단기준을 제공하지 못했다.

 2014년 모델조세조약에서는 수익적 소유자라는 용어는 "거주자에게 지급된"이란 용어의 사용으로부터 발생하는 잠재적인 어려움을 해결하기 위해 추가되었기 때문에 이러한 문맥에 따라 해석되어야 하고 특정 국가의 국내법에 따른 기술적 의미를 참조하는 것이 아니라는 것을 재차 분명히 했다. 수령인의 권한은 수령한 지급금을 다른 인(person)에게 전달할 계약상 또는 법적 의무에 의해 제한되기 때문에 수령인이 다른 인(person)에게 수령한 지급금을 전달할 계약상 또는 법적 의무 없이 수령한 지급금을 사용하고 향유할 권리를 가지고 있는 경우 수익적 소유자에 해당하는 것으로 설명하여 수익적 소유자를 소득귀속원칙과 실질우위원칙으로 다루고 있는 것으로 보인다. 그리고 수익적 소유자가 비록 제한세율이 적용되는 특정 소득항목에 대해서만 언급이 되어 있으나 소득이 사실상 귀속되고 조세조약에 따른 혜택의 자격이 있는 체약상대국의 거주자를 의미하기 때문에 특정 소득 항목에 대해서만 적용되는 용어가 아닌 모든 원천징수대상 소득에 대해서 적용되는 용어로 이해해야 한다.

2017년 OECD 모델조세조약에서는 많은 개정이 이루어졌고 개정된 내용의 많은 부분이 혜택의 자격 조항과 관련된 내용이다. 혜택의 자격 조항에 포함된 기준은 소유권과 세원잠식 두 가지로 구분이 되고 소유권은 지배력에 기초해 원천지 국가로부터 지급되는 소득이 귀속되는 체약상대국의 법인 또는 단체를 소유하는 주주를 기준으로 체약상대국의 거주자인지를 결정하고 제3국의 거주자가 법인 또는 단체를 이용하여 원천징수세의 부담을 회피하는 것을 방지하기 위한 목적이 있고 세원잠식 조항은 소득이 귀속되는 법인 또는 단체가 소재하고 있는 체약상대국의 법인세 과세표준의 잠식을 통한 법인세 부담을 회피하는 것을 방지하기 위한 목적이 있다.

OECD 모델조세조약의 수익적 소유자와 혜택의 자격 조항은 각각 영국과 미국의 국내법에 따른 의미에 기초하고 있다. 영국은 국내법에 따른 의미에 기초하여 국제재정적 의미를 구조의 주요 목적이 조약남용 상황에 해당하는 경우에만 특별히 제한하는 것으로 이해하고 구조의 주요 목적이 세금회피에 있지 않거나 실제로 세금의 부담이 감소하지 않는 경우 조약 혜택의 제공을 거부해서는 안 된다는 관대한 견해를 가지고 있다.

영국을 포함한 많은 국가가 거주자와 비거주자인지를 기준으로 과세를 하고 있으나 미국은 OECD 모델조세조약에서 규정하고 있지 않은 시민권을 기준으로 미국의 영토와 실질적 또는 본질적 연관성이 없는 경우에도 미국이 체결한 조세조약의 목적상 거주자로 간주하여 전 세계 소득에 대해 납세의무를 부담하도록 하는 특징과 엄격한 견해를 가지고 있어 혜택의 자격 조항 또한 세원잠식 테스트를 포함하는 등 매우 까다롭고 복잡한 특성을 포함하고 있다. 즉 영국을 포함한 많은 국가가 거주자인지를 기준으로 거주자에 해당하는 때에 과세하고 있으나 미국은 시민권을 기준으로 전 세계 소득에 대해서 과세를 하고 있어 기본적인 관점의 차이가 있고 이러한 차이가 수익적 소유자의 의미와 적용에 있어 서로 다른 차이를 반영하고 있다는 것을 의미한다.

수익적 소유자의 의미와 적용은 조세조약의 문맥과 대상 및 목적으로 기준으로 한 조세조약의 해석에 근거하고 있으나 혜택의 자격 조항은 조세조약의 해석에 근거한 납세자의 주관적 의도 및 동기보다는 객관적 기준을 제공하고 객관적 테스트를 수행하여 요건을 충족하는 경우에만 혜택의 자격을 부여하는 특징이 있다. 조세조약의 해석에 의존하는 경우 개념 및 판단기준 자체가 모호해서 납세자의 예측 가능성과 법적 안정성을 저해하는 반면 진정한 상업적 구조를 가진 조세조약의 적용대상자가 조세조약으로부터 배제되는 경우를 최소화할 수 있는 장점이 있다. 반면 객관적 기준을 제공하고 객관적 테스트의 수행 결과 요건을 충족하는 경우 조세조약에 따른 혜택을 부여하는 것은 납세자의 예측 가능성과 법적 안정성을 높이는 장점이 있으나 납세자의 동기 및 의도가 배제되어 진정한 상업적 구조를 가진 조세조약의 적용대상자를 배제할 수 있는 단점을 가지고 있다.

그러나 분명한 것은 조세조약의 문맥과 대상 및 목적을 고려한 조세조약의 해석을 통한 결과와 혜택의 자격 조항에 제공된 객관적 테스트의 수행 결과는 유사하거나 같은 결과가 되어야 한다는 사실이다. 이러한 결과는 국제재정적 의미에 따른 결과를 의미한다.

국제재정적 의미는 구조의 주요 목적이 조세조약의 남용에 해당하는 경우에만 특별히 제한하는 것을 의미하므로 구조의 주요 목적이 세금회피에 있지 않은 경우 조세조약 혜택의 제공을 거부해서는 안 된다. 따라서 수익적 소유자 또는 혜택의 자격 조항의 적용 결과는 국제재정적 의미에 부합하여야 하고 앞서 살펴본 것과 같이 제3국의 거주자에 의해 의결권 그리고 주식 가치의 대부분이 소유된 법인과 단체가 능동적 사업 활동을 수행하지 않고 조세조약에 따른 혜택을 얻는 것을 주요 목적으로 하고 실질적으로 세금이 감소하는 경우에만 조세조약에 따른 혜택이 거부되어야 한다.

수익적 소유자와 혜택의 자격 조항은 거주자에 대해서만 과세하거나 전 세계 소득에 대해 과세하는 입장의 차이가 있다. 만약 미국과 같이 시민권을 기준으로 전 세계 소득에 대해 과세하는 경우에는 혜택의 자격 조항의 세원잠식 테스트 요건을 포함하는 것이 필요하지만 그렇지 않은 경우 세원잠식 테스트 요건을 반드시 포함할 필요가 없다. 이와 관련해 OECD 모델조세조약과 대부분의 국가가 체결하고 있는 조세조약에 비추어 보면 조세조약을 체결한 양 체약국에서 해당 소득이 모두 과세되어야 한다는 의미보다는 한 번은 과세되어야 한다는 의미로 이해된다. 일반적으로 하나의 국가는 거주지 국가와 원천지 국가의 두 가지 입장에 처하게 되고 거주지 국가의 입장에서는 국내 세법에 따라 거주자에 해당하는 개인이나 법인 또는 단체의 소득세와 법인세의 부담을 회피하는 경우를 방지하게 되고 원천지 국가의 입장에서는 원천지 국가의 개인이나 법인 또는 단체가 지급하는 소득에 대한 제한세율 등의 혜택을 체약상대국의 거주자가 아닌 제3국의 거주자가 조세조약에 따른 혜택을 얻기 위해 조약을 남용하는 것을 방지하게 된다.

이러한 측면에서 보면 거주자를 기준으로 과세하는 국가는 체약상대국의 국내법에 따른 과세제도나 조세회피방지와 관련된 사항에 대해 원천지 국가가 과세할 권한을 가지고 있지 않기 때문에 체약상대국에서의 과세권에 관여할 수 없다. 또한 지나친 관여는 국가 간의 분쟁을 발생시키고 체약상대국에 진출한 국내 기업뿐만 아니라 국익에도 도움이 되지 않는다. 따라서 적어도 한 번은 과세되어야 하는 것으로 이해해야 하고 우리나라가 거주지 국가 또는 원천지 국가의 입장에서 조약남용을 방지하기 위해 할 수 있는 범위 내에서 제한적으로 조세조약의 남용에 대응할 수 있는 것으로 이해하는 것이 바람직하다. 그렇게 하는 것이 많은 국가와 OECD 모델조세조약이 추구하고자 하는 방향에 부합된다고 할 수 있다.

따라서 수익적 소유자 정의 및 판단기준을 국제조세조정법에 명확하게 규정하는 것이 납세자의 예측 가능성 및 법적 안정성 측면에서 바람직하고 실질귀속자는 소득이 실질적으로 귀속되는 납세의무자 또는 거주자를 의미할 뿐 소득이 사실상 귀속된 납세의무자가 조세조약에 따른 혜택에 대한 자격이 있는 거주자인지를 판단하는 수익적 소유자 또는 체약상대국의 거주자 의미와는 다른 차이가 있다는 것을 인정하여 구분해서 판단해야 한다. 국제재정적 의미에 따라 조세조약에 따른 혜택을 얻는 것을 주요 목적 또는 주요 목적 중의 하나로 하는 경우에만 조세조약에 따른 혜택이 거부되어야 한다.

아울러 주요 목적 또는 주요 목적 중의 하나라는 개념은 그 자체로 개념이 모호하기 때문에 조세조약 혜택의 부여와 관련된 문제에 있어 최종적으로 결정을 하기 전 우리나라의 관계기관과 다른 체약국의 관계기관이 상호 협의를 거쳐 결정하는 것이 각종 위원회나 자문기구 등을 통해 판단하는 것보다 더 합리적이라고 생각된다. 양 체약국의 관계기관이 협의하여 조세조약에 따른 혜택을 부여하거나 거부하는 것이 합리적이라고 판단되는 경우 혜택을 부여하거나 거부하는 것이 객관적 합리성에 기초한 결정이라는 것을 보증한다. 또한 납세자가 이러한 양 체약국의 협의 결과에 대해 동의하지 않아 법원의 판단을 거치는 때에도 관계기관의 결정이 객관적이고 합리적인 판단이라는 것을 입증할 수 있는 명백한 하나의 증거로서 효력도 갖게 된다.

마지막으로 최근 개정되어 현재 시행되고 있는 소득세법 및 법인세법에서 용어의 정의 및 판단기준의 제공 없이 외국투자기구와 관련되어 제한적으로 수익적 소유자라는 용어를 실질귀속자와 함께 사용하고 있어 수익적 소유자라는 용어의 해석 및 적용에 또 다른 문제가 생겼다. 이는 국내 세법 전반적인 입법체계 문제라 생각한다. 쉽게 말해 '실질귀속자'라는 용어를 처음 도입할 때부터 '같은 것은 같게 다른 것은 다르게' 해야 함에도 불구하고 깊이 있는 고민 없이 '다른 것을 같은 것'과 같이 하려고 했기에 생겨난 문제이며 기존의 틀을 깨는 사고의 전환이 필요하다.

　많이 부족하고 두서없는 이 책이 국내 세법상 "실질귀속자"와 국제조세법(조세조약)상 "수익적 소유자"에 대한 관심이 있는 독자들에게 조금이나마 도움이 되었기를 바라며 글을 마무리하고자 한다.

참고 문헌

국내문헌

김범준, "국내투자 혼성단체(hybrid entity)의 과세문제", 서울대학교 박사학위 논문, 2016.
　　"주요 목적 기준(Principal Purpose Test)의 회고와 전망", 한국국제조세협회「조세학술논집」33(3), 2017.
김석환,「파트너쉽 과세제도의 이론과 논점」, 경인문화사, 2010,
　　"해외 혼성사업체 과세방식에 관한 소고", 한국국제조세협회「학술논집」29(1), 2013.
　　"조세조약상 수익적소유자와 국내 세법상 실질귀속자와의 관계", 한국국제조세협회「학술논집」29(1), 2013.
　　"조약편승과 실질과세원칙", 한국국제조세협회「조세학술논집」31(1), 2015.
김영순, "한·미 조세조약 제12조 배당소득 제한세율 적용범위의 개선방안에 대한 연구: 모자회사간 지분 '소유' 범위를 중심으로", 성균관대학교 법학연구소「성균관법학」27(2), 2015. 김영순, "한·미 조세조약 제12조 배당소득 제한세율 적용범위의 개선방안에 대한 연구: 모자회사간 지분 '소유' 범위를 중심으로", 성균관대학교 법학연구소「성균관법학」27(2), 2015.
김완석, "거래내용에 관한 실질과세의 원칙의 적용 범위 - 판례의 동향을 중심으로 -", 한국조세법학회 제1권, 2016.
김지평,「주식에 대한 경제적 이익과 의결권」, 경인문화사, 2012.
김진웅, "국제거래에 있어 국내법상의 실질과세원칙과 조세협약의 취급방안", 한국조세연구포럼「조세연구」9(3), 2009.
김정홍, "차별과세의 금지에 관한 국제법 규범의 연구", 서울대학교 박사학위 논문, 2014.
김준석·박종수·박승재·김보식·이진욱, "디지털 경제환경의 새로운 국내사업장 개념 모색", OECD Tax Center 연구용역, 2013.
광장신탁법연구회,「주석 신탁법」, 박영사, 2013.
금융감독원, "금산법 및 동법 시행령 개정에 따른 감독규정 등 개정", 보도자료 (2007.4.27.).
딜로이트안진회계법인, "부적절한 상황에서 조약혜택의 부여 방지: ACTION 6: 2014 Deliverable", 2014.
박미숙·강우예,「조세회피처를 이용한 범죄행위 유형에 대한 연구」, 한국형사정책연구원, 2014.
박성욱·오문성, "조세법상 '사기 기타 부정한 행위'의 해석 기준에 관한 고찰", 한국세무학회「세무학연구」33(3), 2016.
박승재,「기업조세론」, 뿌브아르경제연구소, 2011.
박수진·안창남, "Post-BEPS 환경을 기반으로 한 조세조약 상 분쟁해결 방안에 대한 소고", 한국국제조세협회「조세학술논집」32(3), 2016.
박종수, "조세입법체계의 정비를 통한 기본권실현", 한국헌법학회「헌법학연구」15(4), 2009.
박훈, "한국 세법상 내국법인과 외국법인의 구분기준 - 한·일·중의 사법 및 세법상 비교를 중심으로", 한국세법학회「조세법연구」14(1), 2008.

백제흠,「세법의 논점」, 박영사, 2016.

    "다국적기업의 해외지주회사와 조세조약상 수익적 소유자 판단기준", 세정신문(http://www.taxtimes.co.kr), 2017.05.04. 보도자료(2018.10.25. 검색).

서울대학교 금융법센터,「Business Finance Law 제73호」, 2015.

송민경, "조세조약상 수익적 소유자 조항의 해석에 관한 연구: 의미 지평의 기원, 확대 그리고 제한", 사법발전재단「사법」1(27), 2014.

안경봉·장월하, "한·중 조세조약상 수익적 소유자", 국민대학교 법학연구소「법학 논총」23(2), 2011.

안종석·홍범교, "조세조약 남용에 대한 대응방안 연구", 한국조세연구원, 2006.

이경근, "국내 세법과 조세조약상 조세회피방지조항간의 관계 및 향후 관련제도 개선방안에대한 연구 – 조세조약에 도입되는 주요목적기준을 중심으로", 한국국제조세협회「조세학술논집」34(2), 2018.

이경근·서덕원·김범준,「국제조세의 이해와 실무」, 영화조세통람, 2014.

이연갑,「신탁법상 수익자 보호의 법리」, 경인문화사, 2014.

이윤영, "폐쇄회사의 자기주식취득과 주주권의 충실의무", 고려대학교 법학연구소「판례연구」3, 1985.

이원희,「대체투자 파헤치기(中) 사모투자펀드(PEF) 편」, 지식과감성, 2015.

이진영·김보식, "Intra-group Service Fee 과세동향에 관한 연구 – 국내과세동향과 OECD BEPS의 비교", 한국국제조세협회「조세학술논집」31(3), 2015.

이재목, "중국 물권법상 소유권제도의 구조적 특징에 관한 일고", 홍익대학교 법학연구소「홍익법학」11(1), 2010.

이재호, "國內法에 의한 租稅條約의 排除에 관한 硏究", 서울대학교 대학원 박사학위 논문, 2007.

    「국내 세법과 조세조약」, 경인문화사, 2007.

    "비거주자의 주식양도소득에 대한 원천징수의 한계", 한국국제조세협회「조세학술논집」27(2), 2011.

    "이른바 BEPS 대책 다자조약 체제에서의 우리나라의 정책방향", 서울시립대학교 법학연구소「서울법학」24(1), 2016.

    "외국단체에 대한 조세조약의 적용 – 해석을 넘어 입법으로", 서울시립대학교 법학연구소「조세와 법」10(1), 2017.

이주윤,「ISD 투자분쟁사례 연구(II)」, 한국법제연구원, 2013.

이준봉,「유동화거래와 조세」, 한국학술정보[주], 2012.

    "주식대여약정과 조세조약의 적용", 사법발전재단「사법」1(38), 2016.

    "현행 실질과세원칙에 대한 비판적 검토", 한국세법학회「조세법연구」23(2), 2017.

이준봉·박훈·남석준, "이중과세와 조세회피를 방지하기 위한 Hybrid Entity에 대한 과세제도 개선에 관한 연구", 사단법인 한국세무학회, 2013.

이찬근·김성혁, "Double Irish Dutch Sandwich(DIDS)를 통한 BEPS 프로젝트 고찰", 한국국제조세협회「조세학술논집」32(3), 2016.

"국제조세체제와 BEPS 현상", 한국무역학회「무역학회지」40(4), 2015.

이창희,「세법강의 제9판」, 박영사, 2011.

"조세조약과 실질과세", 사법발전재단「사법」1(25), 2013.

오윤, "조세조약의 적용에 관한 소고 – 역외투자회사의 경우", 한국국제조세협회「조세학술논집」22(1), 2006.

"租稅條約上 所得의 歸屬에 관한 硏究", 국민대학교 대학원 박사학위 논문, 2007.

"세법상 거주자 개념", 한국국제조세협회「조세학술논집」24(1), 2008.

「외국펀드와 조세회피」, 한국학술정보[주], 2008.

「조세전략과 대응」, 한국학술정보[주], 2008.

"Beneficial Ownership 개념과 실질과세원칙의 관계", 한국세법학회「조세법연구」15(4), 2010.

"조세조약상 경감세율(제한세율) 적용방법 개선", 국세청「조세정책분야」연구자료, 2010.

「국제조세법론」, 한국학술정보[주], 2011.

"조세조약 해석상 국내 세법의 지위– 조세조약상 '특허권의 사용' 개념의 해석을 중심으로", 한국국제조세협회 「조세학술논집」32(2), 2016.

오윤·임동원, "Limited Partnership에 대한 소득의 실질귀속", 한국세법학회「조세법연구」21(1), 2015.

오윤·임동운·문성훈, "BEPS 시대의 조세회피방지규정 개선방안", 한양대학교 법학연구소「법학논총」34(4), 2017.

유철형, "조세조약상 실질과세의 원칙에 관한 연구 – 조세회피목적이 적용요건인지를 중심으로", 한국국제조세협회「조세학술논집」34(2), 2018.

윤지현, "수익적 소유자(beneficial owner) 개념의 해석: 최근 국내외의 동향과 우리나라의 해석론", 사법발전재단 「사법」1(25), 2013.

"'단체 분류(Entity Classification)'에 관한 대법원 판례와 경제협력개발기구(OECD)의 '파트너쉽 보고서(Partnership Report)'의 조화(調和) 가능성에 관한 검토– 해석론과 문제점을 중심으로", 한국국제조세협회「조세학술논집」30(1), 2014.

"'파트너쉽'과 조세조약에서의 '거주자'–대법원 2013.10.24. 선고 2011두22747 판결", 서울대학교 「법학」55(2), 2014.

"혼성단체에 대한 조세조약 적용과 '가분적 거주자 이론' – 대법원 2015.3.26. 선고 2013두7711 판결", 한국국제조세협회「조세학술논집」32(3), 2016.

윤재왕,「라드브루흐 공식과 법치국가」, 세창출판사, 2011.

윤철홍, "소유권의 내용(민법 제211조)에 관한 개정론", 한국토지법학회「토지법학」제27-2호, 2011.

정승영, "국세기본법상 실질과세의 원칙에 대한 연구", 성균관대학교 법학전문대학원 박사학위 논문, 2014.

정인섭,「조약법 강의」, 박영사, 2016.

최완진,「기업지배구조법 강의」, HUFS BOOKS, 2011.

최성근, "실질과세원칙에 관한 법리와 규정에 대한 분석 및 평가", 한국세법학회「조세법연구」19(2), 2013.

최정희, "조세회피사건에 있어서 주관적 요건의 고려여부에 대한 연구", 경북대학교 법학연구원「법학논고」48, 2014.
"BEPS 체제하에서 원천지국 과세권 확보를 위한 원천징수제도 검토", 한국국제조세협회「조세학술논집」 33(1), 2017.
최준영, "사모투자전문회사의 법적 구조와 과세제도에 관한 연구" 고려대학교 법무대학원 석사학위 논문, 2014.
최준영·박종수, "폐쇄회사의 유보이익 과세제도에 관한 연구", 한국세무학회「세무학연구」34(4), 2017.
한국국제조세협회,「역외탈세」, 삼일인포마인, 2014.
한국조세재정연구원 세법연구센터, "BEPS 이행 관련 국제동향", 2016.
한성수,「국제조세 바이블」, 한국학술정보[주], 2012.
홍성훈·박수진·이형민, "주요국의 조세회피방지를 위한 일반규정 비교연구", 한국조세재정연구원 세법연구센터 「세법연구」16-04, 2016.
홍성훈·안종석, "국제조세회피에 대한 네트워크 분석: 원천국 과세회피를 중심으로", 한국조세재정연구원, 2014.
홍성훈·이은별·홍민옥, "국외투자기구 과세제도 국제비교 연구 – 조세조약 적용을 중심으로", 한국조세재정연구원 세법연구센터「세법연구」14-07, 2014.
홍성훈·정훈·홍민옥, "조세조약상 혜택제한 조항 도입에 관한 국제비교 연구", 한국조세재정연구원 세법연구센터 「세법연구」15-02, 2015.
Yoshihiro Masui·Yuko Miyazaki 著, Introduction to International Taxation, 조윤희·지일진·이재호 譯, 「국제조세법」, 세경사, 2015.

해외문헌

Adolfo Martín Jiménez, "Beneficial Ownership: Current Trends", World Tax Journal, February 2010.
Aleksandra van Boeijen-Ostaszewska·Joanna Wheeler·Wim Wijnen·Belema Obuoforibo·Jan de Goede·Luis Nouel, Clarification of the Meaning of "Beneficial Owner" in the OECD Model Tax Convention, IBFD, 2011.
Angelika Meindl-Ringler, Beneficial Ownership in International Tax Law, Wolters Kluwer, 2016.
Beat Baumgartner, Das Konzept des beneficial owner im internationalen Steuerrecht der Schweiz. Under besonderer Berücksichtigung der Weiterleitung von abkommensbegünstigten Dividenden-und Zinseinkünften, Schulthess, Zürich/Basel/Genf, 2010.
Bruno da Silva, Evolution of the Beneficial Ownership Concept: more than half of Centry of Uncertainty and what History can tell US, Frontiers of in China (VOL. 12), 2017.
Commission of the European Communities, (Ruding Report) Report of the Committee of

Independent Experts on Company Taxation, 1992.

De Broe, International Tax Planning and Prevention of Abuse, Academic Council, 2008.

DG Taxation and Customs Union, Taxation of Cross-Border Dividend Payments within the EU, Impacts of Several Possible Solutions to Alleviate Double Taxation | 22 JUNE 2012, 2012.

Dhruv Sanghavi, The Proposed Tiebreaker Rule in OECD/G20 BEPS Action 6: A Critical Examination of the Possible Motives and Means, and a Potential Alternative, IBFD, Bulletin for International Taxation, 2016.

Dietmar Anders, The Limitation on Benefit Clause of the U.S.-German Tax Treaty and its Compatibility with European Union Law, Northwestern Journal of International Law & Business Vol. 18, 1997.

Du Toit, Beneficial Ownership or Royalties in Bilateral Tax Treaties, IBFD, 1999.

Eilís Ferran·Look Chan Ho, Principles of Corporate Finance Law(Second Edition), OXFORD, 2014.

Félix Alberto Vega Borrego, Limitation on Benefits Clauses in Double Taxation Conventions(Second Edition), Wolters Kluwer, 2017.

Florian Haas, Taxation of International Partnership, IBFD, 2014.

Gulielmo Maiso·Philippe Martin·Peter Wattel·Frans Vanistendal·Jacques Sasseville·Philip Baker·Peter H. Blessing·Kees van Raad·Angelo Nikolakakis·Philip Kerfs·C. John Taylor·Katharina Daxkobler·Elisabeth Pampert·Kim Bronselaer·Geoffrey Loomer·Alexandre Maitrot de la Motte·Maximilian Bowiz·Sebastian Heinrichs·Paolo de' Capitani di Vimecate·Katarina Közeghy·Reinout de Boer·Frederik Boulobne·Emilio Cencerrado Millán·Philippe Freund·Kelly Stricklin-Coutinho·Mark S. Hoose, Taxation of Intercompany Dividends under Tax Treaties and EU Law, IBFD, 2012.

Harry Waizer, Business Purpose Doctrine: The Effect of Motive on Federal Income Tax Liability, Fordham Law Review Volume 49 | Issue 6, 1981.

J. Calejo Guerra, European Union – Limitation on Benefits Clauses and EU Law, European Taxation, Volume 51, No 2/3, 2011.

Joseph Bankman, The Business Purpose Doctrine and the Sociology of Tax, SMU Law Review Vol. 54, 2001.

John Armour·Henry Hansmann·Reinier Kraakman, "The Essential Elements of Corporate Law What is Corporate Law?", The Harvard John M. Olin center discussion Paper No. 643, 2009,

Koichiro Yoshimura, Clarifying the Meaning of 'Beneficial Owner' in Tax Treaties, Tax Notes International, 2013.

Maira Martini, Maggie Murphy, 見かけ だけ? 実質的所有者の透明性を高める G20原則 各国の取組, Financial Transparency Coalition, 2015.

Michael Lang·Pasquale Pistone·Josef Schuch·Clause Staringer·Alfred Stock, Beneficial Ownership: Recent Trends, IBFD, 2013.

Michael Lang·Pasquale Pistone·Alexander Rust·Josef Schuch·Clause Staringer, Base Erosion and Profit Shifting(BEPS): The Proposals to Revise the OECD Model Convention, Linde, 2016.

Navendu P. Vasavada, Taxation of U.S. Investment Partnership and Hedge Funds, John Wiley & Sons Inc., 2010.

Olli Ryynänen, The Concept of a Beneficial Owner in the Application of Finnish Tax Treaties, Stockholm Institute for Scandinavian Law, 2003.

Philip Baker, The Application of the Convention to Partnership, Trusts and Other, Noncorporate Entities, GITC Review Vol.II No.1, 2002.

Robert J. Danon, 2011 OECD Discussion draft on the meaning of beneficial owner, Letter(Neuchâtel, 15 July 2011), 2011.

Reuven S. Avi-Yonah·C. H. Panay, "Rethinking Treaty Shopping: Lessons for the European Union", Michigan Law, Faculty Scholarship, 2010.

Saurabh Jain, Effectiveness of the Beneficial Ownership Test in Conduit Company Cases, IBFD, 2013.

Saurabh Jain·John Prebble·Kristina Bunting, Conduit companies, beneficial ownership, and the test of substantive business activity in claims for relief under double tax treaties, eJournal of Tax Research vol. 11, no. 3, 2013.

Van Bladel, OECD Model tax convention: Revised proposals concerning the meaning of "Beneficial Owner" in articles 10, 11 and 12, 19 October 2012 to 15 December 2012, 2012.

William J. Vesely, "Adjusted Personal Holding Company Income Concept under the Revenue Act of 1964", Case Western Review, Volume 16, 1965.

EC, Interest and Royalties Directive, Council Directive 2003/48/EC, 3 June 2003.
   Saving Directive, Council Directive 2003/48/EC, 3 June 2003.
   Undertakings for Collective Investment in Transferable Securities, Council Directive 95/26/EC, 29 June 1995.
   European Company Regulation, Council Regulation 2157/2001, 8 October 2001.

EEC, Investment Service in the Securities, Council Directive 93/22/EEC, 10 May 1993.

EU, Consolidated Version of the Treaty on the Functioning of the European Union, 2008.
   Parent Subsidiary Directive, Council Directive 2011/96/EU, 30 November 2011.

OECD, Model Tax Convention on Income and on Capital, 1975.

　　Model Tax Convention on Income and on Capital, 1977.

　　Model Tax Convention on Income and on Capital, 2003.

　　Model Tax Convention on Income and on capital, 2010.

　　Model Tax Convention on Income and on capital, 2012.

　　Update to the OECD Model Tax Convention, 2014.

　　Model Tax Convention on Income and on Capital, 2014.

　　Update to the OECD Tax Convention, 2017.

　　Model Tax Convention on Income and on Capital, 2017.

　　Double Taxation Convention and the Use of Conduit Companies, 1986.

　　The Application of the OECD Model Tax Convention to Partnership, 1999.

　　Report of the Informal Consultative Group on the Taxation of Collective Investment Vehicles and Procedures for Tax Relief for Cross-Border Investors on Possible Improvements to Procedures for Tax Relief for Cross-Border Investors, 2009.

　　The Granting of Treaty Benefits with Respect to the Income of Collective Investment Vehicles, 2010.

　　Preventing the Granting of Treaty Benefits in Inappropriate Circumstances, ACTION 6 Deliverable, 2014.

　　Follow-up Work on BEPS ACTION 6: Prevent Treaty Abuse, Revised Discussion Draft, 2015.

　　Preventing the Granting of Treaty Benefits in Inappropriate Circumstances, ACTION 6: Final Report, 2015.

　　BEPS Project Explanatory Statement: Final Reports, 2015.

　　Discussion Draft on non-CIV examples, BEPS ACTION 6, 2017.

　　BEPS Action 6 on Preventing the Granting of Treaty Benefits in Inappropriate Circumstances, Peer Review Documents, 2017.

　　BEPS Project Explanatory Statement: Final Reports, 2015.

　　Preventing the Artificial Avoidance of Permanent Establishment Status: ACTION 7 Final Report, 2015.

　　Treaty Entitlement of Non-CIV Funds, 2016.

　　Treaty Residence of Pension Funds, 2016.

United Kingdom, HMRC International Tax Manual(https://www.gov.uk).

United States, Model Income Tax Convention, 1996.

Model Income Tax Convention, 2006.

Model Income Tax Convention, 2016.

Preamble to 2016 U.S. Model Income Tax Convention, 2016.

Model Income Tax Convention of Technical Explanation, 1996.

Model Income Tax Convention of Technical Explanation, 2006.

Model Income Tax Convention of Technical Explanation, 2016.

国家税务总局, 国家税务总局关于如何理解和认定税收协定中"受益所有人"的通知 国税函[2009] 601号.

关于认定税收协定中"受益所有人"的公告 公告2012年第30号.

关于委托投资情况下判定受益所有人问题的公告 公告2014年第24号.

非居民纳税人享受税收协定待遇管理办法 公告2015年第60号.

关于税收协定中"受益所有人"有关问题的公告 公告2018年第9号.

国家税务总局办公厅, 事关非居民委托投资收益能否享受税收协定待遇

税务总局明确委托投资受益所有人判定政策, 2014.

关于《国家税务总局关于税收协定中"受益所有人"有关问题的公告》的解读, 2018.

黄源浩, 論國際稅法中的「受益所有人」概念, 東海大學法學研究第三十九期, 2013.